总主编　李红权　朱宪
本卷主编　李红权　朱宪

近代蒙古文献大系

概览卷

◇ 第三册 ◇

中华书局

目　录

包头县调查概要

学 农 撰

本篇材料，除实地调查外，并承《包头日报》刘社长指示甚多，爰作概要，分述于后：

沿革　考包头，其先辟地于周末汉初，在三代以前，为犬戎属地，周朝属狝〈狁〉，秦末汉初，为南匈奴所经营，西汉武帝时，归中土，属并州，辖于朔方郡，相传今之古城湾，即前之咸阳治址，城梁即前之广宁固城，昆都伦沟为前之泉尔治址，由五代晋石敬瑭将燕云十六州，割与契丹，复归蒙古者一千余年。清初明末，属土默特管辖，土默特，实为西辽之后，非元裔也。清康熙年，始为汉人之与蒙古交易者所住，先占西脑包，后展至现今县城之中街。雍正年，始列版图，设厅萨拉齐，隶于山西省，乾隆年犹为包头村。道光十一年，置分防巡检一，城守把总一，始改为包头镇，时则边鄙小邑，尚未有城堡之固也。同治八年，清提督宋庆，败回匪，破金积堡，平马化龙之乱，命部属大同总戎马昇驻防，遂城包头，而后民有所聚。光绪季年，晋抚汰绿营，包头镇把总，并经裁撤，旋朝议垦辟蒙荒，后套增置五原厅同知，并垦务总办，寄治于包头镇城内。民国元年，旧制悉撤，画包头迤东为包东州，不久即废，二年改萨齐厅为县，仍属于萨县。十二年立包头设治局，十三年绥包铁路成，立商厂筹备处于南门外，增辟外城，议设商埠，安市政厅，后因国事不振，卒未办到。十四年改设治局为包头县，十六年春设绥西镇守使于包头，十七年冬旋又裁撤，仅设市公安局，治理市面，县政府管辖全县。此即包头之沿革大略也。

形势　按包头形势核计，东西广三百三十里，南北袤二百二十里，形似长方，西头斜枕大青、乌拉两山之麓，中为黄河之川原，南踞河西沙梁，背阴向阳，砺山带河，为西通甘肃、宁夏、新疆、青海之要隘，北达外蒙，南入秦、晋之极冲，绥西之重镇，洋洋巨埠，势极雄壮，识者以未来之津、沪许之，窥其势洵非过语。

面积　查包头四周广袤七百四十三里，面积东西长三百三十里，南北宽二百二十里，共土地面积七万二千六百方里。共计地亩二万一千四百九十九顷二十八亩。

交界　东至磴口三十里，与萨拉齐县分治，西尽西山嘴，二百二十里，与固阳毗连，西北界安北，北界固阳〈，距〉白彦沟百里，南带黄河，距南兴羊濠一百六十四里，与东胜接壤。

区分　全境共分四区，五十四乡。第一区境治在城内十二乡，第二区治城西十二乡，第三区在二区之西二十二乡，山湖湾在内，第四区黄河南八乡。统计各乡村庄大小合计共二百八十村治，城内民户分七镇，商界分十一同业公会，十六公社，计当业同业同〔公〕会，钱业公〔同〕业同〔公〕会，皮毛业同业公会，油粮业同业公会，米面业同业公会，杂货业同业公会，货店业同业公会，牲畜业同业公会，运输业同业公会，药材业同业公会，蒙古业同业公会，生皮社，威镇社，义合社，义仙社，裁〔栽〕绒社，金炉社，六合社，鲁班社，集义社，公义仙翁社，恒山社，得胜社，仙翁合义社，毡毯社，清水社，绘仙社。

户口　包民客户繁，土著少，以人数计，民国十五年以前，民商农工各户，合计十六万六千一百余口，现仅十二万一千余口，县城内现共计住户院大小一千二百零三处，五千七百多户，工商大小字号，八百九十余家，合城乡共计蒙族居四之一，如伊克昭盟之达拉特旗，乌兰察布盟之东公旗、西公旗、中公旗、土默特旗，皆土著也，汉居十之七，回居百分之十二。

田地之已垦未垦　第一区已垦水地九顷六十六亩四分，淤地十九顷九十二亩，旱地二百六十一顷，半荒地二百零三顷三十二亩。第二区已垦水地四十七顷九十三亩四分，淤地三百六十六顷二十四亩，旱地九百三十三顷八十亩，荒地一千六百二十五顷五十五亩。第三区已垦水地六百一十五顷，淤地二百五十一顷，旱地二千五百九十二顷，荒地二千一百四十顷。第四区已垦水地三千七百六十四顷，淤地二百五十五顷，旱地三千四百七十五顷，荒地五千九百六十九顷半。合计全县共水地三千四百三十六顷五十九亩八分，淤地八百六十二顷十六亩，旱地七千二百六十二顷三十亩，未垦之荒地九千九百二十顷三十七亩。全县土地，除第一区有东河水可灌二十余顷，第二区有昆都仑沟清洪水及麻池、乱水泉可灌地四百余顷，其余均瘠瘠，非多施肥料，不能耕种。

地价　地价等级，颇不一致。距城稍远，荒凉区域，即能灌水之地，每亩仅一二元，若附近县城田园，每亩则自十余元至四五十元，间有二三百元一亩者，但为数甚少。至缺水区域，无论远近，每亩自三四角至一元而已。

田赋　全县每年官租洋五千九百三十元五分，将来实地整顿，能收六七千元之谱，惟是连年荒歉，年仅收三千余元。

物产　包头北枕阴山、乌拉山，南临大河，故有山川林薮之资，鸟兽草木之用，以言矿物，则有石灰、石绵诸矿，植物则有黍、谷、梁、麻、莜麦、荞麦、柳、杨、松、柏之属，药材有甘草、黄芪、苁蓉，蔬菜则有大小豆、马铃薯等物，动物有牛、马、骆驼、山羊、绵羊之属，水有鲤鱼、鲴鱼，山有豺狼、狐、鹿，西路运经包头之物品，则有绒毛、皮革等大宗质料。

畜牧　水草甚多，尤以四区为最丰盛，诚天然之牧场，若养羊则获利甚厚，以千元资本，一年即有千元之利益，以其生殖甚繁也，牧养牛、马、骆驼、驴、骡等，获利亦厚。

牲畜市价　牲畜价值，较内地便宜，普通羊价每只自四元至六元。牛价每头自三十元至五十元。马价每匹自四十元至六十元。骆驼每头自三十元至七十元。以上按现洋计算。

粮食市价　本县因今年丰收，粮食过剩，以故粮价便宜。现在市价，糜米每担（二百八十斤）四元五角，小麦每担九元，小米每担四元，高粱每担一元八角，马铃薯每担一元六角，以上按现洋计算。

建筑材料　建筑材料，用土壤较多，木石砖瓦次之，亦有不用砖瓦者，所用木料，以杨、柳木居多。

燃料　城内及沿山一带居民，多用煤炭，来自固阳县属之石拓沟。河西一带居民，则就地拔取柴草，充作燃料。

航路　包头县城南黄河，西接五原、临河，而达宁夏、甘肃，以至青海，为西路皮毛、药材等大宗产品运东通商之要道。

陆路　上路由中公旗地乌拉山后，经安北而西，通宁夏；中路由西公旗地乌拉山前达五原而通宁夏；下路经达拉齐〔旗〕地，由临河境而通宁夏，均能由骆驼转运西路皮毛等大宗产品而至平、津，为通商最要之道。

商业　由民国十二年设治以来，蒸蒸日上，彼时各业生意，增至一千四百余家。自经十五年国民军西退，商业遂受影响，以后又加之连年荒旱，土匪扰道，商路不通。九一八事变后，皮毛销路，又被阻滞，以致日落千丈，迄于今日，各业生意，仅有八百九十余家，然均勉强支持，困难不堪。

通用货币　本县市面，以国造银币最为通用，中、交银行纸币及本省平市官钱局纸币次之（每现洋一元，可换平市票二元五角）。

工业　合计全境大小手艺字号共三百四十余家，木铁各工，均属旧技，现在城南仅有面粉电灯公司一处开始试办，范围狭小。

治安情形　自民国纪元以后，地面土匪日甚一日，至于今日，城镇人民尚能存在，乡村十室九空，人烟稀少，满目荒凉。本年春间，七十师屯驻包西，大小股匪，均被剿除净尽，地方秩序，已告安定。

居民生活情形　本县人民，大都居住土屋，瓦屋甚少。衣以粗布为多，洋布次之。糜米为日常食品，小米、白面、莜麦面次之。出入行走，富者用驴马代步，次者徒步。

民俗　汉、蒙、回三族，俗各不同。普通人民，嫁娶甚早，男子有十六岁结婚者，女子有十五岁出嫁者，女子出嫁，多索聘金，谓之财礼，需数甚巨。死者除僧人用火葬外，普通皆用土葬。男女嗜好鸦片者甚多。汉人信仰佛教者居多，天主教、耶稣教次之。蒙人信喇嘛教。回人信回教。

气候温度　春间多风，夏季以六七月最热，达华氏表九十度以上，四月、九月为温和时期，自十月起，渐入寒境，最冷时竟低至零度，三月底解冻。

古迹　查包头建设最晚，无甚古迹，现在县城，昔为蒙民牧放牲畜之水草池〔地〕，清代始由村设镇，由镇改县。按绥志考查，据耆老相传，城东十五里古城湾，即西汉时之咸阳郡，城西北二十里城塄，即北元魏之广宁县址，然痕迹均不大显。城西南六十里，河北有石迹，土人以昭君坟呼之，据人相传，为太祖掳来之回王嫔妃，志贞不从，扑河死，葬于此，人以赛昭君呼之，日久失传，因误为昭君坟。

名胜　包头设治最晚，无著名之风雅地，今人所艳称者，惟城东之转龙藏，山环水抱，幽雅清凉，天然美景。城南之南海子河岸为黄河渡口，山川南北相映，爽亮最佳，距县城十五里。城西二十里之乱水泉村，二十五里之麻池村，均有多数泉水清流，绿树阴浓，望之如为画中村庄。以上所列各处，皆自然风景，再能以人工点缀，即可与其他名胜地等量齐观也。

《出路》（旬刊）

上海西北屯垦团团部

1932 年 1 卷 4 期

（李红权　整理）

内外蒙古各盟旗调查

作者不详

内外蒙古之自治组织为盟与旗。盟有盟长，旗有札萨克。旗为蒙古之惟一自治区域，又系政治组织之单位，盖以有一定土地为其必要条件者也。先是，蒙古游牧地域本极寥廓，各部不相邻接，徇以种族繁衍，地遂犬牙相错，势须明划旗地，以息争端，因而旗制始成。故在满清以前，尚无旗之编制，逮入清后，始克先后成立。不第此也，当明末时，蒙古种族统一之力渐衰，小团体之旗之趋势渐渐成熟，满清遂利用之，分划众多之旗，以削其力；并寓恩赏怀柔之意，于各旗中任命一世袭札萨克，使为旗长，世治其民，称曰札萨克，管理旗务，是为崇祯七年以来，清代设旗、明定牧地界限之始。自是以后，设旗逐年加多，并严禁各旗越界游牧狩猎，如有违者，无论王公，一律处以罚俸。蒙古各札萨克虽得事〔专〕断旗内诸事，但非长久如此。盖札萨克之辅佐，例有二人至四人，称为协理台吉，此项辅佐人员，不能由札萨克自由任命，例须呈由该管盟长，由该管盟长由该旗内闲散王公以下，台吉、塔布囊以上，推举第一、第二两候补者，呈请理藩院圈任一人，盖任命之权，实操诸理藩院也。其余官属有管旗章京一人，副章京二人或一人，参领每六佐领则一人，佐领每一百五十户设一人，骁骑校每佐领下一人等，均皆选补于台吉及部众内。盟长由理藩院开列盟内各部之札萨克及王公，呈请任命之。又依同一方式，选任副盟长一人，助理事务。故盟长异于旗长，为由政府任命也，然惟择札萨克及王公中最有德望者以总理各旗大事而已。关于裁判事务，札萨克不能自决诉讼之时，报之盟长；或札萨克之裁判不得当，则准两造禀控于盟长，盟长会同审讯，至各旗间之交涉事件，必待盟长办理，自不待言。每三年各旗会盟于一地，盟长即为会主，解决种种重要问题。

至内外蒙古旗之部别、住地分志如后。

内蒙有六盟，为（一）哲理木盟；（二）卓索图盟；（三）昭乌达盟；（四）锡林郭勒盟；（五）乌兰察布盟；（六）伊克昭盟是也。

（一）哲理木盟分四部、〈十〉旗。

（甲）科尔沁部：（a）左翼前旗；（b）左翼后旗；（c）左翼中旗；（d）右翼前旗；（e）左〔右〕翼后旗；（f）右翼中旗（在辽宁省）。

（乙）鄂尔罗斯部：（a）前旗（在吉林省）；（b）后旗（在黑龙江省）。

（丙）扎赉特部：（a）扎赉特旗（在黑龙江省）。

（丁）杜尔伯特部：（a）杜尔伯特旗（在黑龙江省）。

以上十旗，在喜峰口东北八百八十里，其疆界东至长春，西至于昭旗、札鲁特旗，南至于盛京边墙，北界于索伦，东西八百八十里，南北殆一千九百里，内蒙各旗之最大者也。

（二）卓索图盟共分二部，及不分部之旗，共七旗，在热河省。

（甲）土默特部：（a）左翼旗；（b）右翼旗，在河北省喜峰口东北五百九十里，东西宽四百六十里，南北长三百一十里。

（乙）喀喇沁部：（a）左翼旗；（b）中旗；（c）右翼旗，在喜峰口东北三百五十里，东西宽五百里，南北长四百五十里。

（丙）唐古忒喀尔喀一旗。

（丁）锡埒读库伦一旗。

（三）昭乌达盟，凡八部十三旗（在热河省）。

（甲）敖汉部三旗在喜峰口东北六百里，东西宽一百六十里，南北长二百八十里。

（乙）奈曼部一旗，在喜峰口东北七百里，东西宽九十五里，南北长二百二十里。

（丙）巴林部：（a）左翼旗；（b）右翼旗，在河北省古北口东北七百八十里，东西宽二百五十一里，南北长二百三十三里。

（丁）扎鲁特部：（a）左翼旗；（b）右翼旗，在喜峰口东北一千一百里，东西宽一百二十五里，南北长四百六十里。

（戊）阿鲁科尔沁部一旗，在古北口东北一千一百里，东西宽一百三十里，南北长四百二十里。

（己）翁牛特部：（a）左翼旗；（b）右翼旗，在古北口东北五百二十里，东西宽三百三十里，南北长三百五十七里。

（庚）克什克腾部一旗，在古北口东北五百七十里，东西宽三百三十四里，南北长三百五十七里。

（辛）喀尔喀左翼一旗，在喜峰口东北八百四十里，东西宽一百二十五里，南北长二百三十里。

（四）锡林郭勒盟。凡五部十旗（在察哈尔省）。

（甲）乌珠穆沁部：（a）左翼旗；（b）右翼旗，在古北口东北九百二十三里，东西宽三百六十里，南北长四百二十五里，乃察哈尔汉族也。

（乙）浩济特部：（a）左翼旗；（b）右翼旗，在河北省独石口东北六百八十五里，东西宽一百七十里，南北长三百七十五里，乃察哈尔汉族也。

（丙）苏尼特部：（a）左翼旗；（b）右翼旗，在张家口北五百五十里，东西宽四百六十里，南北长五百八十里，亦察哈尔汉族也。

（丁）阿巴噶部：（a）左翼旗；（b）右翼旗，在张家口东北五百九十里，东西宽二百里，南北长三百十里。

（戊）阿巴哈那尔部：（a）左翼旗；（b）右翼旗，在张家口东北六百四十里，东西宽百八十里，南北长四百三十六里。

（五）乌兰察布盟，凡四部六旗（在绥远省）。

（甲）四子部落部一旗，在张家口西北五百五十里，东西宽二百三十五里，南北长二百四十里。

（乙）茂明安部一旗，在张家口西北八百里，东西宽百里，南北长一百九十里。

（丙）喀尔喀右翼部一旗，在张家口西北七百一十里，东西宽一百二十里，南北长一百三十里。

（丁）乌喇特部三旗：（a）前旗；（b）中旗；（c）后旗，在绥远城西二百六十里，东西〈宽〉二百十五里，南北长三百里。

（六）伊克昭盟。凡一部七旗（在绥远省）。其一部曰鄂尔多斯部，分左、右翼。每翼更分中、前、后三旗，此外右翼尚有一前末旗，共七旗。位于陕西、甘肃二省长城之北，东西环以黄河，所谓河套是也。此外尚有察哈尔八旗四牧群，在河北、山西边外，四旗驻张家口外，镶黄、正黄、正红、镶红，三旗驻独石〈口〉外（正白、镶白、正蓝）；一旗驻杀虎口外（镶蓝）。又有呼伦贝尔一处，共分八旗。以上呼察二处，其地位均等于一盟，此外又有阿拉善、额济纳（详后）、归化土默特、伊克明安四旗，均不属于任何一盟，故称之曰四特别旗。

此系内蒙各盟旗之大略也。

外蒙古各盟旗。

外蒙地方可分三大区，即喀尔喀、唐努乌梁海及科布多是也。

喀尔喀又分车臣汗、土谢图汗、三音诺颜汗、札萨克图汗四部，兹分述于下。

（甲）车臣汗部，即克鲁伦巴尔和屯盟，一作赤城汗，又作彻辰汗，又曰喀尔喀东路。东邻黑龙江省，分为中军及左、右翼，更分为二十三旗，前归都护使驻扎库伦办事大员管辖，兹分记于下。中军（一）根根格车臣汗旗①；（二）前旗；（三）后旗；（四）左旗；（五）右旗；（六）末旗；（七）末次旗；（八）左前旗；（九）左后旗；（十）末右旗。左翼（十一）中旗；（十二）前旗；（十三）后旗；（十四）后末旗；（十五）左旗；（十六）右旗。右翼（十七）中旗；（十八）前旗；（十九）后旗；（二十）左旗；（二一）中前旗；（二二）中左旗；（二三）中右旗。

（乙）土谢图汗部，即汗阿林盟，其地亦作图舍图图什业图。一称喀尔喀后路，位车臣汗之西，分二十旗，归都护使驻扎库伦办事大员管辖之。中军（一）土谢图汗旗（在杭爱山东，跨鄂尔坤、喀鲁哈二河）；（二）左旗；（三）右旗；（四）中旗（为库伦办事大员驻扎之所，现已无）；（五）次旗；（六）左末旗；（七）右末旗。左翼（八）左旗；（九）右旗；（十）中旗；（十一）末旗；（十二）中左旗；（十三）右末旗；（十四）左中末旗（东北为恰克图佐理专员驻扎之所）。右翼（十五）左旗；（十六）右旗；（十七）左后旗；（十八）左末旗；（十九）右末旗；（二十）右末次旗。

（丙）三音诺颜部，即齐齐尔克里盟，其地一作赛音诺颜，又曰喀尔喀中路。在土谢图汗之西，分二十四旗，归都护使分充乌里雅苏台佐理专员管辖区域，受库伦办事大员节制。中军（一）

---

① 应为格根车臣汗旗。——整理者注

三旗〔音〕诺颜旗（在杭爱山阳，当鄂尔浑河源）；（二）右旗；（三）左旗；（四）前旗；（五）后旗（西为乌里雅苏台佐理专员驻扎之所）；（六）末旗；（七）后末旗；（八）左末旗；（九）右末旗；（十）额鲁特旗；（十一）额鲁特前旗。左翼（一二）中旗；（一三）左旗；（一四）右旗；（一五）左末旗。右翼（一六）前旗；（一七）后旗；（一八）末旗；（一九）中左旗；（二十）中右旗；（二一）中末旗；（二二）左末旗；（二三）右末旗；（二四）右后旗。

　　（丁）札萨克图汗部，即札克河源毕都里雅诺尔诏，一称喀尔喀西路。在三音诺颜之西，共分十九旗，昔归都护使分充乌里雅苏台佐理专员管辖区域，受库伦理事大员节制。〈右翼〉（一）札萧〔萨〕克图汗旗（兼辖左旗）；（二）右旗；（三）前旗；（四）后旗；（五）右末旗；（六）后末旗。左翼（七）右旗；（八）左旗；（九）前旗；（十）后旗；（一一）中旗；（一二）后末旗。中军（一三）左左旗；（一四）左右旗；（一五）左末旗；（一六）右左旗；（一七）右右旗；（一八）右末旗；（一九）右末次旗。

　　〔（戊）〕科布多在喀尔喀之西，唐努乌梁海之南，新疆之东，旧属科布多参赞〔赞〕监督。原分杜尔伦〔伯〕特、辉特、新土尔扈特、新和硕特、扎哈沁、明阿特、额鲁特七部。一盟二十二旗，今新土尔扈特部，与新和硕特，及阿尔泰乌梁海部，尚有十二旗，向归阿尔泰办事长官管辖，于民八六月阿尔泰地方归并新疆省，改区为道，设阿山道尹一缺，仍以原管之蒙、哈等事务，归其接管。故不别于科布多统系之内，其余皆由科布多佐理员监督之。

　　（甲）杜尔伯特左翼十一旗、右翼三旗。左翼（一）杜尔伯特旗；（二）中旗；（三）中左旗；（四）中前旗；（五）中后旗；（六）中上旗；（七）中下旗；（八）中前左旗；（九）中前右旗；

（十）中后左旗；（十一）中后右旗。右翼（十二）前旗；（十三）前左旗；（十四）中右旗。

（乙）辉特下前旗及下后旗二旗。右十六旗，合为一盟，曰赛音济雅哈图盟。（三）明阿特旗。

（丙）扎哈沁旗。

（丁）额鲁特旗。

［（戊）］唐努乌梁海。考乌梁海原分三部，一为阿尔泰乌梁海，现属新疆；二为阿尔泰淖尔乌梁海，仅一旗，割归俄属；三为唐努乌梁海，分六旗。（一）库条古尔□尔乌梁海；（二）达尔哈达沙毕乌梁海（以上二旗归属外蒙）；（三）唐努旗；（四）肯木次克旗；（五）萨尔吉格旗；（六）陶吉旗（以上四旗，与外蒙不利〔和〕，不愿受统制治而别成区域）。

此外蒙古之盟旗，在新疆境内者，有旧土尔扈特及霍硕等筹十三旗，又阿尔泰乌梁海及新土尔扈特等十旗。

阿拉善厄鲁特。阿拉善厄鲁特一旗又称西套厄鲁特牧地，在贺兰山之西龙头山，其疆界东至甘肃、宁夏边外，南连凉州、甘州之边外，西接额济纳旧土尔扈特，北逾沙漠接札萨克图汗部。

额济纳旧土尔扈特。额济纳旧土尔扈特一旗牧地，在阿拉善之西，甘肃甘州及肃州之边外，其疆界东接阿拉善蒙古，南至甘肃高台县及肃州边外，西邻大沙漠，北逾沙漠连札萨克图汗部。

以上二旗，现则在宁夏境内。

《西北言论》

北平西北协社

1932 年 1 卷 4 期

（李红菊　整理）

呼伦贝尔概论

萧贻待 撰

苏俄国家为一般人所深恶痛嫉，在昔其主义不过理想，世界各国，颇以为消灭甚易。五年计划初公布时，各国亦不加以注意，及至成绩渐著，其访问者，研究者，乃纷纷从事实际之考察，已不复以不可能目之矣。俄之五年计划，或能全部完成，现计划中之农业、工业二者，多已超过预期限度；现苏俄最注重工业，专力制造机器，期使机器亦不仰给于人，开发煤矿，整理油井，不遗余力，近更利用水力扩大发电厂，以为全国电气化之先声，燃料更可减少，煤及煤油，亦可作为大宗出口品；农计划两年来之成功，于预定计划，超过甚多，如农具曳引机等制造，有过量之发达；农业约分二种，曰国营农场，日集合农场。国营农场者，为没收之各土地及牧场等，由国家招工开垦，给以工货，用机器耕种，组织与工厂无异；所谓集合农场，乃各小农集合之耕种，而由国家助以机器、种子、肥料，并加以指导，使其自行耕种，收获后，国家提出若干，余即按各家所出之人工及亩数均分，决不许雇工耕种，耕余之地，则归国家，富农尤在铲除之列。去岁一年（一九三〇年），几将全农中富农铲除殆尽。工业、农业，现均发达，又极注重各种交通，如铁道、水道、汽车道等。惟五金出产，尚未能按原定计划发达，今年将用大资本整理之。该国聘请德、美多数学者及工程师详细研究，据导劝者云，苏俄最近期内，专注意国内建设事业，以求自立，再行向外发展。自苏俄实施五年计划后，欧洲各国对之颇感恐慌，一以期〔其〕最低代价造成之出产物，向外以廉价抛售，易使世界经济动摇，二以其工人待遇，或优于欧美，易使社会下层动摇，故欧美各国现力求抑制之方，并改善工人待遇，畏其波及，俄人节衣缩食，克苦耐劳，殊甚〔堪〕钦佩，惟是苏俄一旦五年计划完成，自必谋向外发展，欧美对此防范殊严，恐不易侵入，我国与苏俄交壤，边围素称松懈，一旦有事，我国将束手无策。（见二〇，五，二十四日湖南《国民日报》）

上面，述蒋作宾公使归国后，在外部纪念周国际现状报告中论苏俄近情的一段话。（按蒋公使此次归国，假道经苏俄，此种报告具有一种实际的见解。）我们看了这段话，好不惊心惶恐，盖苏俄自实施五年计划（The Five-year Plan，俄文为 Pyiatilctka，即五年的意思，此五年系自一九二八——一九二九年度至一九三二〈年〉度——至一九三三年止）后，现在步步成功，如果全部计划实现，世界将大受其威胁，何况我国（新疆、外蒙、黑龙江、吉林）与俄连壤；新疆天山北路及外蒙已完全受其"赤化"，尽人皆知，而现在又进一步图谋"赤化"我黑龙江、吉林了，但黑龙江、吉林，要以呼伦贝尔为最危险；盖呼伦贝尔为黑龙江属之一部，壤接苏俄，地产极丰，又为中东铁道通过之地，地位之重要，实我北方唯一咽喉。

呼伦贝尔地位既如此重要，而其危险又这样严重，但国人尚不知注意，以图挽救之策，兹篇拟将呼伦贝尔的地理与地〈志〉，民族与人口，历史与现况，天然的利源，历次暴动经过的情形，及俄人侵略的事实，作一具体的叙述，使国人对于呼伦贝尔有相当的认识；果因此引起国人的留意，则匪独作者之幸，亦国家民族之福利了。

一　呼伦贝尔的地理概况

（一）位置与名称

呼伦贝尔位于黑龙江省之西部，其地因有呼伦与贝尔二池而得名；清初平定外蒙古后，即编为新巴尔虎、陈巴尔虎、索伦、颃〔额〕鲁特等四十七旗，与齐齐哈尔、墨尔根、黑龙江（爱珲）、布特哈、通肯等共置副都统，隶于黑龙江将军管辖之下。光绪三十四年，改副都统为呼海道；民国成立，呼海道改称龙江道，至近海满道之称，则自龙江道所分出，隶有呼伦贝尔全部领土；本文因叙述的关系，不称海满道，仍称呼伦贝尔。

呼伦贝尔起于北纬四十七度至五十四及东经百十五度至百二十三度之间，其总面积据调查有六五八，六八八华方里，约占黑龙江全面积四分之一以上。若分言起来，则呼伦县占七六，六五〇华方里，胪滨县占三九九，七五〇华方里，奇乾县占一五〇，〇〇〇华方里，室韦县占三二，二四八华方里（根据黑龙江各县政府调查报告)。但据黑龙江民政厅调查，则仅有四三一，二一七华方里，呼伦县占一三七，四九八华方里，胪滨县占一〇一，四七〇华方里，奇乾县占八七，七七三华方里，室韦县占一〇四，四七六华方里（二说均见民国二十年《东北年鉴》），又据前俄人调查为十五万五千五百九十九平方公里，呼伦贝尔占五万余，胪滨占五万余，奇乾占二万余，室韦占一万余，此调查各县面积虽有相差，而总面积与第一个总计略可相合；统之，呼伦贝尔地面宽广，是无可赘言的。

（二）地理概况

第一，疆域　呼伦贝尔在大兴安岭以西，计北端由黑龙江起，南端至索若尔济止；南面由索若尔济起，其边界向西行，穿过贝尔湖，达苏布尔格湖，西自苏布尔格湖起，向西北行，与外蒙车臣汗部及俄属后贝加尔犬牙相错，满洲里站为呼伦贝尔与俄属后贝加尔交界之处；西北界额尔古纳河及俄属之后贝加尔省。此为呼伦贝尔的边界，不过西南和西北各处边境，至今尤多未划清，常起争执。

第二，气候　呼伦贝尔既位于北纬四十七度至五十四度之间，其气候冬季自然沍寒；但夏季气温亦甚热，常达摄氏三十三度以上，一切农事全在该季，初秋虽天气晴朗，然即有雪片飞舞，深秋已见冰凘，河流封固，恒亘半载（自十月中旬结冰，至翌年四月下旬始解），地面积雪，动盈数尺；故隆冬气温，常降至摄氏三十六度以下，气候之寒，可想而知。

第三，山脉　呼伦贝尔境内之山脉交错，最著者如大兴安岭、伊勒呼里（即顺松子岭），其支脉有额白尔山、室韦山、雅克山、伊克古克达山等，绵亘于呼伦贝尔东部与境内，为嫩江与额尔古纳河之分水岭，长千余里，广七百里，伊克古克达山之峰高六千尺，山之东西叙〔斜〕度甚大，悬崖峭壁，攀跻颇难，而森林茂密，天产丰富，著称于世了。

第四，泊湖　境内有呼伦与边〔贝〕尔两大湖。呼伦池，一名达赖泊，古有库鄂湖及阔湾海子等称，形椭圆，周四五百里，南北直径二百八十里，东西一百二十里，乌尔顺河、克鲁伦河之水自西南入注，北泄则为额尔古纳河，位于胪滨县南。贝尔池，位于呼伦县西南外蒙与呼伦贝尔交界之地，一称布取尔湖，《元史》称"捕鱼尔海"，池面小于呼伦池，南北直径百五十里，东西则仅七十里。上注入喀尔喀河，下吐出乌尔顺河，而入于呼伦池。

第五，河流　境内河流较大者，有海拉尔河、根河、吉拉林河、牛耳河、伊穆河、乌尔顺河及自蒙古流来之克鲁伦河等，均入注与俄为界的额尔古纳河；河流既多，故渔业极盛，为呼伦贝尔一大生产事业。

第六，形势　呼伦贝尔，依山带水，形势称胜，中部平原，南广，西北狭，土地肥沃，南部多湖泊，之〔于〕牧畜、农业，皆颇适宜，现中东铁道横贯境内，西自胪滨县入境，经呼伦县，东通哈尔滨，为交通要冲。且北通西伯利亚，南连外蒙，胪滨尤为东北之第一门户，其于我国东北边防，更有足举轻重之势，日、俄之所以十分注目于此者，其原因也就在此。

（三）地方志略

呼伦贝尔有四县，即呼伦、胪滨、奇乾、室韦是，四县之中，以呼伦、胪滨二县为最重要。呼伦县，即清呼伦府，唐室韦化〔府〕，辽尉〔为〕上京路，金尉〔为〕北京路，明为孛伦达呼尔所居；清初置呼伦贝尔副都统，光绪三十四年裁设厅，旋升府，民国三年改县。城濒海拉尔河左岸，当中东铁道已〔线〕上，土名海拉尔，数十年前不过一村落，只有总管衙门而线〔已〕。自中东铁道开过后，则日渐兴盛，视为重地，俄人置车站于此，以为之中心，而于其附近设市街。清光绪三十年中日条约，开放为通商市场，商业尚无足观，贸易品以牛羊为主，贸易地西自俄领外拜喀尔洲，东亘龙江县以及领俄沿海州间。县西南一百八十俄里之处有甘吉庙（或赶集庙），即为寿宁寺，每年八月一日至十五日举行大祭，南自张家口，西自恰克图，及其他蒙古各地，来此礼佛、营商者常数千人（前此会〔曾〕专为礼佛，今则受〔变〕而为专营商业了），因而互市，列帐百里，一时间为繁盛之地，会期过后，商业顿形萧条，商人亦多渐散去（详情请参阅谢彬著《国防与外交》一书）。

庐滨县，土称满洲里，即清庐滨府治，民国三年改县，位于中俄交界处，当中东铁道入境首站，因铁路建设，遂勃兴而成一大都市，人口日渐增加，但以俄人为多；有中俄两国所设之税关，与海拉尔同时开放，贸易亦以畜产为大宗。室韦县，旧称吉拉林，县为民国九年改建，位于额尔古拉河中流与吉拉林河合流之处，为边境最重要之县。奇乾县，在呼伦贝尔的极北部，民国九年设治，十一年遂改县：该地产金甚丰，未能开发，至可惜了。

二 呼伦贝尔的民族与人口

（一）民族

呼伦贝尔境内的民族极复杂，分析起来，大概可别为五部：（A）索伦民族，又称通古斯，俄语则名喀穆尼；（B）达呼尔族；（C）巴尔虎族，该族有新陈两部之分，布来雅则又居属巴虎的分支；（D）额鲁特族；（E）扎萨克族。五族统分十七旗，索伦人占六旗，新陈巴尔虎共十旗，额鲁特一旗，余则分居各处，故其势以新陈巴尔虎为最大，索伦人次之，额鲁特最小，兹将其情形，分别叙述于次。

索伦人为辽裔，散居于西伯利亚，黑龙江中流，额尔〈古〉纳河的东岸，兴安岭的东麓，嫩江上流沿岸，及呼伦贝尔一带。但其分布于中俄边境，范围极广，居呼伦贝尔者不过一部分，言语为通古斯语，故人类学家归之于通古斯族；其散居于西伯利亚一带者，更通俄语，实北方一大巨族，一六九一年（康熙三十年）清圣祖将其编入旗籍，名曰索伦；使习兵军，则骁勇善战，尝以数百兵一破敌军数万人，遂著称于世。一七三二年（雍正十年）清世宗由布特哈迁往呼伦贝尔，其而〔面〕目狰狞，尤有特殊的骨相。该部尚有一别支，名为鄂伦春，其文化程度，较索伦人还低，殆与一类穴居野处时代相近，散处深山，迁徙靡定，以打猎为业，衣皮食肉，有步及猛兽之能，骑马使于〔枪〕，形成特殊技艺，其骁勇凶猛，殆少过于索伦人。此族穷守荒山，无人管束，以皮毛易物，所需食用，多类〔赖〕俄商供给，生人误入彼等游猎地点，处〔辄〕被杀害，故其生活居处，知者极鲜。

达呼尔本为契丹种族，辽亡时徙于黑龙江北境。一六八九年（康熙二十八年）清圣祖编入八旗，分驻齐齐哈尔、伯都纳各城，以为蒙古族中得风气之最先者，善牧畜，在蒙古族中最称富足。一七三二年（雍正十年），清世宗由布哈特移驻于呼伦贝尔。契丹之遗种素以长于政治天才著称，与其他蒙人性质大异，运用其天然才能智巧，俨然握呼伦贝尔政治的枢纽，自副都统以下，左右厅及重要职员，均在此族人的手里：前任副都统福胜，左厅长成德，才力、文章冠绝一时，及最近呼伦贝尔青年领袖郭道甫（德成之子），咸为此族。

巴尔虎为蒙古族的一支，编入八旗之时，则有新陈两部的分别，普通称巴尔虎，总是包括该两部。此部除一部隶属蒙古八旗，多居于黑龙江省城一带外，余概栖居于嫩江流域，及呼伦贝尔区内，冬游牧于海拉尔河上流，夏日则趋下流，性情极慓悍，信奉喇嘛教，其散处于呼伦贝尔者，且通汉文。自汉人移居于呼伦贝尔以后，则相处杂住，一部已受汉人的同化。

至新巴尔虎，本居外蒙，在外兴安岭北麓一带，从事游牧；迄清嘉庆年间（十八世纪末叶），始渐转徙南来，而成部落，编入八旗。其编入时较晚，故别称新巴尔虎，其后又移至伊敏河（海拉尔河支流）两岸，逐水草而居，其语言与陈巴尔虎相同，不过文化较低下，敬信土俗喇嘛，托生命于佛。惟以同化时间较浅，陈巴尔虎常目之为蛮族，至两部间甚不相和。

额鲁特为纯粹的蒙古族，其名称不一，有呼厄鲁特、卫拉特、瓦拉特的；人类学者称之为西部蒙古族，以与东部蒙古族之喀尔喀族相分别。人口约五十万，分布区域甚广。其初本多居西藏、中亚及俄国南部方面，后来渐渐分散移居，其中一部遂东迁于呼裕尔河及呼伦贝尔地方。该部民族身体强健，性质朴直而慓悍，善骑射，以游牧为生，信奉喇嘛教，用蒙古语。

扎萨克为哈萨克的分支，散居呼伦贝尔西南一带，有打猎者，有游牧者，言语自成一种，与蒙古语不通。

上述为呼伦贝尔民族的大概情况。该等民族文化低下，智识浅薄，而天性强悍，勇猛善战。头脑简单，富于宗教信仰，性情率直，易受他人的鼓动。处治得法，则帖服附从，否则，反抗必生，统治甚难。要之，该等民族和外蒙关系密切，无论在民族上，宗教上，言语上，历史上，以及民情风俗上，都有不可分隔之势，同时接近俄国，易受俄人鼓动，清末以还，屡起扰乱者，关系即在此了。

（二）人口

呼伦贝尔的人口，素没有一个确切的统计，据日人调查，居民约九万八千余人，其中蒙古人约占五万；但据另一报告，仅有五万二千余人，其中蒙古人约占三万左右，汉满约万余人，白俄约六千人，赤俄千余人，日、英、美、德、法、韩人各约百余；又据《东北年鉴》（民国二十年）各县调查统计，为呼伦县二三，四九三人，胪滨县二九，〇〇〇人，室韦县三，五四二人，奇乾县一，八八五人，合计起来则为五七，九二九人。此三种统计，究竟谁是谁不是呢？这当然不敢论定。不过就后列二者看，相差无几，而二者与前一种较则相差远甚了。再又有一统计为七万二千零二十一人，即土著民族的汉人占一七，一七七，俄人二二，六五八，其他二六九，游牧民的蒙古人占二七，六六二，布来雅及通古斯占三，一一〇；行猎民族的鄂伦春人占八九五，雅库特人占二五〇；设若此说为确实，则以呼伦贝尔土地相较，每二方里尚不到一人，由此可见出呼伦贝尔人口稀少的一斑。

三　呼伦贝尔的过去与现在

（一）历史沿革

呼伦贝尔为多数游牧民族的战场，古迹多被摧残。周以前，纪载不详，秦筑长城时，蒙古分三汗，东为东胡，包括今呼伦贝尔地。秦末汉初之际，蒙古民族略取内外蒙古，建设游牧大帝国，即史书所称之匈奴是也。汉武帝时命大将军卫青征匈奴，至克鲁伦河，此为中国兵力至该地的第一次。东汉中叶，南匈奴南迁中国，北匈奴西迁欧洲之后，呼伦贝尔空虚，鲜卑人乘势据其地。

南北朝时代，为突厥所占领后归元魏。唐时为室韦，蒙古族附属之，《旧唐书》称之曰蒙兀室韦，《新唐〈书〉》称之曰蒙瓦部（其地在呼伦池东，额尔古纳河南一带）。唐末（第四世纪），契丹王钦德征服室韦。及契丹强盛，改称大辽，摹仿宋制，将室韦改为上京路，时当第十世纪了。宋徽宗时，金人灭辽，改上京路为北京路；宋末金亦衰，蒙古成吉思汗崛起鄂嫩河，克服北京路为根据地，经太宗、定宗、宪宗、世祖的雄略，占领亚洲大部及欧洲东北部，创立空前绝后的蒙古大元帝国，故呼伦贝尔为元室勃兴之地。明初，元顺帝之孙，屡次侵扰，驻兵贝尔池一带，洪武二十年（一三九九年）遣大将军蓝玉率师十五万大破之。永乐八年（一四一〇年）成祖亲征，次于胪朐河。永乐二十年（一四二二年）鞑靼阿鲁台犯边，成祖二次亲征，追击至伦呼池，至是呼伦贝尔全境，始告肃清，归明版图。迄十七世纪初叶（当明万历末年），努儿哈赤（即清太祖）崛起，武功大盛，并合言语同一之国后，即分兵北进，取有黑龙江全部（详见萧一山著《清代通史》卷上），时清太祖致书明帝有云："朕自继承大统，疆界日扩，山东北海达西北海①，所有……鄂嫩河沿岸之野人，以及元代领地……先后归顺。"足见该地为清有。即后贝加尔州等，亦包括而为清属地，但康熙中，有所谓罗刹（即俄罗斯）者，侵入黑龙江，掠夺部落貂畜，锋甚锐。于是有雅克图〔萨〕之役，尼布楚之约。东北边界既定，而中西的交际，乃日益繁密，今日呼伦贝尔之重要与纷乱，盖伏机于此了。

（二）行政组织

自努儿哈赤统治黑龙江一带，入主中原以后，即在黑龙江设将

---

① 原文如此。——整理者注

军，管辖全土，并在齐齐哈尔、瑷珲、黑〔墨〕尔根（嫩江县）、布特哈（今讷河县与布西县地）、通肯，及呼伦贝尔，设置副都统，在黑龙江将军统治之下，分治各地。当时呼伦贝尔副都统所辖的蒙民有陈巴尔虎、新巴尔虎、索伦、额尔特四部，十七旗。副都统以下设一处二司，由各旗总副管、佐、骁等分别充任，且特许蒙民自治，此乃当时特点。

　　清末（光绪三十三年）黑龙江改建行省，同时裁黑龙江将军，改设黑龙江巡抚；但呼伦贝尔副都统仍保存，而在其下另添局处。迄光绪三十四年，遂改呼伦贝尔为呼伦道，设一府二厅，即满珠府（满洲里）、呼伦直隶厅（海拉尔）、室韦直隶厅（吉拉林）；宣统元年，又改满珠府为胪滨府。辛亥（一九一一年）革命起，呼伦贝尔与外蒙宣布独立，及民国三年独立取销，遂改呼伦厅为呼伦县，室韦厅为设治局，胪滨府为胪滨县，至此政治组织遂与内地相互一致。然而呼伦贝尔副都统制至今仍保存，而掌管呼伦贝尔行政，兹将其组织内容述如次：

　　呼伦贝尔副都统署

　　　　左厅　　管理内政、财政、户口。

　　　　右厅　　管理司法等事。

　　　　印务厅　　管理文书事件。

　　　　索伦左翼　　管理旗务，下分四旗：

　　　　　　镶黄旗；

　　　　　　正白旗；

　　　　　　镶白旗；

　　　　　　正蓝旗。

　　　　索伦右翼　　管理旗务，下分四旗：

　　　　　　正黄旗；

　　　　　　正红旗；

镶红旗；

镶蓝旗。

新巴尔虎左翼　管理旗务，下分四旗：

镶黄旗；

正白旗；

镶白旗；

正蓝旗。

新巴尔虎右翼　管理旗务，下分四旗：

正黄旗；

正红旗；

镶红旗；

镶蓝旗。

额鲁特翼　管理旗务，下分一旗：

镶黄旗。

鄂伦春翼　管理旗务，下分一旗：

镶蓝旗。

最高长官是副都统，左右厅各置厅长一，分掌司法、行政、财政大权；六翼各置总管一员，为副都统之辅助；总管以外，又设副管，以为帮办。在十八旗之中，每旗各设左〔佐〕领三员。索伦左翼七员，右翼十二员，新巴尔虎两翼二十四员，陈巴〈尔〉虎翼十二员，额鲁特翼两员，鄂伦春翼两员。呼伦贝尔行政实权，虽操纵于副都统一人，然在各县（呼伦、胪滨、奇乾、室韦）仍设知事，掌理县务，从前县之上尚有道尹为之长，此实一种双重的行政组织。

四　呼伦贝尔的经济价值

（一）概论

呼伦贝尔为东北一大宝库，天产之富，实冠于全国各处，惟以地处极北，人口稀少（平均每二方里不到一人），加以国家濒年内乱，未能开发经营，物产虽饶，匪独不能利用，以裕国民生计，反以蕴藏之富，引起强邻盗寇之心，可痛孰甚！

呼伦贝尔气候，冬季虽较内地寒冷，然自四月至九月间，天气温和，适于农作物。平坦之处，土地肥沃，宜于耕作大麦、小麦、乔麦、玛麻子、豆子、蔬菜等；而吉拉林河一带，且宜种［各栽］稻粱，各种作物，尤为特色；即不宜耕种之地，则可用为牧畜；是呼伦贝尔之于农业、牧畜，较之蒙古，气候上无大陆性之剧变，地利上且有河流蜿蜒，便于灌溉，优良实多。

呼伦贝尔境内山峰起伏，因之天然森〈林〉，千里一片，郁郁葱葱，未加斫伐，茂盛之状，实过于辽、吉，木材之多，可以概见。奇乾河等处之金矿，大者数十里，小者十余里，尤为宝藏，更值重视。再珠尔博克特池之盐产，年不下数千顿〔吨〕，贝尔池之鱼〔渔〕业，尤为呼伦贝尔经济价值之所在，至其他打猎及各种蕴藏，尤令人羡慕了。

如斯宝藏，苏俄东方数千里的土地，无一能比，其历年的寇边情况，近日的从事煽动蒙人，形式虽不同，而呼伦贝尔为攫取目的之一，则无疑义。如额尔古纳河沿岸俄人越境偷垦，数近千家，与妄指额尔古纳河之支流为主干，借口占我土地，可为明证，近来"赤化"外蒙与新疆天山北路成功，最近日进一步想"赤化"黑龙江，而黑龙江又以呼伦贝尔首当其要，国人于此可不留意！

为使国人留意起见，兹将呼伦贝尔宜于垦植土地和森林、渔业、牧畜、矿产、盐产，以及各项有经济价值者，作一梗概的叙述，敬献国人，而今后共谋开发振兴之策，盖呼伦贝尔安危，关键全系乎此，吾人岂仍可轻视？

（二）牧畜

呼伦贝尔有含盐之地与便利的水源，为黑龙江境内最宜牧畜的一地，沿兴安岭山麓以至森林地带之间，牧畜成群，所居者皆牧畜民族。故牧畜实为呼伦贝尔唯一的财富，完粮、纳税、贸易皆以牧畜。其种类有牛、马、猪、骆驼，骆驼负重行远，颇便利货物的运输，牛、羊、猪，不但可供自身日常的食用，且出售可获大利。牛乳、羊毛，购者需求尤殷。马匹亦颇值钱，据民国十四年十二月呼伦贝尔政厅的统计，全境有马十七万匹，牛十四万头，羊一百五十万头，骆驼七千头，平均每一游牧有羊四十八头或四十九头，牛五头或四头，马五匹或六匹，此外全境尚养猪二千四百头，鹿一千头，日后逐渐繁殖，最近当然不止此数，试看下表：

民族部落	牲畜种类			
土著民族	骆驼	马	牛	羊
一东铁沿线内	一，四九五	四，五七〇	八九六〇	四二，二〇〇
二东铁沿线外	——	六，三二六	二一，七二八	五五，七九五
游牧民族	七，〇〇〇	一七〇，〇〇〇	一四〇，〇〇〇	一，五〇〇，〇〇〇
全境总数	八，四九五	一八，四九六	一七〇，六八八	一，五九七，九九五

此外牧畜业附属产品，若兽骨、萨拉油、牲畜遗物、羊毛等，亦为出产品的大宗，据近年调查，总计此项牧畜业之牲畜及其原料品，每年剩余数量输出以博金钱者，约共值墨洋三百万元之谱，兹列表如次：

牧畜业的牲畜及其原料品的代价

马匹	墨洋四十一万二千五百元
牛只	墨洋五十万元
绵羊	墨洋三十五万元
肉类	墨洋三十五万五千元
羊毛（未洗者）	墨洋一百二十万元
各种皮张	墨洋二十三万八千三百元
马毛	墨洋三万六千八百元
萨拉油	墨洋一千元
其他产品	墨洋一万元
总计	墨洋三百十万三千六百元

牧畜剩余产品输出表（自民国十二年至十六年平均由呼伦贝尔输出数量约如下）

马匹	三千匹
牛只	一万头
绵羊	五万四千四百头
羊毛	一千二百二十九吨
各种皮张	三千二百五十吨
马毛	三十吨
骨类	一百四十四吨
萨拉油	三吨
牲畜遗物	三十六吨
肉类	七百六十五吨

　　至输出牧畜业品的剩余数量及其代价，将来有增加，殊难断言，盖游牧蒙古人年在野原牧养，其兴盛与否，全恃气候的如何，及草类的丰富而定；若牧畜方法毫不改进，一旦遇性〔牲〕群患染病症，辄束手无策，任其死落，惟近稍知进步，遇有性〔牲〕畜患瘟疫，亦向东铁路局兽医请求救济，将来欲求其改善与增进，

须先筹广大的计划，善为指导，使逐潮进步而已（见一九，三，二十四日《时事新报》）。

（三）渔业

呼伦贝尔高原的河流，产鱼之富，在昔已著称，此种河流，又特为当地〈人〉民所珍视，即我国各省与蒙古并沿额尔古纳河一带的俄人，亦莫不异常羡幕〔慕〕，当时蒙古人常说："鱼类孵化，有声振撼，湖岸饮马，若不加驱策，则马畏而不进矣。"此可见产额之丰了。据最近调查，呼伦贝尔每年输出总额为三百四十七万零四百元美金，渔猎部分，则占一百八十万零四千七百元美金，实占全额百分之五十二，可知呼伦贝尔经济状况的增进及如裕了；但呼伦贝尔取缔私捕，屡颁禁令，本于宗教上的迷信，惟实际并未发生若何效果，倘政府方面，加以指导及改良方法，则将来经济上的进步，正未可限量，徒以地处边陲，人民寥落，政府仅在政治方面施以表面的暂时的处理，不知在经济方面为人民谋生产事业的改良，坐令弃货于地，人废于时，听其自生自灭。迩来关内移民，虽多择捕鱼之地居而捕鱼，俄属哥克萨人，亦私往浦〔捕〕取，然捕取之法，亦不谓〔外〕适用旧方，别无改进。

呼伦贝尔产鱼之地，初仅知贝尔湖，故往捕鱼者悉居于该处，其后往捕鱼者渐多，在乌尔顺河、哈勒哈河、克鲁伦河、穆特那溪、大赉湖等处发见多量鱼类，于是捕鱼者亦相继往各地捕取，是捕鱼之户，与捕鱼之地与年俱增了。

呼伦贝尔竞〔境〕内各处所产鱼类，有鲤鱼、白鲫鱼、鲭鱼、望天鱼、竹截鱼、堵马鱼、海马鱼、白杨鱼、小扁鱼、小鲫鱼、假龙胆鱼、鳍鱼，及虾蟹等，其中以鲤鱼、鲫〈鱼〉为最著，不仅味佳，直与俄国之鲤、鲫媲美，无毫腥气。

捕鱼之期，分夏冬两季，夏季所捕的鱼在未上市前，先畜于各家私池内，至上冻时，将鱼运赴满洲里（胪滨）站，再分别转输他处，惟夏季所浦〔捕〕之鱼，畜于池内，为日既久，死亡甚多，经济上殊觉损失。近有著名渔业家博里索夫，主张将浦〔捕〕获之鱼，即有捕获装成罐头，运往他处，既无朽腐之虞，又省蓄之费，现已从事试验。兹将民国十五年夏冬两季上市鱼品的渔获总额，列表如次：

捕鱼所在地	十五年夏季吨数	十五年冬季吨数
乌尔顺河	四九一	…………
穆特那溪	一一四	…………
克鲁伦河	二四五	…………
大赉河	一三二	三三四
合计	九八二	三三四

　　备注　据右表统计十五年夏冬两季在市上售出之鱼为一千三百一十六吨，惟据同年东省统计所捕之鱼，除自食以外，运外出售之数，为六，三五五吨，二者相差之巨，实可骇人，但谁是谁非，刻无从究竟，姑志之，以待来日之考证。

　　各种鱼类，当以鲤鱼之渔获数量为最多，颇占重要的位置，计由渔获总额百分之三十增至百分之六十，此由贝尔湖多年不准捕鱼，自有相当的繁殖，至望天鱼之渔获，日见减少，则纯由渔户改用大孔网之故。在民国七年以前，呼伦贝尔鱼类主要销场，以俄的彼得格勒及莫斯科为最，今仅销于东铁沿线各站及小部输往德国而已。

　　渔业在呼伦贝尔区域内，占经济上重要地位，尤以西部扎兰诺尔至满洲里一带为最，该处多数人民，终年以渔为业，冬季冻鱼，多由东铁各站运哈尔滨销售，查民国十六年，该处经营渔业者，竟达二千人以上。

（四）狩猎

　　在呼伦贝尔多数富源之中，兽皮亦占有最重要的位置，自黑龙江起，至呼伦贝尔南部边界止，广袤千余公里，且草木茂盛，山坡起伏，俱为野兽托足之所。所产种类，若猿、若狼、若獾、若猞猁、若狐、若鹿、若灰鼠、若水獭、若旱獭、若臭猫、若黄鼠等等，靡不俱备。其中价值较昂者，猞猁、灰鼠、旱獭、水獭等，递年以来，各种兽类出产减少，而东西洋需用者反增加，故其价值亦日益高贵。水獭一物，据近年调查，市场上数量殊不甚多，每年仅有五百张之谱，前此三四十元一张者，今则增至八十元或百元了。兹就呼伦贝尔市场上皮张的数目及价格列表如左：

野兽名称	所产张数	价值
狼	八，〇〇〇	每张四十元至五十元
贝加尔种之狐狸	三，〇〇〇	每张十余元至五十元
蒙古种之狐狸	一〇，〇〇〇	每张十余元至五十元
小狐狸	一五，〇〇〇	每张约十余元
獾	二，〇〇〇	
巨獾	一〇〇	
水獭	五〇〇	每张自五十元至百数十元
臭猫	一五，〇〇〇	
黄鼠	一〇，〇〇〇	
元鼠	一〇，〇〇〇	
猞猁	五〇〇	
旱獭	七〇〇，〇〇〇	每张三四元
灰鼠	三〇〇，〇〇〇	每张三四元
带缟鼠	二〇，〇〇〇	
涉布拿	一〇，〇〇〇	

据右表所列，计呼伦贝尔境内每年所出的皮张，约可值大洋四百五十万元，最大销场，首推美国，次之英国。海拉尔、满洲里，皆有外国皮张公司分行，专事收买，再除猎取野兽外，尚有猎取树鸡、鹧鸪、松鸡、山鸡、野鸡、天鹅、野鸭等类禽鸟，其

利益亦颇不小（见一九，三，二十六日《时事新报》）。

（五）矿业

西兴安岭山脉，散布于呼伦贝尔全境，地屋〔层〕中蕴藏深厚，五金之矿，甲于各地，惟以地处极边，峰峦起伏，境域幽邃，人迹罕到之地，均未经调查，不能得其详情，即已知道，而进行开采者，卒因资本及机械关系，至今未见发达，殊可惜了。兹就已经开采及已知矿苗的矿略述于次。

第一，金矿　金沙之探采，在海拉尔北部，及乌洛夫河口地方，在吉拉林开采者，其初为上阿穆尔公司，庚子（一九〇一年）俄人乘机占据，几经交涉，阅时六七载，始行收回，收回之后，由商人承办，未久废辍。清光绪三十四年（一九〇八年），黑龙江省增设民官，以吉拉林为金矿所在，将室韦升厅治，派设治委员兼办金厂事，此矿遂由官办，厂设治局之西，地名小沟子，距局八里。最近复归黑龙江广信公司开采，开采方法，系就旧有淘孔开采，工人将淘出金沙，卖与矿区赈房，每一枚泥克，合洋三元，计算方法，多不给现金，而以高价货物易换之，故吉拉林业金矿业者，多于其赈房内附设商号，勒令工人购备一切日用必需品，故金矿业者对于采金尚不重要，而对行销货物，反甚注意，故金矿账房所得金沙，纯以货物向工人易得者。现时金主要地域，在吉拉林河一带，其所采金沙，近年来全年所得不过百三十公斤，金质不良，粗矿尤多，获金殊少。总之，吉拉林所采之金，毫无统计，因多流入盗卖者的手，无从稽考，至归入中国国库之数，那更难稽考了。乌洛夫河口乌马地方，亦有广信公司开采，成绩如何，不甚明了，至盗采者，则所在都有。除此二矿而外，牛耳河、伊穆河、乌玛河、温河、奇乾河等等处所，惜遍地黄金，无人顾问，而外人垂涎三尺，求之不得了。

第二，煤矿　呼伦贝尔全区煤量蕴藏甚富，现已开采者，仅扎兰诺尔及满洲里一带。扎兰诺尔煤矿，属胪滨县，距县城约四十余里，东西横宽约三十里，东北、西南纵长约六十里。发见于前清光绪二十七年（一九〇一年），最近丁涛（副矿局长）声称，扎矿蕴煤，达二亿二千余万吨，若以每年采掘四千万吨计，至少可采百二十年，惟其中不无难以掘取处，故实际可采者，总在六七千万吨左右。距札〔扎〕矿百余里之大赉湖，亦发现煤苗可采数目，尚不在内，又距扎矿二十里外，复发现石油矿，要其蕴藏之富，非东省他矿所可比拟（见一九，九，二十七日《新京日报》）。总之，呼伦贝尔煤量蕴藏之富，可以推之，兹将扎矿曾经钻采区域，估定煤量列表如次，其比重以〇，七计算，单位为公尺及公吨，计共七四，九六一，二九六公吨。

区别	第一层		
那霍得喀井区	四，三〇〇长	七九〇宽	三，二厚
第一号井区	四，三〇〇长	五九七宽	一二，八厚
第二号井区	三，二〇〇长	一七一宽	七，六厚
又第二号井区	一，六〇〇长	四二七宽	七，五厚
拉斯宝井区	——	——	——
总量	三七，一〇八，四〇〇公吨		
已采之煤量	——		
现存之煤量	三七，一〇八，四〇〇公吨		
	第二层		
那霍得喀井区	一，一〇〇长	九三九宽	三，八厚
第一号井区	一，六〇〇长	六四〇宽	七，六八厚
第二号井区	四，八〇〇长	五三四宽	七，六八厚
又第二号井区	二，一〇〇长	一，〇二六宽	六，〇四厚
拉斯宝井区	——	——	——
总量	三一，一四三，九五〇公吨		

续表

已采之煤量	四，八三一，〇〇〇公吨		
现存之煤量	二六，三一二，九五〇公吨		
	第三层		
那霍得喀井区	——	——	——
第一号井区	九，六〇〇长	四四〇宽	一，九二厚
第二号井区	九，六〇〇长	四四〇宽	一，九二厚
又第二号井区	——	——	——
拉斯宝井区	二，一〇〇长	二六〇宽	二，七厚
总量	六，七〇八，九九六公吨		
已采之煤量	——		
现存之煤量	六，七〇八，九九六公吨		

扎矿煤系地层属第三纪，含煤三层或四层，大致向东南倾斜，倾再〔度〕不及十度。平均总厚为二十公尺，开采处多属第三层，地层之厚，次序为次。

地层	厚度	
	九号井附近	新浑〔度〕溪附近
冲积层	五·七五至六·一八	四·六九至一〇·〇一
砂岩及粘土	六三·九〇	四二·六〇
第一煤层	九·九三至一一·〇一	九·六九至一〇·三三
砂岩及粘土	一一·三三至一七·五一	二·八八至六·五六
第二煤层	九·八〇至一六·三三	九·〇五至九·三五
砂岩及粘土	一〇·六五	五七·六一
断层	四八·一〇	未详
不明地层	一〇〇·一一	九一·八〇
砂岩及粘土	六八·一六	五五·七二
第三煤层	六·六五至七·四八	五·三七至八·六五
砂岩及粘土	五·六三	未详
第四煤层	一·四九	未详

扎兰诺尔矿煤井分布于铁路南北者，计十余处之多。第一号井于清光绪三十四年被火，九号井亦于宣统三年为水所淹。旧浑溪井系民国六年所开，新浑溪井为民国九年所开，迨最近开采地点，为那霍得喀、旧浑溪、斯得利、新浑溪四处的露天采掘场，及那霍得喀、卜罗尼果夫，及九号井的三处煤井。民国九年，采煤最多，计三十六万六千吨，普通则在二十万吨左右。兹将该矿历年产额列表于后：

民国二年	一六八，七七六吨
民国三年	一七二，一五七吨
民国四年	二一三，八四三吨
民国五年	二三九，五三八吨
民国六年	二四七，六三四吨
民国七年	一八七，七三九吨
民国八年	二六五，四五〇吨
民国九年	三六六，〇三〇吨
民国十年	二七〇，八四二吨
民国十一年	一九六，二〇八吨
民国十二年	一九二，六三〇吨
民国十三年	二〇〇，五三九吨
民国十四年	一二三，四四五吨
民国十五年	一五二，〇九九吨
民国十六年	二二四，四〇六吨
民国十七年	二五四，二九〇吨
民国十八年	一六六，四九六吨

第三，碱产　产地在距海拉尔（呼伦县）西南一百三十公里的胡吉尔泡地方，碱层宽约一公里，长约一公里半，现由广信公司开采，总计五百公斤碱料，可出纯碱四大块，每年可产纯碱二十三块，约一百五十公吨。

第四，盐产　海拉尔西南三百余里有珠尔博特盐地，周围约十里，形如三角，其水自地中出，严寒不冻，亢旱亦不涸；春夏之交，微雨初晴，有风则盐现湖面，五六月产盐最盛，七月抄天气渐寒，晚间有霜，则不能取盐了。每年产盐之期将近四月；盐质粒细洁白，俄人最喜购食，故其价值较昂。全区收盐工人仅及百人，约计每人每日可取盐四百斤，合计日可获盐四万斤，一年以四月计算，当在四五百万斤左右；此虽雨水调和时，可获此数，然加以科学制取方法，一年所获，当不知若干倍于此数了。盐出后，即运往海拉尔，每百斤可售俄卢布一元四角上下。自中东铁路开通以来，俄人垂涎此盐，屡向政府请求代办，未经允许。光绪十一年（一八八五年），呼伦贝尔副都统曾某请试办常年盐囤，凡扫盐者，须领票交课，所扫得的盐，由定价收买，每百斤课羌钱七十五文，买盐者每百斤捐羌钱百五十文，此税此〔之〕后，任其所往，不复再课，官操其权，民享其利。光绪三十一年（一九〇五年）日俄交战，其后和议成，海盐畅通，盐价遂陡落，其盐质虽优，然交通不便，官盐原价与运费并计，成本昂贵，销路大减，光绪三十二、三两年因是停扫。光绪三十四年（一九〇八年）复两商承办，终因上述种种关系，不能振兴，实可惜了。

第五，水晶　大兴安岭一带，产水晶甚多，尤以三河村的得拉梁□阔为最，其他各种矿产，若石膏、莹石、大理石、焦炭、铁，所在多有，惜均货弃于地，未见有大规模的开采。此外，呼伦贝尔天然富源最足称道者，为矿泉，矿泉最著名者，得哈洛兴阿尔善矿泉。据医院化验结果，水甚清透，含铁的混合物甚多，对于黏液分泌的薄膜皮上，有最大的激刺性，可治腹疾及伤寒病，前往该泉治病者，俄人最多，蒙人次之（见一九，三，廿七日《时事新报》）。

（六）农业

呼伦贝尔全境延长千数百里，皆为大兴安岭山脉所支配，无广大的平原可资垦植，第额尔古［讷］纳河沿岸，西南自达尔巴干达呼山起，东北至额〈尔〉古纳河口止，延长千五百余里，山岭绵亘，间有平原，或在河湾，或在山曲，或在坡陀，可以耕种，按时栽培作物也。

由达尔巴干达呼山至阿巴该图山（相距约一百八十里），沿边均系山岭，虽间有平地，沙石相杂，不堪耕种者十居八九，但阿〈巴〉该图近临河岸，土地颇好。渡河至额尔古纳河右岸的库克多博总卡伦，沿岸平地长三百余里，宽处三十余里，最狭的地方，亦在五里以上，土带黑色，颇可种植，近山麓处，黄沙短草，宜于牧畜，不利耕作。库克多博以东，沿根河右岸，长三百余里，宽五十余里至百里，膏原沃壤，土亦黑色，微含细沙，水旱无虞，为一极善的种植地。再北三十里至巴尔和硕卡伦，沿岸有平地一区，纵横约二方里。由此东行二十余里，越数岭至新命名的小泉山沟，中宽约一里，长百余里，土壤肥美（俄人曾偷垦此处）。再北三十里，沿岸有平地一区，宽二里，长十余里（对岸为俄屯挪维矣粗鱼海图）。再北五十里至巴雅斯胡郎图温都尔卡伦，沿岸有小平地一区，中杂沙石，草不甚茂；距此十余里东南沙沟内有新命名的黄花岭，土质肥美，花草畅茂，面积约百余里。再北至胡裕尔和奇卡伦，沿岸地势平坦，土质良好，长十余里，宽三里许。再北至巴颜图克卡伦，沿岸皆漫冈，土厚色黑，草甚丰茂，近卡土地，宽敞平坦，长十五里，宽五里。再北至新命名曲水泡，沿岸亦皆漫冈，土质亦美（从前半为俄人偷垦，今则荒废），近泡土地，则都下湿，土厚草茂，长四里，宽一里。再北至铁现山，山内土地，土厚草盛，纵横约百余里。再北至吉拉林河口，沿岸土地平坦肥美，长十余里，宽二里（从前为俄人偷垦）。再北到新命名的平泉子，沿岸土地颇佳，纵横约四五方里。又再北到莫伦勒克卡伦，沿平岸，地土平坦肥沃，长约六七里，宽可二里，迤东山坡内亦多沃壤（从前半为俄人偷垦）。再北二十里沿岸有平地一区，土质肥美，纵横六方里（对岸为俄屯阿公斯克）。再北二十四里，沿岸亦有平地，纵横约六方里，土质甚好。再北四十里，至毕尔河卡伦，沿岸有平地一小区，纵横约里许。再北四十里，至吉林子河口以东土岭上，平坦肥沃，纵横约八方里许。再北二十里，至阿木毗河口，沿岸有平地一块，土质优美，纵横约八方里，迤东土冈土地，亦平坦肥美，宽四里，长十余里。再北二十四里，沿岸平地一方，土厚草茂，纵横约二里许。再北至牛耳河口左右，有平地两区，纵横约四方里，且河之上流平甸颇多，土皆肥沃。再北八里为新命名的河甸子，土质良好，细草茂生，纵横约二方里。再北二十五里，有平原两区，长约四里，宽约二里许。再北三十七里至珠尔干河总卡伦，沿岸平坦肥美，长十余里，宽数里，土厚草茂，耕畜两宜。北四十余里，至孙元宝店沿岸，有平地两区，纵横约计六七方里。再北经新命名的松甸至新命名的孤松河，沿岸平原数方，长数十里，极宜垦耕。再北数里即至温河卡伦，沿该河左右两岸之地土皆可耕种。再北至乌玛河，经新命〈名〉的长甸，而〈至〉伊木河卡伦，平地甚多可耕。由此而北，至奇雅克河口，再经新〈命〉名之永安卡伦，再北即至额〈尔古〉纳河口，中经平原十余区，耕作甚宜。综览沿岸地区，自吉拉林河以南，沃土甚夥，为天然移民垦植之地，至北虽山地较多，然设卡戍边，兼施垦植，则一举两得了。

　　上述额尔古纳河沿岸各区可耕地，多未开垦，因此常有俄人垦玺〔牧〕事件，边防空虚可知。此外侨居呼伦贝尔的俄人，遵守中国官厅条例，从事开垦租种（为期十二年），并许有权在承租地亩〔由〕从事建筑者甚多，租假〔价〕的规定，在额尔古纳河一带，每俄亩每年卢布二元，海拉尔河一带，每俄亩每年卢布二元五角，沿中东路车站一带，每俄亩每年卢布三元。民七、民九两年间，俄乱剧烈，俄人纷纷东来，聚垦于额尔古纳河、牙克什与免渡河站一带。俄侨租用地亩办法，系先向中国官厅请发执照，然后从事耕种。民国十五年，经我方官厅决议，承租的俄侨，须归化中国，或加入三河地方承租的中国公司充当雇佣，凡经许可者，方能从事农业；但额尔古纳河的俄侨，迄今未限今〔令〕归化中国，亦未认其为雇佣，每年仅出若干租金罢了。至车站一带耕户，与官厅亦向无书面条件的订定，仅由官厅命令村长准许耕种！收获后，每亩纳租金若干，即算行了。

呼伦贝尔农业近年虽比较进步，但额尔古纳河一带农作，全用人力去做，车站一带，则间有用机器农具。耕种之期，四月底（中历）始种小麦，六月方种荞麦等，其各地农业种类，也稍有不同，沿铁道车站一带，以小麦占重要位置，其他各地则有里〔稞〕麦、玲珰麦、大麦、荞麦、麻麦等。兹将各地平均产量，分类列表如左（以吨为单位）：

粮别	小麦	稞麦	玲□麦	大麦	荞麦	合计
车站沿线一带	九四九	一〇一	六八	二五	——	一，一四二〔三〕
三河地方	九一四	二四三	一一五	六七	一二一	一，四六〇
额尔古纳河一带	三，九五〇	一，三一七	一，〇二六	七九〇	六四七	七，七三〇
乌洛夫河口	一五七	五九	二六	一〇	九	六二一〔二六一〕
合计	五，九七〇	一，七二〇	一，二三五	八九二	七七七	一〇，五九四

考呼伦贝尔农业原始甚早（唐时有人至贝尔湖，即见该地人民从事农作），然至今尚不发达者，其重大原因，盖有数端：（A）由于移民来此者，不甚踊跃；不如从事于狩猎、渔业者有利可图，遂弃农业于不顾。（B）农具机器的需要，有供不应求之势，民国十五年时，呼境虽出最高代价，亦不能购得，因无巨大的农具商，小商号又复不能供给如许的数量；近年东铁地亩处，有农具借贷处的组织，沿路车站一带，均设有分处。但各处请求添购者，仍有不足之虞，这是因为耕作面积增加的原故。（C）官厅对于田赋的分配，向以收成为根据，收成愈高，征收愈重，致所收数目无定，但农产收成无论如何良好，此种税收加诸新落户之身，终嫌过重，因农人缴税，不仅田赋一宗，遂会重叠担负，力实未逮，近年征收额尤重，是以农人多持观望态度，未敢再增耕地。

（七）森林

森林本东三省一著名特产，其产额的丰富，甲于全国各地，而呼伦贝尔为产额最富足的一块。呼伦贝尔境内，全为大兴安岭山脉，所产森林，除沿中东铁道附近积有斫伐外，其他如额尔古纳河及北部各产处，多为斧斤未至之区域，所产森林为松树、桦树，桦树多产于巴雅斯胡图温都尔山，吉拉林一带则松、桦杂生，额勒合哈达地多桦树，间亦杂有松树。树分黑白二种，白者皮可制油，松则有意气松与黄松之别，意气松叶细像松，冬寒叶则凋落，故又名落叶松，土人呼为樟子松，黄松的叶如针，所结果实可吃，终年不凋。

据日人说，呼伦贝尔大兴安岭的森林，有面积三千方里，林产之富饶，可想而知，徒以交通不便，国人漠视，自家的不能开发，而所需用者，又复仰给于外人（一九二八年外洋输入木材价值在二千六百万元以上），利权外溢，国民经济日促，至可浩叹！且自中东铁道通后，辄遭俄人滥伐，而俄人之垂涎呼伦贝尔，亦多以此引起，国人岂能不注意？

（八）工业

呼伦贝尔自中东路修成以后，该地境内渐有俄国移民来居，同时亦渐有各种工业，且趋仿欧洲方式。就制造业说，约可分为二种：（甲）牲畜产品制造业，屠宰场、灌肠厂、洗毛厂、制牛乳厂、皮货靴鞋及制革所等；（乙）其余的制造业，火磨、制酒厂等，兹先就（甲）项说：

（A）屠宰场分出品屠宰场，与供给本地屠宰场，出品屠宰场分设满洲里及海拉尔两处，尤以海拉尔屠宰场为最佳，每月能宰牛一万二千头，羊五万头，猪六百头之多，场内设有绞杀牲畜绞辘五十架，宰猪大锅一具，满洲里的屠杀场，设备则较海拉尔为逊。

（B）制肠业，民国十三年以前，完全操诸布拉文洋行的手中，自后专卖权撤消，同时产生制肠工厂六处，海拉尔占五处，其一在满洲里。肠品出口最多者，首推绵羊与山羊的肠，本地用者多为牛肠。民国十六年以后，国外需求停止，价值遂一落千丈，故现时制肠事业，仅能行销于哈尔滨及本省各地。

（C）洗毛厂，设于海拉尔伊敏河畔，设备颇称完善。计设有水压机三座，一用以压制兽皮，一再〔用〕以压制兽毛，洗毛厂与车站间，筑有支线，以助运送。经该厂压制的毛，欧美商人即得直接运赴外洋市场，无须再运他埠，另加包裹，但中俄战争，全部机器为苏俄掠去。

（D）牛乳业，民国元年至民国十年的时候，此项制油业，系由俄国哥萨克人所经营，现时全境内，共有制油工厂十七家，分店七处，专司购集牛乳，专供牛乳的全部牛只，现总数约八千头，每头每年出产乳约八二〇公斤，故呼伦贝尔每年费牛乳六百五十六万公斤，制油数量约为二十万公斤，消费牛乳共约四百三十八万公斤。

（E）制革厂、靴鞋厂、地毡厂、制毛厂，均为阿苦洛夫实业公司所经营，所费不资，在呼伦贝尔工厂中，可称最完备。其特异之点，在各该工厂，纯为单的组织，每年出产货品，除大批发往东铁东西两路外，销售于哈尔滨、海拉尔两处，各处均设有门市，据查海拉尔门市每年的交易额，约大洋六万元，哈尔滨约大洋七万五千元。

就（乙）项方面言：

（A）火磨　呼伦贝尔制粉事业，分为二部，其一为沿车站附近区域共有火磨四；其二为铁路线迤北特列黑列七衣及卜里额尔古纳等处移民聚集区域。总计呼伦贝尔各火磨业中，最有实业意味者，厥为海拉尔站的广信公司。火磨发动机为一百二十五匹马力，每昼夜可制面粉三十三吨，如能安置原动伟大的蒸汽发动机，则其制造能力尚能发达，至为阿苦洛夫等火磨，规模皆不大。

（B）制酒厂　呼伦贝尔酿酒企业，当以倭伦错夫兄弟酿酒工厂为最优良，最初制酒原料，系以土豆为之，后因土豆价昂，改用玉蜀黍及稷子，运销地点为蒙古、满洲里、博克图一带。

（九）商业

呼伦贝尔商业，大部为本国人经营。其发展的最大枢纽，系黑龙江省当道，前将齐齐哈尔区域的索伦、鄂伦春等民族人民，移居境内，又以海拉尔为副都统驻节的地方，嗣后中东铁道交通后，其影响于呼伦贝尔商业的发达，关系甚大。考俄人来呼伦贝尔经商，系在本世纪初，中间因中国商人曾一度移往他处，俄商遂乘机迁入，当时中国政府预防，俄商仍竭力奋斗。民国元年，呼伦

贝尔因受俄人的煽惑，乘内地不宁，而宣布独立，因此俄商乃恢
复其黄金时代。自欧洲大战后，呼伦贝尔取消独立，俄商又重行
退出。查呼伦贝尔商务，约可分为三类：

　　（甲）钱款交易，行于沿东铁各车站附近一带的地方；

　　（乙）半款半物品交易，行于蒙古牧野，及蒙人与后贝加尔哈
尔哈等沿边地带；

　　（丙）物品交易，行之山林深密的游牧民族。

　　呼伦贝尔商业中心，厥为满洲里及海拉尔两地，近年贸易变
迁，满洲里商务，日渐衰退，海拉尔则日益繁盛。该两处商店，
大部分属中国，中国商人所以能得呼伦贝尔优厚之势力者，因该
地商会富有联结的力量，各县亦靡不有商会，彼此相互提携，声
应气求，故其成绩斐然可观。兹将各该地欧洲式商店及中国式商
店，货品分配情况，列表如左：

货品种类	欧式商店	中式商店
面粉产品、麦片	四八	二五
油	三	一
鱼	二	一
菜蔬	一	一
糖	一三	一五
杂货、食料	一三	三
制造品及装饰品	六	四〇
烟草	三	五

　　就上表观察，欧式商店中主要货品，为面粉、麦片及杂货等
项，而中国商店中第一宗货品，则为制造品，面粉、杂货则尚居
第二位。该地中国较大商店，有东省铁路职工消费公社、蒙古人
消费组合两处，前者将货物以低廉的价值，或以市场平均的价值，
供铁路沿线员工的消费，后者由蒙古人仿照前者形式而组成，其

组织者大部为蒙古王公贵族，故遇事得蒙古政府的资助，而利其进行。至呼伦贝尔商品的出入孔道，由东则哈尔滨直至海参崴，由西则后贝加尔。中国与俄人交换的货物，为布匹、茶叶、味〔粮〕食品、酒精、鱼肉、羊毛等，俄国与中国交换的货物，为粮、皮货、金沙、牛油及冻油等。兹将呼伦贝尔近年来出入口货比例列表如左（以千美金为单位）：

货别	进口		出口	
粮食品	一，五六五·四	五四·九%	六六〇·六	一九·一%
牲畜、食物	三三三·四	一一·七%	——	——
燃料	四三五·八	一五·二%	四七六·九	一三·八%
建筑材料	三·四	〇·二%	二八六·八	八·二%
半制造物	二一·九	〇·八%	一七一二·三	四九·三%
制造物及其他	四九〇·六	一七·二%	五六七	一·六%
牲畜	——		二七七·一	八·〇%
共计	二八五〇·五	一〇〇·〇%	三四七〇·四〔三九八〇·七〕	一〇〇·〇%

以〔从〕上表看，呼伦贝尔商务，出口超过进口者，计六十一万九千九百元美金，商业前途，如有改善之法，其进步未可限量，惟森林的盗伐，矿产的盗采，以及捕鱼的横遭掠夺摧残，不无可惧了。

（十）货币

呼伦贝尔自流行币货迄今，不过二十余年，从前〈不〉知金钱的为用，其购货物，恒以牛、马、羊及皮张为交换品，这完全是一种以物〈易物〉时代；自中东铁道兴筑后，该处的原料品，乃得渐次推销于外国，而外国的货物，又无法全部易换其原料品，于是以生银的流通，作购货的媒介，此呼伦贝尔发见货币的滥觞了。现时呼伦贝尔的币制，即黑龙江省所通行的币制，其所异者，西部与苏俄接壤，南部与外蒙古各盟旗毗连，其行使的货币，不得不随邻疆而有变易，故全区内货币可分为银锭、银块、银币、纸币数种。

（甲）银锭、银块。以两为单位，以轻重为衡，有吉林与黑龙江银的区别，吉林成色为九八六，黑龙江银成色为九八二，此外尚有天津银及上海银的分别，常见者为五十两的银锭，其形式因定名曰元宝，与蒙古交易，纯以元宝为用，其数目小者，则代以银子、银块。

（乙）银币多为袁头大洋，亦有小洋，惟小洋成色较大洋为低，如大洋一百分，小洋仅合九十分，故以小洋交易者，须另定行市，此外西南部，近二年来，发现多数外蒙古银币，价值略如大洋，正面写着"全蒙古人民联合国家一元"，背面写着"纯银十八格兰姆"，该币发行于民国十五年。

（丙）铜银为铜元①，有一文、二文、五文、十文、二十文五种，自民国十五年起，在边境各地方，发见外蒙古铜币一分、二分及五分数种。

（丁）除以上硬货币外，有东三省官银号、中国银行、交通银行、广信公司、边业银行等发行的纸币，其票额由五分起至百元止，惟谨〔仅〕行使于东路沿车站一带，同时海拉尔蒙古银行，亦发行有纸币，计分一元、三元、五元、二十五元及百元五种，其行使范围不广，今几绝迹于市，边界地方，尚有苏俄发行的新纸币及外蒙古所发行的纸币。

呼伦贝尔因商业的发达，同时不能不仰赖借贷机关供给资金，

---

① 原文如此。——整理者注

故其境内所设银行、银号、钱铺、当铺甚多，主要地点当推海拉尔及满洲里两处；海拉尔有中国银行分行、东三省官银号分号、广信公司分号、远东银行分行、蒙古银行及中国商业银行等，钱号中最巨者，为兴盛昌及九安两家；满洲里有中国分行、广信公司分行、远东分行，及满洲里商业银行，钱号最巨者，为兴盛昌、九安、通盛、东兴昌数家，各银行虽有中外之别，而其营业方式，均与欧洲相同（见一九，三，二十八日《时事新报》）。

五　俄国侵略下的呼伦贝尔

（一）概论

　　本章所言俄国，当然概括过去的帝俄与现在的赤俄。帝俄与赤俄其内部组织，固然迥然不同，而其对外侵略，欺压弱小民族，则帝俄远逊于赤俄，中国近年受赤俄的压迫，已达于极顶；除我外蒙古、新疆天山北路被其直接"赤化"外，近更进一步染指我东三省了；再利用其欺骗煽惑与利诱资助中国"赤匪"，以致酿成中国今日最惨而最烈的"赤祸"，此实今日中国全体国民应该痛切了解与觉悟者。

　　溯自俄国侵略中华，迄今已数百年。在此数百年中，中国丧国失权之多，言下实堪痛心；今日赤俄高唱"打倒资本帝国主义，扶助世界弱小民族"；实则继帝俄的阴谋，向弱小民族作进步的侵略；中国与俄连壤，侵略事实，固呈于吾人的目前，而其消灭中华民族，掠取中华领土，其计划亦时常在暴露，吾人于此，岂能不心惊胆烈？

　　夫赤俄的侵略中国，乃有整个的计划与步骤。固然唆使、煽惑、资助中国"赤匪"扰乱中国内部，致中国内政无遑整理；内政既无暇整理，外力即无从抵抗；赤俄利用此手段，而达到其鲸吞蚕食的目的。所谓鲸吞蚕食者，乃在中国边疆渐掠夺中国领土，实施其"赤化"也，此如外蒙古、新疆天山北路，上面已经说过。今在其计划与目的中者，即为东三省；前年（民国十八年）东铁事件，及刻下正进行的所谓中俄会议，见赤俄的态度，俱足证明。

东三省天产丰富，人口稀少，其地位的重要，于我国有如咽喉之于人身，有生死存亡的关系（徐淑希氏在所著 China and her political Entity 一书有是言），而呼伦贝尔则为东三省第一阵门户。如呼伦贝尔为人所夺，则东三省全部即垂手可得，其重要可想而知了。民国以来，呼伦贝尔历次的变乱，皆为俄人的主使。俄人之欲取得呼伦贝尔，亦可概见，俄国想夺取呼伦贝尔，非自今日始，亦非自民国始；不过有今日的夺取目的，实基于过去夺取政策的历史。质言之，吾人欲明今日赤俄侵略呼伦贝尔政策，非明了帝俄侵略呼伦贝尔的政策不可，本章立言，当首尾互重，使欲知者，易为明了。

（二） 俄势东渐

前俄罗斯帝国为世界一最大的国家，然其领土全为大陆，无一良好港口，此实其缺点，亦为俄皇忧虑的所在。自彼得大帝即位后，励精图治，国势日盛，于是对此问题，益须有解决的必要。且彼得的意志，在向外发展，故其曾有言云："吾之志在海，而不在陆。"

基于上述，彼得乃迁都圣彼得堡，波罗的海沿岸诸因〔国〕受其蹂躏，初势甚盛；然其外有强国德、英的阻力，且波罗的海及冬结冻，故此方发展力量渐挫；迄彼得死后，加他庞第二即位，加民〔氏〕除承受彼得的遗志外，且知波罗的海的发展，难以成功，遂有南向计划的产生。当此之时，土耳其帝国日就衰落，俄乘此机会，不费力而取得克里米亚及黑海北岸一带地方，惟是虽为良港，而成功阻碍尚多；迨尼古拉斯第一出世，为此计划，故引起俄土的大战（即克里米亚战争）。先是土国连战连败，俄罗斯大有灭此朝食吞并全牛的气慨〔概〕。然不幸又为英、德、法三国的嫉忌（其实利害关系），其计划于是又宣告失败。所谓世称为险要的博斯普鲁斯（Bosporus）及地他尼（daudanolles）两海峡，仍在各国狭〔挟〕制的土耳其掌握之下。

俄罗斯帝国虽遭此两大失败，其国劳〔势〕尚未致丝毫损失，且日渐强固，亚历山大第二继出，国土政策（即南向政策）复失败，是此政策终归失败了。亚历山大第二，英武有谋略，较前诸皇帝才智俱过，南向政策知不可成，乃决意变改，而从〔向〕东发展了。这便是数百年来，俄国东攻政策的开端。

亚历山大既决定其东向政策，于是对于广阔的西伯利亚一变其非常珍视的态度。先是十六世纪中叶（一五五一年），俄国有所谓远征军，越乌拉山（Ural）向东征服各部土人，以达外兴安岭（Yablonoi），而至鄂霍次克海（Okhotsk Sea）岸，闻黑龙江的富饶，心艳其说，渐谋南下，遂与中国定边军相接触（中兵任务在征索伦、达瑚尔等处），以酿成尼布楚之约，而为中俄交涉的起源。

俄探得东方的富饶、人口的稀少，向东方的发展，益见用心，千五百八十七年，乃建托波尔斯（Tobolsk）府，以为西伯利亚（Siberia）重镇。其后三十余年间，托木斯克（Tomsk）（一六〇四年即明万历三十二年），叶尼塞斯克（Yeniseisk）（一六一九年即万历四十七年），雅库次克（Yakutsk）（一六三二年即崇祯五年、天聪六年也），鄂霍次克（Okhotsk）（一六三八年即崇祯十一年、崇德三年也），亦以次建筑，以为东方殖民的根据地。是时俄之可萨克兵自托木斯克远征阿勒丹河（R. Aldan）（一六三六年即崇祯九年、崇德元年），得悉黑龙江情况更熟，千六百四十三年（崇德八年、即崇祯十六年），雅库次克将军遣颇雅可夫（Poyarkoff）溯阿勒丹河、精奇里江，以达黑龙江的下流，周览山川部落，三载而归，具以所见报告，谓"得精兵三百，可使其地入俄国的版图"。一六四九年（顺治六年）哈巴罗夫（Khabaroff）率领七十人东来，翌年达黑龙江，至什耳喀（Shilka）额尔古纳两河会流地方，战胜索伦人，取其所居的雅克萨地。翌年，复增加兵，且筑城雅克萨河口，名阿尔巴青（Albajiu），即中国所谓雅克萨城是了。其后顺势东下，沿途剽掠。是时乌苏里江口有阿枪部落，见俄军东来，赴清乞援，于是宁古塔都统、幕〔募〕兵使、章京海色，助阿枪人御俄。千六百五十二年，海色率兵逐俄，不遂而返，后二年，俄人亦自行归国。此俄人向东侵略的大概情形了。

（三）《尼布楚条约》之订立

哈巴罗夫虽归国，然俄政府同时派遣大员与军队东来，千六百五十三年，斯梯帕诺夫（Steponof）代〔带〕领的俄军，被清兵败于松花江口，同时又派帕休可夫（Pashkoff）来经略。当是时，清军颇有准备，斯梯帕诺夫因此战死，而帕休可夫亦仅剩下少数残军，退守于伊尔根斯科（Jrkuttsk）。嗣是以还，黑龙江遂无俄人踪迹。

虽然，俄人东侵，数度与中国冲突，然究未知中国国力若何。遂于清顺治十一、二年间（一六五四——一六五五年）佯遣使赍〔赏〕物来中国，而窥探中国的虚实，清廷亦致书俄皇，且有一种嘉慰的语意。但未久雅克萨、尼布楚（一六六九年即康熙八年）再为俄人所侵占，且筑要塞于精奇〈里〉江一带，以相策应。是时中国方疲于三藩之乱，无暇北顾，及三藩乱平，两国形势，遂渐趋紧张。

　　康熙二十一年（一六八二年），派员赴雅克萨侦察情形，一面准备军实；翌年（一六八三年）俄将模里尼克率军东下黑龙江，至瑷珲为萨布素（黑龙江将军治瑷珲）所败，而俘其全军。当雅克萨俄军闻讯，议誓守城垣；然以众寡不敌，城毁，大部俄军被俘，图尔布青（Alexei Tolbusin）仅率少数退守尼布楚。

　　当图尔布青退守尼布楚，适会俄国陆军大佐皮尔顿（Perton），复率可萨克兵六百人，自莫斯科来援；再合力反攻雅克萨而占领之，中国亦再发兵八千往征，图尔布青中弹毙命，城垣旦夕可下。当是时，俄国西方战事方殷，无力东顾，而中国因三藩之乱，亦不愿长有征讨，遂相约和议，而订立《尼布楚条约》。

　　当中俄订约会议时，以界约问题，颇多周折，我国欲以尼布楚为界，俄国则欲以黑龙江为界，双方相持，各不上〔相〕下，幸有调人和解，界约始定，时正康熙二十八年（一六八九年）九月五日。条约的内容，其重要者约如下：

　　（甲）将由北流入黑龙江之绰尔纳，即乌伦穆河相近格尔必齐河为界。循此河上流不毛之地，有名大兴安以至于海，凡山南一带流入黑龙江的溪河，尽属中国，山北一带的溪河，尽属俄罗斯。

　　（乙）将流入黑龙江的额尔古纳河为界，河之南岸属于中国，河之北岸属于俄罗斯。

　　该回条约，表面上似于中国有利，实则不然，盖西面误以额尔古纳河为界，由是西北一带数千里的地方，无意中丧失了。因此呼伦贝尔，一变而为中俄交接一个最重要的地方，也可以说，由此开俄人垂涎于呼伦贝尔的野心。

（四）《呼伦贝尔条约》

　　自《尼布楚条约》成立后，俄国乃放意经营东方；中俄间交涉稀少，历百数十年；迄一八四二年，中英鸦片战争，中国弱点，尽行暴露，于是帝国主义压迫中国相率而来，各种不平等条约亦渐次订立。当此之时，俄人经略东方，已著相当成绩，南下再东侵的念头，遂有不可遏止之势，且中国弱点，为所全知。咸丰八年（一八五八年），《瑷珲条约》因此订立；俄人不费一兵一卒，而得黑龙江北数千里沃壤之地。其后二年（一八六〇年即咸丰十年）《北京条约》，为俄人要求，又割乌苏里江以东地（即现今俄属东海滨省），俄人在太平洋遂得军商港兼用的良港海参崴。至是清政府的昏溃〔愦〕已达极点。而帝国主义的压迫要求，与日俱进的不绝。中俄交涉，自此亦走进了一重大且复杂的时期。

　　因了《北京条约》的订立，咸丰十一年即有黑龙江勘界事件，同治元年（一八六二年）有中俄《陆路通商章程》，后二年（同治三年即一八六四年）又有《塔城界约》，因此界约，同治八年（一八六九年），则有《科布多界约》，翌年，又另立《乌里雅苏台界约》；光绪七年（一八八一年）因丧权辱国的《返还伊犁条约》（光绪五年崇厚与俄所订），而有《中俄改订条约》（即《还付伊犁条约》）；自此以降，直至千八百九十四年（光绪十八年）中日战争，中国败北，割辽东半岛、台湾、澎湖诸岛，并赔偿战费数千万两，至是俄国遂又有与中国挑衅的机会。

　　当中日战争爆发，中国战事失利，割地赔偿，战事结束，惟先李鸿章与俄有密约（即《喀布尼密约》），此密约内容有允俄自满洲里经黑龙江、吉林境以达海参崴，及自哈尔滨至旅大铁路的建筑权，租胶州湾与俄，俄国有事时，且旅顺、大连湾亦有让与俄国的权利。故此有三国干涉还辽的事件，以此又有俄国租借旅大的事件，至是俄国侵略中国完全成功，而我东三省入于俄人势力宰割压迫之下了。

　　俄国在东三省既获得铁道的建筑权与旅大租界地，于是对于我东省的侵略更进了一步。尤其在东清铁道（民国后改中东铁路）

成功后，中国东三省的主权任意要挟，铁路两旁的天产与利益尽为其侵略。且时有将东省夺取野心的暴露。惟东省地大物博，人口稀少，中国国民以及国际帝国主义都非常留心，此俄国不敢骤然夺取东三省的原因，然而俄亦不以此而放弃其侵略主义；不过以其整个的计划，而实行蚕食的手段。

呼伦贝尔天产丰富，人口稀少；且为中清铁路由赤塔（Chita）东行首经之地；其地位的重要，为东三省第一阵门户。俄国蚕食计划早已属意于此。迄民国三年（一九一四年）袁世凯皇帝梦起，俄以有机可乘，遂要求袁政府确定外蒙古自治制度，而成立《中俄蒙协约》，同年十一月六日又要求呼伦贝尔改为特别地域，遂成立《呼伦贝尔条约》，该约的要点约如左：

一、呼伦贝尔为特别地域，直属于中华民国中央政府。

二、呼伦贝尔副都统，由大总统择该地三品以上蒙员，直接任命，与省长有同等权利。

三、副都统衙门，设左右两厅，厅长由副都统择〈该〉地四品以上之蒙员，请中央任命。

四、呼伦贝尔之军队，全以本地之民兵组织之。若遇变乱不能平定时，中国政府预先通知俄国政府，得派遣军队赴援，但秩序回复后，即须撤回。

五、呼伦贝尔各种税捐之收入，及其他地方岁入，皆充作地方经费。

六、呼伦贝尔之土地，为同地人民共有财产，中国人仅取得借地权而止，并由该地官宪，认为与该地人民之牧畜无障碍为限。

七、呼伦贝尔将来敷设铁路，尽先与俄国借款。

八、俄国企业家，与呼伦贝尔官缔结条约，经中俄两国委员之审察者，中国政府，应即承认之。

原呼伦贝尔为我黑龙江省呼伦道（今为海满道），与外蒙古有所不同，乃改为特别区域，令主权大受限制，且予俄国以特种权利，此俄国令外蒙古独立外，又将我黑龙江省内部，划一缓冲区域，实一极耻辱的事。至此俄国夺取呼伦贝尔第一步成功，但千九百十七年十一月俄国革命，赤俄成立，其在帝国时与他国缔结带有侵略性质的条约，一概宣告无效，《呼伦贝尔条约》当在宣布无效之列。

（五）　东铁问题与赤俄蹂躏呼伦贝尔经过

果然，赤俄诚恳地宣布帝俄时代与他国缔结带有侵略性质的条约吗？则赤俄与世界弱小民族，尤其与他相处为邻的中国（因为带有侵略性质的条约，只有强国与弱国所订的一切条约），有一种共同不解的因缘，因为孙中山先生给予中国〔华〕民国四万万七千余万同胞的遗志，就是在联合世界弱小民族共同打倒国际资本帝国主义，而求得世界永远和平的幸福，这时候，便走入了孙中山先生三民主义里计划的大同世界。

基于上述，中国与赤俄确然是一对亲爱至高无上的朋友，为什么现在竟变成一对仇敌而绝不相容的朋友？其中的原因，不得不有一个详细的推敲（因为中国与中国国民受了赤俄的欺骗）。

我们知道，一个刚刚脱去卵壳的小鸟，若没有他母亲的寻食与保护，他会成一个大鸟吗？那断定是不可能的。一个病夫卧在医院，没有医生或朋友来替他医治招呼，他的病会好吗？可肯定的说，也是不能生存于人世。赤俄成立之初，恰似一个初脱壳的小鸟，或一个害大病在医院的病夫，匪但如此，且为世界齐起攻击的一个国家，如果没有一点东西来保障，他要寿终正寝了，是无疑的。今日赤俄羽毛已有相当的完成，假面具就无需长久的蒙下去，假面具揭开之后，因此赤色帝国主义的可怕，甚于白色帝国主义〈的〉可怕，即就中国说，因赤俄的关系（资助、诱惑、宣传、唆使中国"赤匪杀人放火劫掠"），而演成今日最惨烈的"赤祸"；中东铁路本帝俄侵略中国物品，赤俄二度声明放弃主权，顾今日怎样？前年（十八年）因赤俄时有借东铁"赤化"中国与资助中国"赤匪"暴动的关系，中国因想将路权收回，致引起赤俄暴力夺取蹂躏我边疆的事实，至是赤俄扶助弱小民族的假面具，完全暴露无余。

赤俄蹂躏我边境其最烈而最惨者，要算是呼伦贝尔，因呼伦贝尔地势扼要，又当中东铁路之冲，其全境曾经一度全入于赤俄侵占之下。兹将其侵占经过作一简单的叙述，俾国人明了其惨酷的情况。

民国十八年五月二十七日，哈尔滨俄领事馆集俄国外交、铁路、商业要人共产宣传会议（以对中国宣传共产为对象），特区长官探悉，派军警包围搜查，拘捕三十余人，获证据多件，惟重要证物多被俄人临时投火焚毁。此东路问题发生之首日。

六月二日，哈尔滨搜查俄领事馆后，俄方严重抗议，并声明决取报复手段。俄驻沈阳总领事库次聂索夫、哈尔滨副领事兹南门斯基，中东路理事斯洛斯赤，潜行归俄被阻止。

六月八日，哈尔滨当局宣布搜查俄领事馆所获证物，内有俄人伪造的美国铜圆章及日本外务省通讯用件。

六月十三日，俄增兵我边境各处示威。

六月十六日，苏俄大增〈兵〉满洲里附近，防俄军亦增防呼伦一带。

六月二十二日，沈阳会议，定接收东路方法。

七月十日，接收东路各机关。

七月十二日，东路电信机收回后，俄哈通讯断绝，形势紧张。

七月十四日，俄外长加拉罕提出抗议，我国驻俄代办电转外交部。

七月十五日，俄在中俄交壤各处挖战壕，并派飞机赴我边境示威。

七月十六日，我外部令驻俄代办夏维松复俄抗议。苏俄全权代表谢列布略阔夫中止来华。

七月十七日，俄政府提出绝交书，并电召苏俄在华官吏、人民回国。

七月二十三日，训令驻俄使领即日下旗回〈国〉，实行中俄绝交。

七月二十五日，满洲里俄军有威吓的发炮，并有飞机向示〔市〕内威胁。

八月五日，国民政府以长电致签字《非战公约》各国，声明中国除因保持其领土主权、防御外来侵犯之自卫行动外，当确守该约第三条的规定，以和平方法解决争端，准备随时与〔于〕可能范围内，与苏联政府商决纠纷。

八月八日，绥芬河、满洲里两地均有俄飞机及步炮兵示威举动。中东路总工厂及路线上先后发生俄工人的毁坏举动。

八月九日，中东路哈尔滨附近因轨道被人窃毁，货车三十辆出轨，俄工有引水灌札兰诺尔煤矿阴谋，幸被阻止。

八月十一日，连日满洲里附近发炮示威的俄军，于本月炮击我驻军，因之发生斤〔斥〕堠战，张学良令前方避免冲突。同日莫斯科传，日俄接洽欧亚通车，东北日人有代俄方收买粮食者。

八月十三日，满洲里附近的闹尔屯又为俄军占领。莫斯科消息，俄已组特别远东军，以白鲁谦统率之。同日哈尔滨共产党集会，讨论"煽惑罢工"及"实行破坏工作"。

八月十四日，中俄交涉实行决裂，梅里尼哥夫奉俄政府令回俄，朱绍阳亦奉南京及辽宁电令离满洲里。东线俄军占据密山，西线亦在满洲里附近接触，同日吉林军自长春起〔赴〕宽城子，为日军阻止。

八月十六日，外交部向加入《非战公约》各国宣布中俄交涉经过及我国态度，另电驻德公使蒋作宾，令请德政府代向苏联询问，此次俄兵侵入我境，是否奉有该国政府命令。

八月十七日，俄军自十六日起，两次猛袭满洲里及后方的札兰诺尔，其军队约万人，以机关枪为主力，并携野炮三十余门，我防军猛力抵御，发生猛烈战争。

八月十八日，日兵四千人在沈阳城四周演习作战，意在示威助俄。

八月二十日，俄军以铁甲车攻满洲里，并再扰乱札兰诺尔。沈阳开对俄重要军事会议。

八月二十三日，连日攻满洲里、札兰诺尔俄军受挫退去。

八月二十六日，苏俄所任的远东军总司令白鲁谦即前任中国革命军军事顾问的加伦将军，现已到赤塔。

八月二十九日，各处边境受俄军侵扰。

八月三十日，俄军以坦克炮队攻札兰诺尔，英、美报记者及哈尔滨德领事适赴满洲里参观战地，亲见其事，俄方否认其军队侵华的宣传已失败。

八月三十一日，札兰诺尔矿工鼓动败工，被捕多人，解哈尔滨。

九月二日，长春日军又大操，由关东司令官田〔畑〕英亲任指挥，踏坏民田千五百余亩；意在阻碍中国对俄军事，显系表明助俄。

九月八日，苏俄近日在国际间反宣传最利害，满洲里、札兰诺尔我军阵地被俄军攻击。

九月十九日，九日迄本日俄军侵掠行动暂停，但有蒙人组织的别动队数万，并外蒙征发壮丁参入中俄纠纷消息。

九月二十二日，苏俄谈判无诚意，大连日人报纸发布消息，谓苏俄外交委员〈会〉副委员长加拉罕声称：如中俄交涉于二十日内不解决，将用武力夺取中东路。

九月二十五日，哈尔滨传，俄军由也吉挪夫指挥俄军进犯海拉尔。

十月一日，俄军又开始以大队猛攻我军满洲里阵地，我驻军猛烈抵抗，两军炮战极烈，各有重大牺牲。俄飞机向满洲里车站、札兰诺尔煤矿及我军司令部上抛炸弹，施放机关枪，各机关人员均避列车上。

十月二日，俄军万余，大举猛攻满洲里，以骑兵向我军冲锋，架设机关枪，向我战壕内扫射，复以飞〈机〉六架，在战壕上投掷炸弹，我军死数十人。

十月三日，俄军步兵来攻，骑兵包围我阵地，欲断我阵线前连络，又用铁甲车、大炮、飞机，向我军攻击，飞机盘旋战壕上，放信号，指示炮击方向，并向满站司令部投炸弹六枚，另一机至札兰诺尔投弹，结果满站一部分及发电所均被毁，我方死二百余人。

十月四日，俄军步骑混合，向我阵地冲锋极猛烈，我方死亡数百人。

十月六日，俄军犯我阵地，满洲里防军得札兰诺尔援军之助，击俄军。

十月十日，贝加尔方面俄军三万人向满边输运。满洲里守将梁忠甲电辽请援。

十月十二日，俄飞机盘旋满洲里窥我阵地。

十月十四日，俄飞机来满洲里，外蒙召集民兵三万，似在助俄。

十月十六日，俄飞机连日来满袭击，并投掷炸弹于札兰诺尔。

十月二十日，俄极东舰队司令孟期孚届阔夫受伤身死，俄在伯力开追悼会。同时满洲里、札兰诺尔被俄飞机袭击。

十月二十三日，俄有一月内夺取中东路计划。

十月二十五日，外部发表俄国侵犯边境，通告世界。

十月二十六日，晨俄军敢死队多名在札兰诺尔槎冈站五十四公里地方，投掷炸弹，炸毁东铁货〈车〉二辆，伤押车员一名。

十月二十七日，自外部发表对俄事宣言后，德政府认为我方理由正当，将再任调停。又苏俄托某国向东北当局表示，愿直接解决东路问题，但因其无诚意，被拒绝。

十月三十日，俄在我边境分布军事，博克图、海拉尔有俄间谍团扰乱。

十一月七日，本日为赤俄革命纪念，大举侵犯我边境。

十一月十二日，俄军一千六百余人，由西伯利亚向蒙古移驻，拟联络内蒙青年党，由呼伦贝尔威胁蒙古政府。

十一月十四日，俄飞机来窥满洲里，并在外蒙古各处，征募壮丁，新编成骑兵，进攻海拉尔，侵略之心，昭然若揭，惟蒙民不满意，群起反对。

十一月十六日，俄军二千余名自赤塔开抵满边，满站、哈埠电话不通。

十一月十七日，俄军于一时半，以骑兵六千余人及炮兵二千余人齐向札兰诺尔攻击，八时顷，敌飞机十二架连翩入境，盘旋满、札两站天空，纷掷炸弹，致市房屋纷纷起火，札兰诺尔煤窑五洞亦着火甚烈。同时满洲里方面，俄军在十八里小站架炮攻击，牵制满站守军转入札兰诺尔增援。激战至十时顷，攻击稍缓，但至午后一时，俄军再度来攻，此次并加入自赤塔开来的生力军二千津〔余〕人，战争竟至肉搏。同时俄飞机至海拉尔投掷炸弹，经我军高射炮击退。海拉尔、满洲里间铁路被俄兵拆毁三段，长三十余公里。

十一月十八日，俄军攻击自昨日起，未稍停止。本日晨七时，再度以步兵、炮兵来攻满洲里，至正午尚在激战。午后二时，俄飞机十二架入海拉尔掷炸弹，该飞机经过槎冈站，留三架投掷炸弹，致车站全毁。

十一月十九日，数日来，俄军攻击未停，本日俄用坦克及装甲汽车、飞机等约三师以上兵力，猛袭札兰诺尔，守军黑龙江军第十七旅与敌激战两昼夜，卒因敌军人众势猛，归于挫败。旅长韩光第、团长林选青，及重要军官多阵亡，团长张季英于该地失守时自杀。至是我满洲里札兰诺尔完全陷入俄军的蹂躏中了。

十一月二十日，满洲里为俄军占领，守将梁忠甲旅力战数日，弹尽援绝，奉令退却，护人民突围，图取道呼伦池，归海拉尔，讵行至满站东十八里地方，即遇大部敌军迎头痛击，旋即退回满洲里车站，是时适八十六号小车站俄军亦大部进攻，我军退入市内，腹背受敌，俄飞机复低空投掷炸弹，一时街内秩序紊乱，并有无业流氓，乘机抢掠，纵火烧商店二十四家，我军既失战斗力，敌军进攻，仍不稍息，街市炮烟弥漫，弹雨充斥，顷刻之间，即攻入街内，于是我军被解除武装，全旅被掳，俄军即俘梁送俄。札兰诺尔煤矿工人数千在矿洞，受俄人水淹，死多人，出洞有为俄兵击死，平民亦被杀七八百人。俄军既陷满、札，侵及碴〔槎〕冈站，势将直迫海拉尔，即此已侵入我国领土百余公里。

十一月二十一日，海拉尔晚十时，有俄飞机五架来袭，因该处电灯息灭，未受大损失。

十一月二十三日，海拉尔上午十时，俄飞机十二架投掷炸弹，至正午始去。

十一月二十四日，俄飞机六架自札兰诺尔方面飞来海拉尔掷炸弹，一时我军市内大起混乱，至晚海拉尔遂全被俄军陷落，地方秩序混乱，人民被俄杀者无数，俄兵到处劫抢，厥状之惨，不忍目睹。

十一月二十五日，博克图方面，俄飞机一架，自札兰诺尔飞入侦察。哈尔滨两日来到难民六千余人。

十一月二十七日，俄飞机一架，由满洲里循铁路线窥伺免渡河，兴安岭以西，俄军谋扰梨树镇，意在夺取东路。

十一月二十八日，俄飞机十二架至博克图掷弹，车站因以起火被毁。

十一月三十日，连日俄飞机，均来博克图阵〔轰〕炸，本日哈尔滨亦有俄飞机盘旋天空。

十二月一日，俄飞机三十架来袭博克图。哈尔滨电报仅通博克图。同日海拉尔的蒙民牛、马、羊等牲畜，为俄军劫去不少，满、札一带的粮食，亦被搜劫一空。

十二月二日，俄煽惑呼伦贝尔青年组织骑兵队，同时飞入博克图侦察。

十二月四日，俄飞机五架来博克图袭击。其中一架，在兴安岭北距满洲里三百七十公里地方，为我军步兵击落。

十二月五日，札、满两地濠沟盖、铁轨材料等物，均为俄运去。呼伦贝尔青年党为俄煽惑，在羊肠地方集众二千，准备扰乱，枪械均由俄供给。

十二月七日，札兰诺尔未死矿工千余人，均为俄军俘往赤塔。满洲里粮食大起恐慌。

十二月八日，俄军骑兵二千余名，晚间自满边乘兵车十列，开进海拉尔札拉特小站，与我军只隔一牙克石小站，前锋相距三十里，有压迫我军之势。

十二月九日，俄兵一列车，晚自满边趋入札兰木特，该地距满边二百四十二公里，又在整地屯方面，有俄骑兵二千余，距我军防线仅一二公里，形势严重。

十二月十一日，俄军三千开进流〔海〕拉尔，呼伦贝尔青年党亦开抗〔抵〕海拉尔，海拉尔难民千余人，步行逃博克图，居博克图郊外，急待救援。

十二月十二日，晨八时，俄骑兵百余名，攻我札兰木特以曾〔东〕二十里的小站，与我军激战一小时始退。

十二月十三日，俄飞机袭免渡河。蔡运升到伯力交涉东路问题。

十二月十四日，俄军近日又陆续召集国民兵四万五千名，分布中俄边境，意在胁迫中俄交涉之有利。苏俄利用呼伦贝尔青年党，给以枪械，以海拉尔为根据地。又海拉尔呼伦贝尔保卫团，由一二野心王公统率，有自由行动模样，亦系被俄人鼓惑。

十二月二十四日，东京消息，呼伦贝尔受苏俄怂恿，谋建蒙古共和国，此事将使中东路的纠纷，益形复杂。呼伦贝尔青年党，乘十一月俄军攻入的机会，占据华军所弃的各镇，其军官与军械由俄供给。

十二月二十七日，呼伦贝尔青年党，受俄煽惑独立，组织共产政府，并推定委员七人，以阿明泰及成德为首领，并俄人二名。

综观上述，苏俄蹂躏我呼伦贝尔，自五月二十七中东路问题发生，至十二月终止，有七个多月。而十一月十九日满洲里、札兰诺尔，二十四日海拉尔为苏俄相继陷落之后，于是呼伦贝尔全境几全入于俄身蹂躏之下，其被蹂躏的惨状，言及尚有余痛。十二月中俄交涉开始，至月底俄军始全数退出我呼伦贝尔归国。

（六）最近侵略阴谋的暴露

由前所述的数节看，自帝俄发展东方侵略政策以至前年中东路交涉止，其侵略中国的政策，显明的以暴力为主体。暴力侵略政策，在过去确获得了不小的成功。然而时代一天一天过去，情势也就一天一天的变了。暴力政策在今日的时代，虽不能说没有力量，然较之从前，总是微少多了。

自前年五月中东路问题发生，至是年年终，不能不说是赤俄对中国暴力侵略政策最兴盛的时期。在此时期，赤俄所得的是什么？可以说，除当时我边境十余县被其蹂躏，人民被其惨杀外，没有什么。因此，赤俄知道全恃暴力侵略政策，以〔已〕是不可能，故新兴侵略政策，在必然之下产生了。

这种新兴侵略政策，匪但胜过暴力掠夺政策，且免除了许多的困难，欧西各国对于苏俄的暴力毫不介意，而其对于此新兴政策，则日在慌恐，不过他们慌恐，尚多方法防御，在中国则没有方法防止了。虽然，中俄交涉尚在进行，中俄国交尚未恢复，而此新兴侵略政策，已得有相当成绩，将由东北蔓延到我全境了。

所谓新兴侵略政策是什么呢？说起来却极年〔平〕凡，也不过是一种经济侵侵〔略〕政策罢了。不过我们要知道，这种经济侵略政策与白色帝国主义的侵略政策，是一种进步的。所以白色帝国主义对于这种政策，也是非常慌恐。盖自苏俄五年计划实施以后，其实业渐次发达，现在已超过战前的产额。其生产品因劳工工资的低廉，故其价格非常低贱。如果以这种价格低廉的生产品抛售世界，则世界定受其扰乱，何况中国是个经济落后、生产不发〈达〉的国家呢？但我们尚须知道，对于苏俄这种经济侵略政策，固须十分留意，而其对于暴力与"赤化"宣传侵略政策，亦应同样留意的，盖暴力与"赤化"宣传侵略政策与经济侵略政策，是相互进行的。不过经济侵略政策，为各项侵略政策的主体罢了。

苏俄对东三省的经济侵略政策，系自去年春开始，其计划系由赤俄莫斯科最高经济委员会拟具交由伯力经济委员会就近实行的，其计划中有云：

> 苏俄在北满虽有中东铁路一半权利，但向来在满经济，系以政治方法发展，揆情度势，殊不相宜，今后应以纯粹经济方法，从事活动，俾使苏俄的经济势力，得侵入北满之油坊、火磨、玻璃厂，及其他各大工厂。兹为实行此种对满经济计划，苏俄政府，将支拨金鲁布六百万元，今后每年再酌量增加补助金二百万元，以冀巩固。为指导实行此计划便利起见，在北满亦组设一经济委员会，以俄副事为主席，以商务代表为副主席，各商业机关经理为委员，再则发展对外贸易，向北满输入煤油、煤炭、布匹、烟草、沙糖、铁轨、书籍、鲜果，及其他各种物品，以与其他外商在北满市场竞争。……（见一九，三，二十一日《中央日报》）

此外其计划更足使东省工业感受威胁者，即苏俄拟提高劳工待遇，所有加入苏俄资本的工厂，缩短工作时间，其任〔主〕意即在打破东省劳工制度。劳工制度被破坏，东省境内劳工即易受其"赤化"，故前哈尔滨消息有云：

> 自中东路恢复原状以来，苏俄即具有赤化北满之野心，其步骤先将东铁俄方员工，换成清一色有党籍之苏联人员，此为第一步计划，其权柄原操之东铁局长，虽易办理，然亦有种种难点。第二步以近墨近朱之义，以苏联员工赤化中国员工，虽稍感困难，但渐次占〔沾〕染侵涸〔润〕，为时既久，终必办到，且使其久入赤化范围而不自觉。至第三步，由东铁员工负责，扩大宣传，赤化外界工人、北满农人，以至于无产阶级。此为苏联再握东铁权柄之最大阴谋，规定五年为施行期，由东铁正副局长及各处长与沿线各站首领，及工头负责进行，第一步以一年为期，二步三步均为二年。……（见一九，六，二十七日《申报》）

苏俄对于东路，既有换成清一色有党籍（共产党）的苏联员工的计划，故对于该计划的进行不遗余力。故客岁十一月俄局长有提出东路现下服务员工须举行考试，考试合格后，方准任职的提案，如果该项提案实现，匪但俄方非赤色员工被取去，即俄方员工亦同时大受裁汰，裁员后的缺额即由俄方以赤色的员工递补，至此东铁以〔已〕陷入一非常险恶的境遇。兹将其消息抄录于次：

　　苏俄经营中东路，年来迭用连锁式计划，一计划施行后，则复生出一计划，层出不穷。莫德惠（东路理事长，即督办）即〔既〕不在国，当局遂苦于无法应付。最近铁路局翻译成僵局后，路局俄局长，又向理事会提议，于来年（即今年）一月份起，考试全路工务、机务、车务专门人员，凡现在各工务、机务、车务处服务职员，均须入考，合格后，方准在路局供职。此种办法如果实行，则华员至少有数千人因考试而失职。盖华员具有专门知识者，本来无多，其得在各处服务，一缘于娴熟俄语言，一由于富有经验。俄方欲遂其把持路务野心，乃以考试方法，排挤华员。……此事既违反条约，又影响华方利权，将不免成为争执也。此外俄局长又拟于明年一月，实行减掉路员房恤金，谓系节省开支。现在东铁薪给制度，系每员除领薪外，按照其薪给数目，拨予官房数间，不得官房住居者，则发给月薪百分之二十五或百分之三十的房金，其有年久供职路员求退者，则予恤金，数目视其年限及薪给比例，每年路款用于此项开支者，颇不在少，设如裁减，未始非撙节之一道。不过闻俄局长之意，表面一律裁减，华俄不分，骨子里则为俄员加薪，应支原来数目，所裁者只华员方面耳。此事关系于八千余华员利益，逆测亦必成为绝大之问题。路在预拟实行此两事之前，即入手刘芟华工，其法颇诡谲。刻华工自动告退而不落俄方裁抑，痕迹见诸事实者，已有一批。即三十六棚华工二百名，调往铁工厂服务，各工人原薪，本为日资二元，调往新厂服务，日得不足八角，且一经调转，则原有之恤金额数，即行取消。华工多系服〈务〉二十三年以上，恤金数目皆非少数，自不肯转就新工厂职。而抛却巨额恤金，因皆辞职。俄局长于华工辞职后，即由海拉尔调来俄工二百，如数补足之。闻第二三批拨华工，正在预备中。此种裁减华工阴谋，我方殆无词抗争。闻自七月份以来，沿线补额之赤俄员工，不下二千余名，其用意深远，直欲逐渐削减华方势力矣。（见一九，十一，二十五日湖南《中山日报》）

苏俄侵略东北，第一步把持东铁权利既经成功，故进一步，即在破坏中国的实业，中国的实业破坏之后，苏俄的生产品即无阻的销行东北，那时东北的经济势力，即完全入苏俄的掌握，经济既为其掌握，"赤化"的宣传，自然也可同时成功。

东铁去年增加运费，及改变金鲁布换箕〔算〕率（兑换哈币），哈商一再抗争，迄无效果。近金价飞涨，故金鲁布价额同时增高。东铁规定半月一次变更金鲁布换箕〔算〕率。其价已涨至一元兑洋二元另六分；使北满商民，平空增加一种担负。此事之重大，有非一般所知者，兹据熟于商业经济者言，北满之经济立场完全恃于特产（即谷物、大豆、面粉之类）。此种生产，为北满一般所恃为调剂生活之命脉，畴昔向欧西及东方各地输出者，每年达亿万吨以上，近年欧洲法、德各国试办新农政策，改良谷豆种法，日本亦起而仿效。其产品成分，已可侔于北满，但北满生产仍得外运者，纯赖价格低廉、运费低下耳。今东铁忽然提高运费，并改十五日一变更换箕〔算〕率，运费较诸往年提高百分之六十五强，因此一番提涨，致使生产品外运者，一至外埠，其价格已高出当地土产品五分一，既不能与人争卖，乃致外运完〈全〉断绝。历年此际，北满粮食，早已销售净尽，本岁则仓积囤聚，均屯积未散，社会经济及民间生活，感受其窘。微闻此事与苏俄方面之计划（侵略计划），颇有关系，盖今岁苏俄订定远东经济委员会向北满发展经济办法，既定远东银行为大本营，复以国营贸易后盾（作者按：最近）。消息有云："苏俄为实现五年计划起见，拟将海参崴变成远东之最大商港。本月初间，乌苏中东铁路、黑龙江俄商业公司，及国境方面各地代表与苏联交通委员会代表，在海参崴开会协议，结果议决建设计划，其规范颇大，决将现在水陆交通机关力图扩张，在国境方面增设汽车路，及轻便铁路，并建筑西伯利亚铁路双轨，又于远东各重要商埠设航空站，实现定期航空计划，在北满各地增设贸易公司多所，期吸收北满一带之物产，掌握北满经济霸权，以便实行其赤化计划。"——（见二〇，三，二十一日湖南《中山日报》）东铁运费一经提高，则北满货物均处于封锁地位；苏联则利用此项机会，竭力发展其新经济政策，以目下中俄商约未缔前，俄商店在哈纷纷设立，即可知其经济策划下导引之矢的何在矣。有人谓俄封锁北满经济，意在使农民生产过剩，自食其力已不可能，同时加以煽惑工夫，则赤色恐怖立可造成。（见一九，七，二十七日湖南《中山日报》）

苏俄侵略我东北，想夺得东省的经济，其对于中国的实业不遗余力的破坏，《密勒氏评论》曾经对于此事，也很留心过：

本报曾论及苏联政府谋驱欧美私人资本势力出北满，力将苏俄国营商业之物产价额减削，使私人商家不克竞争。若由华人之立场观，尤堪注意者，为苏联有意破坏中国之重要工业。此举之一，为红军于去年毁坏札兰诺尔煤矿之机器，一面在俄境内开新煤矿，以夺其市场，其开新矿之资金，由中东路之俄方当局由该路拨助，为数额〔颇〕巨，盖即华方之款项也。

最近又有关于呼伦贝尔境内华蒙羊毛工业被俄人破坏之消息，呼伦贝尔为中国羊毛输出之主要来源，其大多数系输入美国作造毯毡之用。据哈尔滨近讯，苏联红军去年占领海拉尔时，将由中东路办理多年之大羊毛工厂之一切机器卸除，迨后红军退出该地，即携带回俄，最近忽传此项机器将由苏联国营之"赤色羊毛商社"使用。果此说而确，则美商之购中国羊毛者，须从海拉尔运到天津，加以治理后，始能出口，而运费昂贵，断难实行。如是苏联此举之目的，在毁坏中国之羊毛工业，使欧美商人必从苏联国营机关转购华蒙羊毛。与此有关之华人，曾向美商进口业者提议，在海拉尔设一商办羊毛治理工场，但因该方情形不定，乏人冒险投资，其结果则中国之又一重要工业殆将复为俄所毁矣。（见同上报）

苏俄既破坏中国东北的实业，其破坏的目的，在抛售俄货，以达其掌握东北经济的权威，而行"赤化"东方的计划，是故苏联生产品一跃而夺取了黑龙江一带市场，其阴谋之毒辣，殆无遇〔过〕此。

苏联实行五年新经济计划，全国生产低价外运，惟西欧各〔各〕国生产优良，且有善良对策，苏联虽力贬其价，终不能摧坚陷锐，乃改变其方向，极力向我推售其产品，北满经济市场，本年已为俄货所扰乱。自七月始，俄货自绥（绥芬）、满（满洲里）输入数，经常关调查，日有增益，满关总额约三千余万元，绥关则达六千余万元，中以棉布、机械、火柴、纸烟、煤炭、石油为大宗。其所以如此猛进者，盖彼邦新组远东经济委员会（今春在伯力成立），所有对满贸易策划，均在其指挥之下，而驻在东省各地领事，则为其驻在区段之报〔执〕行官，指臂相联，收效自大，且其货物售价，较他国产品低廉二倍，以是益觉沛然莫御。就哈市煤炭销行，平均每月在两万万吨以上，其数目与势力如何，概可想见。苏俄此项策划，明为发展经济势力，实则乃蓄有抵制被销国生产及破坏其经济组织与势力之作用。经济组织为其破坏，生产额少，农工自起恐慌，乃不待宣传，而将发生共乱矣，故俄货推销北满，其阴谋甚辣。(见一九，十二，十三日湖南《中山日报》)

综观上述，苏俄近来对于我东北侵略的急进，真令人胆寒，倘不即时设法救济，则将来祸患不堪言喻了。况中俄邦交至今未完全恢复，商约尚未谈及，俄人既事实上破坏中国的实业，在国际公理，应加以严切的取缔，当此祸患快临的时候，而我政府尚不知设法救济，实为失策，言念及此，俄人的侵略不足道，而我政府的昏愦，实堪痛心！

六　呼伦贝尔历次扰乱经过

(一)　概论

自努儿哈赤统治呼伦贝尔后，迄清末历二百数十年。此二百余年中，除稍受外力波及有小变动外，其他尚极平安。然自鸦片战后，清廷弱点全露，帝国主义的压迫，乃相继而来；俄罗斯既获得西伯利亚，及黑龙江以北、乌苏里江以东地（详见前章），于是对黑龙江以南又时起野心。迄千九百十一年中国革命发生，对于边境自无暇顾及，俄罗斯以有机可乘，于是年八月唆使呼伦贝尔商民叛乱，这便是呼伦贝尔第一次扰乱。然俄以目的尚未完全达到，其后二年（一九一三年）遂要求中国政府订立呼伦贝尔中俄协定，承认呼伦贝尔为中国一特别地域，不属黑龙江省的统驭，此事迄千九百十七年十一月俄国革命后，俄共产党政府，宣布帝俄时代与他国订有侵略性质的条约一律废止，中俄协定为俄国压迫中国所订的一种条约，当然在废除之列，于是呼伦贝尔第一次乱事至此，才告一段落。

俄国自革命后，内部纷扰不堪，以前一切均在此革命时期完全破坏，且国际环境险恶，对外发展，自无能力，因此，呼伦贝尔不有叛乱，亦上十载。自苏联五年计划实施后，国内乱事既定，实业遂次第恢复；其对外发展的力量，自当同时复活。是以呼伦贝尔有民国十七年第二次的叛乱，以及接二连三的小变故。前年（民国十八年）中东路问题发生，十一月俄侵占了呼伦贝尔，于是大肆煽惑，一时呼伦贝尔又引起一阵叛乱。且当叛乱之际，呼伦贝尔蒙军，匪但不为祖国杀敌，反利用俄势攻击祖国军队，更杀戮许多同胞，此实可痛心。总之，我们知道，呼伦贝尔过去的叛乱，是以我国的兴盛为转移的，不过近年呼伦贝尔内部党派分歧，亦系乱事原因，兹于下分别叙述之。

（二） 变乱第一次

呼伦贝尔第一次变乱，虽在千九百十一年八月爆发，然事前酝酿却很久；不过乘国内革命勃起，政府无暇〈顾〉及边〈疆〉的机会而已。溯自中俄《尼布楚条约》以后，清政府为治理呼伦贝尔起见，乃设置旗制，颁布自治，且设置副都统，奖励移民，故二百数十年来，终未发生什么问题。及至光绪二十二年（一八九六年），《喀西尼条约》成立，俄国获得中东铁路建筑权，其势力复伸入于呼伦贝尔地方。清政府亦惟恐俄人之深入，动摇统治主权，遂于光绪三十三年废止自治制，改隶于黑龙江巡抚之下。惟自治制度取消，颇引起呼伦贝尔人民的反感，加以背后有俄人的唆使与援助，故演成此次的叛乱。当叛乱之际，呼伦贝尔商民招集会议，议决呼伦贝尔自治权，及其他特权的恢复，其决议内容大要如左：

（1）中国官宪、军队悉退出呼伦贝尔；

（2）呼伦贝尔的统治的全权，归于呼伦贝尔人之手；

（3）呼伦贝尔地方禁止中国人移居；

（4）现在呼伦贝尔地方住居的中国人有不服从呼伦贝尔官宪的，即放逐于外；

（5）关税与发掘权，以及因自然富源所生之税金，一概归呼伦贝尔官宪所收纳。

此种有计划有条理的主动，非呼伦贝尔人民所能做到，显然背后有人主使，是年十一月外蒙宣告独立，呼伦贝尔亦随着宣布独立。结果遂产中俄《呼伦贝尔协定》。及至千九百十七年俄国革命爆发，于千九〈百〉二〇年，遂又取消呼伦贝尔自治制度，仍置黑龙江省统制之下，事乃告一结束。

（三）变乱第二次

呼伦贝尔自第一次叛乱后，平安历十载。盖此十载，恰当苏俄革命的纷扰中。近年苏俄国力渐渐恢复，于是向外也渐渐恢复旧观，质言之，呼伦贝尔，自此又有了扰乱的动力，不过除此动力之外，又加入日本活动，遂至演成千九百二十八年（民国十七年）的〇〇①，以及连年数次的变乱。

此次的变乱，事先亦有酝酿。盖呼伦贝尔民族不一，对于政治主张有急进与保守两派。呼伦贝尔的政权，大部操于保守派手中，急进派极不甘心，故明中暗里，时起争斗。但急进派屡图发动，因本身力薄，又无外力援助，终没实现。及至国民政府平定河北，张作霖败退关外之际，所谓急进派的蒙古青年党，以有机可乘，

---

① 原文如此。——整理者注

又得外蒙援助，遂突然发动。

先是，于发动一月以前，外蒙库伦政府即开始运送武器弹药于克鲁伦（呼伦贝尔与外蒙交界附近地），并于交界地方配置重兵，故外蒙事先有助呼伦贝尔叛乱的准备。是年七月克鲁伦开外蒙露天市场，呼伦贝尔青年党即乘机招集会议，结果遂决议呼伦贝尔与外蒙合并。迄八月中旬，外蒙政府突然对海拉尔蒙古政厅发求合并的最后通牒，以八月十五日为答复的限期，同时以武力加以威吓。此时呼伦贝尔副都统贵福与保守的一派，见事重大，一面通告内国当局，一面开会讨论应付方法，决议以呼伦贝尔的现状只能要求有程度的自治，不认为与外蒙有合并的必要理由，反对外蒙的提议，至我呼伦贝尔镇守使张明九及道尹赵仲仁毫不介意，故未有防止准备。而海拉尔政厅左厅长成德却是属于急进派的人物，竟与外蒙相策应，我当局亦未加留意，没有特别处置。但形势渐渐紧张，青年党首领郭道甫（成德之子）及阿明泰（成德之甥）以要求不遂，乃于八月十五夜率蒙古骑兵袭击中东路西线。翌日晨，蒙古兵约四五百名出现于乌诺尔（位海拉尔以东）车站附近，袭击第六次列车，并随处破坏路线，以断齐齐哈尔间的连络。我方闻讯，即发铁甲车与军队驰援，将其击退，但同时又一队蒙军出现〈于〉依拉克提车站，破坏路线数处，与我军队交战，亦被击退。

第三日（即八月十七日）上午，满洲里东磋〔槎〕冈站，忽发现大队蒙古军，我军驰往，交战数小时，迨满洲里援军开到，得将其击退。惟不久蒙军得三贝子开来援军三百之助，复重攻取，并向海拉尔方面突进，行抵乌诺尔附近。适值我军（黑军牛青山团）往三贝子援张明九，中途相遇，遂互相交战，历一小时，海拉尔救军到，蒙军始退。经此击退后，中东路沿线遂渐归平静，十八日以后骚扰完全停止。此乃第二次乱事的经过大概情形。

基于上述，呼伦贝尔此次的叛乱，有几点最值得吾人的留意：（A）呼伦贝尔此次的叛乱，虽有日、俄为之动力，然呼伦贝尔治理不良，乃一绝大原因，譬此次事变紧张之际，镇守使张明九、道尹赵仲仁，既不能防患于先，事后复不能设法处置，可见其平常对于呼伦贝尔治理的疏懈；（B）此次叛乱，为呼伦贝尔党派上一大争斗，而日、俄借此争斗，夺取呼伦贝尔，事易显明；（C）呼伦贝尔党派，吾人须十分留意，急进派郭道甫、阿明泰之借外蒙的力量，扰乱呼伦贝尔，吾人尤须窥察其背景；（D）外蒙古现已完全"赤化"，在苏俄指挥之下，呼伦贝尔与外蒙的关系应特别注意。

（四）变乱第三次

中东路问题发生，呼伦贝尔叛乱的复起，这是当然的事，其动力用不着我们来指东说西，自然一见明了。有人谓"因中东路问题，而发生中俄战争，苏俄第一步作战方略以夺取呼伦贝尔为目标，且可不费多大的力量，而能将呼伦贝尔全部占据"，这话很有道理，果然事实上也是如此。

吾人知道，呼伦贝尔为俄垂涎，数百年来为一日，况今赤俄挂扶助弱小民族之名，行欺骗压迫弱小民族之实呢？故此次中东路问题，赤色帝国主义的假面具完全暴露。呼伦贝尔被蹂躏的情形前面已经说过，此地所欲言者，则为呼伦贝尔此次叛乱经过与苏俄煽惑的情形。

自五月二十七日中东路问题发生，苏俄即调兵遣将，准备用武力夺取中东路及东省北部的阴谋，同时派人，赴呼伦贝尔各处从事煽惑，以便实行武力夺取中东路时，呼伦贝尔实行援助，或搅扰中国军事的后防，使中国军事不能一心对俄。这是苏俄武力夺取中东路的最大阴谋。此计划定妥之后，而中东路问题经数月交涉，尚无结果，故至八月中旬，海拉尔乡村中即发现青年党劫掠杀人的事。自此事发生后，防俄军事当局，即极留心，设法防御再发生意外，故自此数月，遂得平安。不过此时外蒙受苏俄的煽动，在呼伦贝尔与外蒙交壤处，征发壮丁，增驻骑兵的军事准备。

至十一月十九、二十两日，满洲里、札兰诺尔，被苏俄相继攻陷之后，于是呼伦贝尔蒙古青年党因苏俄之助，便乘机大起活动，十二月初间青年党在内蒙盐场聚众二千余人，谋进占海拉尔，以为独立的根据地，且同时由苏俄资助枪械，加以指导，故此时海拉尔全在青年党掌握中。及至十二月末旬，即将呼伦贝尔一切旧制推翻，组织共产政府，推定委员七人，以阿明泰、成德为首领，内并有俄人二名。此可见苏俄煽惑呼伦贝尔之一斑了。至青年党暴动情形，及此次事件的重要，蒙藏委员会驻黑龙江特派员王福忱曾有一电报告兹录于下：

> 此次东北防俄军，由满洲里撤退之际，呼伦蒙旗青年党首领阿明泰等，乘机思逞，大事宣传，遂将步兵第十七旅韩光第部全旅军械劫去，就该旗原有保卫团组织骑兵约有一师之众，分布要隘，势甚汹汹，同时并由外蒙开到骑兵三师，驻守免渡河岸，形成与外蒙联邦情势，益趋险恶。倘东北防军，一经越过兴安岭，正式接触，恐中俄战争，一变而为中蒙冲突矣……溯查呼伦贝尔此次肇乱原因，不外北联俄疆，西近外蒙，利攻易守，地势险要，执政得人，可以有为；且远受赤俄之深入，近感边事之猜嫌，怀贰之心，久具成见，一触即发，事岂偶然，此次东铁战事发生，不过一种导火线，给予一种机会而已，蒙旗借以遂其独立之欲望，苏俄用达其赤化蒙古之目的。

由上所述看来，呼伦贝尔此次叛乱的严重可以想见。幸苏俄军退出呼伦贝尔后，蒙旗青年党政府亦自动〈取〉消，迄去年一月以后，呼伦贝尔秩序得又漫漫地恢复起来。这便是此次叛乱经过的大概情形了。

（五）呼伦贝尔党派

呼伦贝尔分急进及保守两派前已言及；急进派即呼伦贝尔蒙旗青年党，以郭道甫、阿明泰、金永昌等首领。郭道甫曾毕业北京蒙旗学校，后留学日本商业专门学校；俄革命后，又赴俄游历。郭氏为人精干，善汉文，曾充呼伦蒙旗学校校长。民国十七年第二次变乱，郭氏与阿明泰为主动，迨事平后，东北长官署即任郭为秘书，至今仍任原职。

保守派以现在呼伦贝尔副都统贵福与贵福之子凌云志等为主干。该派思〈想〉守旧，故对于蒙旗事业，无多改进，致引起急进派间的争斗。惟凌云志精明能干，虽受教育不多，颇具政治天才，善外交，手段敏活，凭乃父地位，号召保守派，亦能左右呼伦贝尔，故其父能执呼伦贝尔政治，得其力不小。

急进派与保守派，既形成对立的形势，故遇事辄起冲突。民国十七年第二次事变，先是急进派借外蒙势力，要求保守派组织呼伦贝尔自治政府，宣布呼伦贝尔自治，然保守派以为呼伦贝尔人民知识尚幼稚，自治不免过早，而不许，因之急进派乃于八月十五日单独发动。又因急进派利用新、陈巴尔虎，保守压制新、陈巴尔虎，两派斗争，遂益甚。惟现郭道甫服务东北长官公署，争斗之点稍少。不过在过去的斗争中，吾人应有一深刻的认识，为什么呢？因为呼伦贝尔的党争，为呼伦贝尔叛乱原因之一。诚然，保守派是守旧，是顽固，对于呼伦贝尔政治没有改进，急进派为刷新呼伦贝尔政治，求达到呼伦贝尔自治起见，应该起来弹劾，这是一种人人快慰的事；然急进派竟不为此图，动辄借助外势，先事破坏，美其名曰民族革命，实则供人利用，为帝国主义爪牙。此次中东路问题，青年党非但不为祖国出力，竟与敌勾结，大肆扰乱，可痛孰甚！呼伦贝尔政治，果因叛乱而可改进，自治即可实现吗？则吾不得而知了。但愿今后以政府宽大为怀之意，速起回头，则匪但中华民国之幸，亦呼伦贝尔之福利了。

七　呼伦贝尔的救济方策

（一）救济方案的前提

呼伦贝尔在政治上，经济上，历史上，地理上，关系我国的重要，已详述于前。今兹所论者，为吾人欲使呼伦贝尔为我国一最良善的区域，而永久地受我国优美文化的陶冶：此目的果何达呢！吾以为非建设不能也。否则呼伦贝尔将匪独不能为我领土，且我国益近于危险，此今日我政府当道，不能不有绝大的觉悟，以鉴于过去治理呼伦贝尔政策之非，而求今日良好方法的实施与达到。

以言建设，诚然不易，然有计划有步骤，亦决非难事，我国人做事，类皆有目标而无计划，一事之成，多随作随扩而底于成，首倡之人，初不知其所倡之事的结果为若何状态。如以此言建设呼伦贝尔，非但功败垂成，且危险反日甚了。

呼伦贝尔的建设，先必有专门的人才，从事地方的探询、研究、考察，此步工作既竣，则即以充分的人力、财力经营之。开发地方，与经营商业有别，经营商业，只要有充分的财力，即可措施裕如，而开发地方，则不然，主要在先有人才，先有擘划及实施的人才，又有充分发展所擘划的经济，在确定经营方式以后，虽遇种种障碍，至于倾毁全部基础时，亦不当有丝毫气馁退缩，而锐意进行之，必如是，则斯可言建设。

呼伦贝尔的社会，除中东铁路沿线一带进步外，余皆处于一种原始社会的状态，吾人建设呼伦贝尔，不能即将此社会毁灭，只能适用文化化野蛮的原则，一面诱发启导其倾向仿效的意思，一面制造使其能自动的环境，以渐次改变其社会组织，统一其思想，发展其文化，以渐次增高其文明，而在此行动中，即养成其直接文明的倾向；否则，吾人仍抄袭旧日的方法，则呼伦贝尔的平安与发展，全无希望，此吾人不得不先注意哩。

（二）救济方法的要领

第一，救济的原则。吾人既决定来救济呼伦贝尔，那末事先不能不确定一救济的原则。我以为救济呼伦贝尔的原则有三个：（甲）以平等的精神，帮助呼伦贝尔自立；（乙）本积极的精神，努力于呼伦贝尔经济的发展，使呼伦贝尔人民的自治精神，在积极推动之下，从事于实现的努力；（丙）在平等主义之下，完成民治精神的呼伦贝尔。

第二，改良地方法度。吾人考求呼伦贝尔事变迭起的原因，就一方面说，当然系一部分蒙人受外力操纵所致；这是彰明较著、无可讳言的。可是反而求诸己，则该地方政制的不良，以及蒙汉的人民彼此犹未同化，却亦不失为事变迭起的重大原因。呼伦贝尔副都统贵福曾经说过："呼伦蒙人认蒙人有自治的必要。现在内蒙已无青年党踪迹，惟若必压迫蒙人自治，则蒙人亦不能默息。"由此知该地地方制度确有改良的必要，特不知今后呼伦的地方当局于此能否有所改进，以补过去的缺点。

第三，兴办教育。"鄂伦春人（大部居住呼伦贝尔北部，即海拉尔河支流大摩利那河及小摩利那河两岸地方，属奇乾县管辖之下）因为家中都供神像，且以妇女生产为不洁，因此生产的妇女，都不能住居在自己的窝棚之内，必须预先别设窝棚，使他另住，所有男女均不接近，就是产妇进膳，也用桦皮器具，盛储食物，挑在长杆头上，移送过去，不肯用手提到产妇身边，说是踏进产妇房门，天神都要忿怒，必然受到重大的惩罚。小孩初生，都由冷水洗浴，说是可以永不怕冷；若在下雪时光，则用冰雪擦其全身，一旦因冻而死，只说小孩体格太弱，即使养育长大，也是无用，这样的曲为解释。弥月以后，遇到母亲出外工作，或是迁居的时候，即用桦皮制一提蓝〔篮〕，将小孩捆卧蓝〔篮〕中，背负而出，有时放在马背上面，随同驰驱，所以产妇、婴儿，往往因此受伤，至于殒命的，真可说不开化极了。"（见《社会杂志》第一卷第五期《狩猎民族鄂伦春》一文）这样的事情，说他不开化，不如说他没有知识比较的恰当，因为一个民族，不是原来就是开化的，是随同社会环境而进步的，如果我们以良善教育去教化鄂伦春人，他们怎不能将这种不好的习惯改变过来呢？否则，匪但鄂伦春民族危险，也就是呼伦贝尔一个最不好的征兆。

近数年来，汉人移居呼伦贝尔的颇多，因为呼伦贝尔民族文化程度低下，对于经济的发展，不能竞争，以致呼伦贝尔原有社会组织起了一种动摇，在此动摇之下，所以呼伦贝尔民族，有齐起反对汉人移住呼伦贝尔的倾向。但是呼伦贝尔地广人稀，天产丰富，在表面看，即有多数的外边移往的人民，也是无妨。究竟却不然，呼伦贝尔民族的社会组织，尚在一种原形状态；就以牧畜而言，呼伦贝尔民族大部以此为生；然牧畜是一种居住不定，需要地面极宽广的生活，呼伦贝尔地虽宽广，他们尚觉不足，何况汉人移入，将他们的牧地，移作开垦呢，故他们必然的起了一种反抗。这种反抗我们就让他吗，还是汉人从此不移住呢？如果是这种办法，匪但于国家没有丝毫好处，即呼伦贝尔，亦危险万状。现在我们唯一的方法，只有振兴教育，从事他们生产技术的改良，那便消患于无形，可一举两得了。

上面所说，不过两个例，证明呼伦贝尔教育的重要；余如呼伦贝尔人因患天花及各种病症不知防御与治疗而死的甚多，又如牧畜发瘟，不知救治，有至全群牲畜瘟死者［人］，这等等的不良结果，完全是一种没有教育的表征，所以今后呼伦贝尔教育的建设是刻不容缓。教育的目标，除增进其生产技术外，尤须努力日常生活常识的普及。

第四，交通事业的建设。呼伦贝尔一块这大的地方，仅有条中东铁路穿过，交通实在太不方便。吾人须知道，社会进化的条件，系于民生，民生的要项，即衣、食、住、行四者，衣、食、住、行之能维持人类生活的安全与否，全视经济能力为之决定。工商业者，为新经济活动的资源；工商业之能否发达，则视交通事业的发达与否为消长。前年苏俄犯边，奇乾、室韦两县首先失陷，完全在交通的不便，故今后呼伦贝尔交通的建设非常重要，且交通完备，于文化上，实业上，行政上，更有莫大裨益。

第五，移民与移民的责任。呼伦贝尔地广人稀，诚为安插中国本部人口一个最好的地方；但上面说过，因移民到呼伦贝尔，动摇呼伦贝尔原有的经济组织，而引起反抗；然我们又不得因此而停止移民，这个解决的方法，除以直接教育增进呼伦贝尔民族的生产技能，对于生活渐渐改变外，而移去呼伦贝尔的本部人民，则应负指导呼伦贝尔人民，实行同化的责任；如果是这样双方面做去，则此问题不难解决了。

参考书目

一《清代通史》，卷上、卷中，萧一山著

二《中华民国省区全志·东三省志》，白眉初著

三《日帝国主义与东三省》，许兴凯著

四《国际条约大全》，商务出版

五《国防与外交》，谢彬著

六《中外地理大全》，陶履恭著

七《东三省概论》，周志骅著

八《满蒙问题》，华企云著

九《东北年鉴（民国二十年）》，东北文化社出版

十《帝国主义压迫中国史》，刘彦著

十一《东省刮目论》，汤尔和译

十二《日本侵略满蒙之研究》，朱偰著

十三《东方杂志》，第二十五卷、第二十六卷、第二十七卷

十四《中东经济》（月刊），五周年纪念特刊号

十五《时事月报》，第一卷第一期、第二期

十六《社会杂志》，第一卷第五号

十七《新亚细亚》（月刊），第二卷第二期

十八《矿业周报》，第五十九期至九十九期

十九《中东路周刊》，第一期至第十五期

二十《革命外交周刊》，第一期至十九期

二十一各种报纸剪材及其他

二十二《人文月刊》，第一卷第一期

《现代月刊》

北平现代月刊社

1932 年 2 卷 1、2 期合刊

（李红权　整理）

热河概况

毕 立 撰

一 绪说

在最近以前，我们对于"热河"这个名字，向来不很注意，这自然是因为我们注意的事情太多了。虽然热河是东北的要枢，华北的门户，在九一八以前，终还不如辽、吉、黑的形势重要。可是现在为热河屏蔽的辽、吉、黑，已沦落在敌人的掌握中。为平津屏蔽、华北门户的热河，在目前的情况之下，其地位的重要，自更甚于九一八前的辽、吉、黑。就敌方言，如得辽、吉、黑而不得热河，终为心腹之患。一旦对苏俄有事，我国苟起而收复失地，即腹背受敌，在军事上为被致〔制〕于人，故敌人未得热河之前，一似芒刺在背，必不能安享三省之利。若能并热河于三省为一整区，则非独可固三省不受腹背之胁，绝我收复失地之径，且可转而威胁我平津，窥我华北，以侵我中原。我平津处热河、山海关水陆逼视之下，将一筹莫展，有若无，实若虚。平津失势，则华北危，华北危则全国无复有宁日，存亡揉之人手，可无待龟筮而立决。故热河之存亡，系敌我最后之胜败：热河存，则敌终为我致〔制〕，三省犹有收复之日；热河失，则我为人致〔制〕，无论三省，举全国恐将不免为三省之续，形势昭昭，实无含糊的余地。

日人在九一八前，早已看清三省和热河关系的密切，所以每称三省，必举热河与同称，号为"满蒙"。"满"因指三省旧称"满洲"而言；"蒙"则非指内外蒙旧日区域的全体言，亦非独指内蒙今日热、察、绥三省的全体言，只单指热河一省言，其用心可见一斑。且每称及四省，必名之为"满蒙"，而不举四省省名。其用意所在，乃欲于无形中造成使四省离我本土之整个而别为一部的观念，以利其侵略吞并之进行。其作用，诚无异于共党故造左派、右派的名称，以造成国民党非整个的观念。东北当局，深知其毒计，遂用"东北"二字代表四省，以抵制其分化作用。"东北"和"满蒙"同为简称，同能表示其密切之关系。为维护此关系，故政治上除四省原有组织外，别有"东北政务委员会"一机关以统率之。但今日辽、吉、黑三省之实际，已非该委员会权力所能及，同时，敌方因有东北政委会，更不能独遗热河，故敌之必侵热河，乃时间迟早问题，非臆测的事。

综上所述，可知今日热河的存亡，关系之大为何如！现热河已传警讯，国人如再膜〔漠〕然视之，使步三省后尘，祸且及身。

二　沿革

热河在周、秦以前，由渔猎时代进至畜牧时代，尚无当时的所谓国家组织，有首领，无共主，视中原封建，文化相距甚远。方汉武盛时，击匈奴于塞外，迁乌桓于上谷、渔阳、古北平、辽西、辽东五郡外，其地即今口北、顺义及热东喀喇沁旗。光武时，乌延领八百余部称鲁汗王于今之热河东部。后蹋顿复兴，曹操率师战于柳城——即现在热河凌源县。经三国而至唐，渐脱部落组织，政治生活，始稍稳定。及耶律氏起自临潢——今热河建平县，据热称上京，置府设州军城，然女真犹参谋其间。金源代兴，完颜氏继有辽领，以临潢为北京，辽阳为南京，分区统驭。元起朔漠，臣服契丹、女真，热河遂分为北京、西京两路，别隶和林〈行〉中书省。朱明奠定边疆，改"路"为"卫"，设官统治，称北平府。清时属直隶省，为热河道。内蒙卓索图盟及昭乌达盟地划入热河，为清室行宫所在。光绪二十三年（一九〇七年），置府二、县七、州一。鼎革后，举二府归直隶统治，定两盟地为特区，另以都统治之，兼主军民。后改府为县，□县十五，设治局三。国民政府成立后，复改热河特别区为热河省，设省政府，其组织同于其他各省。所异者：（一）省监〔与〕中央之间，介有东北政务委员会；（二）省主席兼驻军司令，同于都统时代之兼理军民；（三）盟旗行政另有组织，除司法及行政受省府及东北政务委员会蒙旗管理处监督外，其俸爵等事，均直受中央特设之蒙藏委员会的监督。今将热河十八县成立梗概列后。

县名	成立或改称年份	原来组织	现在组织
承德（注一）	民国三年	由府改	县
滦平	乾隆四十三年		县
丰宁	乾隆四十三年		县
平泉	乾隆四十三年		县
赤峰（注二）	民国二年	由州改	县
凌源	民国三年	由建昌县改	县
朝阳（注三）	民国三年	由府改	县
阜阳	光绪二十九年		县
开鲁	光绪三十四年		县
林西	光绪三十四年		县
绥东	光绪三十四年		县
建平	光绪二十九年		县
经棚	民国二年	由察哈尔划入	县
隆化	光绪三十三年		县
围场	民国三年	由厅改	县
鲁北	民国十三年		设治局

县名	成立或改称年份	原来组织	现在组织
林东	民国四年		设治局
天山（注四）	民国十五年		设治局

注一：为现在热河省政府所在地，前清都统亦驻此处。前承德府治，包卓索图盟的喀喇沁及昭乌达盟的翁牛特两部所属的牧地，清室的避暑山庄即在那里，鼎革后，民国宽待溥仪，就以这故宫为其退居之所。

注二：在朝阳北，地势极冲要。民国六年二月，日本在那里设置领事馆，为热河全省唯一的外国领事馆。

注三：土名三座塔，旧府属本土默特、奈曼、喀尔喀旗牧地。现有北宁路支线锦朝路通辽宁，为辽宁入热要地。

注四：本节参考二十年《东北年鉴》六至十五页；王金绂编《中国分省地志》上卷一九二至二〇七页；屠寄编《中国地理教科书》卷三第十三及十四页，又同书同卷二百另七及另八页。

《东北年鉴》对东北四省的历史变迁，曾载有一表，叙列非常明晰，即将热河的一部分转录如左。

	虞	
上古	夏	东
	商	胡
	周	
中古	汉晋	匈奴鲁汗（乌桓）部落、鲜卑檀石槐部
	北魏隋	契丹及范阳节度使辖境
近古	五代	辽上京、中京地
	宋	金北京、中京路
	元	大宁都指挥使司上都路
	明	兴州朵颜卫北平府
近世	前清	雍正初设厅，乾隆五年设道，光绪二十九年领承德、朝阳二府
	民国	民三改为特别区，民十八年改省（注五）（注六）

注五：据满铁出版的《满蒙要览》（日文）载是民国十七年九月改省，惜乎这参考书都已烧去，一时不能找书证实，姑并志之。

注六：二十年《东北年鉴》一五页。

三　自然状态

热河为内蒙古三省——热河、察哈尔、绥远之一，在河北省、北平的北面，辽宁省的西南，察哈尔省的东南。地处东自东经一百二十二度一分五十秒，南自北纬四十度十九分，西至西经一百十六度零五十四秒，北至北纬四十六度二十四分五十秒之间。面积约五十九万方里（注七），大于江苏省半倍余。有耕地一千二百五十三万九千二百四十七亩（内包官有地七十万另四千二百十一亩），荒地五百三十九万九千二百四十七亩（内包官有地一百三十二万九千二百九十七亩）（注八）。人口男女合计三百四十九万五千四百七十八人（注九），内男子二百十六万六千一百四十六人，女子一百三十二万九千三百三十二人；即男占全数百分之六十二，女占全数百分之三十八，合计五十八万四千五百三十九户。密度每方里约合五一人弱，计每人应占田地晌数约八·一，每户人口约合五·九（注十）。农人最多，约有一百二十七万人，曾受教育者不过四十七万六千一百七十二人，仅约合人口三十分之一强（注十一）。

热河居民有汉、蒙、回三族。蒙人较多，大抵集居于南、东南及北部。回人多住于西部，汉人则多居近内地及辽边，中部有砂漠，故居民极少。

居民性质大都鲁直质朴。南部一带，虽蒙人亦知稼穑，居处已几和汉人无异。

蒙人信仰喇嘛教，回人信回教，汉人多信天主教及耶稣教。

注七：此数是民国十七年舆地新学社调查的，此外十七年热河省政府覆东北文化社说是五十八万方里，东北文化社向热河各县询问而知为六十八万一千方里（内五县未覆）。又据日本满铁会社调查课调查（年份不详）是三十六万六千〇四十八方里。这均见二十年《东北年鉴》。而满铁调查课在一九二九年八月五日发行之《满蒙要览》内载，则热河面积为一万另一百六十八方日里（每日里约合我国七里）。至于王编《分省地志》所载为三百八十一万八千方里，与前述诸数较，相差极巨，未如〔知〕孰是。想前者诸数单计十八县，后者并计两盟、牧地。今依《东北年鉴》暂取舆地新学社调查之数。

注八：十八县水旱合计，据各县直接函覆东北文化社的数字。王编《地志》则为田圃面积三万一千一百余方里，森林面积约一千四百四十余方里，荒地二千四百余方里。

注九：系依十九年民政厅统计调查，其他尚有十九年十二日〔月〕内政部的统计，六，五九四，〇〇〇人；民国七年至八年中华基督教协进会调查的八·三一八·〇〇〇人；民国十七年邮政局统计的四，五一五，〇〇〇人；《东北年鉴》比较十七年各种统计而定的四，五一五，〇〇〇人及《满蒙要览》所载的四，五〇〇，〇〇〇人的几种数字。

注十：据热河民政厅土地户口调查。

注十一：见《华北年鉴》一五一页。

四　蒙旗概况

热河蒙旗有昭乌达及卓索图二盟。前者领地在热北，逼近辽、察两省；后者偏东南，逼近辽、冀。卓索图盟牧地均已垦为耕地，昭乌达盟亦已渐次开垦，汉人移居于二盟地的极多。

卓卓〔索〕图盟计领二部五旗，外附喀木〔尔〕喀多罗贝勒一旗。二部为喀喇沁及土默特。其地由王公六人分领。承德、朝阳二县均在此地。

昭乌达盟领八部十一旗。距喜峰口东北五百九十里。围场县即在该地，原为前清宗室及蒙古王公秋狝〔狄〕所在，因有此名。八部为教〔敖〕汉部一旗、奈曼部一旗、巴林部二旗、札鲁特部二旗、阿鲁科尔沁部一旗、翁牛特部二旗、克什克腾部一旗、喀尔喀左翼一旗，由札萨克十一人分领之（注十二）。

注十二：屠编《中国地理》二〇七及二〇八页，王编《地志》。

蒙旗内部行政，直至今日，依然无甚变更，悉沿旧制。国府所设之蒙藏委员会（注十三），为蒙旗直接最高的统辖机关。此外在行政及司法上，并受东北政务委员会及热河省政府的监督。其行政制概分三类。

一、特爵　各旗特爵共分六等，即（一）亲王、（二）郡王、（三）贝勒、（四）贝子、（五）镇国公、（六）辅国公，均为前清封爵。六等之外又有汗及台吉及塔布囊。汗，列王公之右，台吉乃元室苗裔，塔布囊为元附〔驸〕马，仅喀喇沁尚存此名，二者同爵异名，均系蒙古世袭封爵。

二、盟制　蒙旗最大行政区划为"盟"，有盟长一员，以各旗王公、札萨克的贤能者选充，掌全盟内部各旗事务；关于司法及行政部分受地方长官监督；关于封爵、俸禄及其他蒙古特别待遇或事务皆受蒙藏委员会监督。札萨克不能决的事，由盟长办理，盟长不〈能〉解决，则呈请地方长官或蒙藏委员会办理。

三、旗制　蒙古各部落，均以旗称。各旗皆以自然山河为界，无山川标识的，以鄂博（犹言土堆）表之，互戒越禁放牧。旗内各职，犹沿旧日习惯，其统系大体如下：

```
　　　　　　　　　　　　　印务梅伦┌印务札蓝—笔贴式
　　　　　协理台吉┌　　　　　　└闲散札蓝
札萨克┌　　　　　└闲散梅伦
　　　└管旗章京—管旗副章京—参领—佐领—骁骑校┌领催—什长
　　　　拜生达　　　　　　　　　　　　　　　　└屯达
```

一、札萨克　为一旗之长，有管辖本旗行政及司法之权。虽民国后，其原有职权，绝未变更。是世袭职，如因罪削职，则择族中贤而能者补之。在王府旁设印务处，办理其所执掌的事务，以协理台吉及管旗章京的一人在该处轮流值日。如旗中不设札萨克，则旗政以总管或协领、参领等官管理其事务，即隶于都〔部〕院。

喇嘛有部众和领地的，其待遇同于札萨克。札萨克的部众称阿尔巴图，喇嘛的部众称沙毕那尔。

二、协理台吉　是札萨克的辅弼，俗称"印君"，无一定员额，依旗的大小，或设一人，或至四人，由台吉或闲散王公补充。

三、印务梅伦　每旗设一员，使佐旗政。其资格限台吉出身。有事故时，由管旗副章京或闲散梅伦代理。

四、闲散梅伦　无定员定职。

五、印务札蓝　每旗一人，助印务梅伦理旗务，有事故时由闲散札蓝代之。

六、闲散札蓝　无定员定职。

七、笔粘〔帖〕式　是印务处司理一切文笔事务的书记，无一定员额。

八、管旗章京　每旗一人，直属札萨克，统管全旗旗政，由台吉、王公中选补之，如无适当，可由管旗副章京中选之。

九、管旗副章京　其员额依旗的大小而定，大概十佐内外置一名，由台吉中选其贤能者任之，如无适任者，则由参领中选任。

十、参领　无定额，大概每五六佐设一参领。由台吉选补，如无适任的人，可由佐领中选补。

十一、佐领　"佐"为旗组织的单位，其数因旗不同。原定每一百五十丁置佐领一人，其不及半数的，称半分佐领，但热河各旗旗家，现已大半散逸，残留的往往不到半数。此外尚有世袭佐领、公中佐领、轮管佐领等，皆由台吉选补，无适任的，方可由骁骑校中选充。

十二、骁骑校　每佐领一人，由旗众中选任。

十三、领催　每佐领约六人，由旗众中选任。

十四、屯达　即村长，受札萨克之命处理村内的事务。

十五、什长　每十丁置一人，不以官吏待遇。

十六、拜生达　是王府内掌理会计事务、保管监督器具、物件、建筑、仪仗等等的官员（注十四）。

注十三：《东北年鉴》二〇九—二一〇页，又屠编《中国地理》二〇七—二〇八页。

注十四：本表是抄自民智书局出版的吴自强译本第一至二页。

五　经济概况

热河虽地近寒带，物产却极富饶，其最著的是矿产、湖盐、畜产及农产。

热河矿产散在各地，围场、隆化、丰宁、滦平、承德、平泉、赤峰、朝阳、阜新等地的金矿；阜新、朝阳、凌源等处的煤矿；隆化、滦平等的铅、银等矿，含量均极丰裕。

每年产金的〔约〕八百两，开拣的有八处：隆化老仟沟、丰宁、滦平八道河、承德、建平、阜新、朝阳金厂沟、平泉。

每年产铅约一万八千六百余两，其主要矿地有隆化小黑沟、滦平、平泉潘家沟及烟筒山。

煤储量的九百三十余兆吨，无烟煤八十兆吨，每年产约五万四千七百余吨。所产以赤峰为最多，计年产三万五千七百二十六吨。主要煤矿有四，即五家、石头坟、新邱究、朝阳。

热河的湖盐亦是有名的出产，就中最有名的是西马〔乌〕珠穆沁旗的多布斯浓尔（盐湖之意）。该湖周围约五里，可得五寸一尺厚凝结的盐层，每年产量不下一百五十万贯（旧量名，每贯合我国百两，即六斤四两）。东自洮南，北自海拉泉〔尔〕，南自赤峰、张〈家〉口一带，西自库伦，均恃此盐作食。此外在苏尼特旗西南约十八里处，尚有周围约一里的盐湖一处，但产额不多。

蒙民以牧畜为业，故畜产特多，就中以马、牛、羊、骆驼为最。牛、羊为蒙民恩物，饮其乳，食其肉，寝衣其皮，售其皮毛、骨角。而家畜的羊有二种，即山羊、绵羊，山羊较小，产毛不多而质地极佳，绵羊每头约可得毛至三磅，惟质地不如山羊所产，系运销美国。

今据日人藤冈启所著《满蒙经济大观》所载热河的家畜及家禽的数目如次。

家畜		家禽（注十五）	
马	六一六，○七八	鸡	一，七四○，五三九
牛	二○一，六一○	吗〔鸭〕	二九八，五二一
驴	一一七，四五九	鹅	五四，○九八
羊	五九四，八五四		
豚	四五七，二九七		

热河畜产，各种统计又均不同，又再罗列两种于后。

根据王编《地志》，则昭乌达盟有牛约五十二万头，卓索图盟有牛约万头，羊〔平〕均每家畜牛自二十头至五六十头，马约十六万匹，羊约五十六万二千余头，为内蒙三省冠。

根据日文《满蒙要览》三编二章一节页一四二至一四五所载，则有马约八十一万匹、骡约七万头、驴约十万头、牛约一百十二万头、骆驼四四千头——只蒙古出产，绵羊及山羊合计约二百万头、豚约一百万头。

农产以麻菇最著，以粟、稷、黍、高粱、落花生为大宗，玉蜀黍、芝麻、甘薯、马铃薯、大麻、苴〔苴〕麻、棉花次之。计稷产约三十五万六千余石，面积约一百十二万七千余亩；粟产一百九十五万五千余石，面积约六百万余亩；黍产二十七万五千余石，面积八十三万四千余亩；高粱二百七十四万余石，面积五百三十八万七千余亩；落花生三十九万五千余石，面积一百三十一万七千余亩。其他如菘、蕨等蔬菜，西瓜、桃、梨等水果，均有出产，年额约有二百四十二万九千余斤。木材亦甚丰饶。

至于工商业，工业较察、绥二省发达，约有工厂二百二十余处，以纺织、淀粉、酿造、榨油、制笔为著。年产额约值四百七十六万五千元，商业则以畜产为主（注十五）。

注十五：本节参考王编《地志》一九二—二〇七页。吴自强译藤冈启著的《满蒙经济大观》——二页。又同书一六八页。《满蒙要览》一〇一——一五六页。屠寄编《中国地理教科书》二〇七—二〇八页。

六　结论

上面是热河的大概情形。现在我们再看热河的实力，是否足以抵御外侮，即可知我们对热河该怎样速即着手预备。

热河驻军司令为主席汤玉麟所兼任，其所辖部队有：

陆军第十一师，师长汤兼

第七旅，张从云，二团

第三十八旅，董福亭，二团

第五十一旅，刘香九，二团

骑兵四十团，汤玉书

炮兵十九团，汤玉铭

工兵营

辎重营

二十二旅，富春，二团

暂编骑兵十七旅，崔新五，三团

暂编骑兵十九旅，石文华，三团

特务骑〈兵〉（注十六）

注十六：《东北年鉴》二六三—一四页，十九年调查。

据上所列，可见热河现有陆军八团、骑兵七团、炮兵一团。以此实力，如一旦有事发生，举上海一二八事件例之，如足可暂时抵御以待援。自然敌方不攻热河则已，既攻之，必竭全力，望中央及华北军政当局，速筹方策。

二十一，七，十三

《新亚细亚》（月刊）

上海新亚细亚月刊社

1932 年 4 卷 5 期

（张爱麾　整理）

兴安岭外的蒙古民族

李紫珊　撰

兴安岭有两大干脉：在西伯利亚境内的，曰外兴安岭；在我国黑龙江省境内的，曰内兴安岭；而内兴安岭山脉中，在东的曰东兴安岭脉，在西的曰西兴安岭脉。本文所述，则为西兴安岭以西，哈尔哈河以北，和吉拉林河以南，面积约二十余万方里的地方。

蒙古民族素分东西二部，东部曰萨拉蒙古，西部曰卫拉特蒙古。其散在东三省的，多为萨拉蒙古；惟兴安岭外一带，则为卫拉特蒙古。故本文所述，与东三省内地之蒙古民族，多有不同。

东三省自去年九一八以后，日本帝国主义疯狂般出兵东北，国土沦亡，名城继陷！于是"满蒙民族自决"的口号喊得震天地响；而所谓"满洲国"也就蒙着这一个欺骗的名词，挑起来傀儡的旗子。自然，这种双头滑稽剧，傻子也会懂得。在日本帝国主义淫威卵育下的民族自决，就是殖民地的另一种说法；但是，东三省的满蒙民族，究存几何？现状奚似？当目前这样一个危机一发的时候，委实有急起研究的必要。

著者在前一二年间，正服务于中东铁路的海拉尔和满洲里一带。暇则负箧旅行，足迹几遍边疆。爰将调查及研究所得，拉杂叙出。虽自知挂漏在所不免，但能由此引起国人研究和注意边疆之兴趣，则幸甚矣。

一 概论

岭外一带地方，平原辽阔，水草丰美，其地势之冲要，委实是东北的咽喉，边疆的锁钥。徐世昌氏曾谓："全伦（指呼伦贝尔，即岭外一带地）形势，西控车臣诸部，南卫昭乌达各盟，东北由吉拉林（即今室韦县）而下，可达漠河，东南为卜魁（即龙江）省治之右臂。"（注一）其形势之重要可知。

因地势之冲要，故历史上的游牧民族，得着此地，则可以进窥中原，与汉族相抗争，失去，便不足以立足。以下试简述岭外的游牧民族与中国的关系。

唐、虞、三代，年代久远，史无可征，无论矣。战国时，燕北有东胡、山戎，秦并六国，东胡便为边患，始皇筑长城以防御之。这时在长城东北的边地都看做东胡。以后匈奴扰边，蒙恬逐之北遁，甚至不敢南下牧马。汉武帝时，遣将卫青伐匈奴，勒石燕然山，绝漠南的王庭。汉军曾乘胜远达胪胸〔胸〕河，即今之克鲁伦河，是为中国兵威达到岭外的第一次。

匈奴既遁塞北，便灭了东胡，而分为左右两部。岭外一带，属于左部。汉桓帝时，鲜卑强大，尽占匈奴故地，分为东、中、西三部，岭外一带，属其东部。以后到晋时为地豆子〔于〕国，南北朝时又为乌洛侯属地（俄人如此说）。

五代时，渤海靺鞨人强盛，得扶余和沃沮的地方五千里，在室韦山建国，占据岭外全部。宋时契丹勃兴，建国曰辽，又夺取了室韦的地方。

辽既强大，道宗曾泛舟于黑龙江，置镇州建安军节度使，筑城于古克敦河，专治室韦与突厥人。南宋时，生女真骤起，度过大兴安岭西向。其度〔宏〕吉利部便在呼伦、贝尔两湖边游牧。现在满洲里边境所遗留下的金源边堡，相传为金时博果勒所筑。

这时兴安岭外，早已有蒙古民族；但因势力很小，遂辗转隶属于其他民族。及南宋末叶，蒙古民族中的大英雄成吉思汗，骤然在斡〔斡〕难河上兴起，岭外一带，便成了蒙古民族最先与其他民族角逐之场。未几，并塔塔儿部，又灭宏吉利部，奄有漠北，遂将怯绿邻河（即今克鲁伦河）一带地方，与其三弟斡赤管理。今呼伦池南所存元代兴都故城遗迹，即当年发号施令的地方。

明太祖取元大都（今北平），元裔都奔往漠北旧地，自称鞑靼，时窥明边。太祖曾在乌良哈（今呼伦、布特哈一带地方）置朵颜、泰宁、福余三卫，牵扯元裔后方。后来三卫均与元裔往来，共为边患。

清太祖天命元年七月，遣大将率兵二千征萨哈连（即黑龙江），驻营于黑龙江南岸。于是黑龙江附近的达呼尔部、索伦部、谙达珲、塔库、喇喇路（《开国方略》称为使犬部）、诺罗路（即鄂伦春，亦名使鹿部），均相率归降。

天命十年，阿赖达达尔汗命外藩蒙古诸贝勒追明安部下逃人至喀木尼堪地方，叶雷舍尔特、库巴古、奈土古等，招集其家属及逃人来献。从此黑龙江南岸的索伦部落，又入满清版图。

顺治初年，罗刹人（即俄人）并吞尼布楚，又往东据雅克萨城，并时常侵掠索伦、达呼尔诸部，岭外因以骚然。康熙二十一年，命将出师，转战皆捷，进驻兵于呼玛尔河，互相对垒。二十八年，应俄人的约会，命侍卫大臣索图会俄使于尼布楚城，定界约，以格尔必齐河为界。这即是我国历史上最引为光荣的条约！

以后清事日非，边疆渐蹙。咸丰八年，与俄订立《瑷珲条约》，完全失掉黑龙江以北的地方。光绪二十六年，乘拳匪之乱，帝俄又侵入岭外，焚毁卡伦，占据金矿。及三十四年宋小濂任呼伦贝尔副督统时，才完全收复。

宣统三年，外蒙独立，岭外蒙人也宣布自治。民六因帝俄革命爆发，无暇东顾，外蒙和岭外又重上中国版图。民国十年，外蒙受苏俄赤党的帮助，再度独立。岭外蒙人又蠢蠢思动，遂酿成民十七的独立运动。幸应付得宜，未成巨患。现在东北事变既起，边疆情势，益形复杂。前途之变幻如何，正未可逆睹呢！

（注一）见徐世昌编《东三省政略》的《呼伦贝尔篇》。

二　岭外的蒙古民族（附满族）

岭外一带是蒙古民族的起源和蕃殖生息的地方。考之中国历史，在《旧唐书·室韦传》有如下一段文字（注一）：

今室韦最西，与回讫〔纥〕接界者，乌素固部落，当俱轮泊之西南。次东有移塞没部落；次东有塞曷支部落，北〔此〕部落有良马，人户亦多，居嘬河之南……其北大山之北，有大室韦部落，傍望建河居。其河源出突厥东北界俱轮泊，屈曲东流，经西室韦界，又东经大室室〔韦〕界，又东经蒙兀室韦之北，落姐〔俎〕室室〔韦〕之南，又东流与那河、忽汗河合。

《新唐书》也有同样的一段记载（注二）：

最西有乌素固部，与回纥接，当俱轮泊之西南。自泊而〈东〉有移塞没部。直北曰纳〔讷〕北〔比〕支部。北有大山，外曰大室韦，濒〈于〉室建河，〈河〉出俱轮移〔施〕而东，河南有蒙瓦部，其北落怛〔坦〕部，水东会〔合〕那河、忽汗河。

所说俱轮泊，即是现在的呼伦池；室建河，即是乌尔逊河。至于《旧唐书》的"蒙兀"和《新唐书》的"蒙瓦"，与以后《契丹国志》的"蒙古里"，《金国志》的"朦骨"，及《金史》的

"萌骨"与"盲骨子",大约都是同名而异译的。所以根据两《唐书》的说法,我们敢推定蒙瓦部落,约在今呼伦池的东北,乌尔逊河的东方。就是在兴安岭西和乌尔逊河东的一带沃原,也就是在现今海拉尔和迤南的地方。以后种族繁昌,势力庞大,成吉思汗便据幹〔斡〕难河而起,威震华夷,簸荡世界,造成蒙古利亚民族不可一世的英名!由此可知岭外一带地方,对于蒙古民族的密切关系。

现在在岭外游牧的蒙古民族,共分两种:一种是厄鲁特,一种是巴尔虎。而巴尔虎中又因入籍的先后,分为新巴尔虎及陈巴尔虎两种。关于各种的来源,言者不一。据《朔方备乘》有如下一段记载(注三):

> 呼伦泊以南,喀尔喀以西,巴尔虎〔呼〕居然〔焉〕。巴尔虎〔呼〕本外蒙古喀尔喀属部,其戍此者,阑入俄罗斯境。我军征俄罗斯时来归,遂编入八旗。

按此段记载,并未言明是陈巴尔虎,抑系新巴尔虎。或竟包含新陈两巴尔虎而言?参考别的书籍,则又与此不同。据各书所载,在岭外游牧的蒙古民族的来源和游牧地域如下:

(一)陈巴尔虎　陈巴尔虎据传说是从康熙二十八年中俄划界时迁入的。以前在黑龙江木兰围场附近游牧,后迁往兴安岭外。冬日在海拉尔河上游,夏日便随流而下。现只二旗。其性质与索伦人颇近,而言语稍异。

(二)新巴尔虎　新巴尔虎是自清雍正十二年,由外蒙车臣汗迁入岭外游牧的(据《东北年鉴》说)。又有谓以前在外兴安岭北麓游牧,嘉庆年间,渐渐南移,遂成部落。言语与巴尔虎相通,故亦以巴尔虎名旗编入。又因为编旗在后,所以冠以新字。后又迁到伊敏河两岸,逐水草而栖息。为岭外最大部落,现有八旗。

(三)厄鲁特　厄鲁特,《朔方备乘》称为"鄂勒特",关于此部落人的迁入，共有三说。据《朔方备乘》所载，则谓："鄂勒特，亦〔一〕名〔作〕厄鲁特，征准部时，徙其降人于此。多居于呼伦贝尔，而卜魁城亦兼〔间〕有之。"又有谓厄鲁特昔日在喀尔喀境内游牧，后迁入贝加尔湖，其散在外兴安岭一带者，多入俄籍，俄语称之为古鲁金子。另有一说则谓厄鲁特为黑龙江省伊克明安旗莽鼎公的后裔，其先出于准格尔四部中的辉特部。乾隆二十二年，其家族十二名入乌里雅苏台管地。后逐水草游牧，迁入岭外呼伦贝尔的管地。居伊敏河上游，仅一旗（注四）。

三说按情理推之，以后者纪事尚属详明，稍近事实。

至每一部落中的各旗游牧地域，虽冬夏迁徙不常，其大致有如下一表：

一、陈巴尔虎之镶白、正蓝两旗，在海拉尔河北岸一带地方。

二、新巴尔虎之镶黄、正白两旗，在呼伦池东北方。

三、新巴尔虎之正黄、正红两旗，在呼伦池西岸。

四、新巴尔虎之镶红、镶蓝两旗，在贝尔池西岸。

五、新巴尔虎之镶白旗，在呼伦池东北方。

六、新巴尔虎之正蓝旗，在贝尔池西北方。

七、厄鲁特之镶黄旗，在伊敏河东岸一带地方。

兴安岭外，除蒙古民族以外，尚有少数满族，大多居处于兴安岭的森林中，惟索伦一种，亦在平原游牧，自成部落，计其种族如下：

（一）索伦人　索伦人，亦名打牲部，相传为辽太祖之苗裔，为黑龙江的土著最久，颇有势力。《黑龙江外纪》中说（注五）：

> 黑龙江索伦地，今所居不尽索伦，满洲汉军徙自吉林，巴尔虎、鄂勒特，归自蒙古，达呼尔、俄伦春、毕拉尔则其同乡，而别为部落者。世于黑龙江人，不问部族，概称索伦。黑龙江人居之不疑，亦雅喜以"索伦"自号。说者谓索伦饶

〔骁〕勇闻天下，假其名足以自壮，此论得之。

由此可见索伦种族势力的不可侮，而其饶〔骁〕勇慓悍，也可不言而喻了。《龙沙纪略》中有曰（注六）：

　　　索伦人以射猎为生，挽弓皆逾十石，尝自缚于树，射熊虎洞身，曳之而归。尤善蹑踪，人马有亡失者，踪之即得。越数百里而知踪之离合，且能辨其日次，亦异能也。

至索伦人实际游牧的地域，《龙沙纪略》谓在（注七）：

　　　黑龙江以南，拖心河以北，诺尼江以西，鄂尔古〔姑〕纳河以东，八围入〔人〕索伦地。

按以上所指，诺尼江即嫩江，几乎占黑龙江省西部全部，岭外一带，不过是其游牧中的一个区域而已，《黑龙江述略》上说（注八）：

　　　呼伦贝尔本游牧部落，有索伦，有巴尔虎，有鄂〔厄〕鲁特。

都可以互证岭外自古便有索伦人游牧的地域。据日人八木奘三郎研究，则谓黑龙江中流东经百二十度的南方，在额尔古纳河的东岸，兴安岭东麓，索伦人与满人杂居，或自营部落。又说索伦人的游牧场，在兴安岭及呼伦贝尔一带。南至喀尔喀、库喀等地，北至喀拉布尔霍，西至索岳尔济山根，东至济普器儿等地（注九）。此种人身体长大，骨格雄伟，头形椭圆，毛发深黑，额广眉细，颧秀鼻低，口大唇厚，性质勇敢，胆力过人，在满清的时候，屡立战功。

索伦人又喜在森林树木浓密之处居息，亦有缀细枝于树上，而度其鸟雀般的巢居生活。

据著者在岭外调查，索伦人共分六旗，其游牧地带如下：

一、镶黄、正白两旗，在海拉尔河上游两岸。

二、正白、正红两旗，在海拉尔河南，辉河下游东岸。

三、镶红、镶蓝两旗，在辉河上游东岸。

（二）达呼尔人　达呼尔是索伦的一支。《朔方备乘》关于达呼尔人作如下的记载（注十）：

> 达呼尔，一作达瑚理〔哩〕，一作打虎儿，亦〔或〕作打狐狸。著姓有克因、精奇里、瓦兰、果布勒等氏。多占籍于齐齐哈尔等三城及布特哈，而呼伦贝尔〈则〉不过数家。

由此可知达呼尔的游牧地域是在黑省内地。至其在岭外的，只一小部。多在兴安岭山脚一带居住，渐有一定的住所，而从事于农业的形势。

达呼尔人的形体，也颇为雄壮。身高骨健，颜面扁平或细长，眼睑斜裂，头发漆黑，衣服与索伦人略同。村有村长，管辖全村。他们的妇女，还能看护小孩，人口颇有蕃殖生息的希望。

关于达呼尔人的风俗，《黑龙江外纪》载："达呼尔敬客以烟为最，客或自吸烟，遽掣其筒于口，装己烟以进，礼也。"（注十一）惟因为他们的敬礼太卤莽，有时还闹出"尽礼而反受辱"的笑话。又达呼尔人在数百年前，即能造寨堡，掘堑壕，又能制造把儿烟，在满族中，还算文化水准较高的一个呢。

（三）鄂伦春人　"鄂伦春"是使鹿人的意思，也多栖息在兴安岭山里。《龙沙纪略》说："鄂伦春与俄罗斯接壤，隶籍有五百六十五人，十佐领辖之。"可知黑省一定自昔即有此种族。《朔方备乘》有如下的一段记载（注十二）：

> 俄伦春者，索伦、达呼尔类也。黑龙江以北，精奇里江源以南，皆其射猎之地。其众夹精奇里江以居，亦有姓都喇尔者，似与索伦为近。其隶布特哈八旗为官兵者，谓之摩凌阿俄伦春；其散处山野，仅以纳貂为役者，谓之雅发罕俄伦春。（据何秋涛注谓，摩凌阿，意为"马上"，雅发罕，意为"步下"，皆满语也。）

　　按此段文字记载，鄂伦春人大部皆在俄境精奇里江一带，惟小部在黑龙江省。至其散处岭外的，可知更为少数中的少数了。此种人身躯瘦小，颜面扁平，颧秀额广，鼻短唇厚，颚前突出，眼球黑褐色，发黑。性戆直勇敢，健步急走时，矫如狮虎。骑马放枪，常能百发百中，实为奇技。"同治时，吉林马贼金匪猖獗，官兵不敢犯，将军奏请鄂伦春兵五百击之，马到成功。"（注十三）可见其神勇善战了。

　　居处常以树皮或毛毡为帐幕，以避风。冬日穿皮衣，与蒙人式样相同。又因常以猎得皮毛与俄人贸易，故多数全通俄语。

　　（四）奇勒人　奇勒人多在黑龙江下游及伊〔依〕兰一带，兴安岭里也有一小部分。以打牲为职业，好捕鱼，拿鹿皮作衣服，也常用鱼皮，所以有"鱼皮鞑子"的称呼。居处没有室庐，真有些幕天席地，以"日月为扃牖，八方为庭衢"的刘伶的遗风了。牲畜的数目，随着迁徙而无定。文化甚低。也有说奇勒便是黑斤的支族的。

　　（五）玛涅克尔人　此种族的数目，也不甚多。居住在额尔古纳河下游岭外的北部。衣服居处，很像汉人。形态有两种：一种颜面广阔，颧秀鼻低，与蒙古人同；一种身躯长大，颧秀鼻高，非常秀丽。夏季居在河边，冬季便迁入森林。性好窃盗，每每掠夺别种族人的牛马，以为己有。

　　（六）毕拉尔人　毕拉尔是鄂伦春的别部，呼伦贝尔的人都呼为波赖子。大部分居在黑龙江中流的沿岸。岭外的西北部，靠额尔古纳河的下游河岸，也有一小部分。

　　这个种族人的形状、容貌、风俗、习惯、衣服、居处等，都与满人（指满清）相似，并且言语也有许多处相同。

　　（七）黑斤人　黑斤人居在黑龙江下游和吉林省的东北部，容貌瘦削，好像病夫，性质诚朴信慈，爱好美术，是满族中一个文化稍高的种族。其详非在本文范围，姑不多赘。

此外尚有费雅客人，亦为满族中的一种，居库页岛北部与黑龙江省的东北端，人口只有五千余人。又有名库页族的，或谓即是费雅客人的一支，也居在库页岛。都是亚洲最古的民族。

（注一）《旧唐书》卷一一九下《室韦传》。

（注二）《新唐书》卷二一九《室韦传》。

（注三）见何秋涛撰《朔方备乘》卷二《索伦诸部内属述略》。

（注四）见《满蒙全书》下卷页五一五。

（注五）见西清撰《黑龙江外纪》卷三。

（注六）见方式济著《龙沙纪略·风俗篇》。

（注七）见同书《方隅篇》。

（注八）见徐宗亮著《黑龙江述略》卷二。

（注九）见《满蒙全书》第一卷五〇三页。

（注十）见《朔方备乘》卷二《索伦诸部内属述略》。

（注十一）见《黑龙江外纪》卷八。

（注十二）同注三。

（注十三）见《满蒙全书》第一卷四九九页。

三　蒙族的人口

蒙古民族的人口数目，最难确实。因为蒙人迁徙无常，并且都散在荒僻的旷野里，调查实非易易。据宣统二年黑龙江省关于岭外民族的统计，有如下一表（注一）：

民族	人种	人口数目
蒙古族	巴尔虎	一七，七〇二人
蒙古族	厄鲁特	二，五六〇人

民族	人种	人口数目
蒙古族	蒙古人	一一人
满族	索伦人	三，〇二八人
满族	达呼尔	七一六人
满族	鄂伦春	六五六人
满族	满人	二〇人
满〔汉〕族	汉人	三，九〇七人

按此表附记，总户数约为三千九百八十余户，总人口约二万八千六百余人。不过因为这个表过于陈旧，所以数目也就特别渺小。据《东三省政略》所载，曾说三万有奇。再据民国四年日人在岭外的调查，只调查呼伦贝〈尔〉、满洲里和吉拉林三个城镇的人口，便有九万八千人之多（注二）。再根据最近《东北年鉴》的调查，同上三个城镇，却只有二万七千六百一十九人（注三）。而满洲里一地的人口，便由三万四千人减至五百四十八人，这显然是受着中俄战役的影响，不能据以推算，但却都可证明上表三千余汉人的太少。

不过中俄战役，只在中东路线附近，与蒙人丝毫没有影响的。但蒙人现在究竟有多少人口呢？据著者在岭外的调查，蒙族的人口总数并索伦在内，至少也有二万五千人。蒙古政厅中一位郭姓职员（蒙人）告诉我，也说有二万多人。实际上，既无书籍可考，我们只有暂且假定是这个数目罢。

（注一）见《东蒙古》（日本关东都督府陆军部编）四二五页。

（注二）见《满蒙全书》第一卷第一章二二六页。

（注三）见《东北年鉴》一五七页。

四　蒙族的语言与文字

原先蒙古民族，并没有文字，有之，自成吉思汗始。成吉思汗征乃蛮部落时，擒搭搭图。搭搭图是畏吾儿人，为乃蛮太阳汗执掌钱谷、印信，颇有才干。成吉思汗嘱令制造蒙古文字。其后，历太宗、成宗、宪宗三世，至元世祖忽必烈，又使西番圣僧八思巴制蒙古新字。当时制成蒙文字母四十一个，这是蒙古文字的起源。以后字母增加到百〇四个。其一切语句排列的方法，都是先名词，次助词，最后是动词，很和日本文字相近。

不过蒙文的弊病，也和汉文有些相像，便是文字和语言分开。在野地里游牧的蒙人，所讲全是蒙语。只有衙署学校，才用蒙文。

此外尚有一最堪注意的现象，即岭外的一切蒙族、满族，他们都不学汉语，而都能说俄语。据著者在岭外调查，这种原因，颇为简单。因为蒙人在俄籍的很多，他们互相往来，自然容易引起其学俄语的兴趣。其次苏俄物质文明，较中国进步得多，蒙人多求于俄而少求于汉；至汉人之在蒙地经商的，目的在赚蒙人的钱，势不得不转学蒙语（海拉尔各大商店中多雇蒙古翻译），故蒙人不必学娴汉语而可以和汉人互市；但必谙俄语，始能和俄人交易。结果除在城市附近之一小部分汉化蒙人，可讲华语外，余均不解。这倒是很严重的一个问题。

五　蒙族的居处

蒙人的居处，名为蒙古包，也名穹庐。其构造都有一定的形式。以下试作一个简单的叙述。

不过蒙古民族，虽然大多数是以游牧为生，其中汉化较深的，也有固定的家屋，从事耕种。所以研究蒙人的居处，应该分成三类：（一）纯农民的家屋，东三省内地有之；（二）农牧民的家屋，海拉尔附近有之；（三）游牧民的家屋，各野地里全有之。不过在岭外一带，除海拉尔附近有少数而又少数的农牧民外，其余都是游牧民，故都居在穹庐里。

一走到兴安岭外的野地里，朔风凄紧的吹着狂砂，满目都是连天的荒草，除却远远地望到几队牛羊而外，只有穹庐。令人想到李陵的"胡笳互动，牧马悲鸣。吟啸成群，边声四起"和"凉秋九月，塞外草衰。胡地玄冰，边土惨裂"的句子，真是非身临其境者，不能道出。而《勅勒歌》中的"天苍苍，野茫茫，风吹草低见牛羊"，也委实是绝妙好辞！

蒙古包——穹庐——的构造，多在平坦的地方。建筑时，先画地为四丈多长直径的一个圆圈，周围立十几根圆柱，再缚上几根横的木条，顶上是用许多曲木条作成的。上面和旁面，再覆上洁净的白毡，四围用绳缚住。这一个蒙古房子，便算落成。

穹庐的外面，是以洁白的毡子为贵。这是表示住的人有钱，房盖时常洗换。其脏而黑的，便是住的人无力购买新毡，蒙语称为黑家，即是穷蒙古的意思。幕顶留一孔，用作烟囱，可以用钩启闭。门都向南，夏季也有东西向的。

穹庐的构造和其中放置物品，都有固定的地方，各家相同，不能凌乱。下面是一个蒙古穹庐的略图（注一）。

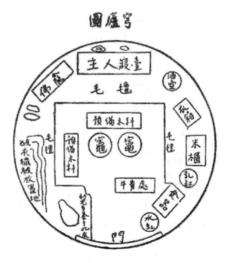

至于蒙人聚族而居的，也有固定的居住方法。先将外围用车架起，形如圆墙，然后把穹庐在里面一个个排列起来，整齐有序，井然不紊。下面是一个聚四族而居的图（注二）。

穹庐的建筑地，是随时候季节而有不同的地方。冬季常在山阳蓥处，夏季则在河边水草丰美的区域。至穹庐内，也有用板铺床、用泥作炕的，不过多数蒙人，都是用草垫地，然后再铺皮毛于其上，如露营兵士的住法。有的竟铺皮毛至五六层，坐卧也非常舒适。

（注一）仿照《东蒙古》第五十三页附图绘。

（注二）仿照《蒙古地志》上卷第二五二页附图绘。

六　蒙族的衣服

无论谁，只要是第一次到海拉尔街上，突然间，烟尘骤起，一队骑马的人飞驰而来，戴着红通通的缨帽，穿着马蹄袖式的长袍，衣边还都镶嵌着红绿各色的花纹，腰间系着红黄各种艳色的带子，脚下穿着马靴，真会使人怀疑到重返满清故国，却哪里知道，这便是蒙人平素穿着的衣服。

到冬季天气严寒的时候，岭外蒙地是非重裘不暖的。蒙人的皮裘，是把薰过的羊皮，把毛儿向外，缝成衣服的样式，便穿到身上。因此外面都是白色，在一白无垠的雪地上行走，稍远一些，便望不见人。有时混到牛羊的群里，简直无从分辨。

妇女的装束，随地而异。但大多数说来，小姐总是蓄两条发辫垂于颈后，妇人则把两辫编在一起，戴些簪琬，以示区别于处女。有钱的则饰耳以珠，簪头以玉，也非常阔绰。

七　蒙族的饮食

"膻肉酪浆，以充饥渴"，这两句话可以包括大部分蒙人的饮食。不过蒙人的烹调法与食法，还有许多有趣味的事实可记。

蒙人充饥，完全是牛羊肉。距城市较近的也有能购买面粉下面条的，不过白色的面粉，经他们揉搓完了，早已变乌黑。有的也会买些酸菜、咸菜或自渍野生韭菜，这些都是最贵重的菜肴，非款待高宾贵客，不轻易用的。

煮食物的方法，是把杀倒的羊剥去皮后，一顿乱刀，剁得七零八碎，抛入锅里，夏日就河取水，冬日用穹庐旁面的雪，盛入锅内，便燃柴烹煮起来。但是这些水和雪，因为牛羊的来去践踏或遗粪，每每污秽得不堪，结果等到锅内水沸的时候，便从下面翻腾上来许多经过牛羊的胃所消化不了的碎屑；这算什么，只是像汉人向菜羹里丢些葱花和胡椒面一样。

蒙人所饮，多是酽茶乳酪，也常饮烧酒。水烟也是他们最嗜好的东西。此外尚有一点，便是蒙人的习俗，是以两袖油渍发光，表示每日食肉的证明。所以每次吃完以后，油渍万不能糟蹋，完全要放到两袖和胸前的衣襟上，好使之发出乌油油的光来。又蒙人饭后，食器不用水洗，都是用舌把用过的东西舐净，然后放置原处。

八　蒙族的风俗习惯

蒙人的风俗习惯，与汉人完全不同。以下仅就其婚丧、葬祭等礼式，及日常行事与娱乐等，作一个简略的叙述。

（一）婚姻　一位姓郭的蒙人，曾和我谈起蒙人的婚姻问题。他说蒙人可以自由恋爱，惟经过自由恋爱而结合的伴侣，永远不准离婚。父母代定的，可以离婚，并且不愿离婚男子还可以再纳小星。女子离婚后，也可以随意另嫁，不过在离婚时，女子要离，须返还一部聘礼，男子要离，却不得讨要。儿女则多归男子养护。

至大多数婚姻的结合，仍须经过"父母之命，媒妁之言"才能结婚。不拘行辈，不论亲疏，同意后，便由男家下聘礼，普通为马二匹、牛两头、羊二十头，为常数。贫富均有增减。大富的人家，也有外加金银币帛的。

结婚的仪式是这样。娶的时候，由冰人送聘礼、聘物于女的家里，定期合卺。到结婚之日，男子便胡服戎装，背后负上弓箭，骑着马，直到女家。随行的数十人，全都跨马负弓，以壮声色。到后，女家忽闭门不纳，必等到随行的再三央告，才能开门延客。午餐设盛筵款待，每一席全羊，故这次宴席，也叫"全羊席"。筵罢，新妇背身坐起，新郎便跪在背后，不住的询问小名。陪坐在旁的姨姑姊妹们，都乘机大事谐谑。约一个钟头以后，新娘才含羞说出小名，新郎方算达到目的，立起退出。这为"讨小名"。翌晨，新妇骑马出户，绕屋三匝，便随新郎往男家来。到后，也须闭门，等女方哀求，方始邀入。于是正式举行结婚仪式。举行时，在室的前方，放置一桌，桌上置弓箭、羊骨（也有在桌旁置一羊的），桌旁升火一盆，火焰愈高愈佳。新郎、新妇双双向之跪拜，大概是祷告神明的意思。拜完后，再拜佛龛和亲友。喇嘛僧在旁诵经作乐，咿呜喧呶，如鼓瑟琴。接着大开宴席，款待宾客，饮酒狂喊，非常热闹。是夕洞房花烛之夜，新郎必携新妇同居于草栏中（冬日则居于另一蒙古包内，惟须睡在草上），另寻一个足智多谋、能说善讲的老太婆作伴，为他们关说一切。这是恐怕蒙女害羞和思念父母的原故。此后乾坤既定，夫妇道成，婚事便算完毕。

蒙人对于血统关〔观〕念，非常轻微。子亡，翁可纳媳，弟死，妇可嫁兄。虽非普通，也不奇怪。又因蒙人的儿子，必送出一个为喇嘛。喇嘛不能娶妻，故归家时可任意指姊妹姑嫂共寝。其荒谬有如此者！

（二）丧葬　岭外蒙人的丧葬，非常简单。除必请喇嘛诵经超度外，绝无缌麻孝杖、刍灵焚纸的风俗。经诵完后，便把死者载到车上（也有负在马背的），然后策马急驰，尸堕的地方，便是佳城。一任鹰准〔隼〕啄食，狐犬撕裂。三日以后去看，如果尸体完全没有，就认为升天，举家皆大欢喜。设或鹰犬未能完全尽其肉，尚须另求喇嘛诵经虔祷，因为这是"罪孽深重，祸延考妣"的表现。必等到尸身臭肉，完全果于狐狸蝇蚋之口而后已。

在海拉尔附近地方居住的蒙人，也有用土埋葬如汉人的，不过为数甚少，并且都是模仿汉人，不是蒙人的习俗。

（三）祭祀　汉人对于事奉父母，是尊崇孔子的"生事之以礼，死葬之以礼，祭之以礼"。蒙人虽然也似乎葬之以礼，但葬后便算完事，永远不懂得所谓"慎终追远"的。蒙人的祭祀，全属于神佛和其他自然的现象。

足以使蒙人认为神妙而加以信仰崇拜和祭祀的东西很多。举凡日月星辰、高山大川，无一不足以使其顶礼膜拜。尤为虔诚信仰的，有以下几项：

（甲）佛　无论贫家富家，必须供佛。无论家中老幼男女，对于佛前的"晨昏三叩首"和"早晚一炉香"，再也不须马虎的。龛上陈列沙〔炒〕米五碗，香炉两个，烛器两樽，各家相同。

（乙）星　每年在旧历正月初八日的晚间，必请喇嘛团聚诵经，并做面人、面灯、面塔等物，祭祀星宿。经声佛号，彻夜不绝。

（丙）鄂博　鄂博是用石块垒成的界标，蒙人非常信其灵验。每年在阴历七月十三日，举行鄂博大祭。当时喇嘛诵经，平民赛马，有时由喇嘛化装跳舞，着彩衣，戴面具，鸣角振铃，大做其历史上著名的"胡旋舞"，非常热闹。

（丁）庙祭　有庙便有祭，有祭便有会，岭外的庙会，以距海拉尔南三百余里的甘珠庙会（海拉尔人呼为赶集庙会）非常著名（海拉尔城外的关帝庙也有会，惟不甚热闹）。每年在旧历八月初一到初五几日，在甘珠庙（即寿宁寺）举行盛大的祭祀。蒙人北至买卖城，南至张家口，都远来参加，汉人便乘机前往贸易，旷无人迹的荒野，顿成闹市。

（四）娱乐　无论民族的文化高低，一个民族，总有特殊的娱乐方法。蒙人的特殊娱乐，可以举出以下几项：

（甲）赛马　蒙人对于骑马，具有非常浓厚的兴味。无论男女老幼，都能揽辔竞驰。他们的马，也的确轻肥善跑，远非常马可比。每逢庙会，都有一场赛马，其中速度最快和骑术最优的，由王公发给奖品，以资鼓励。谁能得到此项奖品，都认为莫大的荣幸。

（乙）角力 角力也名摔交。平常时他们三五相聚，便好作这种游戏。等到鄂博祭日，便正式举行。比赛斗者二人，短衣出场，交手时屈膝弯腰，各用智谋，以推倒对方，便算胜利，胜的也有奖品。去年在西藏班禅喇嘛到海拉尔时，曾举行一次角力，非常热闹。

（丙）跳舞 跳舞也是蒙人最嗜好的娱乐的一种。他们每当春秋佳日，便聚集数十人在室旁歌舞。一个唱着，大家和着，然后一齐舞踊，都感着极浓厚的趣味。

（五）接待宾客 蒙人的接待宾客，非常诚实，都喜欢尽其所有，以博客欢。

装烟是蒙人敬客礼节的一种，凡客入室，必取出烟壶或旱烟敬之。

最有趣味而值得记述的，便是蒙人的小姐。当宾客入室时，她们总是认为稀奇，走到面前，一足跪在地下，一足屈着膝，同时用双手抱着膝盖，面对着面，目不转睛的看，直到把人看得不好意思，她也总不饶恕，除非她有了事情走去，但回来还要重新的定睛细看。

客去时，一家人都送到门外，依依不舍。性质的诚实敦厚，委实令人敬爱。

（六）日常行为 蒙人的日常行为，非常简单。朝起后，漱口、净面，接着早餐。餐后，男子便一鞭簑笠，驱牛羊于原墅〔野〕而牧之。得暇便大口饮茶。直到夕日衔山，晚烟笼树，又复一鞭残照，把牛羊驱回家来。妇女忙去榨乳，然后晚餐晚寝〔寝〕。

白昼如果天气骤变，妇女便立时跑到牧场，帮助男子驱回家畜。她们身体的结实强健，实非汉人妇女所能及其万一。

因为他们生活的如此单调乏味，所以一年里有许多节日和祭祀日，来痛快地欢乐一回，这也算调济生活的一种方法。

九　蒙族的社会组织

蒙族的社会形式，似乎是纯宗法封建社会。他们生产性质，是自然的生产性质而有初期的贸易。生产形式是游牧打猎。生产单位是血缘团体。同时统治他们的不仅是家长、族长，而有喇嘛僧侣和封建领主贵族阶级。因此蒙人的社会组织，可以分成以下三个阶级。

（一）贵族阶级　属于此等阶级的，在内外蒙各地，便是王公贝子；在岭外便是旗长佐领。都是爵位世袭，最有势力，平民畏惧他们，如鼠子怕猫一样。

（二）僧侣阶级　因蒙人过于迷信，遂造成喇嘛的尊严。势力之大，和贵族不相上下。有时也要干涉政事，外蒙古的活佛哲布尊丹巴，以喇嘛而执大政，便是显著的实例。

（三）平民阶级　这一个阶级便是在草原里游牧的平民。完全处在被压迫的地位，一举一动，都须听贵族和僧侣的指挥，一有触犯，立时会受到严重的处罚或竟处死。而一年游牧所得，又必须抽出大半去孝敬贵族和僧侣，不敢违背。

蒙古平民既然受到贵族僧侣这样的压迫，而满清历朝的传统政策——愚民政策，又把他们锢闭在黑暗的一角。现在新潮澎湃，逐渐影响到蒙人，所以岭外蒙族社会的危机，也正方兴未艾呢！

十　蒙族的政治

蒙人的政治，在清康熙二十八年结《尼布楚条约》时，感蒙人部落分歧，才设法编制。计仿满洲八旗制度，编为陈巴尔虎、新巴尔虎及厄鲁特、索伦（满族）等旗，各设佐领，监管旗务。另派大臣或侍郎一员，统司各旗旗务，以昭划一。乾隆八年，改为副都统名衔，总管一切，而直隶于黑龙江将军。及民元改省以后，直隶于黑龙江督抚〔军〕。这是满清一代岭外蒙人政治沿革的大概（注一）。

宣统末年，正值我国武昌起义时，蒙人受帝俄煽惑，乘机宣布独立。并决议五项，中有"请华人官宪退出"、"禁止华人移居"，及"以呼伦贝尔人治呼伦贝尔"等项。民国三年，恢复从前的副都统，复活自治政治。民国六年，帝俄革命爆发，我国趁机取消呼伦贝尔的自治，而仍划归黑龙江省统治。

民国十七年，蒙人乘国民军北伐，又勾通外蒙，宣布独立。幸应付得宜，未酿巨患。民国十九年，蒙古会议在南京开幕。通过呼伦贝尔所属各蒙旗管辖治理权，概仍其旧的议案。故现在蒙人的行政系统，仍以副都统为最高长官，而直隶于黑龙江省府。计蒙古政厅之组织及行政系统如下：

（一）呼伦贝尔蒙古副都统衙门：

　　一、印务处　掌管文书；

　　二、左厅　掌管内政、财政、户口；

　　三、右厅　裁判人事。

（二）各旗旗务衙门：

　　一、陈巴尔虎总管　司二旗佐领六；

　　二、新巴尔虎左总管　司四旗佐领十二；

　　三、新巴尔虎右总管　司四旗佐领十二；

　　四、厄鲁特总管　司一旗佐领四；

　　五、索伦左翼总管　司三旗佐领九；

　　六、索伦右翼总管　司三旗佐领九。

（注一）参看《蒙古地志·呼伦贝尔篇》页八四〇。

十一　蒙族的教育

蒙人素无教育可言，及宣统年间，宋小濂护理呼伦贝尔副都统时，才在海拉尔设立两等小学校一所，专教蒙人。学生由各旗选送。由副都统衙门按月拨发经费，谁知直到现在，仍然仅有这一个海拉尔蒙古小学校。

这个蒙古小学校，位置在海拉尔新街。校舍甚小，共有学生四五十人。所授课程，为算术、体操、蒙文和外国文（俄文及华文）等。惟名为学校，其实上课时间很少，校长仍由蒙古副都统衙门聘请，经费也由政厅拨给。

在南京蒙古会议席上，呼伦贝尔代表曾提出振兴教育的议案，其实振兴教育一事，从任何方面说，都是岭外当前的急务呢。

十二　蒙族的宗教

宗教对于蒙古民族，委实是他们进化的程途上莫大的障碍物。美人安得利斯（Roy Chapman Andrews）说："蒙古民族的灭亡，全由于喇嘛教，倘能把喇嘛教废除，再受政府相当的教化，蒙古尚有希望。"又说："人类生存自然律的作用，大受喇嘛教的束缚的伤害；除非把喇嘛教废除了，这光荣的蒙古民族，不见得能有昭苏的希望。"（注一）情形的的确确是如此！

原来喇嘛教也是佛教的一种。在唐太宗贞观年间，佛教由印度传入西藏，和藏地原有的鬼神邪说，混合起来，便成了喇嘛教。起初僧侣衣帽，都用红色，故亦称红教。教中僧侣威势极大，可以任意欺压平民，并娶妻纳妾，酗酒食肉，无所不为。及宋仁宗皇祐年间，宗喀巴起创新教，尽革旧教弊害，因改着黄色衣冠，故亦称黄教。以后流传渐广，势力渐大，藏地政治，遂也入于僧侣喇嘛的手中。元代勃兴，世祖忽必烈欲以宗教服民心，而巩固自己统治，便聘西藏高僧发思巴翻译藏经，令蒙人信佛，广建庙宇。明清两代又都袭其故智，以宗教羁縻蒙人。年限既久，质性渐异，结果把一个饶〔骁〕勇强悍、威震欧亚的民族，弄到蠢如鹿豕、愚若犬羊的地位，抑何可惜！

现在岭外蒙人，仍然笃信喇嘛教。每节不忘祭祀，每饭不忘叩首。死生婚丧，没有一样无喇嘛而能自己办理的。有病则祷告神佛，哀求保佑，不知求医诊治，不知讲求卫生；并且把每年积蓄所得大半，送给喇嘛，以为精神默佑的代价。

蒙人有子，必送一个作喇嘛，喇嘛不准娶妇，故蒙人生殖率甚低。倘喇嘛教不能及早废除，则蒙族前途，正不知伊于胡底！

岭外的满族，另信喇嘛教中的萨满教。招请巫蛊，预卜吉凶祸福，更无宗教的价值可言。

（注一）见安得利斯所著之《库伦一瞥》，引见《东方文库》中之《蒙古调查记》。

十三　蒙族的职业

岭外川原缭绕，水草丰美，在根河、辉河和海拉尔河沿岸，夏季草深没腹，苍翠可爱。因而蒙人的畜牧，也特为发达。每年蕃息的牛、羊、驴、马，不下数千百头，利源颇厚。

蒙人所产牲畜，多在海拉尔输出或屠宰，间也有在满洲里出售的。以下两表表明蒙人每人〔年〕在海拉尔输出或屠宰的数目（注一）。

（一）呼伦贝尔牲畜输出的数目（单位头）

年次	牛数	马数	羊数	总计
一九一一	九，三二〇	三	二，一〇〇	一一，四二三
一九一二	三，二二〇	四五五	一一，〇四三	一四，七一八
一九一三	三，一五〇	九一	四，四八一	七，六二三
一九一四	七，〇四七	三〇〇	六，六六一	一四，〇〇八

（二）呼伦贝尔屠兽场屠宰牲畜数目

一九一〇年　四四，二一〇头

一九一一年　三六，六七〇头

一九一二年　三〇，三一三头

一九一三年　二九，九四一头

一九一四年　二九，六八三头

此外因岭外天产丰富，蒙人也有以捕鱼、打猎为副业的，不过为数无多罢了。

（注一）见《蒙古地志》下卷第十一编，页一一二二一三。

十四　近年来蒙事的纠纷

岭外蒙事的纠纷，在满清末年，因措置失宜，致蒙人宣布自治与独立，无论矣。及民国改元以后，也常起纠纷，最著名的，便是民十七的呼伦贝尔事件。

呼伦贝尔事件的起因，是由于蒙古青年党要求独立，同时派兵袭击中东路，后经我国军队严重戒备，便告无事。但事实上却并非这样简单，据日本报纸所载，苏联有以下的煽惑痕迹：

（一）中东铁路理事长拉舍继赤，因暗助蒙古青年党而被监禁。

（二）外蒙的骑兵总指挥官俄人次布科斯基将军，这时突然调兵驻东库伦。

（三）前月三十一日驻北平俄副领事诺谟夫氏，在长春被扣。据检查，携带有关于时局之重要秘密文件，与呼伦贝尔事件有关。

但同时苏联方面的消息，却又举出五种证明，认为是日本恶意的挑拨蒙人。而日本国内，也就不客气的小题大作起来。田中内阁召集各关系者，收集报告，讲求对策。舆论界更若中风狂走，极力宣扬。并有说"日本应同情于蒙古民族脱离中国的压迫而独立"，和"日本的满蒙政策，负指导启发蒙古民族有独立觉悟之青年，而同情于其理想之实现"……。他们这样的大吹大擂，虽系无的放矢，但我们便可以充分的了解蒙事纠纷内幕的复杂（注一）。

民国十八年，中东路战役发生，蒙人又趁俄军退去之后，占据海拉尔，希图独立。后来虽然不久即告平服，但这种危险，总在潜伏着而酝酿着。

去岁日本既然出兵东北，自然不会忘掉岭外。据过去报纸所载，日人对岭外有以下的设施（注二）。

　　划东北为六省，以兴安屯垦区为兴安省。另以呼伦贝尔为一省，以贵福（海拉尔蒙古政厅副都统）为长官（现划入兴安省矣），又本庄繁派人持大批礼物，分赴各蒙旗晋谒王公，以窥行动。在辽、黑，组织蒙旗联合办事处，以便咨询，又编《魔官备忘录》，以暴露华官的劣迹，而利宣传。

无识的蒙人，经过这样的宣传与煽惑，自然更趋于不可收拾的地步！

总之，岭外这一块地方，无疑的，早已成了赤白势力冲突之中心。苏联既已"赤化"外蒙，自然要利用蒙人同文同种的关系，而向东进取。日本既在南满占有优势，更不能不攫取北满岭外，以为进攻苏联的根据。因此，岭外一地，它可以作社会主义与帝国主义的火并场，它也可以作世界第二次大战爆发的火药库，而此地蒙古民族关系的复杂，也就不难想见了。

（注一）参看盛叙功著《呼伦贝尔事件述评》，载《东方杂志》第二十五卷十八号。

（注二）见今年二月十九日《大公报》。

十五　关于蒙事的对策

综览以上所述，我们可以充分的明了岭外蒙古民族生活的概况和最近关系的复杂，真会令人不寒而栗。

在这种复杂纠纷的情势之下，其对策，依著者拙见，在消极方面，不妨承认其自决权而允其独立；在积极方面，应速举办以下各事：（一）向岭外移民实边；（二）发展交通；（三）开发实业；和（四）扩充蒙民的教育与宣传。以下谨逐项讨论。

（一）移民实边　为欲发展生产，巩固国防，并期与蒙人接近起见，只有迅速的移民实边。要证明这一政策施行的必然有效，我们且先看一看从前向北满移民的情形。

东三省为满清发祥之地，清廷历代帝王为维持满人风俗及保护旗人生计计，无不以封禁满州〔洲〕为其传统的政策，而于北满为尤甚。自一八九七年中东路开筑以后，俄人要年移六十万人于东北；满清恐慌，这才取消移民禁例。于是内地人民，遂源源出关。据俄人尼考莱夫（A. M. Nikolaieff）的调查，关于北满人口的增加，有如下的数目（注一）：

一九〇〇年　一，五〇〇，〇〇〇人

一九〇八年　五，七〇〇，〇〇〇人

一九一九年　九，〇〇〇，〇〇〇人

一九二六年　一三，〇〇〇，〇〇〇人

由此表可知，自一九〇〇年以后二十六年间，人口增加八倍以上，其能化北满之满族的游牧生活为农耕生活，这委实是一个紧要的原素。现在呢，岭外的蒙古民族，却和以先的满族在内地一样的游牧，要化之为农耕，移民自然也是不可少的条件。

不过移民岭外，须使其均能生产，各有职业，方克见效。而岭外天产丰富，却恰恰能满足这一个条件。等以后再为详述。

（二）发展交通　岭外蒙地的交通，虽然自满洲里至兴安岭有三百九十二公里的中东铁路，但南北陆路交通，却非常梗阻。计只有大路五条，均以海拉尔为中心：

一、东线干路　由海拉尔到龙江，即东铁未筑前，由岭外向内地传递公文的官道。全路设十七驿站，借通蒙人声息。庚子之乱，多数被焚。

二、南线干路　由海拉尔通古北口，是早先往北京的大路。其由海拉尔往通辽和洮南的，也走此路的北段。

三、西南线干路　由海拉尔至张家口。

四、西线干路　由海拉尔通库伦。

五、北线干路　由海拉尔往吉拉林及漠河。

虽有此五个干路，但无人修筑，早已满路蓬蒿；且沿途既无旅店，又无居人，旅行者人少，则苦于野兽，人多则困于迷途，都有"行不得也哥哥"之叹。

至于蒙旗消息和边疆情报，又非数日不能传达，更足误事。

故关于交通一项，虽不能如蒙古会议各代表所要求各项，逐渐举办；至少亦应先完成以上五条干路为公路，然后于其附近重要村镇，安设邮政，俾消息灵通，庶不至令往者裹足，而无法谋迅速发展各地方。

（三）开发实业　开发实业，是移民实边的先决问题，如实业不能开发，则移民即无法办理。

岭外天产丰富，关于开发实业一问题，绝无困险。可分农业、渔业和矿业三项述之。

关于农业：虽然蒙古会议时，通过呼伦贝尔代表的提案，规定岭外在根河以南地方，永远作为呼伦贝尔蒙民牧场；但根河以北，和额尔古纳河以东地方，据著者所知，皆系黑质壤土，最宜种麦，设法垦辟，利源颇大。

关于渔业的：在岭外各河，无不大量产鱼，而呼伦池每年产鱼尤为著名。如能利用科学方法，获利更当倍蓰。

关于矿业：则岭外矿产，尤为丰富。计已开采者，有以下各矿区：

一、吉拉林金矿；

二、吉林子河金矿；

三、乌玛河金矿；

四、阿木毗河金矿；

五、奇乾河金矿；

六、扎赉诺尔煤矿；

七、吉林大河金矿；

八、察罕敖拉煤矿；

九、铁岘山铁矿；

十、珠尔博特盐矿。

以上不过举其业经开采而产量较佳的，至其产量较小，或尚未发现的，更不知还有多少。如果能设法开采，不但能容纳多数移民，而边疆利源，正自无尽呢！

（四）扩充蒙民的教育与宣传　岭外蒙民的教育状况，既如上述，可见推广蒙民的教育一事，实为刻不容缓之急务。

徐世昌在《东三省政略》里，对于蒙人的教育，有以下的主张（注二）：

> 呼伦贝尔各部落，世居兴安岭以西。深闭固拒，非使之通汉文、汉语，无由输入文明。兴学宗旨，当以汉文为融化之的，以满蒙文为导引之阶。

徐氏的主张，固然未尝不善；不过教育贵乎普及。近来政府注意及此，特在南京中央政治学校中，设有蒙藏地方自治班，在北平设有蒙藏学校，在沈阳设立蒙旗师范学校；但究嫌皆在外埠，未入蒙地，只能教育蒙人贵族，而不能教育一般平民。为扩充岭外蒙人教育计，最低限度，应将海拉尔蒙古小学校，改为蒙旗师范及中学校与职业学校；而于四乡蒙人常聚之区，设立小学数处。择选京、平各校中比较可靠之蒙人，前往负责办理。几年以后，必能一新蒙人的耳目，而逐渐和汉人融洽。

为轻而易举及立刻奏效计，更须注意宣传。因普及教育，必蒙人稍谙汉话。在现在危机四伏、猝不及待的局面下，欲在短时内，使蒙人男女老幼全谙汉语，势不可能，故宣传实亦颇关重要。

进行宣传，可按照外蒙青年党宣传的办法，分以下数项：

一、报纸　由哈尔滨或海拉尔用蒙文发行，既通消息，又利宣传。

二、画报　蒙人因文字与语言隔离，识字者少。可用种种绘画，借以宣传，最能普遍、有力。

三、戏剧　不时在蒙地扮演中国新剧及蒙剧，用作宣传，亦能深入。如能利用电影，当更有效。

四、演说　由汉化程度较深的蒙人或通蒙语的汉人，赴各地讲演，告以蒙古民族为中国五大民族之一，应一致团结，共御外侮。

能实施以上各种计划，则蒙人知识一开，利源即辟。同时交通稍一便利，消息不至阻隔，则汉人往岭外去的数目，自然要加多起来。而边疆的巩固、生产的繁荣，和蒙人的向化，也不难拭目而待。

不然，如仍趑趄却步，因循自误，恐怕岭外二千万方里锦绣河山，将永远不属于我们的版图了！

（注一）　见 Current History 一九二八年二月号。

（注二）　见徐世昌编《东三省政略·边务·呼伦贝尔篇·纪学务》。

十六　结论

兴安岭外一带地方，自古便为各民族必争之地，其重要可知。

乃以天产非常丰富，蒙族又知识不开，遂启他人的觊觎。或以民族之独立自决为饵，或以蒙地的"共产赤化"为的，不归于此，将归于彼。当此危急存亡的时候，我政府如果措置得宜，努力奋斗，尚不难使蒙人复归于我，而作我大兴安岭外勘界的戍卒，东北边防御敌的前卫。反之，仍复因循姑息，不事振奋，则东北边疆，宁堪闻问！

当目前外蒙独立、西藏内侵、云南片马已成悬案的时候，而东三省又复陷落，热河警报频传，形势岌岌，朝不谋夕，著者为文执笔，心为之痛！

最后，我仍引徐世昌氏在他《东三省政略》里所说的一段文字，作为此文的结论：

> 就三省陆地形势而论，惟黑龙江省为最重要；就黑龙江省陆路形势而论，又惟呼伦贝尔（指岭外一带而言）为最重要。欧风之东渐也，其铁路所到之处，即其兵力所及之处。可知呼伦贝尔一域，不独关系黑龙江省安危，而亦东三省一线命脉所系之枢纽也。乃以五十余万方里之面积，烟户寥落，人口仅二万有奇。轻戾顽钝，几不知政治斗争为何事……以此而与外人相持，胜负强弱之数，不待著龟而决。若不兼营并鹜〔骛〕，急起直追，西边一隅，其尚可恃哉！

二一，八，十一，脱稿于清华园

《新亚细亚》（月刊）

上海新亚细亚月刊社

1932 年 4 卷 6 期

（朱宪 李红权 整理）

准噶尔旗状况

作者不详

土地人口　准噶尔旗，为鄂尔多斯左翼前旗，东与托县、清水河及晋北偏关接壤，西与东胜县、达拉特旗毗连，南界晋北河曲，北连萨拉齐、托克托，横约一百八十余里，全旗面积，约三万二千二百方里。境内已垦之地，约五千余顷，除黑界、河套川业经报垦外，其报垦未垦之鼻地都、柳青梁户口地，近年多已私垦矣。河套川一带土地肥沃，耕户殷繁，其余皆砂砾、丘陵，地质硗薄。居民男女约三万口，蒙民约占三分之一，余皆汉人。汉民大半由晋河曲移殖，府谷、萨县次之。

风俗人情　因蒙汉杂处，风俗习惯，已渐同化，惟四季念经、跳神、祈福等事，仍沿旧俗。蒙俗，外出持哈达、鼻烟壶二物，为接见之礼仪，自那森达赖掌理旗政后，将此习惯废除。蒙人患病，以请阴阳书符、念咒为治疗常法，闻〔间〕亦有用药材治疗者，但皆系研末吞服。结婚仪式，甚为简单，迎娶用马。丧葬，有资产者，亦用棺殓，但棺材为立式，以死尸坐其中，贫民则多用火化，用塔压于灰烬上以为标记。男女均喜用白手巾缠头，女子梳头为炼〔链〕锤，长七八寸，由耳际下垂，炼〔链〕锤之上，佩以珊瑚、宝石、珍珠之类，王公妇女头上所佩之珠，价值有数千元者。蒙古小曲，淫秽不堪，男女社交公开，稠人广众之下，尝〔常〕见青年男女相依为戏。

军事政治　军队现有独立团二，混成团一。统计兵力约在六百名上下，枪约五百余支。政治组织，札萨克之下，设东西协理台吉二员，协理之下，设管旗正章京一员，副章京二员，正为公布札部，副为柏尔闹海及们肯济尔格拉，以上五人，谓之事官。此外有八参领，四十佐领，四十骁骑校，分管蒙民。又分全旗为十三排，每排设达庆一员，分管汉民。

交通文化　全旗教育机关，只有那公庆镇同仁学校一处，亦系有名无实，蒙人读汉文者极少，读藏〔蒙〕文者亦不多见。奇子俊生前，尚知世界潮流，竭力提倡，经此二次事变，教育已完全消灭矣。交通以王府（俗称大营盘）为中心，由此往河曲、府谷、东胜、清水河、达拉特齐〔旗〕、郡王旗各地，虽大道可行，但须绕沙越岭，道路崎岖，转折迂回，行人颇感不便。

出产税收　所产动物，有牛、羊、驼、马、驴、骡，矿物有大炭、煨炭两种，煨炭产量颇丰，除供全旗燃用外，尚可行销于沿边各县。税收分地租、水草、靠捐三种，地租按地质之肥瘠以定，水草每羊一只，收洋七分，每牛一头，收洋二角，靠捐每羊百只收征三角。全年收入，至多不过三万元（但烟款不在内）。

特殊阶级　境内大都属黄河地带，户口之少，亦所仅见，除将军窑子、那公镇、柴登、哈拉寨、那令等处，有住户数十家外，绝少五家以上之村庄，极目黄沙，穷难苦言。军队系征兵制，有事为兵，无事为农，惟平日对于训练极不注意。寺庙全旗共有二十二所，以准喀尔寺（俗称西寺）为最大，总计喇嘛有七八百名。各寺有养寺土地，为诵经及香灯之助。蒙民视喇嘛为特殊阶级，一家有子三人，最少须有一人当喇嘛，是以人口无法增加。喇嘛享有特殊利益，无论到何人家，有饭先尽喇嘛吃，有屋先尽喇嘛住，蒙民之愿当喇嘛，不为无因也。

《蒙藏旬报》
南京蒙藏委员会
1932 年 6 卷 3 期
（朱宪　整理）

蒙古准葛尔旗那公镇社会写真

马启瑞　撰

准旗为伊盟七旗之一，居于黄河西岸，气候严寒，地势广阔，汉蒙杂居，秦晋边疆，绥远南部，处于塞外，交部阻隔，概多守旧，所以风俗习尚，均与内地不同。敝人在蒙布道有年，对于该旗风土人情、日常生活，知之綦详。今方边疆日亟，国人对于边事，似不容其漠视，敝人有鉴于此，将该旗实地真况，供诸读者。希望方家为蒙旗教会，预备最合式材料的章本，计画进行蒙旗教会的背景，和关心改良蒙旗者的参考，这才是我发挥社会真况的本旨！

一　衣装

准旗人民的衣装，仍拘泥守旧。近年以来，在男子方面，少有改良，妇女方面，仍然未改。妇人在夏天，穿一深蓝色洋布长及足面的大衫，外套一花色洋布的背心，里面衬着一件红色主腰子；冬天穿种布棉袍①，还有皮袄。妇人将乌云分挽，垂于胸前，名曰炼锤。用绮纨裹束垂胸之发，用珊瑚珠子、孔雀绿玉，系以丝索银铃，名曰头戴。上等人家，头戴重量七八斤，价额七八千

---

① 原文如此。——整理者注

元。谚云"蒙人穷在头上",即此意也,普通人家,头戴亦值百余元。妇人未到人前,先闻铃索丁东之声。女子们梳有很长的辫子,垂在头后,底下用红绳做了个结子,妇女头上均覆以羊肚手巾。男子夏天穿粗布衣,上佩一刀鞘,又怀木碗,以备取食。冬日多着羊裘,若遇和暖,将皮衣翻着,好似毛猴。妇女天足,男女多着皮靴。喇嘛穿红黄色衣服,束战裙,不穿裤子。

二　饮食

北方寒凉,多产糜子,汉名黄米。早餐用酸粥,酸粥带有浓厚的酸刺激性,先将糜米浆在器皿中,盛于热处,使之泼〔酸〕酵后,煮之成粥,名曰酸粥。午餐用羊肉、山药为肴,用米捞饭,名为捞饭会菜。普通多〔吃〕以黄米、荞面、牛羊肉、牛羊奶、黄油、奶皮、干酪,用为食料。蒙人喜欢喝茶,富家喇嘛用的茶杯,多是银的,茶用汉商贩来的砖茶。客来,即敬茶一杯,茶中伴以小盐、奶食,名曰奶茶。盘中擎出炒米,投于茶中食之,亦当午餐。

三　住

准旗,人烟稀少,地多沙汉〔漠〕,砖石一类,得之不易,除却王公世爵外,多是沙土筑成简陋不堪的住址。因为就地逐水草而居,邻村距隔太退〔远〕,每村三五成邻。家庭间燃料多用围炭,亦称无烟煤,埋于灰中,经七日之久可以不灭,俗称归宁炭。此炭炽红以后,无有烟气,冬日火炉用他取暖,屋舍矮小,家中空气非常刺激。室内有泥做的小灶、土炕。窗子在夏天取去,冬天装起来。他们因房屋狭小起见,男女老少每多住在一炕,夜深各自相认夫妻，来朝男着女服，颠倒衣裳，亦属常事。即有过路客旅，能操同语者，对于食住，不成问题。

四　行

准旗，地处塞外，野蒿成林，举足则沙土没胫，外来之客，殊不识其道路，所以交通锢塞，跋涉为艰，行路运物，专赖骡马牛车。交通最便利者，首推乘马，故虽妇女孺子，善于骑马。现时公署、教会、学校各种邮件公文、新闻报章，均赖同仁学校的差人，由河曲转递，所以消息不灵。该旗所得的消息，较交通便利的内地，迟隔匝月。

五　卫生

准旗，游牧成风，居屋矮小，多与牛、羊、骡、马同院。屋小人多，少沐浴，饮食污秽，居处不洁，衣服垢污，风俗淫乱，男女交际公开。糜谷田中，常见家鸡野鹜相逐，到处同乐阳台。对于卫生，尚不讲求，以故常生病，不知医疗，但求土偶、喇嘛、大仙、松树神，迷信宗教，然皆无效，以致死亡甚重。此地多得花柳、伤寒、白喉、痢疾等症。至于公共卫生，更谈不到。此地素来没有毛厕，虽青年妇女，随处可以便溺。外来之客必得换〔患〕水土之病。

六　婚姻状况

准旗婚姻的状况，除却少数的自摘自配外，普通还是专制的婚姻，自由恋爱结合的是没有。蒙汉从来是不结婚的，近来频年荒旱，旅客在该地择配的亦很多，是趋于势利金钱的状况。女子到十四五岁，即赋桃夭之诗。

七　结婚礼仪

由媒人介绍，经两家同意后，始订婚纳采。传流〔统〕素用宝刀，或牛或马，为聘礼，名曰宝刀。离婚以后，宝刀仍归男家。衣物、头戴均归男家，预备婚时，婿往女家，女家设毡幕，以表敬迓。新郎跪于毡前，请喇嘛诵经，即为礼成。送女者，男女数十人同乘马相随，数日后归宁。婿至妇家，侍立灶前，烹茶终夜。日后夫妻偶然反目，竟有离婚之举。

八　丧葬礼仪

蒙人死后，装棺延喇嘛诵经，亲友集哭，然后行葬礼。葬式可分水葬、火葬、土葬。因火热症病故者，火焚其尸，将其灰烬敛而葬之。水葬，因寒凉症而病故者，将水一瓶，放置棺下。土葬者，与汉人〔人〕相同。水火之葬，皆由喇嘛主持。亦有抛弃沙滩，任犬食者。弟死兄收弟妇，兄死弟收其嫂，此种伦常紊乱之俗，此间习以为常。汉人死后，务要运回汉界，行葬埋礼。至于死者遗物、乘马，半为诵经之费，半归喇嘛所有。

九　男女暨儿童工作

准旗以牧畜、农业为生活。男子十分之四为喇嘛，十分之三为兵，而以喇嘛、当兵为生活，家庭中日常事工，妇女任其多半。男子懒惰成性，农业亦雇佣汉人。儿童多半以牧牛羊为业，也有帮助父母在田里做工，年龄大的，有佣工的。

十　本地出产

准旗向来为游牧人民，其牲畜所产者，如肉、乳、脂油、皮革、毛绒等；农产物，如糜子、山药、荞面；矿产物，如盐、炭，最广。

十一　工商状况

准旗以牧养、农业为风，不事工商。举凡衣服之质料、零用的器俱，完全购于汉商。彼等奸猾成性，利息倍蓰，货物窳劣，量不足数，物价乃性〔信〕口开河，蒙人憨实，悉被欺诈。准旗有那公镇、那棱镇、暖水镇，为该旗繁华之地，商贾云集三镇，定日为集。每逢集日，蒙汉赶集者，拥拥挤挤，形若游鲫。罕见现洋交易，多见以有易无。至于工业，实际上还谈不到。同仁学校郎焦忧女士竭力提倡工业，该校漆设工艺，实为发达工业的初步。

十二　学校状况

蒙人思想顽固，文化落后，向来不知教育为何物。去年由奇子俊竭力提倡，筹备经费，强迫教育，不惜巨薪聘请男女教员，创立空前未有、破天荒的同仁两级学校，一律官费。男女蒙生百余人，本校主任韩海宽，品学超凡，整顿校务，孜孜日进。学生特长蒙文，开内蒙教育的先声。现在设备中，同仁中学，已在蒙藏委员会立业〔案〕，一俟款来，即正式开办云。基督教附设义务学校，主任马启瑞，义务教员焦晋荣、刘秉惠，汉生二十余人。章济民私立学校，男女生数十人。今春创平民阅报室，该所文化一日千里。

《兴华报》（周刊）

上海兴华报社

1932 年 29 卷 21 期

（朱宪　整理）

旅蒙指南

叹驼　述　　绍伯　撰

序

　　蒙古地旷人稀，天产极富，故今日欧风亚雨，惨淡经营，陆海天府，势将尽为人有矣。北蒙沦陷，满洲云亡，热河全省，亦归暴日，唇亡齿寒，言之可惊，封豕长蛇，祸心未已，登筹边楼，划保疆策，抵制雠仇，须先从治内起。欲治国内，又必先之以调查也。不明地理，则区划不详；不明风俗，则施政困难；提倡工商，则物产、交通不可不知；欲言农林，则气候、土质不可不考。入国问禁，入乡尚须问俗，况欲经营国家之大计乎。查日俄于未侵略满蒙之先，多方调查，到处联络，其知满蒙情况，较我尤详，深谋远虑，非一朝一夕也。愧我国人，不知国土为重，犹以化外视之，自古及今，莫不皆然。燕赵筑城，嬴秦联络，防不胜防，声气何通，以致阋墙之祸，代有所闻，夷夏为名，互相仇视。有元入主，威名大振，兵力所致［嬴］，欧西俱惊，是蒙古利亚美名之所由来，亦我中国武功之最著□□。历朱明，以至逊清，以愚民政策，以愚惑之，封以爵位，传以佛说，使我最强悍同胞，不知振奋，以自坏长城，欲为子孙帝王万世之业，而愚人以自愚，其愚孰甚焉。今则五族一家，既无种族之分，自无畛域之可言，即应同心协力，共济时艰，彼此相亲，决无猜忌，知识互换，声息互通，打破数千年之隔阂，功归革命，造成亿万岁之大同，力赖群贤。必也，三民主义同遵，五权宪法共晓，而后内政修明，外御强邻，国际地位益高，民族幸福愈厚，以慰诸先烈在天之灵，庶不负以头颅为我争来民权，以生命为我换来自由。鄙人等欲为国人联感情，欲为彼此通消息，特将蒙古情形详加考查，以贡献于国人，俾不至有所隔阂也。我国地理，虽亦有蒙古之遍〔编〕入，然均略而不详。本刊所辑，均经细密考查，自山川形势，以及物产风俗，不惮琐屑，条析缕举，虽不敢云靡遗，胜于普通地理多多矣。是为序。

内蒙位置

蒙古分内外两部，现值外蒙为赤俄所经营，所存者，惟内蒙耳。本刊所调查者，为内蒙，其风俗与外蒙大同而小异！

内蒙古，位于戈壁沙漠之南，长城之北，合西河夺〔套〕蒙古而言也。东界辽宁与洮南为界，西界新疆与镇西为邻，南与热河、察哈尔、绥远、甘肃相接，阴山山脉亘于南，兴安岭峙其东，阿尔泰山脉障于北，天山山脉屏于西。

气　候

全境皆大陆性质，冬则酷寒，夏热异常，不过暑期极短，因远去海洋，雨量甚少，即在夏季极热时期，遇雨则天气骤变，亦必衣裘，方克不冷，故往来蒙古之商旅，无论何时，均须携带皮衣也。冬季降雪，有时偕风而至，令人失迷方向，如在五里雾中，土人谓之"白毛旋风"。行旅遇之，立刻裹足，将身纳入皮袋中以避之。冻毙人畜，时有所闻，每遇枯萎人畜于途，均系遇白毛旋风于途而冻毙者，是所习见。彼方迷信之风极盛，冻死且云有鬼，因见冻而将死之人，均搬石块成堆，作烤火状，少顷大笑而死。盖冻极之人，神精错乱，而呈此状，谓鬼使之然，未免妄诞。往来蒙古之商旅及土人，均须衣老羊皮，毛厚而长。舍此，虽孤〔狐〕貉无济也。头戴皮冠，足着毡靴、皮袜，手着皮手套，否则，稍一觉冷，即有堕指裂肤之虞。

沿　革

蒙古，在周称獯鬻、猃犯〔狁〕，在秦汉曰匈奴，后称契丹，亦有称为蒙兀、盲骨子，或蒙兀儿，皆蒙古之转〔知〕音也。

民　性

蒙古强悍好勇，善骑射，虽妇人小子，亦均精于骑，因多产牛、马、骆驼，习惯而成自然也。我国南方多水，民善操舟，北方牧畜，故善骑乘耳。自逊清愚民政策实施，惑蒙民以佛说，于是蒙民迷信过甚，不求学问，不思进趣〔取〕，且以偏居一偶〔隅〕，闭塞不通，文化落伍，似近愚昧。其忍苦耐劳，是其特长。

风　俗

俗尚质朴，讲迷信，凡事均以喇嘛为顾问，且求其祝祷，以却病祈福，或卜休咎。家中有弟兄二人者，必出家一人，以作喇嘛，有弟兄三人者，须出家二人，否则须充兵一人。凡作喇嘛者，可免充兵之义务，俗以出家为荣，充兵为辱，以故喇嘛之多，实过常人数倍。民不习农，除牧畜、打猎外，则饮酒、吸烟以为消遣，喜争好讼，即些许之事，亦必取决于官。男女服饰，一如清代之旧，男子蓄发之风，牢不可破，盖因别于出家之剃鬀也。

物　产

植物，则为黄蓍、甘草，是为药品。蘑菇最为著名，相传所产蘑菇，在当地并无香气，由某口（如张家口、独石口）运至内地，则骤呈香味，不知根据何种学理。矿物，则有盐碱，华丽石（五色晶莹，故名）、水晶、宝石均有之，蒙人迷信风水，不许开采。兽，则有驼、马、牛、羊、黄羊、狼、兔、地鼠、瞎鼠（昼畏日光，至夜则出，因名瞎鼠）。禽类，则有白翎、叫天、鸨、雉、石鸡、板翅、鸠、鹰、雁雕、野鹤、天鹅之属。

食物，则以乳食为多，如奶豆腐、奶饼子、松葫芦（似奶豆腐而酸）、花坨子、掘刻（如奶洛〔酪〕）、酸奶子、黄油、奶皮子。清时，以奶皮子与花坨子晋贡，平素所用之奶皮，形圆而大，晋贡者为小方块，且和以糖。平民所食之花坨子，形如梅花，上有福、禄、寿、喜等字。晋贡者，形圆而细，中亦印有福、禄、寿、喜等字，以黄木匣承之，每匣四枚，是为贵重食品。

教　育

蒙古自昔无学校，读书者，必富家子弟，在内地择名宦兼长满蒙文者，拜之为师，或延汉文教师。自民国成立以来，近于内地之各旗群，亦有创立初级小学者，现各王公及国家，已有振兴蒙旗教育之议，第以地旷人稀，究难实行。

交　通

蒙古交通，昔由张家口直达外蒙库伦，有大路一条，近因张库交通断绝，只有德华洋行独家往来于张库间。张家口至多伦之铁路，已经议筑多年，路线已经测定，惟因频年内战，未克兴工。先时张家口尚有通达各处之汽车路数条，商运摩托车达数百部，亦以连年兵灾，损失所余，仅数十部耳，大半亦不堪用，尚有在库伦被苏俄政府扣留者。现在运输，惟有少数骆驼，与当地土车。

商　业

自张库交通断绝以来，凡沿张库路上之商埠，均呈凋敝之状。即以多伦、张家口而言，商号歇业者，十有八九，居民受其影响，失业者日多，以致民生艰窘，已达极点。惟有往来蒙古之负贩，营业如故，叫卖之货，为珊瑚、红绳、翠玉、玛瑙等，烟管、烟壶及粗布、鞍鞴、火连〔镰〕、刀筷、木碗、皮靴之类。赊欠者居多，至秋则以牲畜为抵，钱钞不可得见，大有古时以有易无之风。蒙民至汉人集镇购物时，商家先赠以鼻烟、烧酒等类，或有享以饭食者，意即恐其他往购物也。待其饮食既竟，则出货劝买，价值之昂，恒加数倍。此亦商业道德之缺点，蒙民图便宜而吃亏之处也。

宗　教

蒙民所奉者，为喇嘛教，除敬天而外，尤崇拜诸佛。其迷信不独出家者，即在家之人，亦云处处有佛，其为多神教无疑。沿蒙边，犹有狐迷子之说（即巫类），以符水惑人，家家均供奉之，谓其可以佑人发财。种种妄诞之说，不一而足，盖文化不发达之区，往往谈此。

官　制

蒙古官制，自民国以来，依沿旧例，毫未改革，现仍有红顶花翎，相见请安叩头为礼者。兹将其官制统系，到〔列〕表如左，以表明之。

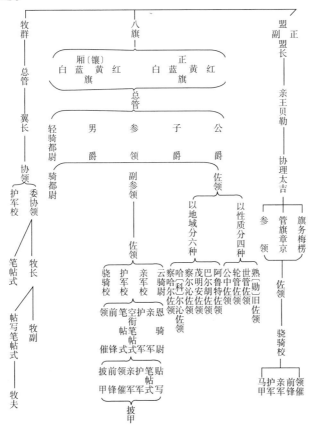

居　室

蒙古昔作游牧生涯，逐水草而居，因无正式房舍，均以毡皮为幕，形如圆丘，俗谓之蒙古包，易于挪动。且蒙古风患最多，时有飓风，卷沙而起，风息沙落，屋宇被埋，无法救济，用幕，亦因便于起挪也。近于内地之蒙民，冬则迁于沙埠之谷，夏则迁于高冈之处。蒙古包之制法，贫者内外皆毡，富者内以哈啦为里，悉向东南为门，上有天窗，以通烟气，中置火盆，四周铺以毡皮，高一二尺，形如炕。

服　饰

男女之衣，无分四季，均着长袍，且束以带，以老羊皮者为多（屡经剪过之羊皮），因毛厚而能御寒，永不浣濯，不坏，则永远服用，至夜，则即为被。其腥臭之味，达于数尺。男子之皮帽，冬夏俱戴，所着皮靴，男女无别。女之未嫁者，束辫二，垂于两肩，既嫁则将辫盘二髻，垂于耳后，名曰垂帘，饰以珊瑚、珠玉之蕙〔穗〕。耳穿多孔，以金属为钳，亦有嵌以珊瑚、珍珠、玛瑙等类者。近者王公仕女，亦有时装者。其出家之喇嘛，有红衣、黄衣两种，居常着小帽，或红或黄，均以库金为边，至念经时，则易峨冠，披以袈裟。蒙古之贵族或官，尚有着清时之顶翎者。士兵则亦衣老羊皮袍，无面（即白色皮袄），四周作以红边，以为标识。

饮　食

蒙古所饮之茶，与普通市售者不同，名曰帽胡芦子茶，即老茶连枝者，捣碎煮之，和以牛奶而饮之，或以泡炒米而食。常食品为牛奶、炒米，亦有时食肉、面。而其食肉，以羊肉为常食之品，烹调之术不讲，惟以水煮，不甚熟即食。每食各出木碗于怀中，食毕不洗，但以舌甜〔舐〕之，甜〔舐〕毕，仍纳怀中，有时亦用此碗洗面。蒙人常佩小刀，鞘内且有骨筷（俗谓之京刀子），亦专为食时之用。

疾　病

蒙民有患疾病时，不延医生诊治，至庙请来喇嘛念经。此时非家中人不许进入其居处，念经毕，则谓佛爷赐药，由香炉中，捏出香灰，令病者服之，然后和面为人形，以香纸送出居住之处，谓病魔已去之意，亦有用纸糊衣履焚化者，富家亦有用绸糊者。当喇嘛为病人念经时，病人亦自拿念珠一串，默默念经，佛前供以小铜碗数枚，内贮黄油，以绵为捻，即为佛灯，并供奶食，以表敬佛之意。愈后，谢佛仍须供佛念经。近来风气稍开，亦有延医用药者，但仍须请喇嘛念佛。

婚　礼

结婚亦凭媒妁，为两家介绍，议婚时，将男女八字开列，请喇嘛合婚，如能请活佛合婚，为上等婚。可以结婚与否，男女家均不能自主，必听喇嘛之命。合婚毕，择吉迎娶。定婚之礼，为哈达、衣物，亦有用牲畜者。娶时男家在距家里许之处，设幕一所，迎亲客至女家，将新妇迎至新幕，再由新郎由新幕将新妇迎至家中，设摆香案，行祭天礼，并烦客在旁念吉语（如白头到老、夫妇和睦等语）。其洞房，并不另设，与家人同居一蒙古包中，富家现亦有建房屋者，洞房亦另辟一室。

蒙俗结婚虽不自由，离婚实在容易，且常见不鲜。夫妻反目时，女子求去者居多。女子临去时，将火盆中之灰，满握一把而扬之，蒙语曰"白拉"，即绝断之意。此后男女娶嫁自由，各不相干矣，或经人调解，亦有恢复为夫妻者。

生　育

蒙妇生子女，与汉俗不同，未及弥月，即行操作如常，月中食物，亦无禁忌。其育儿之法，不令仰卧，用木板二块，前后将儿夹起，置于幕中一角使立，除食乳换褓外，永使站立，是所异怪之处。

丧　礼

如父母病故时，亦由其子侄哭报亲友，并无棺椁、衣裳之设备。其葬也，分两种：一为弃尸，一为火葬。火葬率皆富家，弃尸悉出贫户。弃尸之举行，将死尸载于车上，行至郊外，策马疾驰，尸落于地，不许回视，但记某处。自三五日后，家人往视之。如被野兽食尽，名曰"食肉还肉"，家人均欢庆而归，否则谓有罪孽，请喇嘛念佛，至尸骨无存为止。火葬之仪式，请喇嘛同至郊外，打一木架，高六尺许，用铁钩悬死者于两肩，下积牛粪及黄油为燃料而烧之，烧成灰烬时，取灰和面为小人，由其子侄负往山西五台山，须用步行，每步一叩，表示诚意，至则制一小塔，以葬之。亦有用布袋负烧灰，不作人形者，至五台，葬法亦如之。

祭　祀

蒙民除祭天、礼佛之外，不供别神，即先人，亦不供奉。春秋两季，请喇嘛念经，富家或每月一次，或数日一次。届时，喇嘛装饰异怪，焚香奠酒，各吹法器，作狮吼、鹿鸣、狼叫、虎啸之声，谓可免罪祈福。

娱　乐

其正当娱乐，为歌，或摔卜魁（即摔跤），摔时身披五彩绸条，二人由远处跳蹋而来，且口念歌，其声雄猛。至接近时，各施猛力相摔，胜者歌，以自鸣得意，败者颓丧而退。亦有弈棋者，其棋盘与象棋相似，棋子以木刻成狮、虎、骆驼、车、马、人、轿之类，弈法不详。

社　交

与蒙古往来，须知其社交之规则。如往蒙古家拜访时，大概骑马，因蒙地途程过大，动须骑马，马鞭须挂帐幕之外，如携之入内，主人即认为侮辱。蒙人爱犬，无论如何，万莫打扑，打其犬，主人即大不满意。入幕先问好，切莫坐于幕中之西北角，即供佛之地。入坐后，主客互换哈达（哈达以丝织成，上有蒙文或佛像，其色有白或淡绿），彼此相换，如中国古礼之献帛然。换毕，再以鼻烟壶互换，闻毕，各还本主，然后主人敬以茶点或奶食。其所敬之奶食，上有小条者，可稍食，下边之大块莫用，如食大块，即为失礼。俟此奶食撤去，再上者，则为小块，可随意食之。幕中火盆，烤手、点烟均可，切莫刻烟灰、烤脚，蒙人以火中有佛，如失礼，即所供〔认〕为不敬佛。其幕内西北角之小箱，不令人看，即佛位也。如在蒙民家中留住，不许在其所铺之毡炕中间睡卧，须在一头，虽接近妇女，无忌也。

牧　畜

蒙民自古以牧畜为业，不务农工。其牧场有公私之别，公家牧场，设官以司其事，其官阶，参看官制表，分区以别牧群，如在商都境内者，即曰商都牧群。私人牧场，有独立者，有共在一处者。共在一处之牧场，牲畜各有记号。其养马多者，无数，只以颜色分群。蒙马短小精杆〔悍〕、力大而长，以充军用，最为相宜，性烈者居多，盖因生长于荒漠之地，不见常人故也。

采　猎

蒙人好猎，有用枪以打雉、狐者。枪之前部，用二木为架，架触地即发射，以木架为依托，发无不中。其打兔，则用套来（以木棍系长绳，绳端缀以稍重之物，名曰套来），见兔无逃者，或用犬追，或骑马追之，每见一兔，虽千金之马，不惜也，不追及不止。

达喇嘛与活佛

活佛有定数，达喇嘛无定数。凡大寺院之住持，均称达喇嘛，或有为前清某帝之替生者，其势力之大，尽人皆知，俗称"大喇嘛"者，误也，蒙语为"达喇嘛"。活佛之陪坐，亦均达喇嘛。活佛之继承，说极荒谬，言之凿凿者甚多，谓活佛逝时，即嘱其徒以降生之地，令其往迎。相传，昔有甘珠尔瓦活佛，生于热河丰宁县之大阁沙土沟门。在前清光〈绪〉某年，该处有韩姓妇，孕七月而产，呱呱坠地时，即身体极软，至七岁不能行动，亦不能言，家中以为废人矣。一日忽能言语，并嘱家人预备拴马桩绳，谓今日午刻众徒弟迎我归庙。家人始知伊为活佛降生，如其所言，充分预备。至午刻，果有喇嘛多人，跨马而来，此时，活佛趺坐以待，众僧入室，均长跪称师。活佛遂问："我生前之什物某某，为我带来否？"众徒唯唯，出所问之物与之，亦奇事也。查其他活佛，死此接彼，时间无或爽，而此佛所以七岁时众徒始来迎接者，谓前生多活七年，新活佛所以七岁无知觉治〔者〕也，所闻如是，姑志之，以待研究。

火焚杨七郎

每年旧历六月十五日，众蒙民迎活佛至，群喇嘛作十八罗汉装，各持法器，如笙、管、号筒、锣、鼓、铙、钵之类。活佛坐辇出，达喇嘛陪之，蒙人男女晋谒，男先女后，行叩拜礼。礼毕，由辇下匍匐而出，就序排班侍立，活佛手持一锥，以黄细〔绸〕裹之，如用锥击谁之头，则群众均为伊贺，谓佛爷加福，汝之造化不浅。亦有被活佛摸索者，亦均称贺。拜毕，众喇嘛念经作法，出杨七郎纸像，抬至郊外，以火焚以〔之〕。焚将尽，群众疾驰回庙，百步内，不许回头，谓谁回头，七郎必殃及之，其迷信也如是。

《西北月刊》

张家口西北月刊社

1933 年 1、2 期

（张爱麾　整理）

后套调查记

方　闻　撰

一　小引

吾国以多年之积弱，致招列强之侵侮，自晚清迄今，丧权辱国之事，不忍卒数；而最惨痛者，九一八事变，将我整个东三省，拱手让人，"不抵抗"三字，铸成大祸。年余以来，空言收复，无补实际。国人于巨创痛深之际，灰心失望之余，转多倡言西北之开发。夫开发岂易言哉？然其端不能不自调查与研究始。余于客岁木落雁南时，有后套之行，费时一旬，曾作简略之笔记，以备遗忘。适造产救国社发刊年报，索文于余，愧无以应，乃出此以报命，或亦为有志造产，关心后套者，所乐闻也耶？

二　概言

黄河由宁夏之磴口流入绥西临河县属之五加河口（亦名乌拉河或乌加河），分为二支：其一北流为旧河道，其一南流即现今河道。南河道以南，长城以北，名为前套（亦称河套）。南北二河［套］间之膏腴平原，全面积约四万方里，即俗所称后套是也。其地阴山障其北，黄河萦绕，渠道纵横，故气候温和，与北平市无大差异。春秋多风，冬季寒冷干燥，通常霜降见冰，大雪封河，清明开冻，夏季则温度甚高，且时常降雨，近年雨水尤多，将来土地日辟，人口渐增，气候当更温暖，诚适宜农耕之地。土质可分水、旱两种：水地均系河水淤成，有全系胶泥者，亦有沙土搀和胶泥者，多为粘质壤土，亦有沙质壤土，俗谓之二和土，生长力甚强。西部土质尤称肥沃，惟须浇以伏水，以伏水夹有浊泥，及腐植，含养分多，且足以杀其碱性。旱地土质则多硗瘠，非有适当之雨水，不能生长。甚者有因砂砾多、碱性大，不能耕种，弃而不理，人迹罕至矣。交通可分水陆述之：陆路因平绥铁路止于包头，由包头而西，概用旧式骡车、牛车及骆驼。现已有汽路，可由包头直通陪〔临〕河县，较前颇称便利。水路可由包头溯黄河而上，转入义和渠，可至五原隆兴长。再西行溯强家渠，或永济渠，可至临河县。惟舟船苦窳，时出危险，未能尽得水路交通利益。至于治安，曩以交通不便，旧式军队防剿不力，土匪为患，民不得安居，现在汽路横贯，沿途设站，分驻队伍，加以晋绥军纪严明，保护周密，剿匪又异常认真，自消灭王英后，商旅已可自由通行，居民已能安居乐业，与内地相同，已成乐土矣。夫后套行政区域，现分三部：东部为大佘太县，中部为五原县，西部为临河县。余此行未至大佘太县，故本文仅将后套地理、气候、土质、交通、治安略述如此，而分叙临、五两县情形，及垦民应知事项于下焉。

三 临河县情形

1. 人口——人口多系由陕北榆林、府谷、神木，晋北保德、河曲、神池、偏关、忻县、定襄等县迁来者。近年直、鲁人亦渐增加。现有人四万九千六百余口：县城共七百余户，合三千五百余人。蛮会有五千二百余人。陕坝有四千六百余人。乡村共有三万六千三百余人。

附临河县乡村调查表：

A 第一区德和泉。距城二十五里，乡村名称列下：

永康乡、永嘉乡、永昌乡、永丰乡、永和乡、永兴乡。

B 第二区祥泰玉。距城六十五里，乡村名称列下：

庆远乡、庆余乡、庆云乡、庆安乡、庆乐乡。

C 第三区陕坝。距城六十里，乡村名称列下：

太安镇、太平乡、太和镇、太昭乡、太华乡、太熙乡、太宁乡。

D 第四区杨柜。居城八十里，乡村名称列下：

平顺乡、平政乡、平治乡、平成乡、平化乡、平定乡。

2. 土地——全县面积东西一百六十里，南北一百二十里，约一万九千二百方里，合十万零三千六百八十余顷。耕地现约二万余顷，已垦约九千余顷，未垦约一万一千余顷。今年实种六千余顷，丈青只有三千余顷。至水利方面，渠道颇多，兹列表如下。

临河县河渠调查表

已成之渠										
渠名	干渠里数	渠之容量	渠口通河处	渠之经过地	渠所受水之河	溉田亩数	溉田时期	组织方法	经费	备考
杨家河渠	一百四十余里	渠口宽六丈、深八尺，至二道桥宽五丈、深七尺，至三道桥宽四丈、深六尺，至班豆甲浪宽三丈五尺、深六尺	大滩东南角，与乌拉河口相连	头道桥、中官堂、拿只亥、哈拉狗、二道桥、三道桥、班豆甲浪	黄河	一千余顷	四季长流水	私人自修	修筑费、经常费年须万余元	民国六年修

续表

已成之渠										
渠名	干渠里数	渠之容量	渠口通河处	渠之经过地	渠所受水之河	溉田亩数	溉田时期	组织方法	经费	备考
蓝锁渠	七十余里	渠口宽五丈、深六尺,至乌蓝呋〔恼〕包以下宽三丈、深五尺	大河	沙尔戍亥、乌蓝恼包、杨六十五村、神圪达、公产村	同	四百余顷	夏秋二季	同	修筑费、经费须常年三千余元	宣统二年开修
德成渠	四十余里	口宽二丈、深四尺,稍宽一丈六七尺、深一二尺	马厂地	兴盛成村、小赵子滩、天地原、黑家榨子	同	三十余顷	清水长流	人民合股自修	年须六百余元	光绪初年开修
魏羊渠	三十余里	口宽三丈、深六尺	黄河塔尔湾	王彦才坝、魏羊庙、临河城、西关	同	五十余顷	夏水	私人自修	年须八百余元	光绪四年开修
单达木头渠	三十五里	同上	兰〔蓝〕锁渠乌兰恼包	上丹达木堵、吴三逢村、倪占招村	蓝锁河	二百余顷	同	同	年须二千余元	宣统二年开修
永济渠	一百六十里	口至乐善堂渠长百里,宽十二三丈、深一丈四五尺,乐善堂渠以下宽七八丈、深丈余,春发公桥以下宽四五丈、深五尺	马厂地、五大股	五大股、老姑子滩、上李三渡口、掌门渡口、下李三渡口、济川圪卜、二喜子渡口、恼包壕、锦太德春、发公桥、缠金地、高同世桥、郝家圪旦以下入乌家儿河	黄河	一十数百顷	四季长流水	官督民修,立水利公社	常年经费四五千元,动工无定额	由清乾隆年间开,宣统二年收归公有重修

续表

已成之渠										
渠名	干渠里数	渠之容量	渠口通河处	渠之经过地	渠所受水之河	溉田亩数	溉田时期	组织方法	经费	备考
丰济渠	口至稍一百二十余里	口宽五六丈、深七八尺，稍二丈五六尺、深四五尺	刘三地	天德泰桥、夹浪水道、白来圪卜、五份子桥、协成桥以入乌家河	同	八九百项	同	同	常年经费三四千元，动工无定额	光绪末年开，宣统二年收归公有
黄土拉亥渠	口至稍长一百六十里	上半宽四丈五尺、深六尺，下半宽三丈五尺、深四尺，下稍宽二丈五尺、深三尺	黄羊木头南	乌兰淖村、陕坝村、蛮会村、大发公村、圣家莹村	同	一千余项	同		同	
乌拉河	一百四十余里	口宽六丈、深八尺余，以至下桃赖兔，宽五丈、深七尺，桃赖兔至东场，宽三丈四尺、深五尺	大滩东南	裕祥永、小召滩、协成丰、头坝、桃赖兔、二坝、白言恼包、麻厓兔、合同桃亥、沙金桃亥、东场	同	同	同	人民合股自修	常年经费四千余元，动工无定额	康熙年间开
五大股渠	长十八九里	上口一丈四尺，渠底一丈二尺，稍宽八尺深五六尺	官渠口	五大股村	同	六千余项	夏季	人民自修	常年经费六七百元	同治年间开

续表

						已成之渠				
渠名	干渠里数	渠之容量	渠口通河处	渠之经过地	渠所受水之河	溉田亩数	溉田时期	组织方法	经费	备考
土默渠	三十余里	口宽二丈、深三尺,稍宽一丈五尺、深一二尺	河头地	和六圪旦、十二其圪旦、五补隆	同	二十余顷	清水长流	人民合股自修	修筑费、经常费全年一千余元	

							废渠			
渠名	渠长里数	渠口通河处	渠之经过地	渠水所受之河	溉田亩数	溉田时期	何年湮废	湮废之原因	复浚之费	筹备情形	备考
沙尔成亥渠	二十余里	口口木犊	沙尔成亥、老姑滩	黄河	六十余顷	夏水	民国二年	蒙匪扰害	约需银一千两	现由商人赵海承包,拟于谷雨后动工	
刚济渠	九十余里	刘三地	刘三地、孟玉子桥、三岔口、乌兰贾圪素、复隆昌、乌泥古庆、同元成	同	三四百里	四季长流水	民国十二年	经费不足	修理渠道估工须二万余元	现在筹备修浚	前清初年开,宣统二年收归公有,近七八年几无水

3. 农业

A 农业工作方法——农田耕作方法,甚为简略,普通民地,每年用秋水灌后，多不行犁；来春以耙破松土壤，用耧下种，苗出土后，略锄一次，灌溉一两次，即待收获。如秋水误期，则由来春或初夏浇灌，俟地皮略干，即行犁下种，在此时期，所种者，皆系秋田，俗呼热水穈子及荞麦等。工作用人、畜力，并无机器代替。

B 本年农产物收获数量及类别——今年收粮约有二十余万石，以麻子为大宗，小麦次之，莞、蓇、大豆及胡麻等又次之。穈子约占全数十分之五，小麦约占十分之四，莞、蓇豆①及杂粮约占十分之一。

C 本年农产物之质量——麦子每斗（十八筒斗）二十三斤，穈子每斗二十二斤半，莞豆②每斗二十四斤，胡麻每斗二十斤。

D 本年农产物剩余数量及与去年之比较量——本年农产收获数量，约与去年相等，除全县人口、牲畜食用外，约剩十余万石。去年因王英部在境，人马食用，及该部征发运往他处后，畜粮已无。

E 本年农产物价格及此后价格之推测——麦子每石现洋四元上下，穈子每石一元上下，莞豆每石二元上下，胡麻每石四元上下。此后粮价今冬仍难上涨。按历年经验比照，明春河路通行时，麦子或可涨至五元上下，穈子一元四五角，莞豆二元五六角，胡麻五六元。

F 向来粮食出巢地方及此后需要情形——向来粮食运销后山二成，宁夏二成，东路（即包头）六成。今年宁夏收成较佳，西路滞销，包头、河北、山西又系丰年；兼因平、津一带洋面洋米充斥，将来销路，亦难通销。

---

① 后文又作"扁豆"。——整理者注
② 后文又作"莌豆""豌豆"。——整理者注

G 粮粟储存方法——大宗粮食多藏地窖中，少有囤积，无论公私，向无仓厫。

4. 工业——无工业可数，故其出产物之输外者，完全为原料品。

5. 牧畜——畜牧一业，几成一般人民兼营事业，凡种地一二顷以上稍能自立者，无不兼饲牛、羊、猪数头。种地再多者，兼饲马、驴等畜。凡兼饲家畜数头者，喂养诸事，均系自己为之；其饲养较多者，则专雇人司其事，此等专司放牧牲畜之人，俗呼为倌，如牛倌、羊倌、马倌是也（此等人非富于经验、阅历者，不克胜任）。据调查所得，畜牧情形，大略如下：

（甲）——母驼至五岁生小驼，怀胎十二月，春三月为生期，三年两生，能活三十余岁，可生十三四胎。小驼至四五岁，即已长成，普通可售四五十元。母驼三十头，须公驼一头配种，并须一人放牧，每年工资约六十元。放牧宜于盐碱草地干燥之区。每年四月半脱毛，五月中可尽。脱毛七斤许，每斤值大洋五角。若放牧不良，即生癣疥，轻者以柏油和五虎药涂患处；重者将病驼驱入空窑内，用熏药熏之，愈后不可多喂多用。

（乙）——母牛至三岁时生犊，怀胎十月。每年三、四两月为生期，一年一生。良好母牛，可活十五六岁，能生九、十胎，次者能生五六胎。犊至四岁，可值大洋二十余元，普通大骟牛约值三四十元，驾辕牛值五六十元。母牛三四十头，须公牛一头配种，并须一人放牧，每年工资约三四十元。放牧多择水带盐质之地，并于野地或村中围筑无顶土圈，夜则将牛驱入其内。牛皮一张，约值洋五元。蒙人并挤乳以供食用。

（丙）——骒马至三岁即生驹，怀胎十月，每年二、三月为生期，一年一生。良好母马能活二十岁，生十二三胎，次者八九胎。驹到二岁时，值大洋三四十元，普通骟马，约值五十元，骒马三十元。马皮一张，约值二元。骒马二十余匹，须儿马一匹配种。

百匹之群，须一人放牧，每年工资约六七十元。放牧择多水多草之地，土人多种红柳或筑土为围，别无厩舍。

（丁）——草驴三岁即生驹，怀胎十月，每年三、四月为生期，一年一生。良好草驴，可活三十岁，生二十一二胎，次者生十七八胎。驹至二岁时，值洋十四五元，普通大驴能值二十元。驴皮一张，约值一元。草驴三十头，须牡驴一头配种；并须一人放牧，每年工资约二三十元。放牧择多水多草之地，惟冬夜须喂以豆秸之类，并须备槽圈。骡有二种：马骡体力强，驴骡体力弱。普通骡驹约值大洋六七十元。

（戊）——母羊至二岁生羔，怀胎六月，每年十、十一两月为生期，一年一生。可活八九岁，生七八胎。羔至二岁，可值洋三四元。大羊皮一张，约值二元。羔皮亦值二元。每年剪毛两次，四月为春毛，每只可剪十余两。七月为秋毛，每只可剪一斤十余两。孳生羊三百为一群，须二人放牧，每人每年工资约四五十元。母羊五十只，须一只羝羊配种，牧场宜择高燥沙梁有盐、水之地。夜间驱入围圈内，如设圈于下湿之地，则易生疥疾。治疥法系筑土窑，顶穿小孔，驱羊入内，燃药熏之，患病者春秋熏两次，无病者三年熏一次（兼熏春令肺热病）。

（己）——山羊牧法，略同绵羊。山羊每年能生两次，但因小羔哺乳，常使生一次。又母山羊不识自己所生之羔，每当生羔期，须添加牧人。每年只剪春毛一次，可剪毛五六两，每斤约值二角。剪绒毛八九两，每斤值三四角。皮一张，约值二元。普通山羊每只约值三元。山羊乳蒙人挤取以供食用，其繁殖力亦较绵羊为大。

（庚）——母猪生后八月，即能生小猪，怀胎六月，每年正月、七、八月为生期，一年两次，每次可生十余口。母猪能活十余岁，生二十余次，生后一月之小猪，即可值大洋一元二角。大猪价格以重量计，每斤大洋七八分。母猪八十余口，须公猪一口配种；并须一人放牧。平常喂荞麦、谷糠，至夏令则放草地。

（辛）——母鸡每年三月间孵卵，一孵十三四粒，可全化雏。冬季普通公鸡可售三角，母鸡四角。本地无鸡厂，买〔卖〕鸡卵者甚缺，每粒值铜元四枚（至包头则七枚矣）。

6. 运输情形及运费——临河船运每年自谷雨后起，至立冬止。东、西均可行船，以阴四、五、八、九四个月为畅旺期，六、七两月次之。共有船三百余只，平均每只可运粮一百五十石，计自装船至下船，需一月有余，方能运输一次。且运户多弊窦，谚云："船家不偷，五谷不收"，每船可偷粮，常达二十余石；故多上水搀土，以致粮价变坏。沿河设有官卡，征船筏捐十六元，斗捐每石一角八分四厘（归财政厅），护路捐十四元（归军队），挂号捐一元（归地方），祭河羊费三元（归船户），每过一卡，出验照费一元，计上船、西山嘴、南海子、下船等四处，共四元。然税卡多借此留难勒索，贿赂在所不免，以上合计每船需费一百七十元零六角，每石需费一元一角三分八厘。而上下船费，尚未列入。至陆运多用骆驼及牛车，由临河至包头，每百斤运价二元。粮食一石约四元五六角，现在粮贱，故不合算，无有陆运者。

7. 社会经济

A 贸易情形——临河县陕坝及蛮会共有商号一百五十余家，人力多，资本少。至大资本不过一万元，余多一二千元。普通交易以货币为媒介，现在以金融枯竭，人民多以货易货，自民国十八年与蒙古不通后，商务顿为衰落，以致歇业者时有所闻。

B 出入款状况——出口货向以粮食、牲畜、皮毛、烟土为大宗，往年与蒙人通商，入款甚多。近二三年入款约八十余万元，本年以各货无法出售，入款减少。入口货以布、烟、茶、干菜、糖味、纸张为大宗。近二三年，出款约五十余万元。然人民生活简单，因入款少，出款亦随之而减低矣。

C 纸币种类及其信用——纸币以绥远平市官钱局旧票占多数，约四五万元，每元当现洋四五角不等。其他如平市现钞，周行市面一万余元，信用不甚健全。

D 现款数量——县境城内及陕坝、蛮会等处，约有三十余万元。据云因土匪扰乱，现款多埋地中，以故金融死滞。

E 利息高低——利息分两种：（一）钱息又分两种：（1）民间月息大至五分，（2）商家月息二分。（二）粮息亦分两种：（1）借粮还粮。春借秋还，每石加五斗以上。（2）借粮还钱。春间以粮作昂价，秋季归还。例如今春麦子每石作价洋十二三元，糜子五六元，秋收粜粮还钱。

附临河县商号调查表：

名　称	行　别	资　本	备　考
德义隆	洋货行	三千元	资本系票洋
福顺源	杂货行	五千元	资本系现洋
乾泰馨	酱　园	六千元	资本系现洋，集股事
德隆昌	杂货行		包头朱姓专东，资本约数千元
恒兴西	纸烟庄		公司性质：包头忠义恒支号
民生药房	药　行		集股创办，资本约数百元
万利和	洋货行	三千元	集股性质，资本系现洋
德盛西	油　粮		系旧式小商业，资本不多，惟有房产
万合源	洋货行		包头分此
德华西	杂货行		旧式小商业
复源祥	洋货行		同　前
光化药房	西　药		同　前
西北医院	西　药		同　前
中西药房	西　药		同　前
泰来亨	洋货行		同　前
天德义	洋货行		同　前
蚨来号	洋货行		同　前
蚨升恒	洋货行		同　前
同义广	药　庄		同　前
天利西	洋货行		同　前
德盛源	洋货行		同　前
晋生祥	洋货行		同　前

8. 需要货物及其购买量——布匹、烟、茶、糖味、纸张、杂货等物，本年因经济恐慌，人民购买力减少。按往年购买货物之款，约需五十余万元。

9. 教育状况——该县创设较后，教育亦不普及，全县学龄儿童计二千余名，在学者仅有七百余名。学校，城内有男女高小校各一，模范初级小学、国民小学各一，陕坝设高小学一，接〔计〕全县学校共高小三，初级小学十七。学校经费，完全系人民摊派，约共需洋一万二千余元。

10. 士绅热心与公道程度——有少数士绅，对于地方公益，尚能热心，一切主张，亦颇公道。

四　五原县情形

1. 人口——人口迁来处与临河相同。现有人三万四千五百余口，隆镇及旧城第一区一万二千一百余口，二区六千二百余口，三区六千九百余口，四区四千四百余口，五区四千七百余口。

附五原县乡村调查表：

五原县各区所辖各乡乡名、距城里数列表如下：

A 第一区（暂在隆镇办公）

名　称	所属乡名	距城里数	备　考
十大股乡	第二乡	三十里	
郝境桥乡	第三乡	二十里	
前补红乡	第四乡	十五里	
后补红乡	第五乡	二十里	
梅令庙乡	第六乡	二十里	
什八圪兔〔兔〕乡	第八乡	六十里	
新公中乡	第九乡	三十里	
曹柜乡	第十乡	四十里	

B 第二区（燕安河桥）

名　　称	所属乡名	距城里数	备　　考
东城上乡	第十四乡	十五里	
燕务圪旦乡	第十五乡	四十里	
燕安河桥乡	第十六乡	二十里	
南牛犋乡	第十七乡	三十里	
四虎性圪旦乡	第十八乡	七十里	

C 第三区（协〈成〉）

名　　称	乡　　数	距城里数	备　　考
同义隆乡	第二十乡	九十里	
协成乡	第二十一乡	九十里	
二郎圪堵乡	第二十二乡	八十里	
甲浪水道乡	第二十三乡	八十余里	

D 第四区（乌镇）

名　　称	乡　　数	距城里数	备　　考
乌镇乡	第十二乡	七十里	
刘蛇圪旦乡	第十三乡	二十里	
西圪卜乡	第七乡	七十里	

E 第五区（邬家地）

名　　称	乡　　数	距城里数	备　　考
邬家地乡	第一乡	六十里	
河美乡	第十一乡	七十里	
熊万库乡	第二十四乡	九十里	
乃马召乡	第十九乡	八十里	

2. 土地——全县面积东西一百二十里，南北一百里，合六万四千八百余顷。已垦约二万一千余顷，未垦四万三千余顷。今年实种三千八百余顷，丈青只有一千九百七十五顷。至水利方面，渠道亦多，兹列表如下：

五原县河渠调查表

已成之渠

渠名	干渠里数	渠之容量	渠口通河处	渠之经过地	渠所受水之河	溉田亩数	溉田时期	组织方法	经费	备考
丰济渠	八十二里半	深八尺、宽七丈	黄介壕	杭锦旗报垦粮地及达拉旗粮地、水租地	黄河	七八百顷	春夏秋冬均浇	自放垦后即由水利局直接管理，现组水利社，由地方挑选经董，仍归水利局监督	年约五千元	
义和渠	八十五里	深三四尺、宽七丈	土城子	同前	同	五百余顷	同	同前	同	
沙河渠	九十三里	深六尺、宽七丈	会丰昌	达拉水租粮地	同	同	同	同前	年约二千五百元	
通济渠	一百一十四里	深三尺、宽四丈	土城子	杭旗报垦及达拉水租地	同	三百顷	同	同丰济	年约三千元	

续表

五原县河渠调查表

渠名	干渠里数	渠之容量	渠口通河处	渠之经过地	渠所受水之河	溉田亩数	溉田时期	组织方法	经费	备考
					已成之渠					
新皂渠	六七十里	深四尺、宽四丈	大隆兴	杭旗粮地及达旗私垦地一带	同	同	同	系农户集资挖修并由地方推选人员经理	年约一二千元	
邬家地渠	二十五里	深二尺、宽一丈五尺	五蓝木头	杭旗粮地	同	八九十顷	同	同前	年约五六百元	
哈拉乌素渠	三十一二里	同	同	同	同	二三百顷	同	同	年约千元	
黄渠	三十七八里	深二尺、宽二丈	大兴隆东	杭旗粮地	同	同	同	同	年约三百元	
大堂子渠	十八里	深二尺、宽一丈二尺	同	同	同	四五十顷	同	同	年约二三百元	

筹开之渠

续表

渠名	干渠里数	渠之容量	渠口通河处	渠之经过地	渠所受水之河	溉田亩数	溉田时期	组织方法	经费	备考
永和渠	七十余里	渠口宽三丈,深三尺	土城子迤西	杭旗水租及城基地	黄河	八百顷	春夏秋冬四季均能灌溉	官督民修,照水利社章程由地方人民推选经董办理	四万五千余元	查此渠即栏大渠,约需开渠费四万五千元,一半拟由地户担任,〔一半〕其余诸求公家补助,由地户地约担保,三年归还,而租还时期由第二年起
附记										

3. 农业

A 农业工作方法——与临河同。

B 本年农产物收获数量及类别——本年全县计收粮约十一万余石，以糜子为大宗，菀豆次之，麦子、胡麻、蔄豆又次。糜子占全数十分之五，菀豆占十分之二，麦子占十分之二，胡麻占十分之〇·〔其〕五，他如蔄豆、荞麦、黍子、谷子、荛子、草麦等粮占十分之〇·五。

C 本年农产物之品质——与临河同。

D 本年农产物之剩余数量及与去年之比较量——本年农产物收获数量，与去年相等。除本县食用外，尚余粮计有五万余石。

E 本年农产物价格及此后价格之推测——本县现因经济紧迫，麦子每石现洋五元上下，糜子每石现洋一元三角，菀豆每石现洋二元，胡麻每石现洋四元五角。以历年经验推测，明春亦当上涨。

F 向来粮食出枲地方及此后需要情形——与临河同。

G 粮粟储存方法——与临河同。

4. 工业——工业均系手工业，如毡毡〔毯〕等厂，规模甚小，出品亦不多，新式工业，概付阙如。

5. 牧畜——与临河相同。

6. 运输情形及运费——与临河大约相同。

7. 社会经济

A 贸易情形——全县商号，共有三十余家，资本足一万元、七千元、六千元者，仅各一家。余多系一二千元以至数百元者，余与临河相同。

B 出入款状况——出入口货物，与临河大致相同。往年入款多于出款，今年恐难相符，确数无法查得。兹据商会称去年出款约在三十万元左右。

C 纸币种类及其信用——平市旧票约有十余万，新票约三万余。五原县金融救济会铜元票约合现洋二万三千余元之谱，刻下六十枚合一角。除平市新票外，均不兑现，信用亦欠健全。

D 现款数量——年来粮食、皮毛价格日趋疲滞，入款减少，而入境之布、茶、烟、糖及洋货等价格日增，现款多为流出，故金融滞涩，现在市面约有现款至多不过万元之谱。

E 利息高低——商家平日借贷利息均不过二分，民间月息四五分不等。亦有借粮办法，与临河同。

附五原县商号调查表：

五原县隆兴长镇各大商号资本一览表			
名　　称	类　　别	资　　本	备　　考
永兴西	皮　庄	一万元	资本系现洋
福兴西	洋货庄	一千七百元	资本系包平银
福义隆	花布庄	三千元	资本系现洋
复顺西	洋货庄	三千五百元	资本系现洋
广泉涌	粮　行	三千两	资本系包银
义盛酱园	点心铺	二千六百元	资本系现洋
天成堂	缸　坊	二千元	资本系现洋
永生号	皮　庄	二千元	资本系现洋
继荣堂	粮面铺	四千元	资本系现洋
集仁堂	药　庄	八百元	资本系现洋
天恒永	粮面铺	一千五百元	资本系现洋
晋源兴	酱　园	一千二百元	资本系现洋
福和隆	杂货行	二千四百元	资本系现洋
鸿业号	洋货庄	七千元	资本系现洋
大恒永	粮　行	三千元	资本系现洋

五原县隆兴长镇各大商号资本一览表			
名　　称	类　　别	资　　本	备　　考
协记号	洋货庄	二千二百元	资本系现洋
文盛兴	洋货庄	三千元	资本系现洋
义和长	杂货行	一千二百元	资本系现洋
恒兴西	纸烟庄	四千五百元	资本系现洋
昌瑞兴	杂货行	一千一百元	资本系现洋
天瑞泉	酱　园	六千元	资本系现洋
增盛西	酱　园	三千元	资本系现洋
金盛兴	铁　铺	一千五百元	资本系现洋
明远堂	药　庄	八百元	资本系现洋
广和成	粮货行	四千两	资本系包平银
复新德	布匹庄	二千四百元	资本系现洋
日盛店	粮　庄	三千元	资本系现洋

8. 需要货物及其购买量——国布、棉花、生烟，及茶、糖、纸张为需要大宗，其购买量，去年此项货物总价额约计三十余万，今年则须减少。

9. 教育概况——教育较临河稍优。除下表所列者外，该地士绅等共同筹画设立河套中学，规模虽未完备，进行颇为努力，将来必可为套民青年求中等教育之所也。兹将五原县全县教育概况列表如下：

五原县全县教育概况表

项别职别	姓名	年岁	籍贯	资格	月薪	就职年月	服务实况	评定等次	全局经费
教育行政 县长	崔正春	四十四岁	山西河津		240	民国二十年十月			
局长	毕星垣	三十四岁	山东菏泽	国立北平大学毕业	45	民国二十一年六月			
督学	刘人俊	三十四岁	五原	山西省立第五师范本科毕业	30	民国十五年二月			2880元
督学	李生春	二十四岁	五原	绥远省立第二中学校毕业	30	民国十九年五月			
事务员	侯权度	二十七岁	安北	绥远省立职业学校肄业	20	民国十五年三月			
事务员	柳丸科	二十一岁	山西河曲	本县高校毕业	20	民国二十年十一月			

项别馆所	职务	姓名	籍贯	资格	任职年月	月薪	经费	办理情形	开办年月
社会教育 讲演所	主任	贺鹏振	河北威县	北平师范大学毕业	民国二十年十一月	40元			
	讲员	孙逢义	河北蠡县	河北省立第二师范毕业	民国二十一年八月	20元	1180元		二十年十一月
	事务员	张立本	河北宁晋	县立师范毕业	民国二十年二月	15元			

续表

义务教育 · 学龄儿童私塾

入学儿童	男	女	共计
入学儿童	557名	125名	682名
失学儿童	3708名	2547名	6255名
合计	4265名	2672名	6937名

	立案数	未立案数	学生数	每生学费最多若干	每生学费最少若干	学生年龄最大	学生年龄最小	所教科目
学龄儿童私塾		9处	150人	10元	5元	20岁	7岁	四书 讲经 杂字 珠算 国语

社会教育

名称						学生数			经费	备考
阅报所	主任事务员 事务员	同上	同上	同上	同上	无	同上	同上	40元	同
图书馆	同上	同上	同上	同上	同上	无	同上	同上	10元	同

学校教育

名称 \ 项别	学校数	学级数 合计	学生数 男	学生数 女	学生数 合计	历年毕业生数 合计	教员	职员

教职员月薪

10元以下	11至15元	16至20元	21至25元	26至30元	31至35元	36至40元

续表

学校教育

小学校

项目	初级	高级	总计
处	1处	2处	3处
处	1处	3处	4处
学级	4学级	高级5学级	23学级
名	363名	高级44名	407名
名	118名	7名	125名
名	481名	高级51名	532名
名	85名	53名	138名
员	2	16（高初合）	18员
	1　历年毕业生85名　教职员3名	3（高初合）　历年毕业生5　教职员19名	4员　历年毕业生138名　教职员22名
员	2员	2	2
员	1员	17	18
元	1285元	9023元（高初合）	10308元

住本省中学及省外留学人数及其学级

本省中学　十二名
省外中学　五名
省外大学　一名

全县教育经费

岁出

项目	教育局经费	县立学校经费	社会教育费	合计
数量	2880元	10308元	1320元	14508元

岁入

来源	数量
由本县财政局支领	14508元

备考

10. 绅士热心与公道程度——此地绅士智识落伍，率多自私自利，求其热心办理地方公益，非常之难，公道更谈不到。

五　临、五两县政治情形

五原县成立历十余年，临河仅及七年，故一切建设盖付阙如。政治亦远不如内地，屡经土匪扰乱，迄今年剿除王英后，始得安居。然而：

（1）官方——政治上未遑顾及民间应兴应革之事，所务者不过支差提款，而又不能公道。例如丈青，仇者以少报多，恩者以多报少，在在可以剥削。

（2）民间——如渠头村长对老百姓黑暗层层。如一村村公所每月经常费常至六七十元，而临时摊派为数甚多，老百姓丝毫不得过问，倘不听命，动辄吊起痛打，打死，亦属无事。又如农会名为农会，实则办支差事务，有差时固须办理差务，可以乘机舞弊；而无差时，亦常拉车抓马，假名应差，如施以贿赂，则立时放出；否则禁锢多日。刻下车马仍不敢入城，农会职员，多至六七十人，其盘剥可想而知。

六　临、五两县人民生活情形

临五两县，合计其面积三万一千二百方里，人民共八万四千一百余人，计每方里有人民不足三口，其人口密度比之内地，可谓低矣。故人民生活甚易，人谓每人全年三元，则足度用。惟民性懒惰，凡事苟且，不求进步，常逐水草而居，不脱游牧生活状况，故生活情形虽甚简单，而嫖赌吸之风反甚烈，此为居民之大患。

七 临、五两县人民负担情形

农民若系租地，每顷地租约五十元，粮银五元，水租十二元，地方行政费三四十元，区村公所临时摊派，不能一定，约至少不得下十元，再加长工一人，需洋四十元（连饭钱、工钱在内），牛具、种籽约二十元以上，约计一百六七十元。每顷平均可收麦子三十石，每石以四元计，可得一百二十元（往年每石十五六元，今春亦八九元），故今年种地实不上算，但丈青时或得些扣头。惟以上所列担负，为数虽大，然非归公，实多由地方人剥夺，故老百姓方面虽觉担负太重，而公家迄未增多收入，此实为政治上之大障碍，亟当改良。

八 临、五两县人民所希望者

临、五两县人民所希望者：（甲）兴利方面：（1）修筑包宁路以利交通。（2）希望与外蒙通商，恢复以前利权。（乙）除弊方面：（1）肃清匪患，以求安居乐业。（2）减轻负担。有人说能设法使每顷全年对官家地方花销在三十元左右，则算有办法。而人民则乐于多种土地，可使农户收入及公家税收增大。现因花销太大，多不愿种地，以致公私损失，而官民交困也。

九 临五两县可兴办者

临、五两县土地肥沃宽广，水草丰美，最宜农作、牧畜。惟一切出产，只为原料品，不知加工精制，以故不能获利，反而坐困。兹就其可改进与创办者，述之如下：（1）农业方业〔面〕——五谷收量虽多，而不能运输，能分种麻、棉、烟草、甜菜，获利必较五谷为多。（2）工业方面——因其原料丰厚，可创办火酒工厂、制革、毛织工厂、罐头工厂、打蛋厂、甘草厂等，原料品用项增大，价格自必提高，则人民必勤于耕作、牧畜，而出产日必增加。（3）提倡造林——地土宽广，最宜造林，刻下弥望旷野，尽是荒地，有草无树，而木料极为罕贵，亟应倡办大规模造林，黄河沿岸，渠堰两旁，尤为相宜，且可以防河道之南移。

十　垦民应知

后套土广人稀，内地苦无田地耕种，可迁往以事垦殖，兹将其应知事项，略述于下：

1. 建屋——后套大村镇甚少。人民所住房屋，要自己建筑，普通农民所住房屋，式样极为简单，所需材料如土坯（压土如砖形，不用窑烧，谓之土坯）可自制，或竟堆土为墙（土性粘重，极为耐久），每间需九尺椽二十四根（每根大洋二角），丈檩二根（每根一元），红柳或雉鸡草芭二块（盖屋顶用，每块五角），门一合（约二元五角，此系临河价格，如大余太及五原则较昂贵）；如雇人建筑，每间泥工约十元，木工约三元，共计每间不过三十元。

2. 燃料——燃料甚丰富，如大余太之东北白彦花山□马庄沟，产煤日出万斤，每元可买八百斤。又东北百里营盘湾、西关井两处产煤，日出八千余斤，仅五文制钱一斤。五原县北万和长山产煤，每洋一元，可买二百八十斤。狼山亦产煤，惟属蒙人，未能开采。甘肃平罗县磴口亦产煤，由船运来，火力较强，价值较昂。此外如河柳、红柳、雉鸡草、枸杞遍地野生，均可任意采取。如欲购买，价亦甚廉，每元可买五百斤至八百斤不等。又饲养牲畜者，如牛粪、羊砖（即粪便和土压成块者）等物，均为普通燃料。

3. 农具及牲畜——后套地方所用农具列表如下：

种 类	价 格	从何处来	备 考
东 犁	六七元	包头镇、山西河曲	系铁质犁辕，即察、绥一带普通所用之犁
西 犁	八九元	宁 夏	系木质犁辕，较东犁为大，且系直形，不用犁耳。据本地人云，宜于开荒。临河附近及西南、西北一带多用之
东 铧	二 角	包头镇、山西河曲	
西 铧	一 元	宁 夏	较东铧大，铧尖系熟铁质，用坏可以补修
犁 耳	五 角	包头镇、山西河曲	一名犁镜
楼	二三元	包头镇、五原县	有两腿楼、三腿楼之分，两腿楼一步宽，种五垄，三腿楼一步宽，种九垄，用西犁地方多用之
牛	三四十元	本 地	
马	四五十元	本 地	
耙	六七元	包头镇、山西河曲	
石辊子	五六元	大佘太、流烟圪坝、甘肃省平罗县	
砘子	一元五角	同 前	
碌轴	五 元	同 前	
碾子	三四十元	包头镇、宁夏	
磨	十三四元	同 前	
铁锹	一 元	包头镇、五原县	
木坎	二 角	同 前	
木杈子	二 角	同 前	
连枷	三 角	同 前	
木耙	二 角	同 前	

4. 什用物：

类　别	价　格	出产地	备　考
大　车	一百一二元	包头镇	指带套绳好车言，次者六七十元
二饼车	二十元	同　前	带套绳，车轮上不加铁瓦，单牛曳之
碰倒山车	四五十元	同　前	与二饼车同，惟车轮加铁瓦
铁　锅	大小不等	山西平定	沙黑锅每印二角四分，白者每印三角，印愈多则锅愈大，价值即准印计算
水　氌	大号一元，二号一元八角，三号四角五分，四号二角	清水河、托克托	
粗磁碗	大钵碗铜元十八枚，二圆碗铜元八枚，小饭碗铜元六枚	清水河、托克托	

5. 栽种物——后套地方气候温暖，土地肥沃，灌溉便利，可种之物，几与内地无大差异，兹就调查所得，列表于后（三县之斗均十八筒，重二十四斤）：

种类	每亩籽种	每亩产量	种期	获期	每斗产地价格	适地
大小麦	四升五合	五六斗至七八斗	清明	中伏	五六元	好水地
黍子	一升	六七斗至一石	芒种	立秋	三四元	旱地、瘠地
谷子	三合	六七斗至一石	谷雨	白露	三四元	同
豌豆	四升	六七斗至一石	清明	处暑	四五元	同
扁豆	一升	七八斗至一石	清明	中伏	四元	同

续表

种类	每亩籽种	每亩产量	种期	获期	每斗产地价格	适地
蚕豆	四升	六七斗至一石	立夏	处暑	四元	同
豇豆	一升	四五斗至七八斗	小满	白露	种甚少，无定价	同
胡麻	一升二合	四五斗	立夏	处暑	七元	新开地、肥地
高粱	八合	七八斗至一石	小满	秋分	四元	旱地
荞麦	三升	七八斗至一石	夏至	白露	四元	旱地、新开地
油麦	三升	五六斗至七八斗	夏至	白露	四元	旱地
大麻	一升	麻籽四五斗，麻二十余斤，如专剥麻可得七八十斤	小满	末伏	麻皮每斤一角，余四五元	水旱地均宜
玉蜀黍	一升	一石左右	小满	末伏	种者其少，买卖无定价	旱地
马铃薯	二百斤	一千四五百斤	小满	白露	每斤铜元二枚	水旱地均可

上表所列各种农产物，在大余太、五原、临河三县，以种胡麻、小麦、糜子、马铃薯、豌豆、扁豆数者为大宗，其余杂粮则较少。

6. 人工——后套地方，短工无多，内地人来作工者（以直隶、山西人为多）大抵春来秋去，故工资甚昂贵（近因火车特别减价，来者稍多）。兹将调查所得列表如下：

工别	工资	备考
长年工	三十元至五十元	富家工头有每年百元以上者
种地工	洋二角	每日

工　别	工　资	备　考
锄苗工	洋三角五分	每日
割禾工	割麦一亩白面五斤，割糜一亩糜米三升半，割其他粮每亩二升三升不等	
上场工	洋三角	每日
打场工	洋一角二分	每日（以上均系由雇主备管饭食）

7. 利益——后套土地沃衍，气候温和，地价极廉（荒地每顷普通百元左右，较之口内熟地几贱数十倍），最宜农耕，只要渠水宣畅，农作勤敏，获利定无疑义。兹据调查所得，如下，一夫一妇垦荒百亩概算（临河地方）：

第一年——

（甲）支出项下

A 地价——领上等水地一顷（百亩），大洋一百二十元。

B 农具费——犁一套七元，铧一个四角（水地一年二个，旱沙地半月一个），辊一个六元，犁耳一个五角，耧一架三元，木锨二把四角，砘子一架一元五角，连枷二架六角，耙一架七元，木杷一个四角，碌轴一个五元，车一辆二十元，铁锨一把一元，牛二头六十元，木杈子二把四角，井村中有公用井不必自掘。以上共计大洋一百三十元零二角。

C 造房费（一间）——檩二根二元，笆板二块一元，椽二十四根五元，窗一合二元，门一合二元五角，木泥工资八元（系指自己帮工言，如全雇工则须十三元）。以上共计大洋二十元零五角（或二十五元五角）。

D 衣服费——布匹六元四角（应十二元八角，以穿二年计，故只算半数），棉花线等四元，小皮袄一件五元，皮裤一条四元。以上共计大洋十九元四角。

E 食用费——糜米六石四斗八升，合洋二十五元九角二分（长工一人，夫妇二人，每人每日食六合，每石以四元计），油盐酱醋等五元。以上共计大洋三十元零九角二分。

F 人工费——长工一人，全年工资四十元。

G 籽种费——麦籽三石十八元（种六十亩，每石以六元计），糜籽四斗一元六角（种四十亩，每石以四元计），以上共计大洋十九元六角。

以上七项，共支出三百五十三元六角二分（或三百五十八元六角二分）。

（乙）收入项下

A 收获（以六十亩种麦、四十亩种糜计），麦三十六石，二百一十六元（每亩以六斗计，每石以六元计），糜三十二石，一百二十八元（每亩以八斗计每石以四元计）。

以上共收入大洋三百四十四元。

再加水利费及摊派费约共六元（他县则十七元），出入相抵，计不敷洋一十五元六角二分（因有购地价在内）。

第二年——因上年不能全浇伏水，不能全数播种，仅以种五十亩计，收入可得上年之半数，即收入一百七十二元，而支出则为衣服十九元四角，食用三十元九角二分，工资三十元，籽种九元八角（五十亩计），租税三元，摊派杂费六元，即支出共计九十九元一角二分。

出入相抵，第二年获利七十二元八角八分。除补还上年亏欠外，尚剩五十七元二角六分。

第三年以后如照此类推，则每年应余七十余元，再加牧畜副业，则收入可比较增大。

十一　结论

综上以观，后套乃土地肥沃，气候温和，居民鲜少，地价低廉，极宜垦殖而富源最大之区也。现今晋绥当局，对于治安方面，甚为尽力，匪患已清，实堪称颂。惟政治、交通及水利三方面，非再有彻底之改革与进步，不易收开发之速效，此为官方应加努力之事。至若人民方面，向多习于懒惰，而生活又极俭啬，衣食易于取得，故不惟文化不进，即土地富力，亦因之而不能显著，所□以后力矫此弊，俭啬之风可留，而懒惰之性务去，如下列数条，乃人民所当笃信谨守者也：

1. 勤俭——套民能俭矣，惜未能勤。农作宜勤无论已，农暇时，如种树、种菜、修渠、修路、编席、纺线、织绳及诸种家庭工艺，均宜随时劳作，不可再蹈以前恶习。

2. 坚忍——垦民于内地远来，原抱有绝大希望，自不能以短期成绩，变易其志愿。但志趣稍薄弱者，则难免受挫，须知希望大者，其成功不必迅速，总宜具有坚忍不拔之志，勇往直前，而后成效可睹也（以前八大渠多系个人或一家开凿，往往合祖孙、父子及亲族之力为之，如义和渠、沙河渠及永济渠、杨家河渠皆是）。又后套农民迁徙无常，往往在一地耕种，见地力渐衰，即另觅新放荒地佃种，套地依水为命，有时渠道不畅，河水不至，亦即弃地他去，故后套农民，可特称为游农（俗呼为跑青），土地不易开辟，即因此故，此尤垦地者所当引为深戒也。

3. 合作——后套地广人稀，村落相距甚远，举凡一切事故，大之如盗贼之捍御，经费之负担，事业之兴起；小之如器具之使用，婚丧之互助，均宜提倡合作，以图互助。

4. 自治——套民概由各地迁徙而来，品类甚杂，不良之徒，往往流为盗贼，或染吸食鸦片、饮酒、赌博诸恶习，殊为可惜。新来垦民尤宜自行戒慎，互相监督，勿染此弊，群趋于守法奉公、克勤克俭之一途，使后套地方，成为西北乐土，岂不懿欤？

此外卫生教育，亦套民所最忽视者，均宜互相策励讲求卫生，以质朴清洁为目的，信如是也，则多年荒芜之地，匪徒之巢，不难一变而为生产之乐土，于民生上、国防上，均有莫大之利益，吾人岂可等闲视之乎？

《造产救国社年报》

太原造产救国社年报社

1933 年 1 期

（李红权　整理）

绥远省调查概要

中　府　撰

丰镇县

一　沿革

丰镇古为新云中，汉魏皆属代郡。于汉为代郡之且如，北魏时为几〔畿〕辅地，今县境内第五区即其地也。辽、金属西京道。元时，西境为宣宁县地，东境为柔远县地，皆属大同路。明则为丰川卫。清乾隆间，始设厅，为山西大同府之分防厅，初设通判，后改设理事同知。光绪十年，改属归绥道，仍隶山西，为口外十二厅之一。民国元年，改为县，设知事，三年，划归察哈尔特别区，十八年一月，复划归绥远省，现为一等县。

二　位置

在省境东南平绥路线之左右，山西大同县之北，县城距省会三百五十五里。

三　县界

东至兴和县，南至山西大同县，西至凉城县，北至集宁县，东南至山西阳高县，西南至山西右玉县。

四 面积

东西宽一百七十里，南北长一百八十里，全县面积约三万零六百方里。

备考 据《绥远省各县局沿革表》，为二万五千三百方里；《各县户数暨人口密度统计表》，为二万五千三百方里；十九年政治实察所调查数，为三万零六百余方里；各县局土地面积统计表，为二万五千三百方里，系以县境长宽里数估计；案以纵横里数相乘之积，不过三万零六百方里，兹从十九年政治实察所调查数，以三万零六百方里计。

五 山脉

全境多山，皆系阴山支脉，而以红娘山、韩庆坝山、牛心山、脑包山、二龙山、二八洞山、天皮山、岱青山、桃花岭、彩云岭、鸪鸪窝山为著名；以南邻山西大同及阳高县界边城所在之一带山脉为最长。边城山脉，西起圐圙村，东讫守口堡，又迤向东北，至于西长板之南，延长殆二百余里，实为县境之屏障。红娘山，在县境东南第五区界内。韩庆坝山在县境西岱海之东，红旗沟之西，西起韩庆坝，东讫红旗沟之南，山势巍峨，西北东南，延长达四五十里，南距县治约七八十里。牛心山，在县之中境，县城东北第四区界内丰乐乡之北，高耸矗立，为县内之胜景，其山脉向东延长于天宝乡松柏镇，讫于喜坪乡之北而止。脑包山，在县城东北中境第四区平裕乡之北，五福镇之东北。二龙山，在县境西，第二区民乐庄西北保代沟之北，山下有泉源源不绝，与环绕流泉庄、长泉庄之山为一脉。二八洞山，在县境西南第一区界内。天皮山，在县境北第二区界内平绥路官村车站东南十里，产云母石，通常谓之天皮，质发亮，可以为鉴，又能薄之如纸，镶窗户，可通光而不透风，绝饶美观。岱青山，在中境第四区聚财乡之北。桃花岭、彩云岭，并在县之东境第六区界内。鸬鸬窝山，在保代沟之西北，山势高耸，与二龙山为一脉。境内其他诸山，在县境西南第一区区治北阜丰庄之北，有山曰阜丰山；其西十八台之北，有山曰十八台山；其西北当白塔沟之西，红旗沟之东，亦有山南北纵贯，曰白塔山；又在县治东北，当中、东、西玉秀庄之西者，曰玉秀山；当仁寿屯之北者，曰仁寿山，其西北有广收梁。以上诸山，殆因地命名，皆在一区界内。又在县境北合少胡同之北，有山曰民乐乡山，西北起于民乐乡，东南至元和庄，延长殆三四十里；民乐乡山之西北，当流泉庄及长泉庄之西、北两方，即二龙山脉；又西北红旗印庙之东，曰印山；在合少胡同之东北，当饮马泉乡及东春萌庄之南北，有山曰玉金山，其北有福寿山，皆在县治北二区界内。又在县境北当第三区致远庄之南北，有山曰苏集山，北起保和庄，南讫甲寅庄，折而东至于黄旗海子以南，延长亦数十里。当聚财乡之北者，即岱青山；迤北岐为二支，一支止于集贤庄之东北，其西北有一山，曰孤山；一支又迤北经丰和庄、七圪登台、民义庄、民抚庄，以至全顺庄之东。东与兴和接界者，曰小霸子山，延长亦百十余里。其在中境四区脑包山之南，有东山，在复兴乡之东；东山之东有山，即桃花岭；东山之南有狼头山，在富家乡之东。其在东境第六区，如彩云岭，西起二十七号，东讫头号，折向西南，经十二号至四十六号，又折向西北，至五十九号，环缭殆数十里。其南即红旗梁。其东南即桃花岭，蜿蜒环绕，西起东零号，东至黑土台。又一支向北歧出，蜿蜒至冯字号止；一支向东北歧出，经滑家山、高家山，蜿蜒于五道沟之北，至榆县营止；由滑家山之南，一支向东北歧出，蜿蜒于五道沟之南，四道沟之北，至小五道沟止；又一支向东歧出于四道沟之南，三道沟之北，至沟门村止；又有一支歧出于三道沟之南，半沟之北；又一支歧出于半沟之南，小梁村之北；而在桃花岭乡之南，西起五十五号，东至小梁村杨家洼止，东西横亘，延长数十余里，实为一大干线。其在东南境第五区，则有帽儿山、平顶山，相传系北魏时之阙岭。其他诸岭，皆无名可考，盖全境实以东境及南境山岭为最多云。

六 沟谷

当县境西南、县域之南，如十九沟、二十一沟、兴盛沟等处，皆在边城下山谷中；西境如白塔沟、红旗沟，殆皆深谷；其在东南境，如十三沟、红土沟、圪柳沟、正北沟、猪窝沟、五犋牛沟、鹿叫沟、西施沟、鹅沟、大东沟。大东沟东境之彩云岭乡，桃花岭乡之二道沟、四道沟乡，南日升乡之八道沟、石头沟，以及六道沟乡、四道沟乡、三连乡，并处山谷中，盖县境东、南两方，尽为沟谷，而北境亦多沟谷云。

七 河流

县境较大河流有二：一为玉伦河（俗名大东河），自集宁县入境，经过县之北境第三区元享〔亨〕庄、纳令台、中和庄，南流经四区之三营房、五福镇，至隆盛庄，名小西河，有东来一水流入。又西南流经松柏镇、天宝镇、喜新岭，又经第一区之玉秀庄、乐成村、河口滩、五台窊，入山西大同县界（据县图所绘，及丰镇县各项物产调查表所言，均属如是）。但考丰镇北境第三区地图，集宁县之玉林河，自北流入县境三区内，名头道河，经前后安平庄及中和庄之东，南流入黄旗海子，即二苏木海子；头道河之西，即霸王河，自集宁县入境，经前后元亨庄、纳令台、中和庄，南流入黄旗海子；考其经过之地位，似全玉林河与霸王河二水，即前所云大东河之上流；但二水既入于黄旗海子，恐不能复向南流，而县图所绘大东河河流，却系南北纵贯，并未将黄旗海子列入，则大东河之上流，究系全玉林河及霸王河与否，莫由明辨，询之县人，亦不能分晰，惟黄旗海子，实在县之北境第三区日兴庄、中和庄、光明庄之南；霸王河与头道河，实入于黄旗海子；则大东河之上流，决非由集宁县入境，经元亨庄、纳令台、中和庄之霸王河或头道河；然则今之丰镇县图所绘大东河上流，殆有讹误，而说者亦遂沿误。兹详考区图及县图，则大东河之上流，当在县之东境、北境，或发源于东境第六区诸山谷中，姑从沿误，以俟熟于该县河流者考正耳。一为丰川河，俗名饮马河，即古之如浑水；由凉城县入境，经县之西北境第二区流泉庄、民乐庄、裕厚庄、民悦庄，南流经公司地、善化庄、元和庄、双水泉，至第一区之新安庄、三祝窑、永月湾、泽落沟，县城之东新城湾、四成窊，至五台窊，与大东河汇流，入山西大同县界。

八　淖泊

境内有鸳鸯淶〔渁〕，明时称威宁海，亦名集宁海子，即今县之北境第三区黄旗海子，又名二苏木海子；当平绥路官村车站东北十里之处。周围约二百里，长约五六十里，水由左近山坡流下，汇集成泊；天雨多时，蓄水亦多，至天雨缺时，蓄水亦少，故又名旱海。其他在县境北第三区之后元亨庄，有一小泊，俗名红海子；其东后安平庄，亦有小泊，俗名白海子；皆蓄水甚少，面积不广。

九　地势

地形南北较长，而东西较狭，西北境北偏突出，西境形如弓背，东北、西南，均有突出，若切去东北及西南之角，则为椭圆形；全境四、五、六各区山地多，一、二、三各区平地多。

十　要隘

南接山西，有巨墙口、得胜口、镇川口、镇宏口、守口，并平绥路之红砂坝。西境之韩废〔庆〕坝，红旗沟的东境之张皋镇，北境之平绥路十八台车站、三岔口车站，皆为县境冲要之地。

十一　名胜

则有长城夕照、旱海绿波、牛心独秀、灵岩览胜、飞来古刹、烟浦灵泉。

备考　长城夕照　秦时长城，横跨于绥远之南境。其起点系由宁夏府蜿蜒而东，绕于伊克昭盟之东南界，达于偏关，与直下之黄河交点处，成一十字形，再东樾〔越〕清水河而至杀虎口，经凉城、丰镇之南，而在丰镇界内，较为袤长而显著。如毛家营、马王庙、兴隆沟、圐圙村等处，悉为长城所包围。由此东趋大同、得胜口、张北一带，而止于山海关。惟在丰之一段，倍觉雄峻，穿万仞之山，越诸天之岭，古诗云"黄河之水天上来"，斯城擘空而下，可作如是观。当初夏暮春，夕阳斜照，与绿圃柔茵相掩映，游览登临，询〔洵〕足赏心悦目。时届深秋，白云红叶，两相掩映，一缕长城，倍觉古色苍苍。有时衡雁南来，于其雉堞荒芜之高处，排字而过，衬以夕照，笼以炊烟，则愈觉其诗意充满，不知写从何处，诚丰镇之奇观也。闻已列入绥省古物之例，由地方加意保存，禁止践踏云。

旱海绿波　旱海即鸳鸯涟〔渌〕，一名黄旗海子，在平绥路官村站东北十里社〔许〕，周围约二百里，长约五六十里，水由左近山坡流下，汇积成海；水含咸〔盐〕质，土人取以制盐。海旁有鄂博山，与车站对峙。登临凭眺，绿波千顷，浩荡无际，诚为塞外奇景。

牛心独秀　牛心山在县北第四区丰乐乡之北，高耸矗立，登其岭，则游目千里，实为县内一胜景。

灵岩览胜　灵岩寺，在丰镇东北隅，依山之麓。九十九级而至其巅。回栏曲折处，有禅室二，负山面水，盘踞云间，凭栏眺望，河东场圃，星罗棋列，采掠云门。红娘诸山，亦送青于九席之上，当月落天晓，日将出时，霞光射来，楼阁树石，俱成赤色，而于积雨初霁后尤奇。

飞来古刹　飞来峰，一名小元山，上有大王庙，在县东里许。相传系辽代之建筑物，阶石无虑百数，曲折盘旋而上，有匾曰云门，悬于庙门之首，庙内有二柱，因风自动，在建筑术上堪称奇技。其庙前山下，即灵泉之发源处。

烟浦灵泉　灵泉在石元山之左，大王庙前之山麓，清流潺潺，四时不绝，入冬不冻，殆亦温泉之类。

十二　古迹

有岐王山、得胜口、石元山寨、清溪桥、古集宁城、石漠、单于台、定凌公和跋冢、可可苏之古城等处。

岐王山　在平绥路丰镇车站西南十六里，又名奚望山，东与得胜口外之弥院山相对，上有斗鸡台。唐乾符三年，云中守提使李克用，偕程怀信等募士万人，赵〔趋〕云州，次斗鸡台，即此，今名望成城。

得胜口　在县治东南二十里，门内署内顺二号〔字〕，外署外威二字。山西与绥远省即由此划界。惟一带墙址，倾圮殆尽，仅余狼烟台旧迹。

石元山寨　县城东里许，有孤山一座，名曰元山，又名曰薛冈寨山，山岭有房院基址，及湮没井之遗迹。传系□古薛冈在上建筑兵营之所，及唐时周德威练兵之处，又名石元山寨。

清溪桥　在城西。相传清代某王征西，路经该处，有溪水难渡，民众遂建石桥欢迎之，后名曰清溪桥。

古集宁城　即元之集宁路，在今县境第三区鸳鸯滦〔涿〕东北二十里，城内有文庙碑可证。

石漠　北魏之石漠，在今县之北境三、四两区之交，今名乌蓝沟坡察汗脑包，距鸳鸯滦〔涿〕东南三四十里。

单于台　在县之西北，为汉代所筑。

定凌公和跋冢　在县境内之豻山，为北魏时代之冢墓。

古城　距官村站西南约十二里，名可可乌苏，有古城一，仅余旧址（官村站乃平绥路之一站，地属丰镇，南距红砂坝一十五里，北距苏集二十九里，东距官村五里）。

十三　所属旗地

为察哈尔西四旗正红、正黄两旗地；并有蒙人杂处其间（县境西北第二区为正红旗地，北境第三、中境第四两区为正黄旗地，东境五、六两区，在清乾隆年间，为太仆寺马厂地）。

十四　物产

一、动物

家畜以鸡最多，其他牛、马、羊、猪、骡、驴等畜，产额相称。野兽有狐、狼、獾、兔等，伏于山野中。皮毛产量，以羊皮、羊毛为大宗，牛皮、猪毛等次之。

备考　据二十年建设厅暨本馆调查数，为年产鸡子二万八千四百九十六只，马三百三十九匹，牛四千二十五头，山羊一千八百三十四只，绵羊二千九百九十四只，猪二千五百七十二口，驴二百四十余头，骡一百八十余头。又产羊皮八万三千余张，羔皮二千张，狐皮五十七张，狼皮十三张，狗皮一千五百张，猫皮五百张，獾皮十五张，貉皮五百张，牛皮一千三百张，马皮三百张，驴、骡皮共一百三十张。又年产羊毛四十万五千余斤，羊绒二千三百余斤，猪毛九千斤，猪鬃一万二千斤。以上所产皮毛，除供本地制造物品外，余皆运售张家口、天津等地。

二、植物

甲、农产物　农产物以谷子、莜麦、小麦为最多，黍、糜、葫麻、杂豆次之，麻又次之。

备考　据二十年调查数，为年产谷十一万二千余石，莜麦二万四千余石，小麦三万六千石，黍万八千石，葫麻一万零八百石，糜子千四百石，荞麦六千八百余石，草麦四千五百石，菜籽一百七十石，黄豆七千八百石，黑豆五千二百石，大豆六百石，红莲豆一百余石。年产线麻十二万余斤，每斤值洋三角许。

乙、红柳　年产红柳五万余斤，每百斤值洋三元。

丙、织其〔箕〕　年产织其〔箕〕一万二千余斤，每百斤值洋二元。

丁、林产　本县林木，尚称发达，现有数目较其他各县、局为多，计境内有造林区四处，面积约为一顷二十余亩，共有杨、柳、榆树一万七千二百七十三株、此外富东渠有杨、柳树七百六十八株，北胜渠有杨、柳树六百八十株，潘家渠有杨、柳树七百七十株，涌水渠有杨、柳树一千零五十八株，青龙渠有杨、柳树七百二十株，翟家渠有杨、柳树五十株。以上皆系县城附近之林木，他如县城北十里之铺路村，岱海滩之栅稍圐圙等地，近十年来栽植杨树当在数百万株之多。

戊、药材　境内以产大黄、黄芪、防风等药材为最多，甘草、黄岑〔芩〕、柴胡等次之。

备考　据最近调查数，年产大黄二万斤，黄芪、防风各一万斤，黄岑〔芩〕六千斤，甘草五千斤，柴胡四千余斤，除黄岑〔芩〕、防风运销河北安国县，大黄运销于天津外，余为本地各药店所泡用。

三、矿产

甲、煤 县属第一区之裕厚庄，产有少量烟煤，质不佳，现已有人从事探掘，其量不悉。

乙、盐 产盐区有两处，一在第二区大海滩之岱海泊，一在第三区二苏木之二苏木海子。每处有盐锅十余口，皆系附近农民兼熬，盐质颇佳，色白味咸，惟用土法熬制，税率亦大，以致出品不多。

备考 据最近调查所得，两处每年约产盐一万五千余斤。

丙、碱 上述岱海泊及二苏木海子，除产盐质外，亦均产碱，每年产量一万四千余斤。

丁、云母 在官村东站东南十里天皮山，产云母石，当地人谓之天皮，质发亮，可以为鉴，又能薄之为纸，镶窗户，不透风，绝饶美观。

四、工艺品

制造品有油、酒，皆为本地人制造，规模甚小，惟营业尚称发达。制造麻纸者亦夥，系察哈尔之蔚县人。此外从事金石、木器业者亦众，然系手工工业，所以出品无多，只供当地人□□之需要而已。

十五 区、乡、镇

全县划分六区，二百二十一乡，共有村庄一千三百六十五，在县城周围，有乡六十二，共计村庄三百四十二，其乡名见备考。

备考 第一区 四城窊、新城湾、五台山、二十一沟四乡在县城之南。兴盛沟、圈囵村二乡，在县城之西南。河口滩、榆柏沟、小庄王、黑达窑、南玉成庄、南井、十九沟七乡，在县城之东南。留云窑、南保全庄、大有庄、洪润庄、调元庄、盈收庄、南聚宝庄七乡，在县城之西。前吉庆梁、前粒莪村、中玉成庄、三贤村四乡，在县城之东。土塘、宅落沟、永月湾、兴旺岭、悦来村、前后三祝窑、阜丰庄、仁德村、新瑞村、新盛村十乡，在县城之北。九城里、北保全庄、玉庆庄、北聚宝庄、十八台五乡，在县城之西北。迤北则为山村，红旗沟、白塔沟、庆格卡沟、中吉庆梁、后吉庆梁、后粒莪村、南新安庄、北新安庄、南永善庄、北永善庄、前广收梁、旱海子、北玉成庄、泉子乡、西玉秀庄、东玉秀庄、中玉秀庄、糖房沟、仁寿屯、后广收梁、永旺庄二十二〔一〕乡。

第二区在一区之北，有乡五十，共计村庄一百三十六。其乡名曰南云海庄、北云海庄、前钰海庄、后钰海庄、东松海庄、西松海庄、民乐庄、流泉庄、长泉庄、贞祥庄，十乡，在区境西部。曰后福海庄、前福海庄、万裕庄、平安庄、前庆云庄、泉海庄、吉太庄、合少胡同（区公所所在地，即中庆云庄）、后庆云庄、裕厚庄、西春萌庄、源泉庄（保卫团第二分驻所所在地）、利丰庄、西公和庄、东公和庄（其西有梅力盖兔教堂）、北远泉庄、后金城庄、南体勤庄、北体勤庄，十九乡，在区境中部。曰青龙湾庄、四道咀庄、双水泉庄、乱营滩庄、海流素太庄、元和庄、韭菜背庄、公司地、善化庄、民裕庄、丰盈庄、玉金庄（当即饮马泉乡）、东春萌庄、东聚财庄、西聚财庄、得胜庄、福寿庄、享顺庄、前金城庄、前利贞庄、后利贞庄，二十一乡，在区境东部。

第三区在二区之西，四区之北。有乡三十六，附村二百四十一，共有村庄二百七十七。其乡名，自南而北，曰甲寅庄、丙辰庄、致远庄、复活庄（即官村）、复明庄、光明庄、育贤庄、西太平庄、纳令台、前元亨庄、豫隆庄、复兴庄（即老平地泉三区区所所在地）、保和庄、后元亨庄、平定庄，十五乡。在县境西北部西与二区毗连者，曰兴盛庄、日兴庄、元善庄、中和庄、集成庄、崇正庄、前安平庄、崇义庄、北太平庄、后安平庄、永旺庄、永爱庄，十二乡，在区境中部。曰集贤庄、丰和庄、晋宝庄、七圪登台、民义庄、民抚庄、富成庄、全顺庄、永信庄，九乡，在区境东部。

第四区在第三区南，第六区西，第五区北，第一区东北，共计村庄一百三十八。有镇一，有乡二十，其乡镇名，曰隆盛庄（区公所所在地），为县内重镇，曰富家乡、百宝镇、四美镇，三乡在隆盛庄之南。曰复兴乡，在隆盛庄之东。曰平裕乡、五福镇，二乡在隆盛庄之北。迤西则为山喜坪乡、松柏镇、天宝乡、丰乐乡、喜新乡，顷〔在〕喜新乡北为子丁巳乡、戊午乡，迤东北庚申乡、己未乡、东太平乡、辛酉乡，其北为宁静乡，又东为景星乡，其北为聚财乡。

第五区在一区之东，四、六两区之南，有乡三十六，共计村庄一百九十二，其乡名自南而北，曰獾子窝、官屯堡、李孟营、徐家营、永盛庄。

十六　户口

全县六区四万四千三百五十七户，男女共二十五万四千三百三十五人。

第一区：一万四千六百三十二户，男女人数六万九千三百五十五人。

第二区：六千一百二十二户，男女人数五万八千四百九十二人。

第三区：八千一百一十五户，男女四万零五百七十五人。

第四区：五千零九十七户，男女二万四千七百九十七人。

第五区：六千六百二十一户，男女四万四千七百一十九人。

第六区：三千七百七十户，男女一万六千三百九十七人。

全县男女人数，共二十五万四千三百三十五口。

备考　右所列，系据省府公安调查表（丰镇县的）所填之数，与十八年政治实察所之调查数相符，恐非最近户口调查数。

又据县内最近调查（丰镇县二十年各项调查表），全县六区四万六千二百八十一户，男女共二十三万三千三百一十三人，则户数增而人口减，人口较前减少二万一千余，兹并录之，以备参考。计第一区，一万五千八百零五户，男女人数七万五千九百八十六；第二区，七千八百七十七户，男女人数三万九千三百八十八；第三区，七千一百七十四户，男女三万五千八百七十人；第四区，五千四百二十八户，男女人数二万五千九百五十七；第五区，六千六百二十七户，男女人数四万四千七百一十九；第六区，三千三百七十户，男女人数一万一千二百九十三。全县六区合计四万六千二百八十一户，二十三万三千三百一十三人。

十七　交通

一、道路

甲、铁道　有平绥铁路，自得胜口北入境，经县城西面，向北而去，经过集宁县平地泉车站，至县属十八台车站以西出境。在县境内，计共九站，约长二百余里。其由西直门至丰镇车站，长七百五十三里，若由丰镇站北行三十里至新安庄，又三十七里至红沙坝站，又二十五里至官村站，二十九里至苏集，再二十九里至平地泉（即集宁）；由平地泉西南行，二十七里至三岔口，二十二里至八苏木，二十一里至十八台，从此经过马盖图、卓资山、福生庄、三道营、旗下营、陶下齐、白塔，以抵绥远。以上十六站，共长四百三十九里，为丰、绥间之铁路行程，半日可达。

　　乙、汽车道　县境内已通汽车道，仅丰镇至隆盛庄间一段，计长八十里。但因土匪频仍，辄致汽车停行。此外概无汽车通行，往来商贾，甚感不便。惟近年来地方人士及绥省建设当局有鉴于此，拟筑绥兴汽车大道，即由绥垣经凉城、丰镇，以至兴和县，全长五百四十里，此道于何时修建，刻尚未能逆料。

　　丙、陆运大道　东经隆盛庄，距兴和县一百八十里（丰镇至隆盛庄八十里，隆盛庄至兴和一百里），有丰隆汽车路，彼此可通。西至凉城县界四十里，距凉城县城一百八十里（由丰镇西至天成村六十里，天成村至凉城县一百二十里），中经天成村，向西北歧出，为昔日至归绥之大道。南至山西大同县界□十里，至大同县八十五里（丰镇至堡子湾二十五里，堡子湾至孤山三十二里，孤山至大同车站二十四里，大同车站至大同县城四里）。北至宁集县界一百二十里，距集宁县城一百五十里。偏西北距陶里〔林〕二百七十里（或云丰镇西北距陶林三百二十里，但集宁至陶林一百二十里，若由丰镇经集宁至陶林县，长实出二百七十里）。东南至山西阳高县界一百里，距阳高县城一百二十三里（若由张皋镇至阳高，距一百二十里）。西南至山西右玉县界三十里，又经巨墙口、管家堡，至山西左云县一百二十里。西北为归绥三百五十五里。若丰镇至归绥之旧日大道，则由丰镇西北行五里，至官村，又十五里至二道墙，距十里至马厂梁，十里至马王庙，十五里庆乐庄，五里天成村，共六十里（由此西通凉城县又百二十里，为旧日驿道）。又十里干草胡同，十里至大海滩之坝底，二十里麦胡图，二十里至索代沟，十里苏纪，十五里小坝子（入凉城县界），三十里壕堑，西行十里至察汉不浪，二十里大榆树，二十五里戴家窑子，二十里库伦儿，十五里石人湾，二十里买岱儿，又二十里乌鲁，二十里至白塔儿，十二里小营，十八里归绥城，以上共计三百五十五里。此为曩昔丰镇往来之大道，步行约四日可达。

自平绥路通车后，行旅皆弃此而就铁道，惟因大海泊附近出盐甚多，为大车运转所必经之路，仍不失为丰、绥间往来大道。

二、邮政

县城内设有二等邮局，四区设有三等邮局。三、六两区皆设邮局代办所。二、五两区则不通邮。二区在数年前，亦设有代办所，后因土匪塞道，路途梗塞，遂亦撤销。

三、电报

境内有电信局一处，设县城车站内，东南通达平、津、张家口等处，西亦可达绥远、包头，于紧急信息时，亦称便利。

四、电话

县城内有电话公司，全城商号、车站及各机关都可彼此通话，惟住户安设者甚少。近年来，天灾迭至，匪患频仍，商务因以萧条，各商号装置电话者，亦渐减少，而电话公司亦形赔累云。其次长途电话，则附属于电信局内，已成电线有丰兴线（起于丰镇，止于兴和）及绥丰线（起于绥远，止于丰镇）二段，皆早已通话。至于县属各区，除第二区外，皆设有电话，惟因近来电线多有断隔，现时不能通话。

十八　教育

一、学龄儿童

据《绥远省各县局学龄儿童、入学儿童及失学儿童统计表》，全县学龄儿童，男为二万八千三百四十二人，女为四千三百零六人，总数为三万二千五百四十八人。除入学儿童，男生五千一百零七人，女生七百三十人，总数五千八百三十七人外，尚有失学儿童男女二万七千零七十一人。

二、学校教育

本县教育，甚为幼稚，中等教育，从未设立，现仅有小学校百十处。据《民国二十年绥远省丰镇县各学校调查表》，有县立小学二十处，计高级小学校十处、女子高级小学五处、初级小学五处。又据《绥远省全省初等教育各学校调查表》，县境内除县立小学二十处外，另有乡立小学二百零一处。教师待遇，每月薪金至多二十四元，至少八元。全年经费总额为二万一千八百二十七元，其经费来源，有学田租二千三百八十四元三角五分，随粮代征九千一百九十七元三角七分，杂税项下附收三千四百五十元，总数为一万四千九百三十一元七角二分。此为原有教育经费收入总额，每年实支教育经费三万八千余元。其收支不敷，相差甚巨，故教款累年积欠，教育因之亦渐破产。

三、社会教育

县城内文庙街有社会教育所一处，附设图书馆及阅报室各一处，出版刊物有《社会周报》。又有县区分部主办之《醒民周刊》及平民小学校一处，各区有平民学校三处，此项经费，亦在上述学校教育经费额数之内。

十九 财政

一、税捐种类及征收情形

县内财政，如田赋一项，全年额征洋为十二万三千三百七十二元（据《绥远省田赋额数暨十九年度征收额数统计表》）。至于县地方财政之收入，名目有十四种之多（详见后《财政收入一览表》）。其征收方法，有由县政府征收，亦有由财务局征收，又有由公安局征收，或由其他各机关征收者，不等（亦详《财政收入一览表》）。

二、收支状况

全县收入，除田赋一项呈解省府外，当以亩捐附加为最多收入，每年实收洋一十二万八千三百余元，警察商捐、屠宰附加等次之。岁出以保卫团经费为最多，年达四万三千余元，教育费次之，年亦实支三万八千余元。其他公安、行政等费，为数亦不少。据十九年各县地方财政调查表，十九年度各款收入总数为十五万一千五百八十九元，各项支出总数一十二万七千零八十三元，收支相较，尚有余存。

兹将县地方财政各项收入暨支出分别列表如左：

丰镇县地方财政收入一览表

款别	税捐率	征收方法	每年实收数目	备考
亩捐附加	二四地每亩附加三分二厘，三六地每亩附加四分六厘	由县政府随粮代征	一十二万八千三百零八元	
教育商捐	未详	由财务局按季催收	一千三百七十元	
屠宰附加	同上	由包商代收	三千二百元	
警察商捕〔捐〕	同上	由商会按月催收	六千零八十四元	
警察地租	同上	由财务局催收	四百七十元	
教育地租	同上	由财务局催收	二千六百一十七元	
妓捐	同上	由第一街公所会同公安局按月催收	一千四百元	
串票附加	同上	由县政府随粮代征	二千四百元	
婚庚帖捐	同上	由财务局及各行政区代售	三千五百元	
零星铺捐及店簿捐	同上	铺捐由街公所代收，店捐由公安局代收	八百四十元	
卫生捐	同上	由各街公所代收	六百二十元	
警灯捐	同上	同上	五百八十元	
戏捐	同上	由公安局代收	一百元	
羊肠捐	同上	由征收局代收	一百元	
合计全年收入洋十五万一千五百八十九元				

丰镇县地方财政支出一览表

支出类别	支出机关	全年经费	全年实支	支出方法	备考
党务费	县区分部	同上	五千四百元	同上	
行政费		同上	一千三百七十元	同上	
司法费	司法公署	同上	一千三百元	同上	
财务费	财务局	同上	一千四百四十八元	同上	
教育费	教育局各学校及旅外学生津贴	同上	三万八千二百三十六元	同上	
建设费	建设局	同上	四千一百四十八元	同上	
公安费	公安局	同上	一万四千四百六十元	同上	
救恤费		同上	一千二百元	同上	
保卫团经费	保卫团	同上	四万三千零五十一元	同上	
军草差车处	军草差车处	同上	一千三百二十元	同上	查军草差车处，业于民国二十一年冬季取消
农会补助费	农会	同上	五百七十六元	同上	
教育会补助费	教育会	同上	五百七十六元	同上	
杂支旅费		同上	四千四百元	同上	
合计全年支出洋十二万七千零八十三元					

二十　警卫

一、公安

据二十一年《绥远全省公安调查表》，县公安局所有警士七十七名、警官三名、枪械九十二支，马匹无，皆为步警。每月经费九百元，其来源由商捐、亩捐、屠宰捐、铺捐、妓捐、地租等项收入项下支付。又据《绥远市县各公安局薪饷一览表》，县公安局所有长警七十七名，月支薪饷六百三十元，警官六人，月支薪饷二百七十元，夫役薪饷不详，合计每月实支薪饷九百元。

二、保卫团

就二十年度言，全县保卫团共有七队（保商团在内，驻县城内）。兵士二百八十四名、枪械二百三十八支、子弹四千六百八十九粒、骑马二百一十六匹，每月经费七千四百零五元。其经费来源，除每顷地随粮附加二元外，其余均由商会按月发给。又据《绥远省各县保卫团现役暨预备役人员枪械马匹数目统计表》，县内划分共六区，每区有保卫团一队，第一区现役团丁二十六人，长官九人，快枪二十九支，骑马三十三匹。第二区现役团丁三十人，长官十人，快枪四十支，骑兵〔马〕三十八匹。第三区现役团丁三十九人，长官四人，快枪四十九支，骑马数不详。第四区现役团丁二十六人，长官七人，快枪二十六支，骑马三十二匹。第五区现役团丁三十六人，长官九人，快枪三十七支，骑马二十三匹。合计以六队，现役团丁共一百七十五人，长官共四十六人，枪械共二百支，骑马一百七十匹。其经费数目及其来源，大致与上述相同。

二十一　自治

一、区治

县属六区，第一区区公所在县城内，第二区区公所在合少胡同，第三区区公所在平地泉（在集宁县城内车站平地泉二十里①），第四区区公所在隆盛庄，第五区区公所在大庄科，第六区区公所在张皋镇。各区公所经费，完全划一，每月均为一百四十元。各区皆设有保卫团，以维治安。至于防卫［县］区域，通常均在区界范围以内，遇必要时，亦可联络或调遣他区，以御匪患。

二、乡治

各区乡镇自治，向无健全组织，仅于各区公所统治之下，设为多数乡公所及镇公所，办理各乡镇之行政事宜。其组织甚为简单，镇公所仅有镇长、副镇长及雇员三四人组织之，乡公所亦仅有乡长、副乡长及乡警三四人组织之。其经费来源，皆由各乡镇按户或地亩分别摊派。

二十二　农业

一、土壤

本县农耕田地，砂质甚少，如一、四两区多系黑淤土，二、三两区多为黄、红土，五、六两区半为砂质土壤，半为黄土。

二、耕地面积

据《绥远省财政周刊》第十三号《绥远各县升科粮地一览表》，丰镇升科粮地为三万六千四百余顷，但据最近调查所得，其实际下种地，水田为八十九顷七亩，旱地二万七千六百四十二顷，共计为二万七千七百三十一顷七十七亩，约占升科地三分之二有奇。

三、播种及收获

农作物以小麦、莜麦、谷子为最多。播种期，小麦在清明前后，谷子、高粱〔粱〕等在谷雨前后，莜麦在立夏前后，荞麦在

---

① 原文如此。——整理者注

小满后。在播种前，先将田地疏耙一次，然后下种。其方法多以
犁播种，待至苗长约二三寸时，小麦、麦、糜、黍等，普通皆耘
一次，谷子至少耘二次，多则三四次。收获期，小麦在立秋后，
每亩多则六七斗，少则一斗左右。麦、谷子、糜、黍、高粱等，
皆在白露后成熟。糜、黍、谷子，每亩多至一石三四斗，普通为
五六斗，麦、高粱，每亩多至七八斗，普通亦为三四斗。

四、肥料及人工

所用肥料，皆属人粪尿与牛、马等粪，在下种时，随种子撒
在地中。雇用人工年资三十余元，日资一角上下，惟农忙时，每
人每日可得工资三五角不等。

五、租田制度

有出资租地、伴种分粮等办法。其租地者，系地主受租资若
干，佃户分期交纳，或秋收后交纳。至于田地获粮多寡，完全属
诸佃户，租地方法，在知己或有信用者，仅以口头为契，否则双
方亦有协定合同之规定。租资多寡，普通每亩价洋五六角至一元。
其伴种分粮者，由佃户出劳力耕种，秋收后按成分粮，有地主六
成而佃户四成者，亦有地主与佃户各分其半者。

六、地价

旱地普通每亩多则十元，少则四五元，水田每亩价洋三四十
元，惟县城附近之菜园地，每亩有至三百元，少亦八九十元。

七、畜牧事业

境内无广大之牧畜场所，只有数处荒山、水洼不堪耕种之地，
附近农民有时驱牛羊而牧之。

二十三　工商业

一、工业概况

县内工业，种类繁多，营此业者，为数亦众，惟皆系小本营

业。其制造方法，不能利用机器，如铁、木、泥、染各种工业，均系手工制作，不加研究，死守成法，值此工业竞争时代，非积极改革，实难以图振兴。他如铸铁炉、〈打〉蛋厂、石厂……等营业状况，较有起色。兹举数家规模大者，分述于下。

甲、铸铁炉　县城共有铸铁炉三家，一曰广元炉，一曰万诚炉，一曰广明炉，均无完善组织，仍系旧式师徒制。其资本额，各约三百余元。大宗制品，为锅、炉、犁等铸铁物。原料以收买破锅、炉、碎铁等为最多。每年营业数，最多者达四千余元。

乙、打蛋厂　营此业者，计有裕民、鸿记二家，系私人营业，厂内设经理、会计、庶务等若干人，以下皆为工人。其资本额各为八九千元。制造品分蛋白、蛋黄两种，完全作成干燥粉末，装置筒内，运销天津、上海等地。其制造方法，皆用极简单之机器。原料出自本县境内及邻近各县。其营业状况，年可达万余元。此外于去年又有新设蛋厂一家，其工厂名号未详，组织较为宏大，资本十万元，每日打蛋约六七千个。

丙、石厂　此业有公义石厂等二家。组织亦系旧式师徒制度，其资本额一百元。出品以碾、磨、石条、石槽、石臼、石碑、栏杆等类为大宗，纯为私人营业。原料多取诸附近山峰中，制法以锤凿剖刻，品质不精。每年营业数各在一千元。

丁、木店　此业在县城内，共十五家。组织皆系师徒制，亦皆私人营业。其资本额，至多一千元，至少二三百元，普通五百元。出品以农具、家具、棺材等为大宗，原料除购诸本地外，多仰给于山西宁武县。每年营业数最多六千元，最少八九百元，普通约在二三千元。该业已组木匠业职业工会，会址在五龙街得胜长内，会员九十八人，职员十一人。

二、商业概况

县城内有商号七百余家，第四区隆盛庄有商号三百家，第二、第三、第六各区皆有商号十余家，第五区有商号七八家，总计商号在境内者，约有一千一百余家。惟多系小本经营，兹就县境内商号之规模较大者，略举于左：

甲、钱庄业　县内钱庄业计有十数家，多在顺城街内，如义泰恒，系独资经营，资本额二千元，年获纯利一千余元。其团体有钱业同业公会，会员十二人，职员十二人。

乙、贷金业　县内贷金业有五六家，散布于县城各街巷，如明远长，在大西街，为独资经营，资本额八千元，年获纯利一千元。其团体有当业同业公会，会员十二人，职员十二人。

丙、粟粮业　县内粟粮业有十余家，皆在县城各街，如丰盛店，系合伙经营，资本额一万元，年获纯利七千元；又如万义店，亦系合伙经营，资本额六千吊，年获纯利二千吊。其团体有粟店业公会，会员十六人，职员十四人。

丁、绒毛业　县内业绒毛者有五六家，多在毛店巷内，如西盛毛店在马桥街，为合资经营，资本额六千元，近年来营业亏欠，据二十一年调查，该店本年亏洋二千元。

戊、皮张业　在城内者，有十数家，如和盛德，在西巨墙路街，为独资经营，资本五百元，其营业状况未详。其团体有皮业同业公会，会员十二人，职员十二人。

己、布庄业　县内布庄业有百余家，散布于城内各街巷，如元义长，为合资经营，资本额六千元，年获纯利二千元。其团体有花布业同业公会，会员三十六人，职员十五人。

庚、洋广杂货业　县内杂货业有二百余家，各街衢皆有，如复盛源在马桥街，系合资经营，资本额一千元，年获纯利五百元。其团体有杂货业同业公会，会员十五人，职员十四人。

辛、米面油酒业　县内米面油酒业，有二百余家，如复兴永在南门街，系独资经营，资本额四千五百元，年获纯利二百元。

其团体有米面业同业公会，会员五十三人，职员十五人。以上各业公会，其会址均在县商会院内。

二十四 垦殖

本县设治最早，治理有年，垦殖一事，历时亦久，所有可垦之地，业皆垦辟，迄今殆已无可再垦者。考境内原垦之地，有察哈尔右翼王公牧厂地之一部，其原属于丰、宁（即凉城）、与〔兴〕、陶四县，并今之集宁县境（集宁原属丰、凉二县），自清光绪二十九年至三十四年，丰、凉、兴、陶所垦察哈尔右翼地，共清丈地一万五千余顷，在丰镇境内者，其数未详，但据省府民国十九年度绥远省各县局升科地亩暨田赋统计表，则丰县升科地亩数，为三万六千四百零九顷四十三亩七分七厘，升科地亩之多，为绥省各县冠，则境内实已再无可垦之荒地矣。

备考 案清季贻督办办垦，分为东垦、西垦、土默特牧场地，暨各台驿站地数部，东垦察哈尔右翼，系镶红、镶蓝、正黄、正红四旗，属于丰、凉、兴、陶四县，左翼系镶黄、镶白、正白、正蓝四旗，属于察哈尔省张北、沽源、多伦三县，其他多属王公牧场，屡经人民垦种；当开办之初，先令各王公将地亩报垦，右翼丰、宁、兴、陶四县，由绥垦分设清丈局，并设东路垦务公司，拟定清丈办法、地亩等则、价额，进行清丈，各局所收地价，均解缴东路公司，左翼则由贻督办会同察哈尔都统在张家口设局开办。自光绪二十九年至三十四年，察哈尔右翼共清丈地一万五千余顷。

二十五 水利及渠道

县内已成之渠道，计有十三。

富东渠 在第一区新城湾村，系新城湾村正、副发起，由地户摊钱兴修者。渠口当东园子正北，干渠三里余，引用饮马河之水，可灌田十二顷，溉田时期，在夏秋二季。

北胜渠　乃富东渠之支渠，亦系新城湾村正、副发起，地户摊钱兴修者。渠长二里，可灌田五顷余，灌田时期同前。

潘家渠　在第一区河口滩村，由本村各户雇工开修者（本村各户多姓潘，故名潘家渠），渠口通于盘道山沟，干渠二里，引用盘道山沟泉水，可灌田四顷。

永月湾渠　系第一区永月湾村正、副发起，督促各户兴修者。有地者摊钱雇工，无钱者以工抵算，渠口在永月湾村东，干渠三里余，引用饮马河之水，可灌田五顷，溉田时期，均系夏秋二季。

以上四渠，其成功较早。其后新开者：

青龙渠　在第一区泽洛沟村，当永月湾之南，渠长五里，引用饮马河之水，可灌田十顷。

翟家渠　亦在第一区河口滩村，系河口滩翟德安等修挖者，渠口在河口滩正北，渠长一里，可灌田二顷。此渠所用之水系从河口滩潘家渠用足退下之水，全赖上游水量有余，始能灌田。

三祝窑渠　〈在〉第一区三祝窑村，亦称新民渠，当永月湾之北，渠长二里余，可灌田五顷。

庆新塘渠　亦在第一区新城湾村。渠长八里，利用山洪水，可灌田十一顷。

王家渠　在第五区沙沟沿村。渠长四里，亦用山洪水，可灌田二十顷。

宝丰渠　在第三区致远庄。渠长五里，亦用山洪水，可灌田四顷。

集丰民生渠　在第三区小贲红、六苏木等村，系集丰民生水利社集股合办者，渠长一千三百八十丈，引用填王河清洪水，可灌田一百二十顷。

以上各渠，均系已成之渠；其他状况不详，合计十三渠，可灌田一百七十二顷。至于筹开之渠道，尚有西滩渠、学田地渠等处，并附渠道简明表于左，以志梗概：

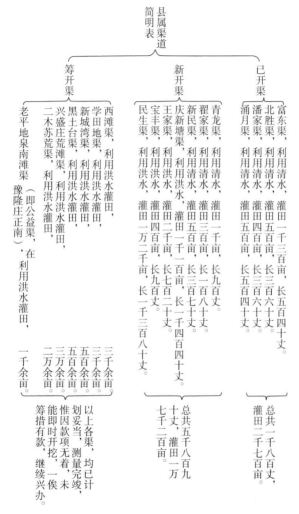

县属渠道简明表

已开渠

富东渠，利用清水，灌田一千三百亩，长五百四十丈。
北胜渠，利用清水，灌田五百亩，长三百六十丈。
潘家渠，利用清水，灌田四百亩，长三百六十丈。
涌月渠，利用清水，灌田五百亩，长五百四十丈。
总共一千八百丈，灌田二千七百亩。

新开渠

青龙渠，利用清水，灌田一千亩，长九百丈。
翟家渠，利用清水，灌田三百亩，长一百八十丈。
新民渠，利用清水，灌田五百亩，长三百七十丈。
庆新塘渠，利用洪水，灌田一千一百亩，长七百二十丈。
王家渠，利用洪水，灌田二千亩，长一千四百四十丈。
宝丰渠，利用洪水，灌田四百亩，长九百丈。
民生渠，利用洪水，灌田一万二千亩，长一千三百八十丈。
总共五千八百九十丈，灌田一万七千二百亩。

筹开渠

西滩渠，利用洪水灌田，三千余亩。
学田地渠，利用洪水灌田，三千余亩。
新城湾渠，利用洪水灌田，五百余亩。
黑土台渠，利用洪水灌田，五百余亩。
兴盛庄荒滩渠，利用洪水灌田，三万余亩。
二木苏荒渠，利用洪水灌田，二万余亩。
老平地泉南滩渠（即公益渠，豫隆庄正南），在利用洪水灌田，一千余亩。
以上各渠，均已计划妥当，惟因款项无着，未能即时开挖，一俟筹措有款，继续兴办。

二十六　社会概况

一、种族

境内有汉、蒙、回三种民族，杂居其间，其中要以汉人最多，蒙、回两族次之。其民性各自不同，汉族则温和敦厚，守廉耻，敬孝悌。蒙民性强悍，耐劳苦，不讲卫生。回族性颇浮矫，惟近年来，各民族因与汉人杂居，一切民性习尚，渐为汉族所同化。

二、宗教

境内各民族，信奉宗教，则有天主教、耶稣教、佛教、回教、喇嘛教等。除回人崇信回教、蒙人信仰喇嘛教外，则汉人以信奉天主教者为最多，奉耶稣教者次之，信佛教者最少。

三、言语

本县居民多由山西迁移者，因开辟年代较早，移民遂成土著，语言亦早脱离山西语，而成一种本地语。至于蒙人，因同化作用，渐亦变为汉语者不少（回族言语与汉族相同）。

四、农村组织

县境内之田地，除第三区及第三区北段，均开放最早，垦殖有年。又因地广人稀，生活容易，是以农村组织，尚称稳固。一般农民，皆以久居斯地为乐，而不欲他往焉。惟近年来灾匪交加，富者不能安享其乐，贫者更难谋生，亦多流离失所者。

五、生活状况

本县居民，除在城市少数习于骄奢淫逸、待人浇薄外，其在乡村者，民情敦厚，习尚勤俭，故于衣、食、住日常生活上，极为简陋。只布衣、粟食，以求御寒果腹，是亦足矣。然自近年以还，贼匪日起，天灾迭至，往往耕者不得安于野，商买〔贾〕不能安于市，工艺之人，亦多失业，故流离颠沛者，比比皆是。兹就衣、食、住三项概况，略为胪述。在城市者，服尚华丽，惟绸缎、呢绒等服装，仅限于少数富实商民，通常多服洋布、花布、市布等；在乡村者，衣冠雅素，殆皆粗造土布、老羊皮等类。食则皆以玉面、小米、山药、蔬菜等为大宗，城乡皆然。又各处民房，多系土舍，用泥土砌筑，屋顶架梁，铺以椽，再覆之以泥，亦有筑土成窑者，即可居住。屋间矮窄，内筑土炕，窗户狭小，多在一面，于空气光线，其不讲求。屋内陈设，亦至简陋，通常仅置日用物具，此外少有他物，在城市虽有少数瓦房，陈设较优者，但亦系旧式之建筑，屋仅一层而已。至居民之生活最感痛苦者，莫过于贪污土劣之欺压，与大地主奸商等之剥夺。

六、风俗习惯

境内人民，居乡村者，性多温和敦厚，居城市者，则习于轻浮骄奢；且女子尚奢华，爱风流，男子多嗜好。各乡男子吸食汉烟者，居十分之八九，女子聚赌者，亦所在多有。男子吸食鸦片，更逐处皆是。又因教育不普及，人民智识浅陋，社会间之一切活动与礼教，咸未能革新，仍在固守中，如婚姻一途，皆由媒妁作伐，家长主婚，毫无自由之余地。订婚时，亦有纳财礼及彩物之要求，至结婚时期，普通男女均在十八九岁时。当男女结褵后，新妇初次生育，不论婴儿是男是女，皆举行"过满月"及"过百岁"等礼，邀亲友，致庆贺，极为欢乐。且年老逾花甲者，每于寿辰佳日，凡小康之家，其子孙皆为之祝寿，亲友参贺。是日贫者早食面，午食黍，富室用寿桃、寿面、寿点心等，以表孝敬。又小孩及中年之人，每于生日，则早食红豆稀粥，以志诞辰。至于丧祭之礼，富室奢靡，贫家简朴。人死后三日，俗谓之"过三天"，其子孙晚提灯笼，至城隍庙或孤魂庙前告庙，亲友鼓乐随其旁。后每隔七日，有所谓"一七"、"二七"以至"七七"等开吊礼节，此为富者引〔行〕之。及至殡葬时，先期除追悼承服外，必招鼓手作乐，或请僧道诵经，以期死者灵魂早日超渡，然后扶柩入于祖茔。此后除于旧历年节设灵牌在家致祭外，每于清明节、七月十五日，及十月一日，皆至坟园，焚化纸钱，祭奠先远。又有过节之习惯，旧历年节、端午节、中秋节、冬至节，皆焚香敬纸，跪祷于神。年节后一月内，普通多停止工作，日食酒肴，中秋节则瓜果、月饼餍餐一日，此外夏冬各节，亦随家境变餐作贺，又于三月十八日、四月八日、十八日、二十八日、五月十八日、六月二十三日等，年有照例庙会，届时男女前往，求子祈福者，不绝于道。迷信之风亦甚，男女于疾病，多求仙问卜，以占吉凶。至于妇女缠足、穿耳等恶习，城市中虽渐有解放，而乡村中仍牢守不可破。

兴和县

一　沿革

兴和在汉、魏，均属代郡。汉为沮洳①县，在今县境之西北；北魏为柔玄镇；辽属西京道；金属西京道之抚州；元为威宁县，属兴和路；清属丰镇厅，光绪二十九年，划分丰镇厅，治东一百八十里之二道河，置兴和听〔厅〕，设抚民同知兼理事。自丰镇东界卢家营、常胜窑，至察哈尔正黄旗九佐领地止，迤东各村，皆划隶兴和，属山西，归绥远道，为口外十二厅之一，民国元年改为县，三年划归察哈尔，十八年一月，复划归绥远，现为二等县。

二　位置

居省治极东，县城（旧名二道河）距省会五百三十五里。

三　县界

东与察省张北县为邻，西与集宁、丰镇两县毗连，南以长城临察省怀安县及山西天镇、阳高县，北至察省商都县。

---

① 前文作且如。——整理者注

四　面积

南北长二百八十里，东西宽平均四十余里，全县面积约一万一千二百方里。

备考　据《绥远省各县局沿革表》，为五千零八十七方里；《各县户数暨人口密度统计表》，为九千一百二十方里；十九年政治实察所调查数，为一万五千方里，十八年政治实察所调查数，为九千一百二十余方里；《各县局土地面积统计表》，为五千零八十七方里；有多有少，莫衷一是。按纵横相乘之积，不过一万一千二百方里，兹以一万一千二百方里计。

五　山脉

西偏山脉，与丰镇接界者，有小琪子山，当中境第四区疆裕乡、圣鬼乡、熙宁乡之西，与丰镇第三区全顺庄、民抚庄、民义庄、七圪登台、丰和庄等处毗连，南北绵亘数十里。迤西北与集宁第二区接界者，则有鹿角坝山、喇嘛孔督山。又迤西北与集宁第三区毗连者，则有头脑包山、小卓子山、脑包虎山，南北绵亘亦数十里。小卓子山，适富〔当〕县境西北第五区丰年庄之间，南起二十号地，北至郭太庄，东至魏家村，西讫赵家村与集宁毗连，周围环绕亦数十里。东偏山脉，则有大青山，在县治东二十里。此山起于察省张北县，讫于察省怀安县，南北延长数十里，与兴和接界者，仅第一区属村小六号至窑子沟中间之一段耳。其在中境者，西自与集宁接界之鹿角坝山起，蜿蜒向东，有山曰包山；迤东曰塔步山，在县治北四、五两区之间，西起四区预顺乡，东讫四区乐昌乡，横亘于其北亦数十里，自塔步山之北，向东歧出一枝，当丰利庄及白脑包之北，第五区公所所在地之南，迤东，至同生坝，又迤东南，经第二区（在县境东北）阜丰庄之东北，至二号、三号之东，曰猴儿山；又东南曰拉儿山，讫于马家地重（在小井子北）止。又自同生坝歧出一枝，延向东北，至十大股、甲素圈圙，又折向东南，经第二区黄极庄之西，至潘家村之西，与猴儿山复合为一。其在第五区（在县境西）北中正庄、谦瑞庄，及成远庄之南，有山东西横亘，西曰大黑沟山，东曰小尖山。在第二区东北丰庆庄之北，朱家村之南，有山曰大脑包山。而在县境北第五区东北利亨庄之南，有山曰乌蓝大迤山；坝向东北，则入于商都境内。若在南境第三区南，以长城为屏障，与山西并察省接界者，俗名曰南山。西起镇门口，东讫马市口，延长数十里，自镇门口迤北，经石咀子，至王家营、卢家营一带，土名黄石牙山，又折而东，经白家营、喇嘛营、北井坝、水泉坝、小坝子，又东南至于三角沟，与边城山脉相衔接，中间至黄石牙山以南，石咀子以北，又向东歧出一枝，横亘于黄土窑、南三道沟以北，王家营、鸦儿代营、朱家营、南湾头道营、古城等村以南，东与边城接衔。盖县境诸山，实以中境东偏之大青山，暨南邻晋、察两省之南山为最大，以黄石牙山之峰为最高，于境内则歧枝分出八面，均属阴山枝脉。

六　沟谷

境内深谷，首推南境第三区之三角沟，北起高庙子，经三道沟、小坝子，入三角沟，经朱家店，殆四十余里，出马市口，为达柴沟堡大道（高庙子至三角儿沟三十里，三角儿沟至马市口约□十五里，马市口至柴沟堡四十五里），又次则为哈拉沟及其北之打街沟、十里沟。其他自高庙以南，如四道沟、五道、六道沟、北井沟，暨边城下之南三道沟，并中境第一区东偏大青山下之窑子沟，北境第五区之羊盘、醋铺沟、东沟，第二区之大北沟、营盘沟、五道沟、三道沟、前后井沟、新平沟、大五道沟、二号沟、十号沟、白马牙石沟、前后蚨沟、水泉沟、狮子沟、羊长沟、大西沟，以岭梁起伏，沟谷栉比，因地名村，不胜备举，要亦皆非深谷。

七　河流

境内河源，以二道河为最大，自西北流上，经县城向东南而去，经十八台、哈拉沟，并得家窑、上卜窑之西，南流入于察省怀安县境，汇归于河北省之永定河。二道河之上流有二：一曰前河，自丰镇县入境，经永平村、脑包山、官村子、丰太庄之北，县城之南，斜贯于中境第一区之中间，至于十八台之西北；一曰后河，即古之千延水，在长川城之南，自第四区之谦和乡起，为苏计河河流，经咸恒乡、庆盈乡、德隆乡、公议乡、金新乡，斜贯于第四区及第一区之间，经县城之北，讫于县城之东南；二河均至县城之东南，合为一流，故名二道河，实则其上流乃苏计河、豪沁河、鸳鸯河、营子河四水会合而成之河流。

苏计河　由察省商都县起，入于县境之北，经第五区利亨庄、亨和庄之间，南流经北豪堑，及济美庄之高家村、郭家村，逾塔步山，经第二区西境丰阜庄、普丰庄之间西河子村，又南流经喜红沟，又南有石湾子河流自西北来汇，又南流经第四区之安远乡，至咸恒乡止，入于后河，其河长约二百七十里，在四区内即名石湾子河，后河在四区内名三岔河。

豪沁河　由丰镇县入境，东流至县境第四区之谦和乡，与苏计河合，入于后河，其河长凡五十里。

鸳鸯河　由张北县西南流入于县境，至第四区之公议乡，入于后河，其河长凡六十里。

营子河　起于县境第三区大兴乡、兴胜庄讨不窑之间，东流经高庙之南，流经三角沟，入于察省怀安县境，汇于二道河，其河长一百三十里。又营子河之南，逾山有一河流，起于朱家营子东，虑〔卢〕家营、王家营左近，流经南湾头道营及古城之北，出边城，至新平堡，亦归于永定河。

备考　案后河在第四区内，一名三岔河，此河其上流自岱青山南丰镇县界入境，东北流经第四区福善乡、熙宁乡之南，鄂博坪之北，又东北经沛霖乡、履泰乡，过三岔口，至咸恒乡，北纳苏计河（即石湾子河、苏计河之合流），故名石湾子河。偏东南，经庆盈乡、德隆乡，至公议乡，又有巧尔气河，在左家村南，自北来注，又东经金新乡，至邬家村之南，乃有鸳鸯河自东北来注，又偏东南，乃流入第一区，即名后河。

八　淖泊

县境内无淖泊。

九　地势

全县山地多于平地，南北长而东西狭，北境高，而南境低，北境东西六十余里，南境东南〔西〕三十余里，平均东西四十余里。

十　要隘

西有鹿角坝，东有大青山，北有白脑包，南有三角儿沟（一作三戳儿沟），并马市口、白羊口、榆林口、水磨口、镇门口等处。

十一　名胜

有苏木山，在城南五十里，石壁数仞。登其巅，则万壑千山，别饶佳趣。

双山　在城南六十里，逾长城，则为天镇县之新平口，亦为县内之一胜景。

巧尔计召　即宁佑寺，境内蒙古召庙共有四五处，以巧尔计召为最大，建设宏丽，为胜景之一。

十二　古迹

长川城，在县境之西，即汉之沮洳县，有北魏之马射台，其迹已湮没不存。

十三　所属旗地

北境第二区、第五区为察哈尔西四旗正黄旗地，有正黄旗总管府及蒙人杂处其间，中境第四区及第五区，则为羊群地，南境第三区，则为哈拉沁地。

十四　物产

一、动物

家畜以牛、羊、鸡为最多，马、骡、驴、猪等次之。野兽有狐、狼、黄羊等，皆出自山野中。皮毛产量，以羊牛皮、黄羊皮及羊毛为大宗。

备考　据二十年建设厅暨本馆调查数，年产牛为七千九百八十头，羊为一万零四只，鸡为一万七千二百只，马为四千九百七十匹，骡为三千五百六十头，驴为一千二百头，猪为二千七百口。又年产羊皮七千九百张，牛皮三百九十张，马皮二百四十张。黄羊皮一千张，羊毛年产量达三万一千四百余斤。以上各种出产，除供本地应〔应〕用外，余皆运售于天津。

二、植物

甲、农产物　农产物以麦子、莜麦、谷子为大宗，糜、黍、葫麻、豆类为次之，麻又次之。

备考　据调查所得，本县年产莜麦五万九千八百二十石，小麦一万九千二百石，谷子一万八千七百四十石，大麦四千六百七十石，黍子四千九百七十石，糜子四千二百三十石，葫麻九千三百二十石，杂豆九千一百九十石。此外马铃薯产量亦甚多，麻有籽麻、线麻、黑麻数种，籽麻年产十四万六千九百二十斤，其线麻、黑麻产量不详。

乙、红柳　年产红柳九十八万五千二百斤。

丙、织箕　年产织箕四万九千六百余斤。

丁、林产　据《绥远建设季刊》第十期所载，境内共植有杨树一千二百株，柳树一千五百株，榆树八百株。

戊、药材　境内南山沟附近，产有大黄，年出九千余斤，黄芪二万斤，甘草一万斤，黄芩一百六十斤，均运销于河北安国县。

三、矿产

甲、煤　县属第五区之白脑包山梁附近，皆产有煤质，据该地采掘者言，每年出煤五百七十九吨，皆系烟煤，品质不良。

乙、水晶　本县大小青山脉一带，产水晶甚多，惟至今尚未有人开采。

丙、云母　在境内天皮山及牛青山一带，产有云母，色黄黑，质坚硬，易破粹〔碎〕，岩层之上层为花岗岩，中层系片麻岩，下层为云母岩，据专家调查，其储量，约有数十万万斤。当民国五、六年间，有商人阎富者，曾派人向当地人民收买，以大者为最佳，特价每斤售洋十余元，皆运销于天津。

四、工艺品

工艺品制有毛毡、毛单、毛口袋、毡帽、毛鞋、皮衣、皮褥等，其规模甚小，就本地所产毛皮，略加手工制造，品质不良，销路亦少。又有自制油、酒、纸张、金石、木器等物，其营业尚称发达。

十五　区、乡、镇

全县划分五区，一百二十三乡，共有村庄九百七十九。

备考　第一区属乡十八，共有村庄二百一十四，其乡名为：乐业乡、安居乡、黄榆村、富厚乡、丰裕乡、永绥乡、近仁乡、时雨乡、丰泰乡、玉如乡、仁里乡、大宁乡、永太乡、永丰乡、富贵乡、保和乡、发祥庄、柔远庄。

第二区属乡三十二，共有村庄二百七十四，其乡名为：丰余庄、丰善庄、宁谦庄、丰受庄、丰思庄、丰庆庄、丰兆庄、人和庄、丰积庄、丰年庄、丰守庄、丰瑞庄、丰义庄、丰平庄、地利庄、生丰庄、宝丰庄、丰安庄、丰乐庄、丰业庄、天时庄、丰民庄、丰载庄、厚丰庄、皇极庄、阜丰庄、庆丰庄、普丰庄、同丰庄、前用丰庄、后用丰庄。

第三区属乡二十五，共有村庄一百五十七，其乡名为：高庙子、小哈拉沟、碾房窑、大榆树、长胜窑、包家营、小窑子、兴胜庄、三道沟、店子村、喇嘛营、白家营、卢家营、八墩、西湾头道营、古城、南湾头道营、米家营、鸦儿代营、王家营、南三道沟、旧马屯、黄土窑、石咀子、营盘嘴。

第四区属村〔乡〕二十八，共有村庄一百六十七，其乡名为：乐昌乡、佑永乡、巧尔计庙、平定乡、庆兴乡、发源乡、万合乡、金新乡、公义乡、万全乡、民农乡、寿合乡、德隆乡、安远乡、咸垣乡、庆盈乡、预顺乡、时雨乡、宝善乡、咸勤乡、谦和乡、利履泰乡、疆裕乡、圣恩乡、沛霖乡、熙宁乡、福善庄、鄂博坪。

第五区属乡二十，共有村庄一百一十五，其庄〔乡〕名为：

利亨庄、亨和庄、天星庄、景星庄、安厚庄、萃吉庄、丰安庄、中正庄、谦瑞村、成远庄、运享庄、新民庄、康子庄、丰益庄、复兴庄、永乐庄、鼎盛庄、济美庄、宝丰庄、利丰庄。

全县五十户以上村庄有七，为西壕堑村、南宫村、二台子、大滩、高庙子、白家营、小井村等村。西壕堑村，在城西，南宫村在城南，距城极近；二台子亦在城西，大滩在城西南，距城稍远，均属第一区。至南乡高庙村，仅六七十户，为第三区区公所〈所〉在地；白家营村，亦属第三区。北乡小井村，为第二区区公所所在地。又北乡打拉基庙仅四十余户，第四区区公所所在地。若第五区以翁家村为最大，亦为区公所所在地，仅二十余户。

十六　户口

全县一万六千九百三十七户（据省府公安局〈调〉查表），九万二千六百八十一人（据省府村治调查表）。

备考　第一区，五千一百一十户，三万一千六百七十五人。第二区，二千八百九十二户，一万六千四百三十九人。第三区，二千六百三十户，一万七千九百五十三人。第四区，三千四百六十八户，一万二千七百五十四人。第五区，二千八百三十七户，一万三千八百六十人。合计一万六千九百三十七户，九万二千六百八十一人。

注七　据十年政治实察所调查数，为全县一万六千一百二十一户，九万八千一百四十九人。十九年政治实察所调查数，为一万六千一百六十九户，前依省府公安调查表，及村治调查表，其户数为一万六千九百三十七人〔户〕，人数为九万二千六百八十一。

十七　交通

一、道路

甲、汽路　兴和地居绥省东边，蒙人杂处其间，文化较为晚开，工商业亦云落后，境内各处道路，多未修治，商贾及人士往来，均感交通不便，加之近年匪患出没无常，时塞道途，纷纷抢掠，故兴和之交通，甚不便利。迩来绥省建设当局，提倡建设事业，曾拟修治绥兴汽车大道，即由绥远起经凉城、丰镇隆盛庄，以达兴和县之路也。

乙、陆运大道　境内无大河流，水路交通，可称绝无，即距铁路，亦甚遥远。陆运方面，由县城起，东南三十里，经高庙子，又三十里角儿沟，十五里马市口，又四十五重〔里〕至柴沟堡，共长百二十里。西南经九道沟、二岁岭，至隆盛庄，长凡九十里。北经白脑包、翁家村，至商都，长一百八十里。东北经南壕堑，至张北县，长一百四十里。西北经打拉其庙、鹿角坝，至集宁，长一百四十里。

二、邮政

在县城内设有邮局一处。

三、电话

境内电话局，附设电报局内，一为长途电话，经隆盛庄、丰镇、凉城，以至绥远，一为军用电话，其通话区域，与长途电话同。

四、电报

县城内设有电报局，概属有线电报，多为军用，东通张家口、柴沟堡，西达丰镇、集宁等县。

十八　教育

（未完）①

《西北月刊》
张家口西北月刊社
1933 年 3—6 期
（李红权　李宣莹　整理）

---

① 经核查，此刊只发行至 1933 年 6 期。——整理者注

绥远旅行考察谈

汪厥明先生　讲　　　周熙彬、高家骥　笔记

我们此次旅行绥远，系于七月十七日伴陈宰均先生及四位同学等，由本院出发，搭火车赴绥，次日即抵绥远城外，参观各农事机关，如农产制造所及贩卖处与农事试验场。后往内蒙之白灵庙（贝勒庙），因途中交通不便，遂借晋谒班禅名义（班禅即居于白灵庙），乘班禅之运货车，经五六日之辛苦，始至该地。我们的原意欲赴五原考察，只因交通不便，土匪蜂起，加之虎疫正在流行，遂致裹足不前，诚为可惜。此次旅行绥远，往返仅半月，因时间太匆促故，所见难详，仅可谓走马观花而已。今将见闻之所得，约略一谈。

1. 地势　由南口向西，沿途山坡起伏，崇山峻岭，惟迤张家口一带，山多尖顶，垂崖峭壁，迤十八台一带，山多圆顶，由此可证明十八台一带之山，为含砂岩成分甚多，故易受风化，张家口一带之山，非砂岩而不易风化之区别也。绥居平原下坡势地位，此平原距海面高度与张家口略同，而比平、津一带高多矣，故成为高原之盆地，气候颇冷，为农业之不利者也。中部为大青山，西接乌拉山，极西为贺兰山，乃阴山山脉之一部，在绥远有极大之供献，因能御西北寒风之吹入。大青山北为乌兰察布盟及伊克昭盟，西南为碱地，山北一带之地因紧靠内蒙，故实受内蒙管理。该地均为一片草原，蒙人游牧其间，度其原始生冶〔活〕，汉人虽

喜勤于开垦，而蒙人屡阻止之，故至今仍未果，良为可惜。

绥远之物质文明，亦颇进步，关于电灯、电话之设备俱全，而与北部相较几有十世纪之差。

2. 气候　关于测验气温之仪器甚简，故气温之情形不能精详知晓。大约一年中有五月为零下温度，五月为十度以上，平均温度为摄氏七·二度，兹与牛庄、日本北海道网走，莫斯科等处之气温相较，列表如下。

地名	纬度	零度以下	十度以上	平均	气温在10℃以上之月平均数	寒暑相差之温度
萨拉齐	40'20"	5月	5月	7·2°	19·7℃	36·1℃
牛庄	40'41"	4月、5月	6月	9·0°	19·7℃	34·9℃
莫斯科	56'	5月	6月	3·8°	15·1℃	19·2℃
日本北海道之网走	44'1"	4月	4月	5·4°	15·7℃	26·4℃

绥远之气温，在农业上固无大利，然与上三区较则互有短长，如网走可以种稻，莫斯科可以植麦。由此观之，绥远之气温并不低于网走及莫斯科，则绥远之农作，当有相当之希望，惟冬作较为困难，行之无利。

3. 雨量　绥远年雨量为415·9mm，与开封、网走、莫斯科、美国之 Sheridon 等处比较，列表如次：

地名	四月至十月间之雨量	年雨量
萨拉齐	384·8mm	415·9mm
开封	300·5 mm	311·7mm
网走	518·6mm	733·9mm
莫斯科	352·3mm	537·0mm
Sheridon（雪尔敦）	321·7mm	392·0mm

由上表观察，绥远区之雨量并不算少，且于四月至十月之雨

量，较开封、莫斯科及美国之 Sheridon 为多。Sheridon 尚能种植，则绥远之经营农业当无问题矣。

4. 作物

（a）食用作物 禾本科有大麦、小麦、莜麦、荞麦、玉蜀黍、糜、稻、高粱、谷子。豆科有大小豆、豌豆、菜豆、桃子豆（Cicer Aiertinum）（此豆日本名山藜豆，英国名 Chick Pea；德国名 Du Echte Kichero，惜该豆之茎叶不可以饲家畜，因含有毒汁故也）等，尤以桃子豆为绥远之特产。

（b）园艺作物 （一）根菜类有马铃薯、萝卜、苤蓝等；（二）蔬菜类有大白菜、茄子、香菜、葱、蒜；（三）瓜类有西瓜、黄瓜、南瓜、香瓜、丝瓜、菜瓜等。

（c）特用作物 有罂粟、烟草、大麻、油菜、亚麻、芝麻等。

（d）药用作物有麻黄、远志、甘草等。

惟稻作谷皮较厚，盖气候寒冷，不能允〔充〕分发育故也，但能加以改良，而以他种耐寒之种子，又何尝不能补救耶？绥远因限于交通不便，故农产物价值低落，按一般普通情形，粮价春季贵于秋季，盖春季产物少于秋季产物故也，但是一般农民，因迫于经济需要，均不能择价出售，诚属悲惨之一事，因此农民多喜种罂粟，借以可获厚利。加之政府为整理金融起见，一时难以禁绝，暂允栽培，特加罚款，寓征于禁，是以广野沃田尽成鸦片之圃场矣。农民种植鸦片，每亩可收数十元至百元不等，政府对于烟亩，平均每亩约可收税及罚款十七元，年获一百二十余万，为绥远省府之一最大收入，每月教育经费五万元，全出于鸦片捐内。惟因鸦片得之较易，价值低廉，故一切应酬场中，均以之为必需品，因此而受黑祸之毒者不计其数，将来确为一件最大危险事。再者谈到国防问题，受烟瘾者既如此多，国家前途，何堪设想。若欲谋抵制鸦片之害，只有种植烟草，惟烟草销路不畅，且不若鸦片之收入大，故农民多不喜种也。据绥远省政府人员谈称：绥省内部实力非常空虚，假使蒙人不受俄人之牵制，以五千骑兵来攻，绥省即非我所有矣。故欲讲求国防，第一须禁种罂粟，第二须开发西北。尤以绥远位居西北门户，余意欲谈开发西北，当先开发绥远，而开发绥远之道，当先从农林入手，今分五点说明如左。

（甲）改良农民环境与提高农民智识；（乙）增加农民技术；（丙）造林——余等此次去绥，最深的感想，即缺乏森林，一望均童山濯濯，现绥省木材极贵，人民多以马粪代薪，其缺乏木材之情形，可想所知矣。全绥境内，山上余等所过之处，仅见某处山上有大桦木数十株，据观察情形，以往之大青山为森林区，然现已掘伐殆尽矣；（丁）融洽蒙、汉民族之感情——蒙人知识较差，常有汉人欺蒙之举，致两民族之感情颇为不洽，似应提高蒙民之知识，使其了解互助合作之意义，不致双方仇视，免蹈外蒙之覆辙，否则开发西北实为隐忧；（戊）开发之经济与中央合作——开发西北，须具有严密之计画与极大之决心，地方与中央尤应合作到底。

以上数点，为余此次赴绥旅行考察之唯一感想也。

《现代农村》（半月刊）

北平大学农学院现代农村社

1933 年 6 期

（朱宪　整理）

外蒙古民族之分类

李际亨　译

（一）蒙古人

1. 蒙古民属之三分派

在蒙古领域内逐水草而居的五十万蒙古人，本为全然同一民属之集团，但其中各团体或种族之分类，起原甚早，在极古时代已有之。兹为避免涉及古代烦难之历史，仅就十五世纪末叶，所发生的蒙古人之主要的三分派而言之。该时之蒙古人被分为北、南、西三大部：此〔北〕部大部分为外蒙古人或哈尔哈人；南部为内蒙古人或土點〔默〕特人、察哈尔人及在阿尔泰山与天山之间的准噶尔之游牧人；西部蒙古人即干亦喇特人（淖〔绰〕罗斯、辉特、和硕特、土尔扈特四人种之联合）。最近四世纪以内此等分派及种族，因有时互相亲善，有时互相冲突，漂浪于广大的中央亚细亚之高原，时亦出入于欧罗巴国境附近，其结果各种民族之混血状态，在今日蒙古领土内显然存在，此凡旅行家或研究家皆能知之。兹将各种族简略言之如左。

2. 哈尔哈人

哈尔哈人占外蒙古住民之大部，居于四汗领土（车臣汗、土谢图汗、三音诺颜汗及札萨克图汗）与库苏古尔湖等地方。与其他不文明之民族同样，哈尔哈人关于其种族之起原，亦有种种离奇之传说。如一说谓往古两汗部相争战，一汗部全民被杀戮，而仅留一女子残生，此女与一牡牛野会，遂生二子，其后蒙古人始渐次繁殖增加。此外尚有一流传极广之怪说，谓太古一喇嘛僧，取土一把，吐以唾掷之而生中国人，又摘草吐以唾，抛之而生俄罗斯人，再取石子四枚，吐以唾弃之而蒙古之四汗部民生。哈尔哈人之历史的起源甚暧昧，十二世纪时犹无知之者，惟此民族在今日车臣汗部之北部克鲁连河地方，逐水草而居，则甚判明也。哈尔哈人最初出现于历史之舞台，始自成吉斯汗时代，其后渐渐向南部及西部扩张其游牧生活，遂达于汗库库山及科布多系之湖沼等地方，直至今日仍生长于此。哈尔哈人较他蒙古人与他民族接触多，其文明自较其他分派为发达，故亦比较其他分派能代表蒙古人之特征。一九一八年之调查包括此哈尔哈族在内，其数字比较正确，今据该调查之数字计算，蒙古同族之人口总额约为四十九万二千人。

3. 杜尔伯特

　　杜尔伯特人在外蒙古居民中，占第二之地位，居于乌布萨湖地方及帖斯河之下流，而游牧于自科布多河左岸至唐努鄂拉山脉间，此间比较新来之居民，属于西部蒙古人（干亦喇特）之分派，十六世纪时上记之绰罗斯之分歧也。最初彼等游牧于乔尔努伊，伊尔齐河上流阿尔泰地方，其后自十七世纪至十八世纪末叶之初期，满洲人与投于其保护下之哈尔哈人交干戈之时代，杜尔伯特人始来居于其现在之住地。因此杜尔伯特人完全移向乌布萨湖地方居住，考一七六五年中国人在科布多市对杜尔伯特人设特别之统治机关，其时约在十八世纪中叶。杜尔伯特人之容貌、言语、衣服、性质等，均与哈尔哈人有几分不同，盖杜尔伯特人沽〔活〕泼勇敢，且多从事于农业也。不但如此，彼等中有铁匠、□匠、鞋匠等，此在哈尔哈人中殆无之。杜尔伯特人较哈尔哈人之宗教心亦淡薄，喇嘛及喇嘛庙为数甚少，因此如其他蒙古部族所常见的"格根"①，在杜尔伯特人中亦无之。杜尔伯特之人口，据一九一八年之调查，因含有科布多管区在内正确数目为不可能，今按其大体之统计资料计算，其数约为三万九千人，其中"巴依特人"约占一万五千人。

4. 小民族

哈尔哈人及杜尔伯特人以外，外蒙古尚有许多小民族，兹先述其重要者。科布多市附近有一旗，人口约三千，为额鲁特人。其次则为游牧于蒙古阿尔泰之侧面的札哈沁人，因彼等杂居于哈尔哈人及土尔扈特人之间，其人口究为若干，颇难得一确切数目，故札哈沁人一若为额鲁特旗各种民族间之混血儿，彼等亦以额鲁特人自居。据加加兹罗夫氏之言，札哈沁人乃一极不清洁、不文明而狡狯之民族，其人口约有四千五百余，分为两旗。自额鲁特迤北科布多河以至哈喇乌苏湖之沿岸，张有明噶特小民族之游牧天幕，以前彼等居于帖斯河之上流，自锡德尔王谋叛（一七五五年）后，中国人将其臣民之一部，放逐于科布多河方面，彼等遂于其处组织明噶特旗，其人口现在约有二千。在奇尔吉兹诺尔之西北岸，杜尔伯特人之游牧天幕间，杂有和阗族，一七八六年与一七八七年之间，波达宁氏旅行于此处时，张帐幕之和阗人，约有百户，其后四十余年间，和阗人渐渐增加，现在其人口额数，

---

① "格根"：佛教徒信灵魂之移转，以为伟人死后其灵魂移入他人之体内，高僧智识之再生者称为"格根"或"呼弼勒罕"。

约达一千五百，其中起帐幕之和阗人，有三百五十为鞑靼人种，先彼等信奉回教，其后则渐渐蒙古化而遗弃回教，凡幼年人皆操蒙古语，鞑靼语仅老年人能之。又其居民之大部均倾向佛教，信奉回回教者已无几人，仅死者之葬埋与或种的习惯上，尚沿习回教之风尚。和阗人之主要业务为农业，对杜尔伯特王所贡之租税，亦直接以麦粉纳之。至和阗人如何移向科布多地方居住，则今日颇难言之，据波达宁氏之调查及推想，最先和阗人游牧于准噶尔之西，似与巴拉国有关系，其后至一七七〇年，始渐渐移居于奇尔吉兹诺尔附近。

兹为详细述外蒙古之民族，更就名为乌梁海人之民族一言之。乌梁海人分二种族，其一为阿尔泰乌梁海人，游牧于自科布多河上游至勃罗坤河上游之蒙古阿尔泰，其组织分七旗，说蒙古语，属于额鲁特人。一九一一——二年之政变后，阿尔泰乌梁海人，初为自治蒙古之一部，后经数年又归附于中国。今彼等游牧时则常逐其牲群越过外蒙古之境界，又阿尔泰乌梁海人于牧畜之外，尚从事于兽猎，然彼等之生活仍极贫苦饥寒而难得救济也。其次为称为唐努乌梁海人之民族，此民族虽同称为乌梁海人，然彼等与阿尔泰乌梁海人，毫无相同之点，彼等为乔尔克民族之分派，用语亦为乔尔克鞑靼语，游牧于唐努鄂拉与萨彦山脉之间，其一部则越唐努鄂拉而至帖斯河流域。关于乌梁海人之出所，依杜尔伯特人之传说，今日彼等所游牧之地方，为古代亚细亚犯罪者之逃窜处，乌梁海人即当日逃亡罪犯之后裔。此传说从言语学上考查之，"乌梁海"或为"乌兰盖"之转讹，"乌兰盖"语意为"敏捷的无赖汉"。杜尔伯特人之此种历史的言语学之辩明，正确与否不可知，要之唐努乌梁海人中多恶徒、土棍与无赖汉，则确为事实，尤以多土棍为著名。如一九一八及一九一九年之间，中国兵至叶尼塞上游，政治关系因之恶化，当时乌梁海人侵占俄人开垦之地甚多，并焚烧掠夺，无所不为。现在彼等之游牧天帐地，有杜尔伯特人来往其间，初自汗库库山至唐努鄂拉，全为乌梁海人占据，杜尔伯特人来后，乌梁海人被驱逐，不得不走向唐努鄂拉山脉之北方。杜尔伯特人与乌梁海人之彼此冲突，怀有恶感，互相仇视，欲依客观之观察，而下一公平之判断，颇属难事。如有某杜尔伯特人，言彼等相互冲突之事，仅屁〔庇〕护彼等自己之利益，故其言词，如不加以慎重之考虑，不可遽信也。

5. 各民族之人口额数

外蒙在自治时代，各民族之人口，除两乌梁海人外，其额如次：

哈尔哈人	四九二，〇〇〇人
杜尔伯特人	三九，〇〇〇人
札哈沁人	四，五〇〇人
额鲁特人	三，〇〇〇人
明噶特人	二，〇〇〇人
和阗人	一，五〇〇人
共　计	五四二，〇〇〇人

在自治蒙古时，上述各民族，其中有十分之九为哈尔哈人，故彼等殆占有蒙古之全部，何者为蒙古之土人，殆不能辨。非哈尔哈民族之团体，仅在科布多管区内见之，占全部人口十分之一，此民族之所以无恶影响者，盖即因其为数甚少也。

（二）依地方别之分类

1. 旗别分类

外蒙古各民族之状态，尚可自他方面研究之，兹先就其领域内各民族之分部〔布〕状态，加以观察。据一九一八年之调查，如哈尔哈人之分布数字为正确，可得下列之结论。

自然按地方别的住民之分布状态，依各处疏密之不同，人口密度之不同，使其称为行政单位之各旗，大小亦因之而互异。此等旗之区划，有甚大者，有甚小者，有介乎其间者。其详细情况，另有附录，兹仅择其最要者，列其人口之分部〔布〕如后。

哈尔哈民族之各旗中，最大者为达赖绰颜古尔王旗（三音诺颜汗部），其人口有二万四千二百十九人。最小者为浩济多王旗（车臣汗部），人口仅有一百四十九人。其人口之差额甚大，其他小者不足二千人，中等者有二千人至六千人，大者有六千人至一万二千人，又有特大者其人口过万二千人以上。今将各旗之人口列表如左：

旗之人口	车臣汗部		土谢图汗部		三音诺颜汗部		札萨克图汗部		四汗部合计	
	旗数	人口	旗数	人口	旗数	人口	旗数	人口	旗数	人口
二，〇〇〇人以下	一二	一〇，八三二	九	六，五三二	八	一〇，三二一	九	六，八二二	三八	三四，五〇九
二，〇〇〇人以上六，〇〇〇人以下	九	三六，〇二二	八	三三，五〇五	二	三六，二一六	八	三〇，三三二	三六	一三六，〇七五
六，〇〇〇人以上一二，〇〇〇人以下	三	二三，五六五	二	二三，二七七	三	二七，二一一	三	二八，八三六	一一	一〇二，八八九
一二，〇〇〇人以上	二	二七，九八三	二	三六，八一六	二	三七，三六四			六	一〇二，一六三
	二六	九八，四〇二	二二	一〇〇，一三二	二四	一一一，一一二	二〇	六五，九九〇	九一	三七五，六三六

由上表观之，旗之大多数为中小旗，占全旗数百分之八十一，其人口有十七万，占全数百分之四十五，特大之旗仅占全旗百分之十九，人口约二十万五千，占全人口百分之五十五。

2. 旗之平均人口

各部每旗平均之人口，如左表：

车臣汗部	三，七八九人
土谢图汗部	四，七六二人
三音诺颜汗部	四，六二五人
札萨克图汗部	三，三〇〇人
四汗部平均	四，一二八人

3. 喇嘛侯领之人口

喇嘛侯领（布克图格根领除外）之人口，为数甚微，实际统合十三旗之人口不过三万七十一人，每呼土克图平均约二千三百八人。此外尚须一言者，即呼土克图中以札颜呼土克图及额尔德尼呼土克图，其臣民占最多数，前者有八千四百八十六人，后者有八千七百二十二人，按吾人之分类法，列入有领土之大侯部类内，其他则列入小旗之部类内。

4. 人口之密度

各地方之人口密度甚不一致，最大之密度为一平方俄里二·八五人之阿海贝勒旗（三音诺颜汗部），最小密度为一平方俄里约〇·〇二人之弼什呼勒图札萨克旗（札萨克图汗部）。全哈尔哈有十二旗（总数之百分之十三）其人口密度一平方俄里合十分之一人以下。有二十五旗（总数之百分之二十七）一平方俄里合十分

之二人弱。此旗别人口之密度中，布克图格根臣民，即所谓"沙
毗"未包含在内，以上之人口密度数字似较实际为低，然七万三
百八十七人之"沙毗"，若平均分配于四汗部，一平方俄里不过
〇·〇七人，如此之微数，即计算在内，亦无若大之变化也。

四汗部之平均人口密度如左表：

车臣汗部	约一平方俄里	〇·三九人
土谢图汗部	约一平方俄里	〇·三四人
三音诺颜汗部	约一平方俄里	〇·五〇人
札萨克图汗部	约一平方俄里	〇·三六人
四汗部平均		〇·四〇人

由上表观之，人口最稠密者为三音诺颜汗部，最稀薄者为土
谢图汗部。如将布克图格根之臣民加于四汗部之人口，在哈尔哈
内约一平方俄里之平均密度可增为〇·四七人。全蒙古人口之平
均密度如次：

行政单位名称	领土（平方俄里）	人口	一平方俄里之人口
车臣汗部	二六五，〇〇〇	一〇一，七九二	〇·三九
土谢图汗部	二九六，〇〇〇	一〇〇，二二四	〇·三四
三音诺颜汗部	二六七，〇〇〇	一三三，八六〇	〇·五〇
札萨克图汗部	一九六，〇〇〇	七〇，二四一	〇·三六
科布多管区	一七〇，〇〇〇	五〇，〇〇〇	〇·二九
库苏古尔地方之布克图格根领	三五，〇〇〇	一六，〇〇〇	〇·四五
四汗部内之喇嘛侯领	——	七〇，三八七	——
全蒙古合计	一，二二九，〇〇〇	五四二，五〇四	〇·四四

（三）人口之性别

一九一八年之调查，关于哈尔哈人之性别，作有丰富而正确之统计，其数字特别使吾人注意者，为旗之大部分中所表男女数字，相差甚远也。九十一旗中只巴图尔王旗（土谢图汗部）男女数目相同，各有四百五人。其他之各旗，则非男子超过女子，即女子多于男子，每见其数相差过远。如弱什呼勒图札萨克〈旗〉（札萨克图汗部），百人之住民中男子七十三人，女子二十七人。又伊托该姆奇特贝子旗（三音诺颜汗部），住民百人中男子八十三人，女子仅十七人。又与上相反额素图公旗（土谢图汗部），住民百人中，六十八人为女子，男子不过三十二人。如就一般情况言之，有五十九旗男子之数多，三十二旗女子之数多。又同样在十三喇嘛侯领中，有八领有〔为〕男子占多数，五领为女子占多数。

各汗部人口之性别比例，亦互相参差不齐，但按全哈尔哈人之合计，男女数目则洽洽〔恰恰〕平均，兹将各部百人中之男女比例，列表如次：

车臣汗部	男子四七	女子五三
土谢图汗部	男子四九	女子五一
三音诺颜〈汗〉部	男子五四	女子四六
札萨克图汗部	男子五三	女子四七
喇嘛侯领	男子四三	女子五七
全哈尔哈平均	男子五〇	女子五〇

如上表所载，全哈尔哈人口之性别比例，百人中五〇·一人之男子，及四九·九人之女子，与俄国甚相似也。

（四）年龄别

该调查依年龄别之分类，不如依性别之统计为完全，引为遗憾。女子依年龄之分类缺（仅有一般"女子"一项）。又男子亦无一总分类，例如喇嘛僧未依年龄分类，而仅有"喇嘛及僧侣"之总体一项。贵族"台吉"仅就未成年者（十八岁未满）及已成年者（十八岁以上）之二种分类，奴才及平民二部类中之男子，尚略加分类。此两类合计，四汗部领内男子占总数之五分之二（正确言之为百分之四二·六），此二类之年龄统计即加以整理，亦无济于事，盖此等之统计，虽依年龄分类亦不能知哈尔哈全民之状态也。今将其大概摘录如次：

汗　部	十八岁以下	十八至五十岁	五十岁以上	计
车臣汗部	六，三七七	八，六四五	五，二一三	二〇，二三五
土谢图汗部	八，六八三	九，九五五	三，七六五	二二，四〇三
三音诺颜汗部	一三，五三八	一二，八二三	六，七二二	三三，〇八三
札萨克图汗部	六，〇八九	六，二一五	四，七四五	一七，〇四九
喇嘛侯领	二，六三二	三，二二三	二，八一二	八，六六七
合计	三七，三一九（三六·六%）	四〇，八六一（四〇·一%）	二三，二五七（二三·三%）	一〇一，四三七（一〇〇%）

如上表，其中小儿及少年（未满十八岁）占男子总数三分之一稍强，中年（十八岁以上五十岁以下）之男子占总数五分之二，老年（五十岁以上）占五分之一稍强。

（五）家族员数及户数

族长制度之风尚，在外蒙至今犹存，至何时此种之社会经济组织始能废除，为一难测之事。当一千八百七十年代时，称为中央亚细亚最初之研究家的普鲁俎利斯基及波达宁二氏等，谓蒙古人之族长制度，不但至今犹存，而其起源亦不可考，废除此制度在今日言之，未免过早也。现在蒙古人之家族，全然为各个主义，与欧罗巴之家庭相仿佛。不但此也，蒙古之喇嘛教虽甚普遍，但一夫多妻主义不因在宗教上被禁止而绝迹，事实上之一夫多妻不乏实例，有时王侯中亦有拥妻妾二三人者，至一般平民则均严格实行一夫一妻主义。普通为子者至结婚时，即被其父分出家庭之外，为子者从此营独立生活，其将来之幸运如何，全凭其个人之努力也。蒙古人之家庭本各自独立，其他家庭之标准则为帐幕。

蒙古人家族之平均员数如何，可据几位研究家之所得，作一简略之回答：有者谓蒙古人之家族员数平均五六人，亦有者谓蒙古家族平均员数不过三四人。迁入蒙古居住之俄罗斯人，是否亦以蒙古人视之，予本人甚注意此问题，然时亦闻相反之意见，至千九百十八年之调查，始将此项意见之谬误，一扫除之。调查项目中，"帐幕数"一项，以哈尔哈人之总户数及平均员数之查定，为最早而完善。

按其所载数字考察之，可知家族（即一户）之员数，甚不一致，家族员数之最大者为加罕齐呼土克图喇嘛侯领（札萨克图汗部），此处各家之平均员数为八·一人；又最小者为哇伊坚公旗（札萨克图汗部），每家平均约一·六人。其他各旗之家族员数，则多介乎此两者之间。今将各汗部家族员数列表如左：

汗　部	户　　数	人	每户之平均数
车臣汗部	二五，五五二	一〇一，七九二	四·〇
土谢图汗部	二〇，八五八	一〇〇，二二四	四·八
三音诺颜汗部	三〇，六五一	一三三，八六〇	四·四
札萨克图汗部	一六，四〇七	七〇，二四一	四·三
合　计	九三，四六八	四〇六，一一七	四·三

如上表所记，家族之最大者为三音诺颜汗部，最小者为车臣汗部，然其差额甚微，计四汗部家族之平均人数为四·三人。此等汗部之人口，占全蒙古人口百分之七十五，故上记之数字谓为全蒙古

之平均家族数，或亦不至成为甚大之误谬。蒙古人家族之人数，在从来之研究家中，无论何人亦不能指定一极确切之数目也。如有者谓蒙古人之家族平均每户五·六人，又有者谓为三·四人，要之其数确居两者之间，则甚判明也（注）。

四汗部之户数为九万三千四百六十八，如按此平均数与全蒙古之人口相配分，则全蒙古之户数为十二万五千。

（注）今将世界各国之家族平均员数列后，以与蒙古相对照：

法国	三·六人	德国及意大利	四·六人
瑞士	三·七人		
比利时	四·三人	匈牙利英国美国	四·七人
丹麦及挪威	四·四人		
日本	五·四人		

（六）阶级制度

在现在之蒙古内，有王侯、士族、平民、奴才及僧族之五阶级存在。又在此五阶等〔级〕之外，而另成一特殊阶级者，主要为私生子。兹分述之如次：

1. 王　族

王族为最高之支配阶级，普通为充各旗首领之世袭侯。唯科布多管区之四旗，即额鲁特、明葛〔噶〕特及札哈沁各民族之旗内，为选举侯而非世袭侯。关于侯族之来历，往往有各种之传说或神话。今举一例，如杜尔伯特之绰罗斯家，谓曩昔现杜尔伯特之祖先，在那呆山附近放牧，此山巍然耸立时为云雾所围，山顶有湖，其水澄清如玉，周围灌木丛生。一日有少年猎夫守猎，登山巅至湖畔，遽闻嬉笑之声，其音幽雅微妙，猎夫感而异之，遂潜身湖畔，窥查妙音之所由来，俄而见嬉戏者乃天女也，或半掩水中，或腾身云上，姿色之美，毕世所无，猎夫不耐胸中之烦恼，即返家，乘马携皮投绳再登山巅，隐身密灌木丛，少顷即见诸天女又降入湖中浴泳作戏，此静窥良机之少年猎夫，急投皮绳，缚得一天女上岸，其他天女惊飞升天，隐入云中。少年猎夫既泄胸中之狂，释放天女，天女复返天上。然地上人之爱迹不能泯，势难脱不为母身。此犯罪天女为隐己之耻辱，复降身湖畔，产一男儿，女为儿作木笼，置儿笼中，悬挂树枝上，更榨乳盛器中，以假乳头衔儿口，当幼儿哭泣时，树梢有黄色小鸟，即奏佳妙歌曲，留守此儿，母则永去天国矣。

是时杜尔伯特之祖先适为王侯，遍访智者问迎君于何处，智者卜于神，得"去那呆山探湖水之边"之签示，王遣人至湖畔，果闻小鸟奏歌与小儿之哭泣声，下笼携之归，小鸟遂不复见，此天地配合之幼儿，即为纬〔绰〕罗斯家之祖先。

蒙古王侯之来历，无论如何诗化或神话化，其大多数，特以哈尔哈族之王侯，不过为成吉斯汗之后裔，此大远征家之子孙，至今仍留有其伟大族长之甲胄，其中最古又门第最尊贵者为土谢图汗家。蒙古王侯之数不甚多，普通皆依旗数而定，唯科布多管区内有领地之侯三，全蒙古共有王侯一百十五。

在王侯中尚分下列之六阶级：一、亲王，二、〈郡〉王，三、贝勒，四、贝子，五、〔藤子〕公，六、公〔将军〕。然此种之阶位，自蒙古并入中国（千六百九十一年）后，始使用之。

2. 士　族

士族之阶级（蒙古语为台吉），为王侯家族以下之袭爵者，总之士族与王族乃属同一血统，故彼等间之结婚，与血族结婚同被禁止也。士族普通多充各旗之高级官吏，汗部及各省之勤务，以及各地方或中央之行政官，此特权阶级享有租税及诉讼上之特典，例如士旗〔族〕在传讯时，不得拷问，又关于士族之判决，不经中央之裁可，不生效果。

3. 平　民

在理论上平民为蒙古人之中心分子，然在实际上其数反较他阶级为少，故彼等之中坚活动为不可能事，彼等为主要之租税完纳者，义务之履行者（如军役、邮务等），同时彼等更为蒙古产业之原动力。

4. 奴　才

奴才（蒙古语为哈姆基罗加）即为王侯及士族之从仆，兹为避免误解，简略一言之，蒙古奴才之现状，与革新前俄国之农奴状态全不相同。即王侯视奴才为自己之私有物，可以自由殴打、买卖、赠与，或作赌博用，从古如是也。然此犹为较近时代对奴才之待遇，若依彼等关于奴才之传说，其状况尤残酷也。现在奴才之实际状态，不过与平民稍有差别，彼等与王侯、士族为从属关系，故主要为其主人所使用（普通之奴才一若为主人之顺番或帐幕然）。奴才亦享受纳税或某种之特典，又征兵之义务亦免除。要之现在蒙古之奴才制度，已渐渐趋于破坏而将成为过去焉。

5. 僧　族

蒙古之僧族，有独身誓约之义务者，仅为戒僧，蒙古人有如生两男儿，其一人必出家为喇嘛之习尚，故僧族之数甚多。喇嘛为蒙古最大最有力之阶级，人类自然之"弱点"，与国民之经济的必要，幸为喇嘛全部之隐遁生活所不许，然其常住于庙宇戒行精进者，恐不及三分之一，多数之喇嘛普通住于俗界，亦治产，娶妻立家，其与俗人异者，仅削发衣黄、红色之法衣，参加各庙宇之大法场耳。如斯之惯例，尤以哈尔哈族中为著（特〔杜〕尔伯特稍佳）。此外因多数之男子为喇嘛过优闲生活，在生理上（生育减少）及产业上（生产之劳动时间减少）均多少受相当之影响也。

6. 各阶级之人数比例

依哈尔哈人之阶级别的千九十八年之调查，全部仅限于男子，而王侯及高级喇嘛除外，殊为憾事。然无论其如何有缺陷，此依阶级别之人口调查统计，不能不认为是一具有浓厚兴味之事。此调查统计分士族、奴才、平民及僧侣四阶级，其约略之数字如下表：

汗 部	士 族	平 民	奴 才	僧 侣	阶级以外者	合 计
车臣汗部	二,五〇五	一二,二六六	七,九六九	二一,九〇八	二,六五二	四七,三〇〇
土谢图汗部	二,五一六	一一,三八八	一一,〇一五	二一,三九四	三,〇八八	四九,四〇一
三音诺颜汗部	四,一七四	二〇,七三八	一二,三四七	二八,六七二	七,四四九	七三,三七八
札萨克图汗部	四,〇七九	八,九九一	八,〇五八	一二,二九四	三,七二六	三七,一四八
四汗部之喇嘛侯领	——	八,七七六	——	二一,三〇九		二九,九七六
合计	一三,二七四	六二,〇四八	三九,二八九	一〇五,五七七	一六,九一五	二三七,二〇三

如上表，计士族中之男子占总数百分之六弱，平民中之男子

占百分之二十六强，极有兴味者为僧侣及奴才之数字。在哈尔哈中之喇嘛数占总数百分之四十四·六，即约占全男子数之半也。如按旗别之分类，则其平均数愈见增加，九十一旗中有二十八旗为喇嘛占男子总之半以上。如苏勒克图贝子（车臣汗部），喇嘛占全男子数百分之七十一，在喇嘛侯领中，其数亦达全男子数之百分之七十。若将库苏古尔湖地方及科布多管区之布克图格根领亦计算在内，则全蒙古之喇嘛数，约有十一万五千人（库苏古尔地方三千人，科布多管区约八千人），即占男子总数百分之四十二·四，占全人口百分之二十一·二。

　　奴才之数同样甚多，前记四汗部领土内，即有奴才三万九千三百八十九人，即占男子数百分之十六·六。按汗部及旗别观之，奴才之数各不相同，兹列表如次：

汗部名	奴才数	与全男子数之比例
车臣汗部	七，九六九	一六·八%
土谢图汗部	一一，〇一五	二二·三%
三音诺颜汗部	一二，三四七	一六·八%
札萨克图汗部	八，〇五八	二二·六%

　　如上表所记，奴才之最多者为土谢图汗部，次札萨克图汗部，其他二部则较少。

　　又为明了奴才数目之不同状态，再按旗别列表如次：

旗　别	男子奴才之百分数
斯米亚公（土谢图汗部）	四%
苏勒克图贝子（车臣汗部）	五%
额表图贝子（札萨克图汗部）	五%

　　在哈尔哈领土内，有百分之二十五以上之男子奴才者，有二十旗以上，今摘录数旗如次：

旗　名	男子奴才之百分数
土谢图公（三音诺颜汗部）	五三%
土谢图汗（土谢图汗部）	五一%
伊利丹公（同前）	五〇%
车臣王（札萨克图汗部）	四三%
阿吉图公（三音诺颜汗部）	四三%

喇嘛侯领及教务院领内无奴才，杜尔伯特人及科布多管内之他民族中亦无此等之奴才。

四汗部领土内男子之阶级别，教务院亦计算在内，其数如左表：

阶　级	人　数	〈男子阶级之百分数〉
侯　族	二〇五	〇·一%
士　族	一三，二七四	五·六%
平　民	六二，〇四八	二六·二%
奴　才	三九，三八九	一六·六%
喇嘛僧	一〇五，五七七	四四·六%
阶级以外者	一六，九一五	七·〇%
合　计	三三七，四〇八	一〇〇·〇%

二十一年十月十日北平

《西北研究》（月刊）

北平西北研究社

1933 年 8 期

（李红权　整理）

绥远考察记略

郭颂铭　撰

二十一年七月，偕友数人，作西北之旅行，并欲考察其省治、经济，及其他种种状况。原拟由平绥路，经包头、五原而西，直达甘、青，由陕路而归；不意沿途匪风甚炽，行抵宁夏境，已无法再进，仍由原道折回，初定之目的，不能达到，诚恨事也。此行在绥远全境往返两次，与当地人士接洽，博访周咨，再证以实地调查，所得材料虽不完善，然亦可供国人有意开发西北者之参考，爰分类记述，于垦务、水利、农业等项特加详焉。盖屯垦实边，为各国二千年来之国防政策，今者内地各省人烟稠密，苦无求生之路，一遇灾荒，弱者转乎沟壑，壮者流为盗匪，而西北则旷野千里，无人开殖，若以内地无处求生之民，转而开发西北，其为益于国家与社会之经济，当无与伦比，岂仅利于边防已耶？况今日边患之急，十百千倍于往古，而防边之策，犹莫先于屯垦，不早图谋，所谓沃野千里者，终将非吾所有，尚望当局注意及之。

总　论

一、地理形势

绥远本为内蒙之一部，东界察哈尔，西接宁夏，南连山、陕，北通外蒙，为我国北方交通之要道，素倚为边陲之屏藩，无论在商业上、国防上，均占重要之位置。黄河带于南，阴山山脉贯于中，黄河自宁夏临武县入境后，折向北，行至临河县境，复向东行，经五原、包头，至托克托县境，复折向南行，入山西河曲县出境，形成广漠千里之河套。居黄河之南与陕西交界者，曰前套，居黄河之北、阴山山脉之南者，曰后套。现在五原、临河二县及太〔大〕佘太设治局，即为后套之地，土质肥沃，农产丰饶，为绥远之冠。阴山山脉自临河入境后，随地易名，其最著者在临河之北，曰狼山；在五原东北、太〔大〕佘太之西北者，曰大青山；在包头之西、太〔大〕佘太之南者，曰乌拉山；在包头以东，经固阳、武川二县之南，荫〔萨〕拉齐、归绥二县之北，向东蜿蜒，亦统曰大青山，为煤矿矿产最盛之区。狼山之北，沙漠千里，人迹绝少，可谓绥区不毛之地，此其地理之大略情形也。

二、面积与人口

绥远各县、局面积约六十二万余方里，乌、伊两盟十三旗，面积约八十六万余方里，共约一百四十九万余方里，以百分计，平原占百分之四十，山岭占百分之三十五，沙漠占百分之二十五。全省人口，据最近调查，各县、局计一百七十九万六千四百一十余人，乌、伊二盟十三旗，蒙人约二十一万八千七百五十余人，汉人约十五万六千五百余人，共计二百一十七万一千六百六十余人。以族类言，大约汉人居十分之七，蒙人、回族各居十分之一·五。以全省面积计，每方里平均当不足二人，较之江苏每方里九十余人，浙江每方里七十余人，真有天壤之别，可谓一人口极稀之地，故移民开发之事，实大有发展之希望也。兹将十六县及太〔大〕佘太治〔设〕置〔治〕局之面积及人口之分配列表如左：

绥远省各县户数暨人口密度统计表（民国十九年度）

项别 县别	面积	户数	每方里 平均户数	人口	每方里 平均人口
归绥县	二六，六五〇	九六，五六一	三强	二六一，三五〇	九强
丰镇县	二五，三〇〇			二三九，六四九	九强
兴和县	九，一二〇	一六，一二一	二弱	九八，一七五	一〇强
凉城县	一一，七〇〇	一八，五一〇	一弱	一九二，五三〇	一七强
陶林县	四〇，八〇〇	八，九一一	一弱	四三，四八七	一强
集宁县	二七，二〇〇	一〇，六六四	一弱	六二，五二九	二强
武川县	九，六〇〇	六四，二四七	六强	一九〇，五三一	一九强
萨县	五四，八五〇	四五，〇二四	一弱	二七九，八〇一	五强
包头县	九，七六六	二七，七六〇	三强	一七八，七六一	一八强
五原县	九一，四五四	四，八八一		五三，六八六	一弱
临河县	一八，三四五	八，六三六		五〇，九三八	四弱
固阳县	三五，二〇〇	六，九八三	一弱	四三，〇七〇	一弱
和林县	二二，八〇〇	二〇，一五九	一弱	九九，二一四	四强
清水河县	二二，五〇〇	一〇，五二七	一弱	五九，八二四	二强
托县	一一，一七六	一一，〇七五	一弱	九二，四一七	八强
东胜县	一四二，八〇〇	四，六五三	一弱	一九，六四一	一弱
大佘太设治局	三三，六〇〇	四，二九九	一弱	二二，七九九	一弱

注：查上表所列各项，比较计算，多不相符，兹姑列入，以俟更正。

三、气候与雨量

塞北诸地，素以寒旱著称，阴山北部，尤为沍冷。绥地气候，大概言之，九月即见冰，四月始解冻，全年以六、七、八三个月为最热，均平温度约在华氏七十一度上下，惟昼夜之气候悬殊，虽在最热之暑天，夜眠概须棉被。如以全年计，其平均温度，不过华氏三十九度左右，雨量稀少，每年平均约在十七英寸，故农田收获必须赖有河渠之灌溉。绥地风沙，以春日为甚，每遇风起，沙土飞扬，天为之蔽，兹将荫〔萨〕县新农场二十年温度、温〔湿〕度、风速及雨量之统计抄录于左，以资参考。

民国二十年萨县新农试验场每月平均温泾〔湿〕度、风速暨总雨量表

类别＼月别	一	二	三	四	五	六	七	八	九	一〇	一一	一二
气温	一七·二	一九·四	二四·四	四八·四一	五九·二〇	七一·二〇	七一·七〇	七一·〇〇	五八·八〇	四五·五六	三一·〇〇	一八·四
湿度	四八·六	四五·八	四八·四	三八·六	三九·〇	四二·八	四一·八	五五·四	四六·六	四六·五	四七·七	四九·八
风速	三·八	二·八	二·七	二·七	二·四	二·五	〇·七	〇·八	一·三	一·八	一·四	二·一
总雨量	一·〇〇	一·五〇	三·四〇	一六·〇〇	一六·〇〇	五五·〇〇	一二一·〇〇	四六·〇〇	五〇·〇〇	二〇·〇〇	雪二英寸	无
说明	气温等以华氏表计之，湿度以百分法计算。总雨量以公厘计之，雪以英寸计之，风速以每秒公尺计之。											

四、政治组织

绥远之有郡治，实自汉始，汉时分设四郡，属于并州，在东者曰定襄郡，在西者曰五原郡，界于两郡之间者，曰云中郡、朔方郡，其后忽夷忽夏，代有变迁，名目益加纷繁。清时借地殖民，设官分治，全区疆界有隶于山西及察哈尔者。迨至民国肇兴，始划定区域，与山西省分而为二，时热河、察哈尔、绥远同为三特别区，各驻都统镇守之。及国民革命军抵〔底〕定江南，十七年始改特别区为省。现全省除十六县及二设置〔治〕局外，尚有二盟十三旗及土默特一旗。所谓设治局者，即县之筹备机关也，拟待将来范围扩充，工商、教育稍形发达，即改为县治，故设治局者，亦可谓将来之县治。县与设治局，均直接受省政府之指挥，与内地各省县治无何分别，惟二盟十三旗及土默特旗，在名义上虽属省政府，然事实上，各自为政，旗有旗王，盟有盟主，土默特旗则有土默特旗之总管公署。兹将各县、局、盟、旗之名称，及省政府盟旗政治组织之系统，分列左表以资参考。

各县局及各盟旗名称表

省府各县局	伊克昭盟各旗	乌兰察布盟各旗	土默特旗
归绥县	达拉特旗	达尔罕旗	
丰镇县	杭锦旗	四子王旗	
萨县	郡王旗	茂明安旗	
包头县	准噶尔旗	东公旗	
集宁县	乌审旗	中公旗	
武川县	札萨克旗	西公旗	
五原县	鄂托克旗		
兴和县			
凉城县			
陶林县			
和林县			
清水河县			
托县			
固阳县			
临河县			
东胜县			
太〔大〕佘太设治局			
沃野设治局			

治　安

绥远兵力，现有陆军两师，分驻绥东、绥西，以资防守，此外各市、县除警察维持治安外，尚有保卫团之设立。统计全省各市、县之警士，共有一千五百八十一名，枪八百十三支，马一百四十三匹。其中以归绥及包头二市警力较为雄厚，计归绥市警士八百一十六名，枪三百四十五支，包头市二百九十七名，枪六十七支；各县警士以丰饶〔镇〕为最多，占七十七名，固阳为最少，仅警士九名。全省保卫团团数计有二百零三，共团兵三千六百八十七名，枪三千二百三十支，马一千八百三十六匹。其中以兴和县团兵为最多，计八百二十七名，枪五百九十六支，次之为萨县，有团兵五百十八名，枪四百六十六支，最少者为清水河县，仅团兵三十三名，枪四十支。警察经费每月计共二万二千四百零四元，保卫团经费计共一万七千六百六十五元。兹将各市、县之警察与保卫团分配之情形详列如左。

绥远省各市县公安局警察概况统计表（十九年份）

类别 县别	警官	警察	枪支	子弹	马匹	每月经费
归绥市	九六	七二〇	三四五	二四，〇四七	三〇	一六，二三五・二八三
归绥县	三	二〇	一四	二四三	一二	三〇五・三五五
包头市	二八	二六九	六七	二，八三八	九	四，二八九・〇〇〇
包头县	四	四四	一九	一，八一八	八	五三三・〇〇〇
萨县	三	四〇	三二	一，〇七四	一〇	三八四・七七〇
兴和县	二	三二	三八	一，〇三一		三四八・〇〇〇
丰镇县	五	七七	九二	四，〇一九		一，〇四〇・〇〇〇
集宁县	三	三五	二〇	一，〇三八		六二三・五〇〇
五原县	四	五〇	四一	六〇〇	一〇	六二八・〇〇〇
固阳县	二	七	七	六二		一一二・〇〇〇
托县	二	二二	八	二三六	一	二四二・二四四
凉城县	二	三三	二八	四〇六	六	四一九・〇〇〇
清水河县	三	二六	二	四八	七	二二八・三〇〇
太〔大〕余太设治局	三	二〇	八	一六	一〇	二七八・〇〇〇
武川县	二	三〇	三〇		一〇	四四〇・〇〇〇
陶林县	三	七一	六〇		三〇	

续表

类别\县别	警官	警察	枪支	子弹	马匹	每月经费
临河县						
东胜县						

绥远省各县局保卫团概况统计表（十九年份）

类别\县别	团数	人数	枪支	子弹	马匹	每月经费
归绥县	三	二一〇	二四七	七，二九〇	一三〇	二，七三九
萨县	五九	五一八	四六六	一四，二五一	一三四	四，二六〇
包头县	一六	二〇二	一六六	三，一九四	七	
托县	五	一〇〇	一〇〇	一，五〇〇	五〇	一，〇八〇
丰镇县	一	二二二	一八一	三，一一四	二二二	二，九一六
凉城县	六	二四五	二一一	五，六三〇	二四五	一，四八一
武川县	一一	四三二	四五一	六，三五五	四三二	五，二三三
陶林县	三	九〇	六〇	二，四四八	六九	一，一四九
五原县	三	七二	六六	一，五二二	七二	九二二
固阳县	一	一六〇	一六〇		一六〇	一，七〇〇
临河县	四	一一七	七一	五三〇	七三	八四〇
东胜县	四	五五	四六	六九〇	五五	三五〇
清水河县	一	三三	四〇	二，五七四	一八	二七五
兴和县	八一	八二七	五九六	二一，一〇〇		
集宁县		二九三	二六七	七，六四二	五八	三一〇
和林县	五	一一一	一〇二	八八九	一一一	八〇八
太〔大〕佘太设治局						
沃野设治局						

　　以上所言，仅就直属省政府各县、局之情形，至于二盟十三旗，则各拥有多少之旗兵，总数约有一万人左右，由各旗王直接管辖指挥，以保各旗内之安宁。旗兵骑术，均甚精练，大非汉人

所可比拟。绥地兵警虽如以上所叙，统计不下三万数千人，然以统率无方，又加时局不宁，土匪滋乱，几无宁日，大有十室九空之概。河套一带，素为土匪出没之区，大则结队成群，盘据一方，设官抽税，俨如官厅，小则打家劫舍，人民不堪其扰。自包头以西之地面，每见围墙土屋，毗连相聚，俨然一伟大之村庄，入其内，则全村竟无一人，此皆为匪所扰而逃亡一空也，故土地到处荒芜，乏人种植，此实为绥远发展前途之一大障碍。考绥远所以遍地皆匪，其原因固由时局时有变迁，然负治安之责者，苛征暴敛，使人民终年勤劳，不得一饱，强者以生活逼迫，挺而走险，此亦政治不良有以促成之。现在省府虽派兵严剿，匪气稍息，如苛征暴敛之政策不能消除，则造匪之根源未绝，暂安亦为一时之现象，仍不能不虑其伏莽再起也。希当局者注意及之。

财　政

绥远税收，据十九年度之统计，国家款岁入三百四十二万余元，地方款岁入一百三十七万余元，计共四百七十七万余元，但此数系十九年上半年度未裁厘金以前之收入，厘金裁撤后，国家款岁入似较前短收一百万元，地方款收入约较前短收数十万元。同年度，国家款岁出五百三十六万余元，其中以陆军费为最多，已占四百六十六万元，地方款岁出一百三十五万余元，共计六百七十一万余元，收入相抵，尚不敷一百九十四万余元，此为省府公开报告。至于鸦片税款之收入，尚未计及，此项鸦片税收，每年亦当不在少数，据二十一年之调查，绥区种植鸦片之地亩，约在一千顷左右，每亩鸦片地税，合正捐、附捐、特捐三种计之，水地税洋十七元五角，旱地十元七角五分，故此项之收入每年约在百万余元。此外尚有一稽查处，亦为鸦片税收之机关，专稽查省内来往之烟土，凡烟出买〔卖〕，均须送经此处查验，加盖印章，否则即以私货论，除将货物没收后〔外〕，尚科以犯法之罪名。每两烟土须纳税洋三角五分，计每年收入约在二百万元上下，此为绥地惟一之税收机关也。兹将十九年度省府报告之收支列表如左：

民国十九年度绥远省国家款岁入统计表

机关别	款别	收入数		备考
财政厅经收各款	所得税	一，二七四（元）	〇〇〇（厘）	
	火车货捐	四九一，四五三	〇〇〇	
	邮包货捐	七九，二九六	〇〇〇	
	卷烟吸户捐	一七九，三〇九	〇〇〇	
	过载捐	二二，四二五	〇〇〇	
	驼畜绒毛特捐	一四五，五八四	〇〇〇	
	盐斤食户捐	三六，六三八	〇〇〇	
	粮食出口捐	一〇，四一七	〇〇〇	
	税捐附加	五〇，二三五	〇〇〇	
	包头盐商报效军事费	二九，九三六	〇〇〇	
	土默特总管公署应解军政费	九，〇〇〇	〇〇〇	
塞北关经收各款	百货税	五六九，九三九	〇〇〇	
	牲畜税	一一〇，四八八	〇〇〇	
	邮包税	一五九，一二六	〇〇〇	
	子口税	六一〇	〇〇〇	
印花税局经收之款	印花税	九八，四〇〇	〇〇〇	
烟酒局经收各款	烟酒税	一二七，四六八	〇〇〇	
	烟酒厘	一六六，〇一三	〇〇〇	
	烟酒公卖费	一三一，〇四二	〇〇〇	
	烟酒牌照税	三二，六四八	〇〇〇	
	烟酒一成附加捐	三四，二九六	〇〇〇	

续表

机关别	款别	收入数		备考
垦务总局经收之款	荒价	九二五，〇四〇	〇〇〇	
建设厅经收各款	采矿税	二，八五六	〇〇〇	
	探矿税	八〇	〇〇〇	
财政厅经收之款	罚款	二，二二〇	〇〇〇	
塞北关经收各款	罚款	五，一六二	〇〇〇	
	换给运照暨查三联子口单手数料	七三二	〇〇〇	
印花税局经收之款	罚款	九一三	〇〇〇	
总计	国家收入	三，四二二，六〇〇	〇〇〇	
附记	查表内所列各项，系十九年上半年度未裁厘金以前收入预算数目，本省裁厘会议议决，将财政厅所收之火车货捐、邮包货捐、统捐、绒毛特捐、粮食出口捐、过载捐及各捐，附加塞北关所收之通过百货税、邮包税、子口税、手数料及各税附加，烟酒事务局所收之兰州水烟通过税、烟酒关税及各税附加等，一律裁撤，总计较前短收一百万元，合并声明			

民国十九年度绥远省国家款岁出统计表

支出经常费		
款别	支出款数	备考
陆军费	四，六六〇，〇〇〇（元）	〇〇〇（厘）
财务费	六八五，八一六	三六〇
蒙藏费	五，四六一	〇〇〇
合计	五，三五一，二七七	三六〇

续表

支出临时费			
财务费	一二，六八〇	〇〇〇	
恤赏费	一，五〇〇	〇〇〇	
合计	一四，一八〇	〇〇〇	
经临总计	五，三六五，四五七	三六〇	

民国十九年度绥远省地方款岁入统计表

机关别	款别	收入数		备考
财政厅经收各款	田赋	一七六，七六〇（元）	〇〇〇厘	
	正杂各税	一二四，五七六	〇〇〇	
	正杂各捐	三四七，八四五	〇〇〇	
	税捐附加	五六，九三五	〇〇〇	
	警察捐费	二〇五，一一二	〇〇〇	
	杂收入	二八，八五二	〇〇〇	
教育厅经收各款	三厘斗捐	一〇，九五五	〇〇〇	
	二五教育基金	三一，〇一八	〇〇〇	
	塞北关票照费	二，四〇〇	〇〇〇	
建设厅经收各款	临河实业基金地租	二，〇〇〇	〇〇〇	
	包西各渠水利局水租	二六，二五〇	〇〇〇	
	电报电话收入	二，四六〇	〇〇〇	
	石拐沟抽收股款	二，五八一	〇〇〇	
	绥白汽车路捐及牌号费	一，七〇〇	〇〇〇	
	包乌汽车路捐及牌号费	一五，九〇〇	〇〇〇	
垦务总局经收各款	部照暨放地挂号费等款	三一，四六〇	〇〇〇	
	荒价部照等款，附征建筑实业教育等费	一三六，四二〇	〇〇〇	
	填发部照费	二，二五〇	〇〇〇	
塞北关经收之款	关税一二成附加捐	八七，四二八	〇〇〇	

续表

机关别	款别	收入数		备考
烟酒局经收之款	烟酒二成地方临时附加捐	三四，二九六	○○○	
包头市公安局经收各款	商会补助费	一三，二○○	○○○	
	服装费收入	三，○○○	○○○	
	乐户捐	一七，六○○	○○○	
	商户路灯卫生捐	四，九二○	○○○	
	店戏捐暨罚金照费	六，三六○	○○○	
财政厅经收之款	罚款	七四○	○○○	
总计	地方收入	一，三七三，○一八	○○○	
附记	查表内所列各项，系十九年上半年度未裁厘金以前收入预算数目合并声明			

民国十九年度绥远省地方款岁出统计表

支出经常费			
党务费	一一三，六四○（元）	○○○（厘）	
行政费	四二五，七六○	○○○	
公安费	二八六，○五○	八七二	
司法费	三四，八二四	○○○	
教育费	一八七，九四五	一八一	
财务费	一四一，九一一	○○○	
农矿费	四○，五七七	一○○	
工程费	六四，二四四	四○○	
救恤费	八，一六○	○○○	
合计	一，三○三，一一二	五五三	
支出临时费			
行政费	二四，三○○	○○○	
公安费	一四，八四四	○○○	
司法费	二，二九○	○○○	

支出临时费		
财务费	八，四二七	○○○
合计	四九，八六一	○○○
经临总计	一，三五二，九七三	五五三
以上国家地方款，总共支出洋六百七十一万八千四百三十元零九角一分三厘		

教　育

　　绥远教育，统计中小学校共有五百九十五所，内高级中学一、初级中学一、高级师范一、初级师范三、职业学校一、师范讲习所三，此均为中等教育之程度，大学竟无一处。凡子弟在中学，毕业后如欲升学，必至北平或他省投考。又完全小学五十六、初级小学五百二十九，中小学生人数共计二万八千四百八十八人，内中等教育学生九百三十一人，余均为初等教育之学生。每年经费共四十五万三千四百九十七元，内由省教育厅直接发给者，计十八万余元，其余系由各县、乡、村自行筹拨，此外教育厅尚有国外留学生每年津贴费七千七百四十四元，国内留学生津贴费九千二百元。中等教育之经费，以高级中学及高级师范二校为最多，计每年各有三万余元，初等教育之经费以省立第一、二、三、四、五，五校为最多，计每年各有四千五百元左右。学生人数亦以高级中学为最多，计有二百四十名，此为汉人方面教育之大概情形也。至于盟、旗方面之蒙人教育，则更不如汉人远甚，直无教育之可言，在蒙旗中只有土默特旗尚有几处小学，盖因其地近省城，该旗蒙人一切习惯，均已为汉人同化，故教育比其他蒙旗诸地亦较发达。现设有小学五处，并在第一中学内附设一高级班，以为蒙人子弟教学之所，共计学生二百七十人，每年经费五千九百元。

　　总观以上所述，绥区中小学校共计六百所，学生共计二万八千七百五十八人，如与绥远人口总数二百十七万余人比较，则学生人数仅及全人口百分之一有奇，似觉太少，故教育可谓极不发达。兹将全区各校之统计列表如左：

绥远省二十年度全省学校统计表

称别			学校数	级数	学生数	职教员数	经费数	备考
初等教育	幼稚园							查本表所列学校总数，计有省、县、区立各中小学一百八十三处，乡村学校一百二十三处，公立二十四处，合并记明
	小学校	初级	五二九	八三八	二五，五一三	七四七	三三四，一八八・八〇〇	
		完全	五六	九三	二，〇四四	一四七	五五，六九四・八〇〇	
中等教育	中学校	初级	一	三	九七	一二	一二，〇七三・〇〇〇	
		完全	一	六	三四〇	三三	六九，二〇六・六四〇	
	师范学校	初级	三	九	三三一	三八	二九，〇三七・〇〇〇	
		完全	一	四	一八	二五	一七，八〇二・七九二	
	职业学校		一	三	六六	一六	五，八四九・〇〇〇	
	师范讲习所		三	三	七九	二〇		
总计			五九五	九五九	二八，四八八	一，〇二八	四五三，四九七・八三二	

土默特旗教育调查表

学校名称	校址	教员人数	班级数目	学生人数	全年经费若干如何筹措	备考
第一中学附属高级学校	归绥南柴火市街	四员	四班	一百二十名	四千三百六十元，由煤炭租税项下拨给	
第一小学校	归绥文昌庙	一员	一班	三十名	三百二十四元，由煤炭租税项下拨给	
第二小学校	归绥毕镇真武庙	同上	同上	同上	三百元，由煤炭租税项下拨给	
第三小学校	归绥察镇家庙	同上	同上	同上	同上	
第四小学校	萨县煤炭租税局	同上	同上	同上	同上	
第五小学校	包镇福征寺	同上	同上	同上	同上	
说明	查列各校，除小学校现已停办外，其余均在竭力扩充之际，至前设二十家村及小厂圐[图]村第六、七两小学校，因经费不充先后停办，一俟旗款稍裕，即当次第恢复，合并声明。					

交　通

绥远地处边陲之中心，北通库伦，西达新疆，为西北交通之要道。惟境内大山盘绕，沙漠横亘，而道路又未修筑，均为天然大道，故行旅殊感困难，每遇春冬冰雪迷途，更无法以事旅行。现境内已成之路线，在东则有平绥铁路横贯其中，计自丰镇至包头长六百七十四华里，在西有包乌汽车路，自包头至乌拉河，计长三百六十三公里，在中又有一绥白汽车路，自归绥至白灵庙，计长一百十三公里，故全境除以上三路线所经之地，交通较为方便外，其余地面之旅行，非骑马、乘骆驼，则必须雇用驴车。惟普通习惯，骆驼用于长途旅行，或装载货物，而短途借以交通者，非车即马。马日行百余里，驴车日行八九十里，每车可乘二三人，每日雇价三元，骆驼日行七八十里，载重可四百斤，每日运价约三元左右，此陆路交通之大略情形也。至于水路交通，则黄河尚有船只可通，惟以河流迁洗〔徙〕无常，难觅固定之船线，汽轮绝难行驶。在民国六年时，张广建督甘，因宁夏与包头间水陆交通太感不便，遂与马福祥创办公司，装配小轮两艘行驶，轮长各四丈，吃水两尺余，初次开航，自包头载客上驶，行七八日，仅至西磴口而止，因无法前进，遂行停航，现包头南海子岸上尚放有两汽轮之船壳，即该公司航行失败后之遗迹也。

一、黄河交通情形

黄河水上交通工具，民船有七站板、高梆大船及小筏子三种，往来于包头、宁夏间，七站板船为数最多，约有千只，高梆大船约百只，小筏子约五十只。每年通行时间，自四月河水解冻起，至九月底结冰为止，七站板载重最大，下水可载四万斤，高梆大船二万斤，小筏子八千斤，上水则仅能载下水四分之一之重量。船行速度，如天气佳晴，下行每日可至四百里，上行则仅五十里，船夫〔船〕数约共六千人。以外尚有一种皮筏为他处所罕见者。皮筏可分牛皮、羊皮二种，羊皮筏较少，以牛皮筏为最普通，牛皮筏又有大小两种，每年自兰州或宁夏东下者，数约在四百左右。皮筏之构造，以红筒为主要。所谓红筒者，乃以整个牛羊皮略加整理，吹气使胀，可以浮水者也。合红筒一百六十个，架以木排，乃成大筏，以筏夫七人管理之，合红筒八十个以成者，则为小筏，以筏夫五人管理之。每筏除牛皮红筒之内可装塞羊毛外，筏上可装置其他货物如药材等，大筏载重约四万斤，小筏亦可三万斤。皮筏抵达目的地后，即将货物起卸，木排发售，牛皮红筒则由骆驼运回，作第二次之装运。计牛皮红筒，普通可装用三次，最多四次。皮筏下水，全借水流之力，故颇费时，计自兰州或宁夏至包头，每年来往营业者，不过二三次耳。政府对于船筏设有征收专局，分为船捐、保护费及办公费三种，大船每只纳洋二十元，小船十三元，大筏二十七元，小筏十四元。此外货物过境，尚有各种税捐，名目更为纷繁，惟徒收捐而不保护，所谓军警联合稽查处者，乃借保护之名，重收税捐，即自五原至包头一路而言，路程不过四百余里，然税捐之多，不下六七处。盖船筏载货下驶，虽已照章纳捐执有收据者，中途经军警之驻在地，必须停舶靠岸，以受查验。譬如执照上已写明所载货物及纳捐数目，而查验之军警因欲从中敲取，常常故意留难，谓所载货物断不仅此数，非逐一查验不可，商人以如此手续繁琐，需时既多，损失甚巨，情愿出捐若干以求放行，积久成例。举凡此等保护军警之驻在地，亦无形中成为无名之关卡，如有不遵命者，〈不〉停舶孝敬礼物者，则认为大逆不道，开枪射击，以阻前行，在此枪林弹雨之下，势不得不俯首就范也。

二、平绥路情形

平绥路系自北平丰台至绥远之包头，计全长一千四百十七华里，惟在绥远境内，自丰镇至包头一段，则仅六百七十四华里，由北宁路余款项下，陆续拨发兴筑，前后投资计有一千万元之多。在南口一带，因工程险峻，运输上殊感困难，而运输费用亦较他处为大。自通车以来，因受军事与税捐之影响，运输业务不振，营业数目颇少。据最近调查，全线收入平均每日约在六千元左右，而用款数目约近万元，故修路、修理之费均无从支取，车辆亦破腐不堪。乘客往来，凡头、二等旅客，概持各军政长官之免费车票，且可一人独占一房，而出钱买票者，反不得座位，其腐败情形，实全世界绝无而仅有。货物装载之无纪律，亦属罕闻，盖在包头或归绥转运之物，每待至二三个月，尚不能出口，故商人往往不能如期交货或及时售卖，群视火车装运如畏途。查铁路之敷设，原为便利行旅，流通各地之货物，而平绥路把此巨款，结果如此，殊属可惜。考其腐败原因，平绥路当局办理不力，固咎不可辞，然在平绥路线区域，军事与政治未克统一，各自为政，形成割据局面，以致虽有热心者，亦无从着手整理，此为根本之病原。查平绥路线沿途税捐，多至四十有八种，此为世界罕有之现象。商人因受运费高昂与税捐剥夺双重高压之影响，对于与外地通商，群相裹足，故绥远农产虽富，运输之血脉亦具，而货物仍不能越当地一步，如年成丰收，即为农民倒霉之时，盖价贱则更无人购买也。兹举一例，以明绥远货物出口之困难。譬如归绥小麦一吨约合北平六石三斗，以目下时价约在三十九元左右，而北平时价虽在五十四元，如将归绥小麦一吨运至北平，加上运费、税捐，其成本已至六十六元，即照北平时价即行出售，已蚀血本十二元，然此当依目下章程运费减价至百分之四十计算，如以十足运费计之，则亏蚀之数尚不至〔止〕此。在此种情境之下，而欲求绥远农业与工商之发达，如何可得。绥远农、工不能发达，则平绥铁路之营业亦必大受影响，故交通便利与否，于地方事业之发展成正比例，负建设之责者，应如何设法，有以改良之。

三、包乌、绥白两汽车路情形

包乌汽车路长三百六十三公里，由包头经五原、临河至乌拉河，绥白汽车路长一百十三公里，由归绥经武川至白灵庙。包乌汽车路为民国十四年西北军所筑包宁汽车路之一段，经十七年修理完成，计自包头起程，西行二百六十余里，至西山嘴，均为包头县境，由西山嘴西北行，经安北（即太〔大〕余太）设治局境地，至五原新城之隆兴长，计长一百三十里，自五原县转向西南，行经邬家地、杨家店、张家庙等处，至临河县，长约一百八十五里，复自临河县境西南行，经黄杨木头、天义成，至乌拉河，长约六十里。路面宽度，平均自一丈五尺至二丈之间，全属土路，因近年路政失修，路身高低不平，或有为山洪冲洗，仅露沙石，或有为细土厚积，轮转甚难，故沿途行车旅客殊受颠簸之苦，如稍不留心，头足有破裂之虞，故营业客车均无盖蓬，否则路突车跳，头脑更感危险。沿途渠道纵横，桥杆架设，莫不因陋就简，多系以直径四五寸之杂木为干，架红柳枝及泥土铺面，如车过其上，柳枝辄折断作声，泥土下落，危险特甚。有时旅客均须下车，待将空车开过后，再行上车乘坐开行。且简陋桥梁，现在多行坍塌，故每至灌溉之期，汽车往往不克前行。但查养路之费已在票价上照章加收，而路政之坏，一至如此，可见腐败之一斑矣。查包乌路现有公司六家，计共客车十辆，轮流营业，现在车只开行至五原，自五原至乌拉河，因桥梁失修，路身更坏，尚不克通行。自包头早七时开车，至下午四时方可抵五原，每客售票价洋十二元，惟自五原至包头车费较少，每客仅售十元。天雨不能开行，天晴开车辆数亦以售票多寡为定，旅客乘车往往缚以绳索，盖恐车颠坠落也。平均每日约有一二辆之旅客，营业冷淡，于此可见。

　　绥白路系民国十七年所修筑，路身之坏，一同包乌，沿途虽少渠道，然经过之处概属溪涧，虽乏泥沙横阻，然坷坎不平，亦与包乌车路相同。该路现有公司三家，客车四辆，货车一辆，均属商办。

　　至于邮政、电报、电话，因地广人稀，殊不发达，重要各县虽有电报及长途电话之设置，借传消息，惟营业甚淡。兹将已成之长途电话列表如下：

绥远长途电话一览表

起止地点	长度	经过重要地点	管理机关
由绥远至武川县	九十里	蜈蚣坝	绥远电信局
由绥远至托县	一百六十里	刘家营子	同
由绥远至和林县	一百二十里	大黑河	同
由和林至清水河	一百二十里	臭水沟	同
由包头至固阳县	一百二十里	后店子	同
由集宁至陶林县	一百二十里	土城子	同
由和林至杀虎口	一百二十里	新店子	同
由丰镇至兴和县	二百里	隆盛庄	电报局
由丰镇至集宁县	一百二十里	红沙坝	同
由绥远至萨县	二百七十里	察素齐、毕克齐	同
由萨县至包头	九十里	磴口	同
由包头至安北	二百四十里	五十营子	同
由安北至五原县	一百八十里	西怀木	同
由五原县至临河县	一百八十里	雄万库	同

矿 产

绥远地藏甚为丰富，如煤、铁、矾、盐、碱、石墨、水晶、云母、银、铅、宝石等矿均有。其中以大青山一带和集宁、陶林、兴和等县之煤矿，清河、萨县之铁矿，固阳、兴和之水晶矿，固阳之石棉矿以及鄂托克旗、杭锦旗之盐碱，均甚著名，惟因交通不便，开采未得其法，以致货弃于地，殊属可惜。大青山一带，无烟煤矿甚多，如均设法开采，则绥远之富裕当可立待，无如现在开采之煤窑均用土法，出煤无多，仅供本地少数燃料之用。其法由山坡煤层显露处，向煤层开一总路，路高四五尺，宽五六尺，然后由总路向两旁开进，支以杂木，为进出之隧道，采下整块者，由工人以肩背出，碎末则用扁筐装运，每一工人所采之煤，路远二三百步者，须三人运出，路近在百步左右者，须一人运出。平均每三人，日可采煤二吨有余，大窑日用工人百余名者，约可出煤五六十吨，小窑日用工人数十名或数名不等。因土法开采，通风与排水，均无法处置，而且开进矿穴又不得其道，故煤窑不能深入，往往遇到煤田正盛之区，亦只好舍而他图，别开新路。其矿区面积有大至六七千公亩，煤在矿区价值每吨自二元至六元，视其煤质与交通之如何而定之。查大青山一带煤矿虽多，然以山岭险峻，道路曲折，运输殊感困难，运费亦因而浩大。例如石拐煤矿居包头东北六十余里，为一著名之矿区，亦因交通不便，运输均赖大车或牲畜背负至包头，来往须时三天，每吨运费竟至五六元之巨，如以出煤成本平均二元计算，待输运至包头成本已合八元左右，则出售之价每吨非十元不可，如再以火车运至归绥，非十八九元不能售卖，此大青山煤所以不能与大同竞争者无他，运输之问题未克解决耳。查绥远现在已开之煤矿大小多至四十一所，石拐亦为其中最大之一矿区，面积约有六十方里，煤层共有三层，每层相间石层约有数十尺至二百尺不等，第一煤层之厚自三尺至五尺，第二层煤厚约七八尺，第三煤层厚四五尺。据该地老窑工云，第三煤层有厚至丈余者，惟以土法开采，窑中水量过大，无法进行。煤之成分，挥发素约占百分之三十，固定炭素约占百分之五十五，水素约百分之十五，火车、轮船、工厂及家用均甚适宜。有人估计石拐所藏之煤量，至少约有七八千万吨，此为石拐一处之情形，而其他各处亦当不少，且无烟煤甚多，惜均未查勘估量，无法统计，如将来以科学方法改良开采及运输，则绥远矿产之发达自可断言也。现在绥地每年煤之产量约共十九万吨，均供本地燃烧之用。查绥地之盐碱湖（蒙人谓之淖）亦甚多，只以鄂托克一旗计，盐碱水淖竟至二十九处之多，绥远地藏之富，于此可见一斑。惜以土法开采，经营未克发达，以致利弃于地，而本地人民之食用，反多仰给于外来，殊属可惜。兹将绥地较大之各种矿产列表如左，以资参考：

绥远省各种矿产一览表

类别	产地	已未开	开采方法	质别	储量	在矿地价值	交通	营业状况	备考
煤	固阳县石拐沟	已开	土法逐苗房柱法	烟煤	面积宽广，量富	每吨三元	距包头六十里，通大车	兴旺	矿业权者，漠南公司领照开采
煤	固阳县窝兔庆壕	已开	用直井房柱法	有烟，含硫质甚多，质不佳	面积纵横十余里，量颇富	每吨二元	距固阳县城十数里，通大车	不旺	向为本地贫民采供燃料，未经领照
煤	太〔大〕余太拴马椿	已开	用斜洞土法开采	无烟，质不佳	面积二十余方里，储不多	每吨二元五角	距太〔大〕十余里，通大车	尚旺	近为漠南公司领去天两家开采，尚未正式领照
煤	太〔大〕余大官井沟、营盘湾一带	已开	同上	有烟，质佳	面积广，储约一万万吨	每吨二元	距太〔大〕百余里，通大车	不旺	现为漠南公司领一小照开采，销路不广
煤	萨拉齐大小斗林沁沟一带	已开	同上	有烟，质佳，能炼焦	矿层广散不整，量无多	每吨三元五角	距平绥路四五十里，运输不便	不旺	刘俊耀曾领大照开采，并有小照者数家，有水工，开采困难
煤	萨拉齐县巴图沟一带	已开	同上	同上	同上	同上	距平绥路四十余里至七十里不等	不旺	
煤	归绥县万家沟一带	已开	同上	无烟，质尚佳	同上	每吨六元	距平绥路百余里，大车不易	不旺	领小照开采数家，均系业煤小矿，营业不发达
煤	武川县柳林子县等处	已开	同上	同上		每吨三元		同上	销路不畅旺
煤	陶林县三区南脑包	已开	同上	有烟，质不佳		每吨二元		不旺	高人俊领照开采

续表

类别	产地	已未开	开采方法	质别	储量	在矿地价值	交通	营业状况	备考
煤	集宁县马莲滩	已开	土法、用直井	有烟，与褐炭相似，质不佳	面积约十余方里	每吨二元五角	距集宁县二十余里，通大车	尚旺	现为张奇及魏殿臣领照开采，行销平地泉一带
煤	丰镇县裕厚庄	已开	同上	同上					
煤	五原县乌兰脑包	已开	土法	无烟	量丰	每吨三元	距五原县六十里，通大车	不旺	现为渍南公司开采，因变质煤质欠佳，过重，几半成石墨
煤	凉城县十六牛犋等地	未							详情尚未经实地调查
煤	清水河县罗明、刘胡梁	已开	土法	烟煤	量丰	每吨二元	由坡头关至刘胡梁，大车路，经修治，交通尚便	不旺	详情尚未经实地调查
煤	东胜县附近	同上	附近人民用土法采掘	无烟煤，土名樱炭	同上	每吨三元	距包头六百余里至二百里，通大车	不旺	土人曾采作燃料，因运费巨，不能运至平绥路畅销
石棉	萨拉齐县子窑窊	已开		硅酸镁质生，质佳，矿生子石维中	层薄散漫，集中	每吨三十余元	距蔡素齐火车站八十里，通大车	产额无多	现为荣丰公司与地方政府合
石棉	萨拉齐县五当召一带	已开	同上	同上	同上	同上	距平绥路百余里	同上	同上
石棉	武川县硫磺碥湾	同上	同上	同上	同上	同上	同上	同上	同上
石棉	武川县石怀沟、半闹尔	同上	同上	同上	储量较以上各矿为丰	同上	同上	同上	
石棉	武川县孔都仑沟沙坝子	未		同上	层厚，散漫		距包头百余里，通大车		

续表

类别	产地	已未开	开采方法	质别	储量	在矿地价值	交通	营业状况	备考
石棉	固阳县蔡脑包	未		同上	同上	同上			先前曾有人私采，现已封禁
水晶	陶林县黄花圪洞	未		紫色及白色水晶，绿色宝石极少	苗脉散布甚广		距陶林县二十余里		同上
水晶	兴和县大青山	未		同上					同上
水晶	武川县人音脑包	未		同上	同上		距武川县二百里		同上
水晶	固阳县塞林胡洞	未		紫白各色水晶，并少产紫晶	苗脉不旺		距固阳县百余里		同上
矾	太〔大〕什那干格少沟	未		黑矾	产于变质煤份中颇富		距太〔大〕百余里，交通不便		
银铝	丰镇兴和一带								矿地在丰镇吉祥村、兴和九墩沟、广合洞
石墨	丰镇县马莲滩								
石墨	兴和县喇嘛营	未							现有人拟请开采，此矿质量尚未经详查
铁	清水河县挂罗咀	未		磁铁					矿质生于煤系中，质量均不佳
铁	固阳县人义明	未		磁铁	二百万吨		在固阳城西二十里，通大车		矿质与石成混合物，分之必不口，选矿困难，已失开采价值

续表

类别	产地	已未开	开采方法	质别	储量	在矿地价值	交通	营业状况	备考
铁	固阳县绍不乡	未		镜面铁矿	矿脉厚一公尺，延长一公里		距平绥路萨拉齐站八十里，通大车		矿质产于花岗岩、石英脉中
云母	丰镇县二区体勤庄	未		黑色					产于伟晶花岗岩中，详情尚未经实地调查
陶土	清水河县挂罗咀	已开		白色，较粗					现在绥地所用粗磁器，大半产此处，详情尚未经实地调查
碱	汉盖旗淖	已开	土法	天然碱		每百斤二元五	东距五为八十里		
同上	哈太淖								
同上	哈达莽淖								
同上	巴彦淖	已开	土法	天然碱	量丰	同上	东北距包头四百八十里		
同上	紫汉淖	已开	土法	天然碱	量丰	同上	西北距包头四百八十里	较旺	
同上	墙赖矣淖								
同上	乌尔矣淖								
同上	沙巴木台								

工 商

绥远各县尚在游牧时期过渡至农业时期，故工商业极不发达。工则大部均系手工业，规模极小，如缝纫、打铁、木作、磨坊、马鞍店、铜器店等，物品琐屑，名称繁夥，而出品不外农具与日常用具而已。陶林、丰镇、萨拉齐等县，虽以绒毡出产著称，然多属农民附业，无工厂组织。绥远全境之工商业，以归绥、包头两县较为发达，而工业亦以此两县为最盛，惟规模均非常狭小，尚在手工业时期，惟归绥之电灯公司、包头之包头电灯面粉公司及晋源两面粉厂规模较大，其营业资本各有数十万元。兹将该两县之工业状况撮要言之如下。

归绥计有毛布工厂三家、纸厂四家、毯厂四家、皮件厂两家、毡厂五家、料器厂一家、铁工厂三家、制革厂三家、皮衣厂两家，均系商办，其资本少者一百三十元，大者亦不过五千元耳。所用工人人数，自七人至二十一人，故每年产值最多为一万数千元，少者仅数百元而已。

绥远电灯公司创办于民国十年，惟当时规模甚为狭小，至民国十八年改组扩大，其资本为四十万元，实收仅三十二万六千元，现有四百基罗瓦特之电机一具，系向天津购买，价洋四万元，而运费、税捐则合五万元，故此机装置定妥，约合洋九万元。归绥一万四千五百盏灯，均由此机发电供给，每度电费价洋二角六分，每月可收入九千元左右，其薪支及煤等消耗，每月约五千五百元，煤之消耗已占二千五百元，所用之煤均由山西大同江泉运来，每吨价洋十元，又每月归垫机器折耗洋一千五百元，故每月开支约合计洋七千元，尚有盈余可得。

包头电灯面粉股份有限公司，创立于民国十九年五月，本定资本三十万元，而实收仅二十万元，装有二百一十基罗瓦特电机一具，电费每度二角八分，现供电灯七千盏，二十五支光，每月每盏价洋七角五分。面粉部分于民二十年五月始行开办，资本二十余万元，其来源向银行息借二万元，机器欠款二万元，存款及各股东股款各七八万元，装有德国制造清麦机、筛粉机各一部，钢磨四座，计分二十四寸者二部，二十二寸者一部，二十寸者一部，又美国制造电动机一座，价值共约六万余元，每天可出四十九磅之面粉二百袋，每袋头等价三元五角，三等价二元五角。出品大部销于包头本城及五原、临河等处，宁夏虽有销售，但为数甚少。小麦原料均向当地购买，每石重约二百五六十斤，价洋拾元，每天用麦四十五石，每石可出面粉四袋半，计每石小麦制粉出售可剩净利洋二元，每部钢磨如以二十四时继续工作，每天可出面粉八百袋，四部机器每小时用电约须四十基罗瓦特，每八袋面粉约有麦皮一百磅，可售洋一元。内共职员三十人，工匠二十五人，小工三十人，学徒十五人，每天作工十二小时。工匠工资每月多则五十元，少则三十元，小工每工洋四角，供宿又供食，每月开支共计洋五千余元。煤则由几十里外之公积坂运来，每吨计洋七元，每月煤之消费约须四百九十元，营业尚佳。

晋源西油粮面粉公司，该公司于民国十七年七月开办，资本十万元，系有限公司，股东多系山西籍。其产量除制面粉外，兼收卖油粮，设制面厂于包头东门内，置有德国制造清麦机、筛粉机及二十寸钢磨各一部，旧式石磨六具，柴油引擎一座，马力二十匹，价值约二万四千余元，其所出面粉之销路，亦在临河、五原及宁夏一带。

在包头、五原一带之手工业，以织毯厂为最多，大小计有二十余家，大多独资开设，资本大者二千元，小者一二百元，普通三百元，其中以包头之永茂厂及和利厂为最大。五原之栽织毯，概为陶林等县各农家之副产，农忙种田，暇则裁〔栽〕织，故每家出产甚少，每年总值不过在百元左右，有一二十元之资本，即可从事此项副产之工作。

绥远东与察哈尔相接，南与山、陕两省毗连，西达宁夏，北通外蒙，且有平绥路横贯其间，西起包头东南，终于北平，与平汉、平津、北宁各路线相连接，可谓西北交通之中枢。惟自俄国侵占外蒙宣告独立后，则绥远商业大受打击，不但规模较小之蒙商渐次倒闭，即规模宏大资本充实，有悠长营业之历史者，亦因亏累太巨而歇业，至于其他经营本地商业之商号，亦因年来迭遭兵匪、旱灾种种浩劫之影响，纷纷亏蚀而倒闭。绥远出口，本以毛皮、牲畜、药材为大宗，而粮食之输出亦占一重要部分，近年毛价惨落，销路钝滞，因而影响于本地商业者亦甚大，故近来绥省之商业，萧条已达极点。据塞北关之统计，其出口货物以毛皮、粮食、牲畜、药材为大宗，而进口货物以绸缎、布棉、砖茶、糖类为首要，此种进出口货虽道经绥远，而其来历与出路，非一定限于省内，盖以宁夏进出之货物，大部须道经于此，然其商业情形，要亦可以概见。兹将三年来进出货物之种类及数量列表如左：

最近三年来出口各种农产品数量

种类	年度	数量	备考
麦子	十八年度		
	十九年度		
	二十年度	一四，〇七一石	
谷米	十八年度		
	十九年度		
	二十年度	七一八	
红粮	十八年度		
	十九年度		
	二十年度	一，三五四	
莞豆	十八年度		
	十九年度		
	二十年度	一，二二六	

续表

种类	年度	数量	备考
炒米	十八年度		
	十九年度		
	二十年度	四三	
胡麻	十八年度		
	十九年度		
	二十年度	二，五〇七	
筱麦	十八年度		
	十九年度		
	二十年度	一，八四七	
谷子	十八年度		
	十九年度		
	二十年度	一七四	
草麦	十八年度		
	十九年度		
	二十年度	六，三一一	
荞麦	十八年度		
	十九年度		
	二十年度	三五七	
糜子	十八年度		
	十九年度		
	二十年度	一，四七一	
黍子	十八年度		
	十九年度		
	二十年度	五八	
扁豆	十八年度		
	十九年度		
	二十年度	六八九	
芥菜籽	十八年度		
	十九年度		
	二十年度	七五二	
糁子	十八年度		
	十九年度		
	二十年度	四，七九六	
统计			
		三六，三七四	

最近三年来出口皮毛数量统计表

种类	年度	数量	备考
大牛皮	十八年度	五五，四七〇（张）	
	十九年度	二〇，七二二	
	二十年度	七，九七四	
狼皮	十八年度	五，二四八	
	十九年度	五，五三〇	
	二十年度	二，九三四	
狐皮	十八年度	一六，四七七	
	十九年度	二三，〇四一	
	二十年度	一〇，八七九	
沙狐皮	十八年度	一，四五四	
	十九年度	四，三八六	
	二十年度	二，一五三	
猞猁皮	十八年度	一，二二九	
	十九年度	一，〇〇六	
	二十年度	六六四	
扫雪皮	十八年度	九三	
	十九年度	八七	
	二十年度	一〇一	
狗皮	十八年度	二〇〇，一〇〇	
	十九年度	三五，六九三	
	二十年度	二〇，六九四	
各色羊皮	十八年度	一，三三〇，四六三	
	十九年度	一，二七三，五七六	
	二十年度	八一二，三七九	
各种粗皮张	十八年度	八六九，八四九	
	十九年度	四四九，九九九	
	二十年度	二六九，六二八	
统计	十八年度	二，四八〇，三八三	
	十九年度	一，八一四，〇四〇	
	二十年度	一，一二七，四六〇	

续表

种类	年度	数量	备考
驼毛	十八年度	三，七五一，四五四（斤）	
	十九年度	四，五〇六，八〇九	
	二十年度	二，三一五，四〇一	
羊毛	十八年度	二三，五九五，四八二	
	十九年度	一八，三三八，一五一	
	二十年度	七，三七五，四七一	
羊绒	十八年度	一，一三八，九七五	
	十九年度	六九五，五〇三	
	二十年度	三九四，七六八	
各种羽毛	十八年度	二九七，八八三	
	十九年度	一七一，九三五	
	二十年度	二六三，六五一	
统计	十八年度	二八，七八三，七九四	
	十九年度	二三，七一二，三九八	
	二十年度	一〇，三四九，二九一	

最近三年来出口药才数量统计表

种类	年度	数量	备考
大黄	十八年度	七九，〇二六（斤）	
	十九年度	四一六，七五五	
	二十年度	四〇二，四〇七	
川连〔莲〕	十八年度	一，一三二	
	十九年度	一九七	
	二十年度	六四	
川贝母	十八年度	一〇，四八九	
	十九年度	三〇，四〇八	
	二十年度	二，〇五〇	

续表

种类	年度	数量	备考
祁草	十八年度	一，二五一，三九八	
	十九年度	六九三，五六八	
	二十年度		
津草	十八年度	六七〇，六二一	
	十九年度	一，三八一，三三三	
	二十年度	一，〇八九，四八八	
甘草节	十八年度	八五一，四三二	
	十九年度	一，二四七，五六六	
	二十年度	九〇七，八五一	
荒草	十八年度	一五三，四〇八	
	十九年度	一三七，五七二	
	二十年度	二六五，一九八	
枸杞	十八年度	九九，一六八	
	十九年度	五三四，一八〇	
	二十年度	一三，四五四	
下等药材	十八年度	三五五，五四二	
	十九年度	三一七，〇二六	
	二十年度	二一，五七九	
各种粗药材	十八年度	八一七，二七四	
	十九年度	六五七，七八九	
	二十年度	二五五，五〇六	
统计	十八年度	四，二八九，四九〇	
	十九年度	五，四一六，三九五	
	二十年度	二，九五七，五九七	

塞北关最近三年度出口矿产物品数量统计表

种类	年度	数量	备考
石棉砂	十八年度		
	十九年度		
	二十年度	一六，八〇〇（斤）	
统计	十八年度		
	十九年度		
	二十年度	一六，八〇〇	

最近三年来出口工业物品数量统计表

种类	年度	数量	备考
栽绒马褥子	十八年度	六五（个）	
	十九年度	五三	
	二十年度	四七	
立绒椅垫	十八年度	一〇四	
	十九年度	一三四	
	二十年度	七六	
统计	十八年度	一六九	
	十九年度	一八七	
	二十年度	一二三	

最近三年来进口各种货物数量统计表

类别	品名	年度	数量	备考
绸缎	各种绸缎	十八年度	一八，七六二尺	
		十九年度	二七，九二六	
		二十年度	一一，三一一	
统计		十八年度	一八，七六二	
		十九年度	二七，九六二	
		二十年度	一一，三一一	

续表

类别	品名	年度	数量	备考
土棉	土布	十八年度	一，二二九，八〇三	
		十九年度	一，〇一三，三九三	
		二十年度	五六，〇六一	
	各种洋布	十八年度	五五，七九四	
		十九年度	一〇五，〇六八	
		二十年度	三九，二一五	
	棉花	十八年度	三四九，三八三斤	
		十九年度	三五九，九二一	
		二十年度	六一，五八一	
统计		十八年度	一，六三四，九八〇	查棉花一项单位以斤计，余均以匹计
		十九年度	一，四七八，三八二	
		二十年度	一五六，八五七	
杂货	白面	十八年度	二，五二六，一二六斤	
		十九年度	一，一九九，六二八	
		二十年度	六四一，九三八	
	土碱	十八年度	二九九，五二八	
		十九年度	二〇四，一七二	
		二十年度	二四八，四八〇	
	冰糖	十八年度	一七五，九四八	
		十九年度	八五，四九一	
		二十年度	四五，九三四	
	赤糖	十八年度	七六七，七四一	
		十九年度	六三三，七六一	
		二十年度	二三二，八四七	
	白糖	十八年度	五〇一，四六九	
		十九年度	三三二，七二四	
		二十年度	二四九，六五三	

类别	品名	年度	数量	备考
	生铁	十八年度	一〇七，七〇一	
		十九年度	六〇，〇九五	
		二十年度	八，二五二	
	熟铁	十八年度	二六〇，九二二	
		十九年度	三一六，三〇一	
		二十年度	三六，一二二	
统计		十八年度	四，六三九，四三五	
		十九年度	二，八三二，一七二	
		二十年度	一，四六三，二二六	
纸张	各种纸张	十八年度	二一一，九三四篓	
		十九年度	一〇二，五二七	
		二十年度	五六，〇〇一	
统计		十八年度	二一一，九三四	
		十九年度	一〇二，五二七	
		二十年度	五六，〇〇一	
茶类	砖茶	十八年度	九，三四二	
		十九年度	二二，六三四	
		二十年度	三，四六九	
	茶叶	十八年度	八〇，一六七	
		十九年度	一一一，三二八	
		二十年度	一九，二一五	
	千两茶	十八年度	一，〇三四	
		十九年度	一，一六五	
		二十年度		
统计		十八年度	九〇，五四三	查砖茶单位，以箱计，茶叶以斤计，千两茶以支计
		十九年度	一三五，一二七	
		二十年度	二二，六八四	

水　利

绥远气候干燥，雨泽稀少，又乏森林为之调剂，故农家所恃为耕种，惟在开渠引水以资灌溉，如渠道不通，土质虽属佳良，仍不免一片荒丘，无法耕种。绥地历年荒歉，难民遍野，均系旱魃为灾，此固天时为之，然沟渠尚未普及，水利讲求未善，要为其最大原因。故从来谈西北垦殖者，莫不以水利为先，此亦地势有以使然也。

绥远灌溉之水约可分为两种，一即河水，一即山水，惟山水水量稀少，范围不广，人民之所恃为耕种者概为河水。河水之可得利用者，在绥西为黄河，在绥东为大黑河，惟黄河面积经过甚广，如临河、五原、安北、包头、萨拉齐、托克托各县，地势平衍，均为黄河到达之地，故关系绥远水利亦以黄河为特大，俗语云"黄河百害，惟富一套"，此可见黄河与河套关系之深切。河套之水利，惟在渠道，今概述之如下。

一、渠务历史

所谓河套者，幅员辽阔，广漠无垠，举凡宁夏、绥远黄河所经之地，均曰河套，惟宁夏省属一带谓之西套，五原、临河、安北谓之后套，大河以南、长城以北，谓之前套。如言套地水利，当以西套为最著，其渠工亦最大。今宁夏产米，在我国北部为最多，盖自秦汉以来，其渠道代有兴修也。后套水利历史为期较晚，唐贞元七年开延化渠，引乌水入库狄泽，溉田二百顷，此为后套水利之始。永徽四年，置陵阳渠，旋又置咸应、永清二渠，嗣后以历代战祸继起，乏人注意，遗迹无存。自元人入据以来，其地仅为游牧之场，更不知复兴渠务。清乾隆间，汉族之捕鱼者，足迹至此，得地于近河处，用桔槔取水，试行种植，大获其利，但尚未兴渠溉田也。自土默特旗为汉族同化后，山、陕人民来者日众，于是渠务渐辟，往往甫经得地，先议开渠。在当时之为渠务努力而创导者，如甄玉、侯应奎、祁敏修、王同春辈，皆卓著之人材，父子相承，或亲友共管，均能持之以毅力，不避艰苦，于河套之水利，厥功甚伟。计共开大干渠九道，小干渠二十余道，且每岁必深浚其身，厚增其岸，始可溉田，故今日套地渠流纵横，能溉田千百顷者，不能不追溯于先辈创建之功也。

自光绪三十八年，贻谷奉命督办绥地垦务后，因鉴渠道与垦务休戚相关，水利不能振兴，垦务决难进行，故首先即将私人开辟之渠道收归官办，以资统筹，开新浚旧，同时举行，于是水利更形发达，得与西套相颉颃。自民国元年后，因公家无力兴修渠道，后套八大干渠所属地改归民户包租，渠道亦归民户修挖。包头县境之三呼湾面积一千八百方里，地势西高而东下，宜于引注黄河之水，且土地肥沃，更宜垦殖，民国十七年，遂由公家筹款兴修大干渠一道，在该地私开各渠，亦同时收回归公家经营。嗣后垦地日辟，公私渠道日多，三呼湾之水利，亦于是渐兴。九年，后套渠道经营失宜，议者归咎于散户承包，责无专属，乃有绥远都统蔡成勋之第一师旅长杨川来，乘此机缘假借灌田公社名义，统包八渠永租地，惟原旨即贪图私利，不顾全局，截至十一年，租款拖欠至十一万余元，渠道废坏无遗，经五原县绅董呈请整顿，又经绥远垦务总办等，再与灌田公社交涉，始行收回原租地，改归五原地方人士所组织之汇源水利公司及兴农社等。十二年，始有水利局之设，但因属包头遥辖，虽虚耗经费，而渠务仍无改进。十七年，始裁撤水利总局，水利事宜划由新设之绥远全区垦务总局办理。垦务总局接办后，即召开水利会议决定，所有渠道，各归地方人民组合水利公社自行经理，由垦务局暨所在地之地方官督饬办理，又以垦务局远在归绥，特将所属之渠利科常川移驻五原，以便办理渠务。十八年，水利事宜又由垦务局划分，改设包西各渠水利管理局以管理之，隶于省府建设厅。同年四月，由建设厅向山西省银行贷借晋钞十四万元，酌量分配各渠，专资兴修渠务之需，于是历年废弛之渠道，复略见起色。民十七年，绥省大旱，赤地千里，灾民尤以萨、托两县为最多，省府遂思以工代赈，决于萨县开一民生渠，计干渠长一百九十五里，嗣以工程浩大，商请华洋义赈会帮助办理。于民国十八年开工，至二十年完成，干渠一道、支渠九道，共费款七十五万元，本拟于渠南开支渠十四道，惟以款项已罄，现只完成九道，如完全完工，约可溉田二万五千顷，为近年工程最大之渠道，现由民生渠工程处负责管理。此绥远水利撮要之概略也。

二、渠务现状

绥远各大小渠道，现均由各本地人民组织公社以任管理及计划，每年浚修事项，受建设厅或各地地方官之督饬。后套水利较为发达，建厅现设有专局管理，名曰包西各渠水利管理局，局址设于五原之隆兴长，凡包西各渠，无分私人或公家修筑，均依法由人民合组水利公社，在水利管理局监督指导之下，办理各渠渠务。水利公社之经理、副经理，均由民户票选，呈由管理局转报建设厅加委，其他雇员则由经理遴用。此外每公社又由民户票选董事五人至九人，组织董事会，为咨询、建议及监察之机关。各渠工程，不分经常、岁修、特别、统由各该渠水利公社负责经理，惟特别重大之工程，须事先备具计划、预算，呈请管理局转呈建设厅核办。各项渠款亦由水利公社经收，征收渠费则按照勘丈青苗地亩之多寡，即种植之地缴款，不种植之地免收。渠费又分三种：一、经常修渠费，每顷须纳洋七元，专充岁修工程之用，开支有余，由公社保管之，不敷，则由公社召集全渠民户议定筹备办法，呈管理局转呈建设厅核行；二、特别修渠费，凡各渠遇有特别重大工程，先尽经常修渠费余存之款拨支，再有不敷，由公社商由本渠民户中筹垫之，在三年内由本渠民户照青均摊；三、水利经费，每顷每年纳洋五元，以半数充管理局经费，有余，报解建设厅存储，不敷，呈请建设厅筹拨，其余半数充本渠公社经费，若有不敷，亦得先事呈准，另行筹拨。关于渠款之保管，公社经理须负完全责任，若存放于银号或商号，须由董事会议决定之，以杜流弊。对于渠务之管理，虽有上述种种之规定，然考诸事实，所谓水利公社之经理，概由当地大地主之把持，对于用水滩〔摊〕费等等，往往不免偏私舞弊，而一般小民，因智识浅薄，不明实情，或虽知内幕，因在大地主积威之下，亦只敢怒而不敢言，故有多摊渠费，或暗行贿赂，如不纳贿，虽已缴渠费，而无法得水，凡此种种积弊甚深，如不力谋改革，则于水利前途，实有莫大之妨碍也。

三、渠道概况

渠道有干渠、枝渠、子渠之别，以干统枝，以枝统子，势成一局。所谓干者，其渠口密接河道或水源，为全渠之主流，其于主流枝出者为枝渠，于枝渠旁出者为子渠，是以渠道之利，首重干渠之畅流，而干渠之能否畅流，关系于地势、渠工、退水等问题甚大。绥省各渠，除民生渠于事先曾经之工程师详细勘测以定方向外，其余所开之老渠，均由发起创办者依靠经验所得，细察地势之高低以定渠路。后套一带地势自西倾东，自北倾南，而后套所开之干渠，渠口均紧接黄河，渠梢向北行或向东北行，故各渠水流不免有逆势上行，水之入渠全赖水流拥挤之力，自不免有所困难。且河套各渠之退水，均靠黄河故道之乌加河，故乌加河不啻为诸渠之总干，惟该河因年久失修，多半淤塞，且下游业已淤断，不复与黄河相通，此退水不佳，各渠进水亦必自受影响，故近年论改良包西水利者，莫不首重于修浚乌加河，兹将绥省各县渠道列表如左：

归绥县河渠

渠名	干渠里数	渠之容量	渠口通河处	渠之经过地	渠所受水之河	溉田亩数	溉田时期	组织方法	经费	备考
哈拉沁渠	五里余	宽六尺余，深三尺余	哈拉沁村北山沟	经过本村	山沟水	二十余顷	四月起九月止	经理人三人公办	四百余元	此渠在哈沁村
长兴隆渠	十里余	宽五尺，深四尺	渠口在哈拉沁沟内	毫沁〔营〕、东柜、沙梁、新地等村	山沟水	五十余顷	四月起九月止	东西长兴隆人公办	无定额	此渠在毫沁莹〔营〕子，历年已久，自绥现时所使之水，冬天与春天冰水及沟内泉水，并大雨洪水，故溉田不能限定，每年经费办不能然。溉田水不浪费。
天益渠	一里余	宽七尺，深二尺	老赛窑西畔乱沟水	经过本村	山沟水	六顷余	四月起九月止	村正、副公办	同上	此渠在毛不浪村
长胜渠	二里余	宽七尺，深二尺	渠口本村，东西村退水	同	四村退水	五十余顷	无定期	合村公办	同上	此渠在部独利村
德胜渠	三里余	同	本村东	同	同	三十余顷	四月起九月止	同	同上	此渠在保索图圈村
三和渠	二十余里	宽一丈，深三尺	买岱村西黑河水	讨号板、添密村、五路村	黑河	九十余顷	二月起十月止	三村每村公举二人、六人公办	二千元	
永丰社渠	十六里余	宽一丈深三尺余	二十家子村黑河水	买岱村、黑沙兔、新庄、太平庄	同	一百余顷	同	四村每村公举二人，共八人公办	二千余元	
合顺渠	三里余	宽六尺，深四尺	本村东	经过本村	同	三十余顷	同	公村〔举〕五人公办	五百元	此渠在办水沁村

续表

渠名	干渠里数	渠之容量	渠口通河处	渠之经过地	渠所受水之河	灌田亩数	灌田时期	组织办法	经费	备考
农义社渠	七里余	宽一丈，深二尺	同	同	同	同	二月起九月止	公举三人公办	三百元	此渠在后三富村
永济渠	十里余	宽七尺，深三尺	本村东	同	同	初创办	无定期	公社公办	无定额	此渠在把栅村，去年九月底开办，至今渠工未竣，地亩灌溉及经费不能计算
涌顺渠	三里余	宽五尺，深七尺余		同	同	三十六亩三顷	二月起十月止	合举六人公办	一千元	此渠在嘲岱榆林村
涌胜渠	同	宽六尺，深五尺	本村东北	同	同	三十余顷	同	同	同	同前
公和渠	二里余	宽二尺，深三尺	村东泉水	同	黑河源	五顷余	二月起十月止	合村公办	二百元	此渠在石人湾村
合义渠	一里余	宽二尺，深三尺	本村东	同	黑河	三顷余	二月起九月止	同	一百元	此渠在沟口子村
德义渠	四里余	宽三尺，深三尺	本村南	同	同	十五余顷	二月起十月止	代表二人公办	同	此渠在二十家子村
义和渠	一里余	宽二尺余，深三尺	同	同	同	同	四月起十月止	合村公办	五十元	此渠在六惧牛村
公义渠	同	宽二尺，深五尺	本村东	同	同	二顷余	三月起九月止	代表一人公办	四十余元	此渠在头道河村
义和渠	三里余	宽二尺，深三尺	同	同	同	五顷余	同	合村公办	三十余元	此渠在水磨村
同盛渠	二里余	宽五尺，深二尺	本村北	同	同	八顷余	二月起十月止	代表六人公办	三百余元	此渠在忽吉讨号村

续表

渠名	干渠里数	渠之容量	渠口通河处	渠之经过地	渠所受水之河	溉田亩数	溉田时期	组织方法	经费	备考
公义渠	一里余	宽二尺、深三尺	本村东	经过本村	黑河	七顷余	二月起十月止	代表二人公办	五十元	此渠在二道河村
公义渠	二里余	宽三尺、深二尺余	同	同	同	十顷余	三月起十月止	村民轮流值日	一百余元	此渠在讨不气村
水利渠	一里余	同	本村东北	同	同	同	同	同	二百余元	此渠在讨不气村西
积顺渠	半里余	宽七尺、深二尺余	本村东南	同	沟水	无定额	三月起八月止	代表一名，有水时，各户经理各地	无定额	此渠在保东合少村，有大雨，即有大水，无雨，即无水
无渠名	一里余	宽五尺、深二尺	村北山沟	同	同	同	无定期	全村公办	同	此渠在奎素村，情形同前
同	同	宽二尺、深二尺	本村东北	同	泉水	同	同	本村轮流办理	同	此渠在野马兔村，情形同前
无渠名	二里余	宽二尺、深二尺	村西北	经过本村	泉水	同	同	合村公办	同	此渠在甲兰板村
长盛渠	同	宽七尺、深二尺	村东北	同	沟水	同	同	代表一名，有水时，各户理各地	同	此渠在做包村，有大雨，即有水，无雨，即无水
通顺大渠	五里	宽二丈五尺、深二尺	村东靠河	本村	大黑河	六十顷有余	三〈月〉起九月〈止〉	公社	三千余元	此渠在西厂兑村
通顺渠	六里有余	宽二丈五尺、深四尺	村东北	同	同	五十余顷	同	同上	二千余元	此渠在忻州茔村

续表

渠名	干渠里数	渠之容量	渠口通河处	渠之经过地	渠所受水之河	灌田亩数	灌田时期	组织方法	经费	备考
通顺渠	三十余里	宽二丈五尺，深五尺	村东靠河	本村及东厂兑村	同	八九十顷有余	同	同上	五千余元	此渠在渠三雨庄
通顺渠	七里有余	宽二丈五尺，深五尺	同	本村	同	五六十顷有余	同	同上	四千余元	此渠在哈力拜村
通顺渠	五里有余	宽二丈五尺，深五尺	村南与前朱堡接合开渠	本村及前朱堡村	同	五十顷有余	同	同上	四千余元	此渠在店朱上村
通顺渠	七里有余	宽三丈，深五尺	村东北	本村	同	八十余顷	同	同上	三千余元	此渠在前朱堡村
通顺渠	五里有余	宽二丈，深四尺	同	同	同	六十余顷	同	同上	三千余元	此渠在苏家庄
公和渠	六里有余	宽三丈，深三尺	同	同	同	八十余顷	同	同上	二千五百元	此渠在茂林太村
双和渠	七里有余	宽三丈，深三尺	同	同	同	九十余顷	同	同上	二千七百元	此渠在什不更村
公和渠	五里有余	宽三丈，深三尺	村西北	同	同	二十余顷	同	同上	一千余元	此渠在冠家营村
三和渠	三里有余	宽八尺，深三尺	村西	同	同	十五顷余	同	同上	七百余元	此渠在达赖店
永顺渠	一里有余	宽二丈，深三尺	村南	同	同	六顷余	同	同上	五百余元	此渠在白什户村
共和渠	七里有余	宽一丈五尺，深三尺	村东	同	小黑河	百顷有余	同	同上	七千余元	此渠在姚府村与桃花板、西庄、贾家营、田家营、西地村、鄂家营、黑卜营七村公同筑坝引使水

续表

渠名	干渠里数	渠之容量	渠口通河处	渠之经过地	渠所受水之河	灌田亩数	灌田时期	组织方法	经费	备考
义和渠	一里有余	宽五尺，深一尺五寸	同	同	大黑河	一顷余	同	同上	六七十元	此渠在东大黑河村
德胜渠	七里有余	宽三丈，深七尺	村东北	同	大黑河	三十余顷	同	同上	五千余元	此渠在西大黑河村
安乐渠	三里有余	宽二丈，深七尺	同	同	同	五六顷	同	同上	一百余元	此渠在安乐庄
兴胜渠	八里有余	宽一丈五尺，深四尺	村东北	木村	同	二十余顷	同	同上	二千余元	此渠在喇嘛营村
永顺渠	五里有余	宽一丈，深五尺	村东南	同	什拉乌素河	十余顷	同	同上	六百余元	此渠在什不斜气村
公和渠	六七里	宽一丈，深五尺	村东	同	同	同	同	同上	三百余元	此渠在东板定营村
三和渠	十余里	宽一丈五尺，深五尺	村南	同	同	二十余顷	同	同上	六百余元	此渠在甲浪营村
公和渠	八九里	宽一丈五尺，深五尺	同	同	同	十四五顷	同	同上	三百余元	此渠在古子板村
三合渠	十四五里	宽二丈，深五尺	村东南	同	同	五十余顷	同	同上	七百余元	此渠在后甲尔旦村
义和渠	六里有余	宽一丈二尺，深五尺	村东	同	大黑河	十二三顷	同	同上	三百余元	此渠在杜庄
祥顺渠	八里有余	同	村南	同	同	三十余顷	同	同上	五百余元	此渠在刘家营村

续表

渠名	干渠里数	渠之容量	渠口通河处	渠之经过地	渠所受水之河	灌田亩数	灌田时期	组织方法	经费	备考
永合渠	六里有余	宽一丈二尺，深五尺	村东南	同	同	同	同	同上	三百余元	此渠在天丰永白庙村
水磨沟之毕克齐河	出沟五里余	宽一丈，深五尺	水磨沟水出口，即毕克齐河	水磨村及毕克齐、和顺店、董家营出摄西、尚不浪等村	水磨沟水河	一百五十余顷	长年灌田，若有混水即归小东河渍田	各村正副轮流经办	按临时渠工需费多寡由各村杜摊派，多少不等，亦无定数	水磨渠约五顷，齐约一百顷，皆能灌溉田长年之水清，浑水之水，毕克齐之水及董家秋用毕，克齐之余水及小浑山水，如大山水，小东河流去
水磨沟水之小东河	三十余里	宽一丈二尺，深六尺	水磨沟水出口，即小东河	上下五里坡、上下十里坡、沟子板、主根岱、南什常累赖、波林岱、红岱、新莹子	同	二百八十余顷	不拘时期，以有浑山水为灌溉之期	同	同	上下五里坡约四十顷，上下十里坡约二十七顷，主根岱约二十顷，子板约四十顷，岱约六十顷，南什轴约二十五顷，常累赖约六十顷，红岱约十四顷，波林岱约四十顷，新莹子约二十顷
万家沟河之古城把什渠	十五六里	宽一丈三尺，深五尺	万家沟水出口，即古城把什渠	古城、把什、西渌镇、中和美地	万家沟河	一百九十余顷	古城、把什、察镇、阴九月前之清水轮流使用，西渌地、中和美用九月后之秋水及九月前之浑山水	同	同	古城、把什约五十顷，西渌地约六十顷，中和美约二十五顷

续表

渠名	干渠里数	渠之容量	渠口通河处	渠之经过地	渠所受水之河	溉田亩数	溉田时期	组织方法	经费	备考
黑河水	自木渠后末堡起至末渠铁帽村止长约四十余里	宽一丈五尺，深六尺	河即渠，渠河入地，渠河入渠口，并无渠口	后末堡、厂口尔、北园子、南什轴、黑河上、鸡蛋、板、施格气、恼木汗、铁帽尔	木黑河之水、无他河之水	三百五十余顷	长年可以溉田	同	同	后末堡约二十四顷五顷，厂口尔约十四顷五顷，北园子约二十四顷五顷，南什轴约三十四顷五顷，河上约三十四顷五顷，鸡蛋板约三十四顷五顷，雨施格气约四十顷，恼木汗约七十顷，铁帽尔约八十顷
民丰渠	五十余里					一千五百顷				十九年兴工，二十年完成
义利渠	三十余里			经过白庙子等村	大黑河、洪水	七百顷		复兴水利公社招股兴办		
永济渠	二十余里			东巳棚等村	大黑河、洪水	一千顷		永济渠水利公社		
永丰渠	三十五里			归绥、和林两县	什拉乌素河、洪水	一千顷		惠农水利公会		

丰镇县河渠

渠名	干渠里数	渠之容量	渠口通河处	渠之经过地	渠所受水之河	溉田亩数	溉田时期	组织方法	经费	备考
北胜渠	二里余	宽三四尺至六七尺，深二三尺至四五尺	新城湾、东园子正北	东园子	饮马河	五百亩	夏秋二季	新城湾村正副发起，地户摊钱兴修		经费无定数，尽先以人工公垫，如有需钱之处，归众户公摊
富东渠	三里余	宽五六尺至七八尺，深三四尺	新城湾、东园子正北	东园子、新城湾	同	一千二百余顷	同	同		
潘家渠	二里	宽一二尺至四五尺，深一二尺至三四尺	潘道山沟	河口滩	潘道山沟泉水	四百亩	同	河口滩村本村各户皆系姓潘，雇工开修		
永月湾渠	三里余	宽三尺至七尺，深二尺至五尺	永月湾村东	永月湾	饮马河	五百亩	同	同永月湾村正副发起，督促各户在该渠有地者摊钱雇工，无钱者以工抵算		

　　附注　　该县有一土塘村堤坝，位于县城东北五里之土塘村一带，为护城之大坝，专防东北山水，十九年山洪暴发，堤坝为之冲坏，计修理工程费约须二万三千余元，当由省府拨赈款洋一千五百元，增助民力修竣此坝，送〔虽〕非为灌溉之用，要亦水利之一，故附此注明。

兴和县河渠

　　查该县有一三岔河，位于县境之东，每当盛夏山洪暴发，水势浩大，县府拨发赈款修筑干渠一道，名民乐渠，长十余里，又支渠数道，以利灌溉，大致业已成功，现可溉田一百顷。

凉城县渠道

渠名	干渠里数	渠之容量	渠口通河处	渠之经过地	渠所受水之河	溉田亩数	溉田时期	组织方法	经费	备考
同济渠	一里	宽二丈二尺，深六尺	五号沟口	自兴盛庄东南引水入渠灌溉，兴盛庄及福盛庄两村之地	五号河	现约三千亩	春季以消冰水灌溉，夏季洪水淤澄	属于同济水利股份有限公司灌域	常年约需洋三百元，开渠资本四千五百元	此渠系王品业、冯或山等募集股本，于民国十四年组织同济水利股份有限公司开浚
刘家渠	同	宽五尺，深二尺	双台沟口	自双台沟口引水，入于和盛庄、刘家地	双台河	约二百亩	同	系和盛村民刘国栋个人经管	常年约需洋四十元	此渠于前清光绪三十二年由和盛庄村民刘国栋开浚

集宁县渠道

渠名	干渠里数	渠之容量	渠口通河处	渠之经过地	渠所受水之河	溉田亩数	溉田时期	组织方法	经费	备考
张起武渠	三里	宽五尺许，深三尺余	豪赖沟口	裕厚庄、十周村	豪赖沟河	清水通年灌溉，洪水夏秋二季	约七百余亩	属于张绍骞自行开成，为个人所有	常年均系自办，经费亦系自办	此渠自张起武个人所挖于民国三年，开成工程甚简
霸王河渠	二千五百五十丈	宽一丈余，深五尺余	均从河水引灌	同庆庄、如盛庄	霸王河	同	三百顷		由华洋义赈会助款四千三百元修成	十八年兴工，二十年完成

清水河县河渠

渠名	干渠里数	渠之容量	渠口通河处	渠之经过地	渠所受水之河	溉田亩数	溉田时期	组织方法	经费	备考
青龙渠	三里	宽一尺五寸，深六七寸	县城东阁外大庙湾	县城永安街	清水河	约四百亩	通年以清水灌溉	由附城农民合力经营	年约需洋二百余元	查清龙渠创自乾隆初年，清水河之水灌溉附城地亩

续表

渠名	干渠里数	渠之容量	渠口通河处	渠之经过地	渠所受水之河	溉田亩数	溉田时期	组织方法	经费	备考
兴隆渠	四里	宽一尺五寸，深六七尺	县城东阁外	大小南沟、祁家沟等村	清水河	约二百亩	通年以清水灌溉	由祁家沟、大小南沟居民合力经营	年约需洋百余元	查兴隆渠原引距城五里之朱家山泉水，嗣因泉源渐涸，改用清水河之水灌溉祁家渠〔沟〕、大小南沟等村
大库伦渠	干渠长八里，支渠数道	宽一丈五尺，深四尺	大库伦村	阴畔村一带	古力板计河	五十余顷	同	由县政府拨款兴修		

和林格尔县渠道

渠名	干渠里数	渠之容量	渠口通河处	渠之经过地	渠所受水之河	溉田亩数	溉田时期	组织方法	经费	备考
上下土城渠	八里	宽八尺,深七尺	本县石咀子河	南园子村及上下土城村东	县城大河	约二千亩	清水通年灌溉,洪水夏秋两季	推举渠头经管渠事,灌水上轮下,至每次灌毕,以所溉之地平均摊款	年约三百余元	此渠组织年久,由使永〔水〕村庄摊款开浚
西窑公布营渠	五里	同	同	上土城西北	石咀子村大河	同	同	同	约二百余元	同
三和渠	二十里	宽八九尺,深四五尺	本县公布营村西	另几营、忽同兔、把旦营等村	县城南河	约八千亩	同	经过各村均有使水之权,按地亩摊款,而人则由地主自出	同	此渠系由使水各村摊款开浚
把尔里营渠	三十里	宽三丈至六丈,深五尺至二丈	本县把尔拉营村南	新营子、前猛独牧、言成营等村	同	少则二千亩,多至九千亩	同	各村使水按日轮流	约洋二百余元	

续表

渠名	干渠里数	渠之容量	渠口通河处	渠之经过地	渠所受水之河	溉田亩数	溉田时期	组织方法	经费	备考
粮地渠	十里	宽四五尺，深五六尺	本县自儿村东北	粮地村	台儿河	一百亩	夏秋两季	此渠并无一定组织方法，只使洪水	约十余元	此渠系由粮地村民共同摊款开浚，惟此渠专使洪水，若天旱不雨，则终年干涸
韭菜沟渠	七里	同	同	韭菜沟村	同	六十余里	同	该渠之组织，由韭菜沟、舍必崖村轮〈流〉使水	同	此渠由韭菜沟、舍必崖两村共同摊款开浚，专使洪水
舍必崖渠	十里	同	古尔什村南	无	古尔什河	三百余亩	同	此渠以只使洪水，故无规定	约五十余元	此渠系由舍必崖村民摊款开浚，专使洪水
达赖沟渠	同	宽二丈，深五尺至二丈	达赖沟村前河源	达赖营村	达赖沟河	同	同	该渠由达赖营、水口村、麻黄圪洞三村共同组织使水，以日数轮流	同	此渠系该村民户摊款开浚，专使洪水

续表

渠名	干渠里数	渠之容量	渠口通河处	渠之经过地	渠所受水之河	溉田亩数	溉田时期	组织方法	经费	备考
布袋渠	同	宽一丈至三丈，深五尺至二丈	上布袋沟村南河源	下布袋沟、董家营西村	上布袋沟河	九十余亩	同	凡渠之经过村，使水平权以日数轮流	约二十余元	此渠系由经过之村摊款开浚，仅能使洪水数日
毛不浪渠	八里	宽深均六七尺	毛不浪东河源	无	毛不浪河	一百余亩	同	此渠只使洪水，故无规定	同	此渠原系沟槽加工为渠，能使用洪水
兴隆渠	四里	宽丈余，深七八尺	东沟门村北	小红城村南	骆驼沟河	约四千亩	清水通年灌溉，洪水夏秋二季	公举渠头经营渠事，以所灌之地亩平地摊款	约二百元	此渠系由使水村共同摊款开浚
普济渠	二十里	宽五六丈，深六七尺	前公喇嘛西南	前后公喇嘛、一家村、雅达牧、郭宝营、古尔半村	茶〔茶〕房沟河	约一万余亩	春秋二季	此渠系由村民组织使水，由村民公议按亩起款	同	同
共和渠	十里	宽二三丈，深六七尺	前公啦〔喇〕嘛村南	前后公喇嘛、郭宝营村	同	约六千余亩	同	此渠系由村民组织，每逢使水，由上至下，由地主自行灌溉，不另摊款	约四十余元	同

续表

渠名	干渠里数	渠之容量	渠口通河处	渠之经过地	渠所受水之河	溉田亩数	溉田时期	组织方法	经费	备考
永丰渠	老渠既未开通，里数难定	宽二丈，深七八尺	郭家营村东	六耉牛、郭家营、七杆旗、归属古子板等村	西沟门河	约二千亩	同	此渠系集资开浚，村民每于〔溉〕地一亩〔为〕收〔使〕洋一角三分	约三百元	此渠系集资开浚，惟使水之处则为归、和两县
公益渠	十里	宽丈余，深七八尺	李家圐图村东	狼尾巴咀、蔡家营子、李家圐图等村	同	约一万余亩	同	此渠系村民组织，每逢使水，上轮下至，由地主自行灌溉，不另摊款	约三十余元	此渠系由使水各村共同摊款开浚
北力拉板申渠	二十里	同	北力拉板申村东	狼尾巴咀、北力拉板申村	同	约四千余亩	同	同	同	同
公和渠	干渠长七里，支渠数道			引用什拉乌素河		六十顷				由凉城人刘怀锦等集股二千元兴办

续表

渠名	干渠里数	渠之容量	渠口通河处	渠之经过地	渠所受水之河	溉田亩数	溉田时期	组织方法	经费	备考
普济渠	干渠长十余里，支渠数道				同右	五六十顷				由公啦嘛村组织兴办，富者出资，贫者出工，共费洋三千元
盘山渠	干渠长五里，中、东、南三支渠各六里长	容水二尺深，丈五宽	西沟门	经西沟门、刘海、五窑子、新营子、李家圐图、古尔板胡洞、哈拉沁等村	石匣沟内之山水	一千余顷	夏秋山水暴发时	按照水利公社章程组织之	尚未定	拟赈洋四千元，二十年兴修，二十一年完工
小沙梁渠	五里	能容一丈深，丈四之水	草厂	经草厂、达赖沟、达赖营子、水口等村	台几挠及碾房窑子沟之山水	一千三百顷	夏秋山水暴发时	同	尚未定	拨赈款四千元，二十年兴修，现在尚未完成

固阳县河渠

渠名	干渠里数	渠之容量	渠口通河处	渠之经过地	渠所受水之河	溉田亩数	溉田时期	组织方法	经费	备考
西南壕渠	四里	宽九尺，深四尺	由保力吐	西南壕	保力吐河	十二三顷	春夏	由各地主众力造	无定额	
沙它国渠	八里	宽一丈二尺，深四尺	由小石拐亥	牛厂湾、百尔托亥	同	十余顷	春秋	由候〔侯〕二丑纠合民众造成	同	
官牛犋渠	二里	宽五尺，深二尺	由村北起入渠	由此村北起，至前官牛犋村迤南入河	三岔口河	五六顷	过年清水	由雅楞碧勒独力造成	同	
红房地渠	八里	宽五尺，深三尺	由村北渠口上水	正沟石拐	同	十余顷	通年清水，春夏洪水	由赵、李、刘三姓纠合正沟石拐等村民众合力造成	同	
公吉窑渠	四里	宽五尺，深三尺	由村北里许入水	忽通吐、得胜门	才恼包	十余顷	通年清水，夏秋洪水	由三村民众合力造成	同	
第三干渠	五里	宽一丈七尺五，深四尺	由二分子村东	二分子、八分子、下渠子、后口子	后河	五十顷	春夏洪水	以工代赈	二千三百余元	

续表

渠名	干渠里数	渠之容量	渠口通河处	渠之经过地	渠所受水之河	溉田亩数	溉田时期	组织方法	经费	备考
西五斗铺渠	二里	宽九尺，深三尺	由村东北引水	西五斗铺	底家莹河	七顷余	夏秋洪水	由张进财独力造成	无定额	
水道村渠	三里	宽六尺，深四尺	由村东引水	水道河楞	银号河	十余顷	通年清水，春夏洪水	由本村民众合力造成	同	
教堂渠	三里	同	由阿塔山脚引水	王碾房、堂图	后河	十余顷	清、洪水均可使水	由天主堂独力造成	约千五百元	
广义奎渠	三里	宽一丈二尺，深七尺	由村北渠口上引水	广义奎、元房子	前河、后河均可引水	十二三顷	春夏可灌洪水	由民众纠合集股造成	创自远年，经费无可稽考	
兑九湾渠	五里	宽一丈，深五尺	由村东北里下引水	兑九湾、兴隆远、塔昔连脑包	同	十二三顷	通年清水，春夏洪水	三村民众合力造成	同	
沙坝子渠	一里	宽五尺，深三尺	由村东河漕引水	沙坝子	杀狗店及银号河之水	四五顷	通年清水	本村民众合力造成	无定额	

续表

渠名	干渠里数	渠之容量	渠口通河处	渠之经过地	渠所受水之河	溉田亩数	溉田时期	组织方法	经费	备考
民裕第一干渠	二十六里	一丈七尺五	石家碾房	石家碾房、天益公、二相公、窑富家圪堵、河楞、万和店、日兴成、锁子湾、头五六分子、车铺渠、铺地户渠、四座大门、五千莹、舒保庄	毕气沟、大乌尔吐、小乌尔、小西沟水等	二百余溉〔顷〕	春夏秋均可灌溉	呈请建设厅以工代赈兴修		此渠计分六段，其间山沟崎岖，每得雨后洪水暴涨，借资灌溉，支渠二十六道
民裕第二干渠	二十里	同	东五斗铺	东五斗铺、朱焕子地、大莹子村	甲盖气沟河盖	二百一十顷	夏秋	同		支渠四十道
民裕第三干渠	干渠五里	同		县东五区	引用山水	五十余顷	同右	同		支渠八道

包头县河渠

渠名	干渠里数	渠之容量	渠口通河处	渠之经过地	渠所受水之河	溉田亩数	溉田时期	组织方法	经费	备考
三湖河渠	二百三十余里	宽三百丈，深五丈六丈不等	包头县属哈拉乌素，由黄河水流入	自哈拉乌素黄河水入口，经过什拉门洞、全把图等村	黄河	约万顷	清水通年，洪水夏秋两季	由沿河地户遵照定章组织利社专司灌溉	按所丈青苗征经费，每顷五元，以二元五角归管理局，以二元五角归社	
东大渠	四十余里	宽四尺，深六尺	北格兔	刘富、余圪都等村	三湖河	约一千五百顷	同	同	同	
西大渠	三十里	宽四尺，深五尺	三湖河	渠地	同	约千顷	同	同	同	
西官渠	二十里	同	同	同	同	约一千四百顷	同	同	同	
公济渠	七十五里	宽三丈六尺，深五尺	同	同	同	约二千顷	同	同	同	

　　附注　包头王大汗营村南为大树湾地方，有旧甬两道，一名公三壕，一名於三壕，沿壕一带沃壤甚多，因无渠水灌溉，无法耕种，故拟在该处一带开辟民福渠一道以资灌渠。此渠计分三段，约共长一百里，计工程需款一十四万一千五百元，如全渠告成，可溉田八千九百顷，民国十九年拨赈款四千八百六十元兴修，嗣以款尽停辍，干渠迄今尚未成功，支渠更未开挖。

托克托县河渠

渠名	干渠里数	渠之容量	渠口通河处	渠之经过地	渠所受水之河	溉田亩数	溉田时期	组织方法	经费	备考
民利渠	七十里	面宽五丈，底宽三丈深七尺	李三壕村西北	掌高兔村、韩二窑村、中滩村及县城西南	黄河	四千余顷	春秋两季	按章组织公社，选举经董，专理其事		十八年拨赈款三万五千元兴修
民阜渠	十五里	面宽二丈，底宽一丈六尺，深四尺	白石子沟	和尚营子、巡查营子等村	黄河	二百八十余顷	春秋两季	同前		十八年拨赈款六千元兴修，惟洋灰闸一座需款三千元，因未筹妥，故未克动工

萨拉齐县渠道

渠名	干渠里数	渠之容量	渠口通河处	渠之经过地	渠所受水之河	溉田亩数	溉田时期	组织方法	经费	备考
大黑河渠	在本县经过百里	宽六七丈，深五六尺	由归绥县流入境内	自归绥县帽尔村流入县境，经过善里、九旗等各村	平顶山一带泉水	约计四万九千一百余亩	春秋两季	每年春秋两季，由经过各村自行筑渠灌地，其花费由地亩平均分担	无定额	在雨涝之年，通年灌溉，如遇大旱，只有沿河附近地能灌溉
麦达召沟渠	三十余里	宽三四丈，深二三尺	麦达召沟口	自麦通召村东北起，经过麦达召村、麦达桥村、东、老藏营、苏波罗盖等村	麦达召泉水及山水	清水溉田二千余亩，洪水下流经过各村，旺时溉田约五千余亩	清水通年灌溉、洪水春、夏、三季	清水渠由麦达召村社管理，洪水渠由秋下流使水村庄共同管理	无定额	
苏寨沟门渠	三十余里	宽二三丈，深二三尺	苏寨沟口	自沟门村北界，经过北只图嘉乐村、威俊等村	苏寨沟泉水及山水	清水溉田二千三百余亩，洪水时溉田约五千余亩	同	由使水各村共同管理，十六天为一轮，每轮分为六股	无定额	

续表

渠名	干渠里数	渠之容量	渠口通河处	渠之经过地	渠所受水之河	溉田亩数	溉田时期	组织方法	经费	备考
五当沟渠	三十余里	宽四五丈，深三四尺	五当沟口	自沙尔沁东西园之间，经过土合气、把拉盖、海岱等村	五当沟泉水及山水	清水溉田四五千余亩，洪水旺时溉田六千余	同	清水由沙尔沁东西园村公家管理，洪水渠由土合气、海岱、把拉盖三村会同管理	无定额	

附注一　民生渠为近年工赈上最大之工程，在民十七年绥省大旱，赤地千里，灾民遍野，其中以萨、托两县为最多，遂议于萨、托两县开渠，以工代赈，当由萨、托两县地方团体发起，官厅极力扶助，拨给赈款，责由地方士绅从事开工，十八年春由华洋义赈会完全接办，继续开挖，计开干渠一道，长一百九十五里，由萨拉齐县西磴口村瓦窑口开口，东至高家野场村，流入大黑河，长一百四十五里，继自大黑河向东南行出萨境，经托县城南直入黄河，长五十里。全渠工程计分五段，第一段长十里，宽七丈五尺，深一丈，第二段长十六里，宽六丈五尺，深七尺，第三段长十三里，宽五丈七尺，深五尺，第四段长一百零六里，宽五丈，深五尺，第五段沿用大黑河旧筒略加修筑，计长五十里，通至托县城南直入黄河。又开渠南支渠十四道，计共可溉田二万五千顷。又筑大闸门一座、小闸门一十四座，至民二十年共费洋七十五万元，尚有支渠五道（自第十至第十四）因费无着未克完成。该渠道现由工程处管理，已于二十年六月举行放水典礼，此民生渠之概况也。兹将该渠水量、性质及浇地数目列表如左：

民生渠之水量、性质及浇地数目计算表

渠之涨落	（1）自夏历三月一日起，至四月十五日止，又自九月一日起，至十月十五日止，共计九十天，水深约三尺。 （2）自夏历四月十五日起，至五月底止，又自七月十五日起，至八月底止，共计九十天，水深约四尺。 （3）自夏历六月一日起，至七月十五日止，计四十五天，水深六尺。
浇地数目之比较	（1）水深＝3尺，渠口宽＝8丈，每小时水之流速＝162，00〈0〉尺（即十六万二千尺），每小时进水为162，000×24＝3，888，000立方尺（即三百八十八万八千立方尺），一昼夜进水量为3，888，000×24＝93，312，000立方尺（即九千三百三十一万二千立方尺），灌地一亩需水6，000立方尺，故93，312，000÷6，000＝15，552亩（即一百五十五顷〈五〉十二亩）（即一昼夜灌地数目）。 （2）水深＝4尺，渠口宽＝8丈，每小时进水量为162，000×32＝5，184，000立方尺（即五百一十八万四千立方尺），一昼夜进水量为5，184，000×24＝124，416，000立方尺（一万万二千四百四十一万六千立方尺），故124，416，000÷6，000＝20，736亩（即二百零七顷三十六亩）（即一昼夜灌溉地数目）。 （3）水深＝6尺，渠口宽＝8丈，每小时进水量为162，000×48＝7，776，000立方尺（即七百七十七万六千立方尺），一昼夜进水量为7，776，000×24＝186，624，000立方尺（即一万万八千六百六十二万四千立方尺），故186，624，000÷6，000＝31，104亩（即三百十一顷零四亩）（即一昼夜灌地数目）。
浇地日期与水量之比较	（1）水深＝3尺，灌地日期＝90日，每日灌地数目15，552亩，故15，552×90＝1，399，680亩（即一万三千九百九十六顷八十亩）。 （2）水深＝4尺，灌地日期＝90日，每日灌地数目＝20，736亩，故20，736×90＝1，866，240亩（即一万八千六百六十二顷四十亩）。 （3）水深＝6尺，灌地日期＝45日，每日灌地数目＝31，104亩，故31，104×45＝1，359，690亩（即一万三千五百九十六顷八十亩），常年灌地数目为1，399，680＋1，866，240＋137，968＝46，256，10顷（即四万六千二百五十六顷十亩），每年灌地两次，4，625，610÷2＝2，324，805顷（即二万三千三百二十八顷）（即一次灌地数目）①。

———————

① 原文如此，各项数字有误。——整理者注

附注二　兴农渠在五当沟东南，长三十二里，引五当沟之山洪，约可浇灌五百顷，十九年拨赈款三千六百元兴工，仅成上游一段，下游之渠坝以款项无着，迄今尚未完工。

附注三　富农渠长三十一里，位于县城之北，引水涧沟山水，约可着〔浇〕地二百顷，十九年拨赈款二千四百元兴工，仅成上游一段，下游因款项无着，迄今尚未完工。

五原县河渠

渠名	干渠里数	渠之容量	渠口通河处	渠之经过地	渠所受水之河	溉田亩数	溉田时期	组织方法	经费	备考
八丰济渠	八十二里半	深八尺，宽七丈	黄介壕	杭锦旗报垦粮地，及达拉旗粮地、永租地	黄河	七八百顷	春夏秋冬均浇	自放垦后，即由水利局直接管理，现组水利社，由地方推选经董，仍归水利局监督	年约五千元	
八义和渠	八十五里	深三四尺，宽七丈	土城子	同前	黄河	五百余顷	同前	同前	年约五千元	
通济渠	一百一十四里	深三尺，宽四丈	土城子	同前	黄河	三百顷	同前	同前	年约三千元	

续表

渠名	干渠里数	渠之容量	渠口通河处	渠之经过地	渠所受水之河	溉田亩数	溉田时期	组织方法	经费	备考
新皂渠	六七十里	深四尺，宽四丈	大兴隆	杭锦旗粮地、达拉〈特〉旗私垦地一带	黄河	三百顷	同前	系农户集资挖修，并由地方推选人员经理	年约二千元	
邬家地渠	二十五里	深二尺，宽一丈五尺	五篮木头	杭锦旗粮地	黄河	八九十顷	同前	系农户集资挖修，并由地方推选人员经理	年约五六百元	
哈拉乌素渠	三十一二里	同前	同前	同前	黄河	二三百顷	同前	同前	年约千元	
黄渠	三十七八里	深二尺，宽二丈	大兴隆东	杭锦旗粮地	黄河	同前	同前	同前	年约三百元	
大堂子渠	十八里	深二尺，宽一丈二尺	大兴隆东	同前	黄河	四五十顷	同前	同前	年约二三百元	

附注　沙河渠长九十三里，由黄河岸惠德成起口，北行经五原县境中部，过梅令庙入乌加河，口宽四丈余，梢宽三丈余，深

自四尺至七尺，渠口与十大股渠相交，形成套状，渠梢与丰济渠之十八圪兔渠相交，始入乌加河，每于渠身曲处分出枝渠，约共可溉田八百顷，系河套八大渠之一，为王同春所开，原名永和渠，现已收归公办。渠工修理原称合法，四季均可引水，惟民十九年因河水涨跌不均，以致湮废，非重行修理，引水殊属为难，估计修理工程费用约须洋一万五千元，拟于该渠各户预借款项兴修。

临河县河渡〔渠〕调查表

渠名	干渠里数	渠之容量	渠口通河处	渠之经过地	渠所受水之河	溉田亩数	溉田时期	组织方法	经费	备考
杨家河渠	一百四十余里	渠口宽六丈，深八尺，至二道桥，宽五丈，深七尺，至三道桥，宽四丈，深六尺，至班豆甲浪，宽三丈五尺，深六尺	大滩东南角与乌拉河口相连	头道桥、中官堂、拿只亥、哈拉狗、二道桥、三道桥、班豆甲浪	黄河	一千余顷	四季长流〔宽〕	私人自修	修筑费、经常费，年须万余元	民国六年修
蓝锁渠	七十余里	渠口宽五丈，深六尺，至乌蓝恼包以下，宽三丈，深五尺	大河	沙尔成亥、乌蓝恼包、杨六十五村、神圪达公产村	同	四百余顷	夏秋二季	同	修筑费、经常费，年须三千余元	宣统二年开修

渠名	干渠里数	渠之容量	渠口通河处	渠之经过地	渠所受水之河	溉田亩数	溉田时期	组织方法	经费	备考
德成渠	四十余里	口宽二丈，深四尺，梢宽一丈六七尺，深一二尺	马厂地	兴盛成村、小赵子滩、天地源、黑家榨子	同	三十余顷	清水长流	人民合股自修	年须六百余元	清光绪初年开修
魏羊渠	三十余里	口宽三丈，深六尺	黄河塔尔湾	王彦才坝、魏羊庙、临河城西关	同	五十余顷	夏水	私人自修	修筑费经常费年须八百余元	清光绪四年开修
单达木头渠	三十五里	口宽三丈，深六尺	蓝锁渠、乌兰恼包	上丹达木堵、吴三逢村、倪占招村	蓝锁河	二百余顷	同	同	修筑费、经常费，年须二千余元	清宣统二年开修
永济渠	一百六七十里〔口〕	口至乐善堂渠，长百里，宽十二三丈，深一四五尺，乐善堂渠以下宽七八丈，深丈余，春发公桥以下，宽四五丈，深五尺	马厂地、五大股	五大股、老姑子滩、上李三渡口、掌门渡口、下李三渡口、济川圪卜、二喜子渡口、恼包壕、锦太德、春发公桥、缠金地、高同世桥、郝家圪旦，以下入乌家儿河	黄河	一千数百顷	四季长流水	官督民修，立水利公社	常年经费四五千元，动工无定额	由清乾隆年间开，宣统二年收归公有重修

续表

渠名	干渠里数	渠之容量	渠口通河处	渠之经过地	渠所受水之河	溉田亩数	溉田时期	组织方法	经费	备考
丰济渠	口至梢一百二十余里	口宽五六丈，深七八尺，梢二丈五六尺，深四五尺	刘三地	天德泰、桥夹浪、水道白来圪卜、五份子桥、协成桥，以入乌家河	同	八九百顷	同	官督民修，立水利公社	常年经费三四千元，动工无定额	前清光绪末年开，宣统二年收归公有
黄土拉亥渠	口至梢长一百六十里	上半宽四丈五尺，深六尺，下半宽三丈五尺，深四尺，下梢宽二丈五尺，深三尺	黄羊木头南	乌兰淖村、陕坝村、蛮会村、大发公村、圣家莹村	同	一千余顷	同		常年经费三四千元，动工无定额	
乌拉河	一百四十余里	口宽六丈，深八尺余，以至下桃赖兔，宽五丈，深七尺，桃赖兔至东场，宽三丈四尺，深五尺	大滩东南	裕祥永、小召滩、协成丰、头坝、桃赖兔、二耤、白言恼包、麻床兔合同、桃亥沙金、桃亥东场	同	同	同	人民合股自修	常年经费四千余元，动工无定额	前清康熙年间开

续表

渠名	干渠里数	渠之容量	渠口通河处	渠之经过地	渠所受水之河	溉田亩数	溉田时期	组织方法	经费	备考
五大股渠	长十八九里	上口一丈四尺，渠底一丈二尺，梢宽八尺，深五六尺	富渠口	五大股村	同	六十余顷	夏季	人民自修	常年经费六七百元	前清同治年间开
土默渠	三十余里	口宽二丈，深三尺，梢宽一丈五尺，深一二尺	河头地	和五圪旦、十二其圪旦、五补隆	同	二十余顷	清水长流	人民合股自修	修筑费、经常费，全年一千余元	清光绪初年开修

　　附注　刚济渠原名刚目河，一名刚毛，又名刚卯，前清咸丰年间商人贺清开浚，股份众多，支渠林立，渠身长可百三十里，自黄河起，经刘三地、孟玉子桥、三岔口、乌兰贾圪素、复昌隆、色盖等处，以达乌摄古琴出梢，有新旧二口，均曾经王同春经营，枝渠凡十余道，长者五千余丈，短者千余丈，各有小渠二三道至十余道，约可溉地四五百顷，干渠上游曲折甚多，且地高而水低，甚难挽水上地，故上游实无存在之价值，民国十一二年业已湮废，近引永济渠余水以枝渠沟通下游，始略见水利，渠道亦归永济渠利公社管理。

大余太设治局渠道

渠名	干渠里数	渠之容量	渠口通河处	渠之经过地	渠所受水之河	溉田亩数	溉田时期	组织方法	经费	备考
义和渠	干渠九十里，五加河一百一十余里	宽三丈六尺，深五六尺	黄河套、土城子	除五原经理干渠外，经过余属卜汗庙、六份子、勾心庙、以旨补伦、四柜、天巨公、合彦合贵、土城子、哈拉兔、五份子、二三份子、乌申太什拉、葫芦素、潮恼兔等各村	黄河	三十九万余亩	通年春夏秋冬四季浇灌	干渠归五原水利社经理	常年约三千一百余元	此渠原名哈拉个河，归商人开浚，自公家放垦，改名曰义和渠，由公家重修
通济渠	九十余里	宽三丈四尺，深五尺	黄河套	经过五原白家地、余太界、黄恼楼、王光正瑳、板旦村、致中和、六份子等各村	同	十六万余亩	同	奉令成立水利社经理	同	此渠原名老郭渠，系郭商人开浚，后归水利社重修
长济渠	一百一十余里	宽三丈四尺，深五尺	同	经过五原同心堂东西、鸡蛮太东西、槐木村、大小厂汗淖、大有公、二道堰子、园汽兔、八拜、水道十股、戊亥淖等村	同	二十二万余亩	同	同	同	此渠前经各地商人修浚，现归水利社经理

渠名	干渠里数	渠之容量	渠口通河处	渠之经过地	渠所受水之河	溉田亩数	溉田时期	组织方法	经费	备考
塔布渠	一百二十里	宽三丈三尺，深五尺	同	经过马场地、同心堂、合少公中、革余村、上下打拉兔、西河畔、乌梁素、大兴泉等村	同	十六万余亩	同	同	同	此渠淤塞有年，于上年由水利社修浚
民复渠	五十余里	宽二丈二尺，深四尺	同	经过河头上、蒙古地、扒子补伦等处	同	三万五十余亩	同	按照章程推选，经董组织水利公社	尚未规定	此渠系由公家出资修挖
东西水道渠五	五十里	宽一丈，深四五尺	武孙秃碌河山后	经过余太召、二合公、七八份子、西水道等村	武孙秃碌河	哈不气口泉二万余亩	清水，常年浇溉，洪水，秋夏两季	余太地户同召庙开浚	无费	此渠经余太各地户开修

　　附注　民新渠由河口起，经王幼子地至黑土崖子海壕，计修工〔生〕二十余里以接旧渠，计工程费一万五千元，约可溉地一千顷，由平市官钱局贷款五千元，余由地户筹垫，二十一年尚在继续开挖，未完工程，渠宽二丈，深五尺。

沃野设治局河渠

　　惠民渠　陶东湖滩一带土壤肥沃，惟以水利未兴，不能耕种，拟于该处挖修惠民渠一道，自月牙湖起，至红崖子止，计共长一百五十里，引黄河之水，约可溉地二千顷，预计工程费七万七千七百元。业于二十年兴工，现已修成二十里，先行放水，其余工程，亦正在筹款续开。

四、渠务之困难与改革之计划

总观以上渠道概况，则知绥远省水利以大黑河与黄河二处关系最大，且肥沃之地亦以二河之沿岸为最多。盖大黑河发源于集宁县之卓资山，汇陶宁、武川两县之水，入归绥西南，经托、萨两县，以达黄河，蜿蜒六县，长约二百余里。黄河自横城入境后，环绕前后套，经过之县治如沃野、临河、五原、安北、包头、萨拉齐、托克托等县，土地更为广袤，河长约二千余里。然此二河之水利困难之处甚多，有属于人事者，有属于天然者，人事之困难，为办理得法，解决尚易，惟天然者，有关地势及固定水流等情形，虽亦可以人力胜之，然非通盘计划，不克有济，故解决之道较难。

大黑河附近各渠，概为各村共同组织，或私人发起开挖，绝少科学测量以定河道之方向，全凭经验所得，以事开浚，且均规模甚小，无通盘之计划，费力多而引水少，此渠务之困难者一也。大黑河以年久失修，每当山洪暴发，到处泛滥，河道常改，今年所修之渠，或于明年洪水后，因河道变迁，即不能引水，变为废渠，此渠务之困难者二也。大黑河中下游，尚无固定河床，河水所经之路，常为一片平地，山洪暴发，遍野泛滥，无法开渠引水，此渠务困难者三也。大黑河沿岸，可耕之地约有二万余顷，而现在所浇，每年不过六千顷，且各渠素无系统组织与管辖，水小则争执械斗，水大则泛滥横流，水利既无进展，地利到处荒弃，此渠务之困难者四也。因有以上诸种困难，故大黑河一带水利，非统盘计划，切实经营，不足以收效也。

查大黑河之水量有限，历年以来，沿河人民，往往因使水而大起风波，此后解决该河沿岸之水利，应徒因漏〔陋〕新〔就〕简，广开渠道，以溉河中之水，抑须另行统筹全局，开山水大渠，于洪水时，可分泄黑河之水，于旱魃时，又可助黑河灌溉之不足，此应详细考虑者一也。大黑河之河身浅窄，往往于山洪暴发时，流量过大，动即泛滥，遂成水患，已如上述，惟上游一带为害尚少，中、下两游为害最烈，治理之法，应专事浚深河流全身，抑仅浚深中游下之一部，而一面又加开渠道，以杀水势，以资灌溉，此又应详细考虑者二也。如将以上二点详加考虑，以地势之宜，定黑河水利之方针，而于渠务组织上，又能速筹一总管机关管理此事，以矫从前散漫之弊，则大黑河沿岸水利之困难，亦自不难迎刃而解也。

后套各渠渠务困难之点亦甚多，综合言之，其症结所在，均因河低渠高，地更高也。据云光绪年间，黄河水面颇高，故当时引水较易，各渠水利尚属易办，现在河套一带河水低落，较昔时约差一丈五尺，引渠殊形不易，且黄河之水，夹带淤泥甚多，一经灌溉，淤泥沉淀，地面增高。据调查所得，近渠口一带之田地，每年约淤高五寸，渠之中腰约淤高三寸，渠梢约淤高渠寸余，沿河田地年年继长增高，而黄河渠面反较低落，地益高而水益低，使近年引水灌溉益觉为难，此渠务之困难者一也。河套各渠，河身均由南而北，或由西南而东北，惟地势则北高南低，渠水自低趋高，逆势而上，仅赖水流排挤之力，速度自亦较缓，所夹泥沙不免随处沉淀，渠道遂易淤塞，又加近年河水降落，水流更形不畅，此亦易使渠道淤塞之一原因。渠道既为淤塞，势非年年疏浚不可，工程浩大，手续亦繁，此渠务之困难者二也。查河套渠道概自黄河开口北向，渠梢入于乌加河，为退水之路，然乌加河地势既高，河身又复淤塞，下游被乌拉山坡所阻，河流中断不通，大河所引河水，除灌溉田地外，无通畅退水之所，其结果既使引水为难，而渠身亦因此而易淤塞，此渠务之困难者三也。河套各渠渠口均紧接黄河，借以灌溉，惟黄河河床时有变迁，则渠口之地位又不得不因之时有移徙，工程既属浩大，而水量进口又反无把握，此渠务之困难者四也。因有以上诸种困难，故对于河套渠务之整理大非易事。现在一般谈河套水利者，则谓田多而水少，非广开渠道，无从以资灌溉，然试考以上诸种困难情形，其将因循旧习，年加开渠修浚，以求苟安于一时，抑将通盘计划，根本改良，以求一劳永逸之效，是在有丰富之经验、远大之目光者，确定其方针。兹将河套调查团报告书所拟整理计划摘录如下：

后套地势西高东下，今拟将各渠酌加去留，改渠口于地势、河流适宜之处，使渠之倾斜较河略缓，则自渠口以下之水面，皆超过平地，此项渠口纳水之量每秒须有一三，八九〇立方尺，兹就试验流速结果，每秒平均约二尺二寸，则所开渠口过水截面积须有六，三一三平方尺，渠道不宜过深，兹以平均五尺计之，则渠宽约须一，二六三尺。今拟分为三大渠。第一渠自乌拉河口起，入中格尔渠，经善坪，由黄图拉亥河至复兴元，入五加河，计长一百八十里。第二渠由缠金渠口起，入缠金渠，至永盛河东，拆截刚目、协成各渠，入灶火渠（即皂火渠），过同兴德，由义和，经隆兴长，至东坝头，入五家河，计长二百三十里。第三河〔渠〕自黄渠口起，与黄河并行，经大城入长兴渠，至依肯补隆，入五家河，计长一百七十里。三渠共长五百八十里，各须平均宽二十一尺，平均深五尺，各渠横截面须有二，一〇五平方尺。干渠横截面积之大小，与支渠多少成正比例，故渠身自渠口以下逐渐减小，渠梢之宽深宜极小，今拟以渠梢之横截面为渠口三分之一，以是各渠平均横截面须为一，四〇三平方尺。各渠余水既退入五加河，须将五加河尾淤断处，开一退水渠，此渠沿乌梁素海子西，至西山嘴入黄河，计长约四十里，其横截面须与三干渠渠梢等。三干渠两岸，每十里开支渠一道，计一百十六道，长各约三十里。各干渠渠口与黄河斜交，须建迎水坝。各渠口以下十数里，跨渠建设正闸，正闸上渠向渠口之一岸建设旁闸，旁闸下各开退水渠一道，旁闸上游迎水坝之下，建设滚水坝，使河水在异常盛涨时，得由滚坝溢出，不许过量之水入渠。滚水坝下各开退水河一道，各支渠与干渠相接处，须建陡口，以便封俵。渠口地面每高于黄河水面，故各渠上游之地，须支引上一渠之水，而于本渠架飞槽渡之。渠道既高于地平面，则区内低下之处，水流方向必为渠道所阻，须于所阻之渠底，建暗洞以泄之。道路被渠所阻者，须建桥梁，各干渠之渠尾，须建尾闸一座，闭之则水面抬高，由各支渠畅行溉地，启之则泄渠内之水。总计后套渠工整理计划，需费约一千万元。又三呼湾，即以三呼河为该处之总干，三呼河纳水之量每秒须有一，九四四立方尺，流速每秒二尺四寸，过水截面积须八一〇立方尺，各支渠渠口改移，与三呼河斜交。今假定为六大支渠，长各五十里，宽为二十七尺，平均深五尺，河口须建迎水坝一道，正闸一座，旁闸二座，旁闸下退水河一道，滚水坝一道，滚水坝下退水河一道，陡口六座，尾湾一座，总计三呼湾渠工整理计划，约需银一百万元。

按以上计划，于工程，于经济，是否均属妥当可行，固尚待详细估计，然至少总可作改善后套水利之参考，故附录之。

垦　务

外蒙独立，东三省沦亡，而国内部则兵灾、水患连年不绝。当此外患日急、民不聊生之秋，移民实边，正为当务之急，且绥远北倚外蒙，东接察哈尔、热河，与东三省毗连，危险情形，殆有不可终日之势。为国防计，亦非移民垦殖、充实边疆不可，况吾国内地各省人烟稠密，如江苏、浙江、山东、湖北诸省，每方里人口平均约在七十以上，较诸绥远人口每万里不及二人，实有天壤之别。为民生计，亦非移民垦殖、开发西北不可，故绥远垦务如何，实有为吾人亟须明了之必要。兹将垦务情形略叙于左。

一、垦务之经过

绥远本为内蒙之一部。清代对于蒙人，只知采用怀柔政策，以为羁縻之计，故对于汉人私垦蒙荒，极端禁止，虽以利之所在，法令罔效，私垦日多，然当时无整个垦务计划之可言。迨至光绪二十八年，晋抚张之洞①、岑春萱〔煊〕在丰镇、凉城两县设立押荒局，嗣以鞭长莫及，成效罔睹，经岑春萱〔煊〕条陈扩充，清廷允之，遂任贻谷为督办垦务大臣专司其事，而丰、凉两县之押荒局，亦即归并于绥垦。贻督办以地理之形势分东垦、西垦、土默特牧厂地，暨各台、驿站地，数部办理之。

时绥东之丰镇、凉城、兴和、陶林等县，本为察哈尔右翼之镶红、镶蓝、正黄、正红四旗之地，属于专垦范围，由绥垦分设清丈局，并设东路垦务公司，拟定清丈办法、地亩等级价格，进行

---

① 原文如此。——整理者注

清丈，各局所收地价，均解缴东路公司，计自光绪二十九年至三十四年，共清丈右翼地一万五千余顷。

西垦系包括乌、伊两盟十三旗之地，各旗僻处边陲，智识幼稚，仅以游牧谋生，罔知垦辟兴利，以致平广沃野，任其荒芜。贻督办召集各旗王公会商，原拟先由乌盟六旗入手，旋以各旗联合抵抗，而伊盟郡王旗首先报垦，达拉特旗亦以沙河、义和等渠流域地归公永租，遂一变而专注于伊盟各旗矣。时以杭锦旗之后套地土质较沃，惟具胶性，非水灌溉，不克垦种，当先劝商人王同春等报效兴修刚目、丰济、沙河、义和四渠道，并设西路垦务公司，负担垫支渠费，时除各旗陆续报垦者外，而各旗于庚子案内，因赔款教会而抵押之地亩，亦由西路垦务公司垫款赎回，归公丈放，对于旧有淤废之永济、常济、塔布、道济四渠，复行兴修疏浚，于是垦务日辟，渠道日广，计自光绪二十九年至三十四年，因完成以上八大干渠，共费银五十四万余两，可溉地七千余顷。惟当时乌盟六旗狃于积习，尚坚持成见，不肯报垦丈放，嗣经王大臣和［顾］硕肃亲王因蒙古有事莅临，严令催责，并派员劝办，光绪二十二年各旗始行就范，陆续报垦，而郡王、达拉特两旗之王受召（即广智寺）亦以其缮召地报垦，计自二十八年至三十四年，共丈放者有伊盟七旗地二万二千余顷，乌盟六旗地七千二百余顷，又达拉特旗永租地二千顷，王受召地一千四百顷。

土默特旗之地界，在当时，本东至察哈尔右翼，西至乌拉特前、中、后三旗，南至长城，北至达尔罕、四子王、茂明安等旗，计衰广三四百里，即今分属于归绥、武川、和林格尔、萨拉齐、托克托、清水河六县。其初仍循蒙古游牧之旧习，后以农民日多，渐改租种，而蒙民纠葛，亦因此繁多，遂于光绪三十二年设立查地局办理此事，至三十四年止，计共清丈户口、官滩、召庙各地九千九百八十余顷，台、驿站地八千三百九十余顷。

绥远城八旗牧厂地原属于今之武川县境，在大青山之北，清乾、嘉时，曾经丈各升科，嗣以民户逃亡溢垦发生问题，又与土默特旗疆界牵混，屡起争端，遂由贻督办于光绪二十八年设立牧厂局，清理丈放，至三十四年止，计共丈放地二千四百九十余顷。

自贻督办于光绪二十八年承办蒙垦，积极进行，至三十四年止，历时六载，计共丈放蒙地六万八千二百八十余顷，因于三十四年时误杀丹丕尔，发生惨案，各项丈地局、所暨公司亦均结束停办，此可谓经过垦务之第一时期也。

自三十四年贻督办惨案发生后，在宣统年间，除查办惨案外，仅丈放昆都仑台等地七百余顷。至民国成立，虽政治刷新，都统署设有督办垦务公所总司其事，一切手续，克循其旧，然以当时蒙匪南犯，各处土匪复乘机骚扰，进行甚难，至民国四年，计共丈放地一千一百余顷，垦务情形，几濒停顿，此可谓垦务经过之第二时期也。

在第二时期内，因受惨案及土匪骚扰之影响，垦务进行鲜有成效，嗣经内务、财政、农商三部会议筹商，遂于民国四年四月，改督办垦务公司为督办办事处，并组设绥远垦务总局，专司其事，遂审察状况，竭力整理，对于已报而未丈之地，积极丈放，对于蒙旗未报之地，力加劝报，垦务始复进展，中间经过虽不免稍有困难及阻碍，然以大体论，尚未若何停顿。自民国四年起，至二十一年止，计共继续丈放乌、伊两盟十三旗、土默特旗台站、牧厂、缮召及商民私购而报垦之地十一万七千一百五十余顷，此可谓垦务第三时期经过之大略情形也。

自垦务创办，迄三十年矣，总观上述三时期之成绩，计共丈放各项地亩一十八万六千五百一十余顷，又报而未放之地二万五千八百二十余顷，此绥远垦务经过之大略情形也。兹将历年各旗报垦及已放、未放之地列表如左：

远经（绥远）各盟旗放垦情形一览表

旗名	地名	类别	原报地数	已放地数	未放地数	备考
四子王旗	岚汗依鲁格尔地		二百二十余顷	二百二十余顷		
	大青椗包赔教地		八百三十顷	三百三十七顷	五百三顷	
	万亿号地		一千七百四十余顷	一千七百四十余顷		
	通泰地		一百一顷	一百一顷		
	乌胡克图地		七百余顷	七百余顷		
	图兀克木地		二千五百余顷	二千五百余顷		
	巴音椗包地		一千余顷	七百八十余顷	二百二十顷	
	高要麦地		一千四百余顷	一千四百余顷		
	东新地		一万余顷	一万余顷		
	五合社赔教地		二千八百三十三顷三十三亩	二千八百三十三顷三十三亩		
	葛鲁召地		四百八十余顷	四百八十余顷		
西公旗	什拉胡鲁素红们图地		一千七百三十余顷	一千七百三十余顷		
	三湖湾中滩地		二千四百三十余顷	二千四百三十余顷		
	三湖湾河北地		五百七十顷	五百七十顷		
	古尔板朝号地		六百余顷	六百余顷		
	五大村地		八百余顷	八百余顷		
	奈〔余〕太召地		一千五百顷	三百二十八顷九十六亩一分八厘	七百三十一顷三亩八分二厘	
	檀盖木独地		八百余顷	八百余顷		
	王幼女子地		二百三十顷	二百三顷八十三亩二分	四十七顷十六亩八分	

续表

旗名	地名	原报地数	已放地数	未放地数	备考
东公旗	红洞湾地	四百六十余顷	四百六十余顷		
	包头梁地	一千顷	一千顷		
	白彦沟地	二千三百顷	二千三百顷		
	戈壁滩地	一千五百八十顷	一千五百八十顷		
	乌蓝板甲包地	九百余顷	九百余顷		
	巴汉恼包地	三百余顷	三百余顷		
	大小鄂博地	一千四百余顷	四百三十余顷	八百七十顷	
	大旗地	四百余顷	二百七十余顷	一百三十余顷	
	福音寺	四百余顷	四百余顷		
	东山沟地	三百余顷	三百余顷		
	营盘台湾地	五百顷	二百五十一顷	二百四十九顷	
	大努气沟	二百四十顷	一百十三顷	一百二十七顷	
	乌蓝努更地	三千五百顷	二百余顷	三千三百顷	
中公旗	干支汗葛鲁台地	九百五十余顷	九百三十余顷	三百顷	
	小余大地	一千顷	七百余顷	三百顷	
	余大地	八十顷	八十顷	三百顷	
	狼山湾图密掉等地	二千顷	一千七百顷	三百顷	查此顷地亩系中、西两公旗报垦
茂明安旗	通兴功地	二万五千顷	二千三百五十五顷四十六亩	二万二千六百四十顷五十四亩	
	官庄子地	六百二十余顷	五百二十二顷四十六亩七分	九十七顷五十三亩三分	
	一二约地	一千余顷	九百三十七顷七十六亩	六十二顷二十四亩	

续表

旗名	地名 类别	原报地数	已放地数	未放地数	备考
茂明安旗	莫尔报召三约地	三百余顷	二百九十三顷六十七亩五分	六顷三十二亩五分	
	三四约地	九百余顷	八百二十顷五十四亩三分	七十九顷四十五亩七分	
	莫尔报召四约地	二百一十余顷	六十顷九十八亩一分二厘	一百四十九顷一亩八分八厘	
	广化寺地	九十顷	八十二顷三亩一分	七顷九十六亩九分	
	壹荆召地	二百余顷	一百五十六顷七十五亩九分	四十三顷二十四亩一分	
	王暖房地	五百余顷	三百五十八顷八十七亩九分	一百四十一顷一十二亩一分	
	甲巴地	七十顷	六十八顷八十七亩九分	一顷一十二亩一分	
	通兴功北一带地	四千顷	三千八百四十三顷一十二亩六分	一百五十六顷八十七亩四分	
	五福补地	五百顷	四百三十一顷四十一亩四分	六十八顷五十八亩六分	
	小毫帐房塔地	六百九十余顷	六百九十余顷		
达尔汉旗	卓克苏拉塔地	九百九十余顷	九百九十余顷		
土默特旗	镇国公户口地	一千余顷	一千余顷		
	丹府毡匠营子地	二百余顷	二百余顷		
	安绥埠楼板地	八十余顷	八十余顷		
	六城余地	一千余顷	一千余顷		
	清理六县地	一万六千九百七十余顷	一万六千九百七十余顷		
	六县官粮地	一万余顷	一万余顷		
	商人冯绍孔地	四百八十八余顷	四百八十余顷		
绥远城	八旗牧厂地	一万三千四百五十顷三十五亩	一万三千四百三十五顷三十		
准噶尔旗	黑界地	一千五百八十八余顷	一千五百八十余顷		

续表

旗名	地名	原报地数	已放地数	未放地数	备考
杭锦旗	东中两巴噶地	四千一十余顷	四千一十余顷		
	和硕公中地	一百五十余顷	一百五十余顷		
	河套西巴噶地	三千二百余顷	三千二百余顷		
郡王旗	灶火盐道甘地	九千六百三十余顷			
扎萨克旗	黑牌子地	一千六百余顷	一千六百余顷		
	祝牌地	五百三十余顷	五百三十余顷		
乌审旗	旧牌子地	一千四百余顷	一千四百余顷		
	祝暇地	五百三十余顷	五百三十余顷		
鄂托克旗	月牙湖等地	一万余顷	七百二十九顷四十六亩九分	二千二百七十顷五十三亩一分	
扎郡乌三旗	草滩界地	六千余顷	一千六百六十顷	四百三百四十顷	
达拉特旗	永租地	二千顷	二千顷		查此项地亩，每份年征收短租，现正劝报，一候正式报竣，再行分别列报。特此列明
	四成正地	一千二百二十顷	一千二百二十八顷		
	四成补地	一千二百二十顷	一千四百二十顷		
	五原城基地	四百四十顷	四百四十顷		
	河套地	五千顷	四百二百二十五顷	七百七十五顷	
	长塔等渠地	二千顷	二千顷		

续表

旗名	地名／类别	原报地数	已放地数	未放地数	备考
达拉特旗	黄土拉亥河赔教地	一千一百余顷	一百四十余顷	九百六十顷	查此项地亩，因分局案卷被匪损失不全，所有已被放地亩，仅依该分局月报填明，特此注明
	隆兴长街基耕作地	三百余顷	一百六十余顷		
广觉寺	大榆树滩地	三千九百余顷	三千九百余顷	一百四十顷	
普会寺	叠巴鄂特地	一千余顷	一千余顷		
沙拉莫楞召	膳召地	三千余顷	三千余顷		
庆缘寺	十二旗牛营子地	四百余顷	四百余顷		
	郡县营子地	二百余顷	二百余顷		
昆都仑召	东牌界地	六百余顷	六百余顷		
	西牌界地	一百余顷	一百余顷		
王爱召	东西地	一千四百余顷	一千四百余顷		
河东西十二召	驿站地	九千二百二十余顷	九千二百二十余顷		
察哈尔	右翼地	一万五千余顷	一万五千余顷		查此项地亩，于十八年划归绥远以来，因案卷不全，无法查对征起数，故仅按原报数，特此注明
合计		二十一万二千六百三十七顷六十六亩	一十八万六千八百一十六顷八十六亩七分	二万五千八百二十顷七十六亩三分	

二、垦务之现状

绥远垦务，现在正着手积极进行，关于蒙地劝报及丈放地亩，则设有垦务总局专司其事。总局现设绥远省城之归绥，内分二科四股分掌其事，又于各处依垦务之繁简，择设分局以办理之，现设分局有萨县、武川、包头（兼管安北）、固阳、五原、临河、集宁等七处。其经费之多少，视事之繁简为定，如包头之第三分局，每月除总局拨发经费二百元外，又于放地收款内抽提五原〔元〕为补助，现有局长一员，月支三十元，文书会计一员，月支三十元，委员二员，各支二十元，雇员二，月各支十四元，局夫一、马兵二，月各支八元，又每月公费四十元，临时费八元，此为大概之情形也。关于垦殖之办理，则又有垦殖委员会之组织，兹包须〔头〕设有绥远垦殖办事处，专管兵垦、民垦、蒙垦等事宜。兹将放垦手续，略述如下。

绥远所有土地，自昔本为蒙旗所有，主权在彼而不在我，历年蒙旗报垦，均由我方以厚币、甘言加以劝诱，始行就范，故第一步手续，须由我方发动，力劝蒙旗报垦，报垦既允，则报垦者必将报垦之地指明四界，由我方派员接收，将土地坐落面积、里数、四至界所，分别查明，并将可耕地之顷数勘验明确，绘具图说，其报垦地亩之价格及应分之等则，亦即由接收人员详实拟议，将来报垦之地所收荒价作十成分配，以三成为垦务局经费，以三成五归公，以三成五归蒙旗。报垦之手续既毕，垦务总局即在接收报垦之地设立分局，或令附近已设之分局着手丈放。各旗报垦如系荒地，必须先行开方，编列号数，按段丈放，以免遗漏；如系熟地，必须按已垦各户先行分列编号，按号丈放，以便稽查。其未垦之荒地，仍依荒地办法办理之。熟地先尽原户限一个月内排号，逾限不领，即准由其他人民承领。生荒则尽挂号在先者承领，挂号时须缴挂号费洋一元。对于领垦各民户，官厅曾立有法律限制之，即在平均地权法未颁布以前，水地每人不得过二顷，上等旱地不得过五顷，中地不得过八顷，下地不得过十顷，各民户于领垦时先交地价二成、三成或四成，其办法则各有不同，须依当地之情形，酌量增减，其余之款则分两期交清，两期之期限计共一年或一年半，须视当地之情形如何，有以区分之。各民户领垦时，则由垦务总局给以临时执照，待地款交清后，则换以部照，以后领地即为所有，永远营业。其地价每顷自数十元至二百元，依土地之优劣而分等级，领地时除应缴地价外，当〔尚〕须缴纳各种之附捐，如建筑之附加税为百分之十五，实业〔事〕社会文化基金〔如〕为百分之五，如有渠道可通，则另须缴纳借渠费百分之四十，依照以上各种附捐税合计之，则每百元之地价须缴纳六十五元之附税。丈放既毕，最后之手续即为升科征租，租金分官租及蒙租二种，官租归公，蒙租归蒙，租金等，则视地质之优劣，由收界人员查酌情形规定之。官、蒙各租每年每亩征收数目，各自数厘至三分，而最佳之地亦无超过三分以上者，熟地以领地第三年启征，荒地则自第三年起征。惟近来征收方法，概以丈青为标准，即以丈地中青苗之多少为征收岁租之依据，盖绥省农民迁徙无常，今年所种之地，明年又荒而无主，故非用丈青之法，则征收岁租殊属困难，此放垦至始科经过之大略情形也。

考历来办理垦务，当局对于蒙人放垦之地，虽有荒价及秋租报酬之规定，然事实上往往多未交给，以致现在劝垦其感困难，故将来如欲继续发展垦务，非清理旧欠、恢复已失之信用，似无别法着手。又人民领地多寡，虽有明文规定限制之，然考其事实，拥有千百顷之地主，到处皆是，甚至一户竟有数千顷之多者，故历来放垦之地，多由不肖之地商把持，一人报领数名者，所在皆有，而贫苦农民绝少领地之机会，故一户数口仅有种十数亩之地，或连此区区小数之地不可得者。反观富者，连阡累陌，一任荒芜，或将少数租与他人耕种；而此租耕种之农民，秋去春来，无一定之住址，遂逐优良之地，而择租耕种。且地非经己有，对于耕地，更无心从事良〔改〕良，原本优良之土地，数年后，亦必因此变为石田，不经济之事，孰甚于此。故欲谋绥远垦务之发展，此亦应力谋改良者也。

绥省对于将来垦殖之发展，拟组织垦殖委员会办理之，惟在该会未成立以前，为促进垦殖实施迅速起见，现已先行成立绥远垦殖办事处计划进行，处址设于包头，内分民垦、兵垦、蒙垦三股。兹将各股之办法分叙如左，以资参考。

民垦办法

一、垦民先尽被灾省分之志愿来绥开垦者，经当地地方长官选择壮丁派送，其他各省之志愿垦殖者，经履行·定手续后，亦得前来开垦。

二、垦民资格，以确系善良农民，年在二十岁以上、四十岁以下，力能耕作，无残废、恶疾及吸食鸦片等嗜好者为合格。

三、移民经费之办法分为三种。

1. 移民省份自筹经费者。

2. 由人民自动组织移民团体自筹经费者。

3. 移民省份如有特殊情形（如灾区）不能自筹经费者，应事先通知绥远垦殖委员会（以下简称垦委会），认可后，得由垦委会酌量情形，予以资助。

四、规定应设若干新农村后，由垦委会通知应行移民省份之长官，令行县长选该县合格垦民，取具妥保，于县政府注册后，听候招集，其承办人员，概不得有丝毫勒索及借端延岩〔宕〕等情，违者由地方长官查明惩办。

五、办理移民事务，在绥远由垦委会办理，在移民省份商请各本省长官派正直官绅设立管理移民机关会同办理，以资活〔各〕方接洽，其由人民自动组织移民团体者，须用团体名义，呈请所在官署及垦委会批准后，亦得设立管理移民机关。

六、垦民中如有借支款项短欠荒价，或因其他重要情节中途逃逸者，由各该移民省份之管理移民机关负责。

七、凡人民自动组织移民团体，合于垦委会所定移民资格，如距该管县藉〔籍〕遥远，不能直接报名者，须经妥实保人具保，于所在官署批准通知垦委会，将地亩划定后，始得前来。

八、垦民到绥后，由垦委会加以覆验，合格即分派于指定地点，其不合格者，仍由原管理移民机关负责送回。

九、垦民到达指定地点后，须绝对服从垦委会规则，如有违犯情事，定按情节县〔轻〕重加以处分，或送请官厅惩办。

十、指定区域内之住民须依照新农村组织纲要办理，新农村组织纲要另订之。

十一、新农村组成后，由垦委会将垦民姓名及承领地亩、名册送交各该属县政府以备参考。

十二、垦民缴纳荒价分五年交清，如因特别灾情，实系不能缴纳时，得由垦委会分别情节酌量展期。

兵垦办法

一、兵额暂定为一千零四十名，由现在西北驻军中分配选送之，步兵以师为单位，炮兵以十团为单位，骑兵以三师为单位，每单位得选送志愿兵一百零四人组织一新农村，如因特别情形与定数不符时，得集合其超过及不足之数组织之。

二、试办期暂定为一年，扩大期暂定为五年，在试办期中，除已实行开垦者外，对于准备开垦之军队，应将兵垦之意义及新农村组织、农业改良等一切必要之常识宣传之，宣传要点另定之。

三、屯垦区域按照绥省形势，先选五、临两县，大青山要道口及黄河沿岸便于防匪实边之要点，着手试办，如成绩良好，再行扩大于大青山外固阳、武川、在〔东〕胜等县，务期连络一气，完成巩固防线。

四、每一新农村之耕地，以一百顷至二百顷为标准数，但有特别情形时，得酌量增减之。

五、新农村之位置，除适合于防匪实边外，并须注意便利耕种。

六、新农村之建筑，务受垦殖委员会所派专员之指导，对于村边围堡与村内民舍之构造及布置，均须适合防务之要求，建成永久或半永久之坚固堡垒，以期作军事上之重要据点，同时并须适合于新农村之建设。

七、屯垦队之编制列表如左：

屯垦队编制系统表

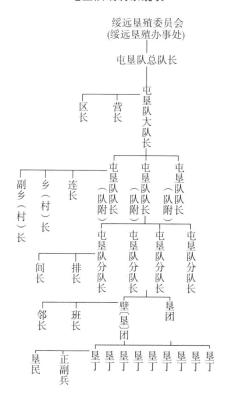

说明

1. 屯垦队总队长，直隶于垦殖委员会，所有大队均归管辖。

2. 屯垦队大队长，即军队之营长，亦即新农村之区长，直隶于总队长，其所属屯垦队之个数，为便于防匪实边计，应依地形酌量划分规定之。

3. 屯垦队队长，即军队之连长，亦即新农村之村长，每屯垦队管辖四个屯垦分队。

4. 屯垦分队队长，即军队之排长，亦即新农村之闾长，每屯垦分队管辖二个屯垦小队。

5. 垦目即军队之班长，亦即新农村之邻长，每屯垦小队管辖垦丁十二名。

6. 垦丁即军队之正副兵，亦即新农村之垦民。

八、屯垦队总队长暂由垦殖委员会委员长兼任之，并设副队长一人，承总队长之命，办理关于屯垦一切事务。

九、总队长得视垦丁之多寡，酌编为若干屯垦队。

十、每一屯垦队设队长一人、队附一人，承大队长之命，办理本队一切屯垦事宜。

十一、每队又分为四分队，每分队设分队〈长〉一人，承队长之命令，办理本分队一切屯垦事宜。

十二、每一分队又分为二小队，每小队设壁〔垦〕目一人，承分队长之命令，办理本小队一切屯垦事宜。

十三、垦目之下设垦丁十二人，专司屯垦。

十四、每一队共计队长、队附各一人，分队长四人、垦目八人、垦丁九十六人，全队有兵合计为一百一十人。

十五、兵垦在试办时期，屯垦大队暂不设置，各屯垦队均直隶于总队长，在扩大时期，则归大队长管辖。

十六、屯垦各队办公费，概由村田收入项下开支，总队部每月暂定三十元，大队部每月暂定二十元，屯垦队部每月暂定十元，在第一年村田尚无收入时，由绥远垦殖办事处设法借垫〔垫〕，俟村田有收入后，再行如数补还。

十七、总队长、大队长等所用辅助办事人员，均由关系机关及所属队内人员选派兼任，概不支薪。

十八、官士待遇。

1. 垦目授地一顷五十亩，分队长、队附授地三顷，队长授地五顷。

2. 在三年内，垦目出缺，由垦丁中选派，分队长及队附出缺，由垦目中选派，队长出缺，由分队长及队附中选派，但无合格人员时，得另着选派之。

3. 队长、分队长、队附出缺后，留地二顷，垦目出缺后，留地一顷，归承继人所有，以示体恤，但承继人仍须服垦丁役务。

4. 在三年后队长、分队长、队附、垦目出缺，均由垦丁以上人员递级选举补充之，本人所有原管地产，除留给其承继人者外，队长余三顷，分队长、队附余一顷，垦目余五十亩，按次由递补人依次推受，以资鼓励。

5. 上列各条规定，因犯规开除者，不得适用之。

十九、屯垦队承领地亩，其交纳荒价办法，照民垦办法第十二条之规定办理之。

二十、各单位所领地亩交清荒价后，即归承垦人员所有，但不得转售或抵押于他人，如垦丁因故开除，得由屯垦队长另选壮丁三人，依次呈请垦殖委员会检定一人补充之，补充人除按地亩出最低时价若干以作赔偿外，即享其权利，并担负其义务，其售出地价全数提归经济协社，作为信用合作基金。

二十一、垦丁在第一年准带原饷，第二年准领原饷三分之二，第三年准领原饷三分之一，第四年即将原饷完全取消。在第二年扣存三分之一及第三年扣存三分之二之饷项全数提归经济协社，指定为信用合作基金及提倡农家副业之用，如遇有天灾、匪患及一切意外情事，以上办法得酌量呈请变更之。

二十二、垦丁如残废、衰老或死亡时，应由分队长考验其子及弟之合格者，依次转呈总队长核准递补之，递补后，其权义即归递补人享有及担负。

二十三、垦丁如残废、衰老或死亡，又无合格子弟递补者，仍由屯垦队长另选壮丁三人，依次呈请垦殖委员会检定一人补充之，补充人应出地价及其权义与二十条同。

二十四、前条残废、衰老或死亡之垦丁，得由公家酌给恤养费，恤养办法另定之。

二十五、官长资格。

　　1. 具有屯垦志愿者。

　　2. 年龄在二十八岁以上、四十岁以下者。

　　3. 品行端正，无残废、恶疾、不良嗜好，身体健全、勤苦耐劳者。

　　4. 有农事经验、粗通文字且有普通常识者。

　　5. 有统御干材，且胆力充实者。

　　6. 军事学识卓越而有作战经验者。

二十六、士兵资格。

　　1. 具有屯垦志愿者。

　　2. 年龄在二十岁以上、四十岁以下者。

　　3. 品行端正，无残废、恶疾、不良嗜好而身体健全者。

　　4. 服兵役之前曾在农田工作而家境寒苦者。

　　5. 有铁、木、石、瓦等特技者。

附则

二十七、规定地亩后，因节候关系，而村公所不及赶造时，垦兵须架设帐棚，以资暂住。

蒙垦办法

一、凡蒙民如有愿赴邻近荒地开垦者，以适合移民垦户资格为限，报由垦委会，一律准其开垦，其在农村领房领地及公家资助牛具、种籽等费，与各省垦户受同一待遇。

二、对蒙民之无耕种智识者，用宣讲等方法引导之，使其了解耕种利益，自动改进生活，组织新农村，实行耕种。

三、设立垦牧学校，造就改良牧畜，指导耕种并辅助军事设备之中坚人材。

四、凡蒙民现有之畜牧事业，得由农垦银行依法资助，俾便利用科学方法益加改进。

五、凡属牧畜副业，如皮毛、乳肉等类之加工制造，均应竭力提倡，务令价格增高，使销路逐渐推广。

六、为提倡蒙民垦牧，特指定垦牧区，一面设立新农村，使知耕种利益，一面宽留牧场，以便改良畜牧，俾垦牧双方并重，生活日益改善。

七、本办法所有未经规定事件，均得照民垦办法及新农村创设办法办理。

三、将来垦务之发展

绥远面积，约共一百四十九万余方里，内除小岭、沙漠约占百分之六十外，尚有六十万方里之平原，而此平原面积，再除河流、道路、砂碛、盐碱等约十分之四外，可垦之地约为三十六万方里，每方里以五顷四十亩计算，应有地一百九十四万顷，除已丈放之地二十余万顷外，而未报蒙荒尚有一百七十万顷左右。如将此项地面完全设法垦殖，以每户平均领地一百二十亩作为耕种、牧畜之用，则可容一百四十二万户左右，如每户平均以五口计算，即有农民七百一十万人，除现在游牧之蒙民数十万口外，尚可安插移民六百数十万人。如以经济言之，则每顷每年平均收入以二百五十元计之，以一百七十万顷之土地，全行开辟，当有四万万五千五百万元之生产，而每年副产之收入尚不计及，即以国家田赋收入一项而论，数目亦大有可观，平均每顷每年以三元计，当有五百一十万元之多，而放垦所得之荒价以及因粮食丰裕、交通上运费收入之增加，尚不计入也。因农业之发达，而工业商业随之兴旺，国家对于间接收入之增加，其数目亦殊不可忽视，均是将来绥远垦务之发展关系何等重大。现在吾国内地，人烟稠密，生计为难，如移民垦殖，则可不致强者挺而走险，弱者流为饿莩，对于社会秩序之安宁，不无补救。且绥远边陲，地荒人稀，如移民实边，垦殖荒地，则非特社会经济之丰裕有如上述，即国防上，亦因此而充实。故为经济、国防及民生计，绥远之垦务均有积极发展之必要也。

附录

垦务总局拟订办理垦务通知

民国十七年七月十七日提议绥远临时区政府议决

第一章　宗旨

一、绥远垦务，以实边殖民、发展地方、振兴农业、充裕民生为宗旨。

第二章　勘收报垦地界办法

一、凡各旗报垦地亩，由收界委员将坐落何处、面积里数、南北东西四至处所，除山河道路不堪耕种之地外，约有可种之地若干顷亩，均须勘验明确，绘具图说，呈明核示。

一、凡报垦地亩，按其土质肥瘠，酌定放地等则，征收荒价，其应定之等则，及荒价数目，分五等规定，即由勘收界址人员详实拟议，呈报核定。

一、凡所报之地约可放地若干顷亩，应征荒价若干数目，均须拟定预算，呈报核定。

第三章　丈放地亩办法

一、各旗报垦，如系荒地，必须先行开方，编列号数，按段丈放，俾免遗漏。

一、各旗报垦，如系熟地，必须按已垦之各户，先行分列编号，按号丈放，而便稽核其未垦之荒地，仍按其荒地办法办理。

一、熟地先尽原户，限一个月内挂号认领，倘逾限不领，即准由地邻或其他人民承领。生荒亦先尽挂号在前者认领，以便按次丈放，每顷地先收挂号费一元，以资丈领。

一、嗣后领垦各民户，在平均地权法令未颁布以前，如领水地，每人不得过二顷，旱地上等不得过五顷，中地不得过八顷，下地不得过十顷，以资限制。

一、报垦之地亩应征荒价限期，各该民户于领垦时，无论荒熟地，于丈放前呈具声请书，格式附后，并交荒价三成，其余之款分两期交清，以便换领部照，而资营业（其各户分期呈交荒价成数，以该局设立之限期为标准，临时酌定之）。

一、报垦地亩丈放期限，以及收款、造册等事，限于若干时期为竣事之日，仍以地亩多寡、收款若干为标准，临时酌定之。

一、报垦地亩，应设垦务分局一处，名为某局专司勘放该处地亩事宜，如报垦地较多，须有设置行局之必要，亦即照章设置，并应刊发汉文木质关防，仍旧由局刊发，以昭信守。

第四章　启征升科办法

一、报垦地应亩征官、蒙各租等则，应视地质之优劣，俟收界后，查酌情形，临时详核规定。

一、应征之官、蒙各租，仍照旧章，官租全数归公，蒙租全数归蒙。

一、报垦地亩应行启征官、蒙各租年限，熟地以领地第二年启征，荒地以领地第三年启征（即如十七年承领熟地十八年启征，承领荒地十九年启征，余以此推行）。

一、前条升科册籍，应由分行各局按照每月放出地亩花名数目，亦即按月查造升科册，一俟届期，呈送垦务总局分发该管县政府，遵照启征，以免遗误。

第五章　划分公蒙荒价及提支经费办法

一、报垦地亩应征荒价，除提三成经费外，其余以三成五归公，三成五归蒙。

一、丈放报垦地亩应支经费依照定章，按照报垦地段收入全额十分之二开支，以放地、收款各按一成支配，其余一成作为勘收界址委员、蒙员旅费及其他等项之用。

第六章　划留村基

一、凡各蒙旗新报荒地，勘收界址后，相度地势，先将村基地划留，并应查酌报垦地亩多寡，划留村基地段若干，先行呈明。

一、凡各蒙旗报垦荒地，按其地亩多寡分其水旱，如水地在二百顷以上者，旱地在五百顷以上者，均即划留一村百户之地基，余依此推行。倘临时遇有窒碍或须变通者，随时再查酌情形呈明变更。

一、凡承领荒地之民户，其房屋、场圃，均照各该局指定村基地点内认领建筑，不得任意择居、随便迁移。

第七章　奖惩

一、凡垦务分行各局人员，办理垦务成绩优劣，各按五等考核法，每年考核一次，考核章程另定之。

一、凡垦务分行各局人员，查有营私舞弊者，即依法惩处。

第八章　附则

一、本通则如有未尽事宜，随时增添之。

一、本通则自呈奉核准之日施行。

农业概况

绥远以有阴山山脉与黄河河流横贯其中，故各处之气候各异，土质不同。在大青山以南，气候比较温和，土质多为沙土，绥西后套一带，气候虽与大青山之南归绥各县相仿，然地多含碱质，而田亩灌溉亦多用黄河之水。大青山以北，层峦叠峰，地势甚高，且接近沙漠，故寒冷之度比前山为酷，惟土壤所含碱质极少。绥南前套地，多盐、碱湖，且冬寒夏热，以论农垦，当较各区为不宜，因气候与土质之不同，故此种作物亦各因之而异。绥区雨量每年平均约十七吋，属于干旱之地，只宜旱作植物，河套一带虽有黄河之水可以引用，然以天气寒冷，棉花与水稻均不能种植。以大概言，绥区之气候，九月即冻，四月解冻，在六、七、八三个月最热，时平均温度在华氏七十一度左右，盖早晚与白昼虽在最热之天气，温度亦大相悬殊，每岁早霜多在阳历九月前十日间，脱霜则至阳历五月始止，故每年作物只能种植一次，此亦气候有以使然也。绥区田地分为旱地与水地二种，所谓水地者，因有河水或山水可以灌溉，而旱地除赖天雨滋润外，别无他法补救，故旱地之地价较廉，而产量亦与水地大相悬殊，且因雨水缺乏，常不能年年种植，如今年载〔栽〕种，明年即须休闲，或连种二年，而第三年休闲，其原因为积二年之水于土壤，供一年种植之用，或积三年之水于土壤，供二年种植之用。考旱地之土质，并不瘠薄，如水利问题得能解决，即可与水地相同，年年均可耕种。吾人只知蒙人为游牧生活，而不知绥省亦有一种游农之习惯，即今年在甲地租田种植，俟收获后，即返家乡，明春又往乙地租田耕种，如此每年东迁西移，无一固定之垦地。此种游农之习惯，就农业经济上言之，则极为不利，盖耕种者因地非己有，且只顾一年之利益，而于所耕之地自不负改良之责任，势必变良田为劣土，消耗地力莫甚于此，故游农之习惯应急设法清除。查自民国以来，绥地土匪屡肆猖狂，使农民不克安居乐业，此亦促成此种游农之习惯，当局者似不能不负此项责任也。

肥料

绥远农民向不知施用肥料，而其地牲畜甚多，厩肥极足，农民不知利用，如牛、马、羊粪堆积如山，均晒干以作燃料，绥远煤矿甚多，天然之燃料富足，且价亦极低廉，而不知采用，反以有用之厩肥作日常燃烧之用，殊为可惜。绥远农田产量稀少，每种一年或数年，即须休闲，此固因气候寒冷及雨水缺乏，然土壤中缺少有机物质，而无肥料以谋补救，要亦为其最大之原因。盖厩肥加入土壤，非但能增加土中有机物质及各种养料，且能减少土中碱质之浓度，保存水分，增加温度，对于土质之改良，其功效实非浅鲜。故欲求绥远农业之发展，则于现在农民以厩肥为燃料之习惯，非设法使之完全废除，改用肥田，断不为功。

主要农作物

绥省地势高低不同，气候亦因此而略异，故各地所栽种之作物及方法，亦不无大同小异之分。查绥地主要作物为小麦、莜麦、荞麦、糜子（即黍）、谷子（即稷）、大麦、麻类、高粱、马铃薯、豆类，而归绥一带以莜麦、糜子、谷子为主要作物。小麦最盛之区域为绥西之后套，兹将各主要农作栽培及收获时期列表如左：

作物名称	下种期	收获期	每亩下种量	每亩收获量
小麦	清明前后	立秋前后	五至六斗	六至八斗
糜子	小满前后	秋分前后	一升左右	三斗至一石
谷子	小满前后	秋分前后	半升	五斗
莜麦	清明	秋分前后	五六升	六至八斗
高粱	清明前后	白露前后	升余	四五斗
荞麦	小满	秋分以后	三四升	五斗左右
马铃薯	小满	白露前后	二百斤	一千斤
豌豆	立夏前后	立秋前后	五升半	三斗至一石
葫麻	立夏前后	立秋前后	一升	一至四斗

耕种方法

耕种方法大致相同，即在收获后翻土，经风霜雨雪之风化，至翌年下种前，耙一次，使土细碎，即行播种。自播种至收获期间，除草一次或二次，则须视地之优劣如何与农民之勤惰而定。犁田一人二牛，每日可耕三亩左右，耙田自十五亩至二十亩，播种每日可至三十亩，收割每人每日三亩，除草亦在三亩左右，此耕种方法之大略情形也。后套地广而平坦，且有黄河之水可以引用，素为绥地农产最盛之区，兹特详为叙述之。

后套耕种方法大致与各处相同，然以黄河之水可以引用，渠道较为发达，惟黄河之水含有多量之碱质，能利用则有利，不能利用则有害，查现在河套农民对于用水只求贪多，此实大谬。盖河套之地本含碱质颇多，如灌水过度，则土壤上层之水分与下层之水分易相接连，蒸发时必将下层之碱质吸引至上层，因此上层碱质之浓度增加，作物即大受影响，故河套生地小麦最多，只能种植两年，而第三年，无论如何，只好易植谷子、葫麻等物，此即因土壤上层碱质堆积，小麦不能抵抗生长，有以致之。查绥地主要作物中，小麦亦为经济作物之一，因灌水不得其法，使经济作物不能尽量种植，实属可惜，套地农家因用水极抱贪心，故由黄河引入之水，均为近渠道之农家所把持，而稍远渠道者所得之水，乃他人田中已灌溉过之清水，而此等清水与冬季之清水大不相同。盖冬季之水清而不红，因河水冲动力薄所致，至于已灌溉过之清水，本为红色，含多量微细之淤泥，此等极肥之淤泥，经灌溉后，因物理化学之作用，已为碱质而沉淀，变为清水，故所含碱质异常浓厚，绝不能再用以浇地。河套之地现仅十分之一可以耕种者，非水之不足，乃用水不得其法耳。幸绥区多为白碱质，有许多植物当可抵抗。若为黑碱质，真可为不毛之地矣。

如欲改良河套土质，对于以下几点须加注意：1. 用水万不能贪多，以求适合耕种为标准；2. 土壤下层须装置相当之排水器；3. 施用绿肥及粪料，查河套厩肥虽极多，然均为燃料之用，对于土壤毫不加有机物质以为改良，故农民收获小麦、荞麦等，往往不用刀割，乃以手连根拔出，此土壤缺少有机物质至于极点，即可概见。

河套之地，概引用河水，而黄河河水之涨落，有一定季节，河水高涨，方可入渠浇地，故河水之引用，亦因季节而分类，普通分为六种，列举如下。

（一）春水　清明前高涨，高涨天数，自三天至十天。

（二）桃花水　谷雨前后高涨，高涨天数，自七天至十五天。

（三）热水　立夏前后高涨，高涨天数，至三十天。

（四）伏水　夏至与立秋间高涨，高涨天数，自二十天至二十五天。

（五）秋水　立秋与霜降间高涨，高涨天数，自三十天至六十天。

（六）冬水　立冬前后高涨，高涨天数，自四天至十天。

小麦与糜子、谷子之灌溉时期及方法均相同，大概灌溉两次，第一次在小麦三四寸长时，将田之四周筑埂，使水储入田中，约灌三五寸深，第二次灌溉在小麦秋穗时，约灌一二寸深，第一次大概用桃花水，第二次用伏水。六种水中，以伏水灌地为最佳，故多用以泡地，所谓泡地者，即将地之四周筑埂高及数尺，引水入田，深至三四尺，隔十余日后排出。据当地农民云，河套土地每种二三年后定须泡地，否则不能耕种。热水、秋水亦有用以泡地者，惟冬水则不佳。当伏水时期，河水冲动力最大，其所带之淤泥多，含碱质之量少，故水色亦以此时为最红，如用以泡地，则淤泥沉淀，表土可增一层有机物体之肥料，且可减少杂草。豌豆与葫麻年仅灌溉一次，约在四月正当豌豆开花之时，用热水灌溉一次，以后就可不必再行灌水矣。

农民负担

绥地农民负担甚重，兹将其缴纳之费，据调查所得逐条开列于下。

1. 领地时之附捐　领地时除缴荒价外，尚有建筑、实业暨文化基金等附捐，此种附加之缴纳为荒价百分之二十五，即每百元之地价须缴附捐洋二十五元，如有渠道可通，则又须加缴纳费，其缴纳之比例为荒价百分之四十，即每百元之地价须渠费洋四十元。

2. 田赋　田赋分两种，一种纳与蒙人，谓之蒙租，一种纳与本地官厅，谓之官租，官、蒙两租，租价相等。租率视地之优劣而定，最上等之地，官、蒙两租每年每顷各须洋三元，下等地不过数角。

3. 各种杂捐　农民无论出售何种粮食，均须抽捐，如有军队驻扎，更须另摊捐款。查此项摊捐，以五原一带为最多，每顷每年除缴洋六十元外，尚须粮食十五石，草三千斤，而每顷每年所获粮食平均约在五十石，除缴纳田赋、渠费及各种杂捐外，每年勤苦所得，虽粗衣恶食，尚不能勉强维持，故五原地荒约十分之九无人耕种，此苛捐杂税太重，使农民不胜负担，亦为其最大之原因。

农民经济状况

绥省虽地广人稀，然普通农民耕种之地不多，所投农场之资本亦不甚大，此非土地不足，乃分配不均。就孔家营子村一村论，此村离绥远城仅五里，全村二百家，其种地一顷者十家，十亩以下者二十余家，其余均在十亩以上、百亩以下者，此可见尚在小农制度，全村之首富，其资本不过二千元左右。毕克齐为归绥最富之区，调查数十家农场资本，其投资在二千元以下者占百分之八十五，地在三十亩以下者占百分之五十一，其每年之支出，以衣、食、住三项为最大，要占总支出百分之七十，教育费占百分之三十，故毕克齐之教育亦为全省最发达之区。如将农民每年平均之收入及支出，两相比较，计其盈亏，在百家中总有百分之七十以上为负数，幸农民概以自己之劳力与资本经营农事，其工资与资本之利息不列入支出之内，故每年尚可维持，否则不破产者稀矣，此即自耕农之情形。至于临河一带教堂区域内之农民，则其资本更少，在二百元以下者，占全数百分之四十六，盖系教堂所有，农民均租地种植，故资本较轻，其种地亩数在五十亩以上、百亩以下者，约占全数百分之三十二，所得农场之总收入，以百分之三十，输教堂作兴办教育及传播教育之用，农民所得仅为百分之七十，惟教堂对于治安有相当之准备及防御，故农民在教堂内耕种，颇能安居乐业，大非他处时受匪扰朝夕难安者可比。

森林

绥区森林甚少，非特山陵不见一木，即平原旷野亦不多见。农民因地土干旱，植树不易长活，即认为该地不宜种树，此实大谬。如能讲究方法，选择树种，未始不克造林，试观教堂附近树木森然，有与南方各村落相仿，同一绥地何以外人经营之处有青葱茂盛之树木，此可见非地之不宜植树，乃人力之未尽耳。绥省气候干旱，春冬且多飓风，如能实行造林，则气候必因此而调和，于农事之影响甚大，且地不荒废，利亦莫大于此。目前绥区木材价值甚昂，盖其所用之材料，均由宁夏及乌拉山而来，故欲绥远农业之发达，对于造林，为刻不容缓之举也。

牧畜

绥远地面辽阔，水草丰盛，气候干燥，实为天然之良好牧场。历来蒙人均以游牧为生，故牧畜事业亦为我国最盛之区，惟以思想锢闭，未知改良，虽得地利，终未善用，殊为可惜。故马种日益弱小，羊毛日益粗劣，乳牛之产乳量亦日益减少，如遇传染病发生，延及全群，更不知所措，无怪畜牧事业之日见衰败也。

畜牧种类以羊、骆驼、牛、马等为最著。羊分山羊、绵羊二种，以剪毛为畜羊之目的，绵羊毛较山羊毛为佳，每年剪毛两次，一在清明节前，一在七月底，春季剪下者，谓之羊绒，每头可产十两，秋季剪下者谓之羊毛，每头可产十四两。骆驼能任重耐劳，为长途旅行之用，每年亦可剪毛。牛分乳牛及力〈役〉牛二种，乳牛专为挤乳之用，最好者每头每日可产乳十斤，力役牛大都为挽重及耕地之用。马亦可大别为二种，一为体小、头尖、颈长者，宜乎驰，一为体大身长、头重颈长者，宜乎耕，惟二者个体均小，应分别改良之。

牧畜方法至为简单，普通羊以五百为一群，牛及骆驼各以五十为一群，马以一百为一群，每群以一二人管理之，逐水草而放牧，普通每月更换牧场一次，早上放出，晚上赶回，牧牛马者均乘马，盖地广畜众，苟有逃逸，非马力不能追及也。三月至九月为水草繁盛之期，所有畜类均赶至外面放牧，自十月以后，地冻草枯，则给以干草，将畜粪堆作围墙，高约二尺余，以防风雪。牛、羊、马均每年产一次，骆驼则每二年生产一次。羊、牛、马、骆驼，仅为畜牧中之主要者，其他家畜则有骡、驴、猪、鸡等，野兽则有狐、狼、兔等，惟无上述之重要，故不赘述。

绥地农业，除以上所叙者外，药材亦即每年出产之大宗，如甘草、党参、苁蓉、黄歧〔芪〕、大黄，均为主要之品。兹将绥远各县、局十九年各种重要农产品之产量，分别详表如下。

各县、局重要农产数量表

县别	小麦	莜麦	荞麦	高粱	糜子	黍子	穄子	谷子	杂豆	马铃薯	大麦
包头县	二〇，〇〇〇（石）	一，六〇〇（石）		二，〇〇〇（石）	四〇，〇〇〇（石）		一，六〇〇（石）	九，六〇〇（石）	五〇，〇〇〇（石）		
萨县	一〇，〇〇〇			五〇，〇〇〇	八，〇〇〇		一〇，〇〇〇	一五，〇〇〇	一〇，〇〇〇		
和林县	七，〇〇〇			三二，〇〇〇				九，〇〇〇	五，〇〇〇		
武川县	八，〇〇〇	三，五〇〇	四，一〇〇							四六〇，〇〇〇	二，〇〇〇
五原县	五，〇〇〇			九〇〇	一三，五〇〇	七〇〇	五〇〇	一，五〇〇	四，九〇〇		
固阳县	七，〇〇〇	五，〇〇〇	三，〇〇〇		二，〇〇〇			一，〇〇〇	一，〇〇〇		
东胜县			四，六一五		九，三三〇			二〇，八五七		四六，一五〇	
临河县	二四，五〇〇				五二，〇〇〇	三，四〇〇		一，二〇〇	二，八〇〇		
托县	七，八〇〇			一，八〇〇	八，九〇〇			二，二〇〇	一，四〇〇		
清水县	九一	一八〇		八一〇	一，三〇〇	四〇〇		一，八〇〇	六八〇		
安北设治局	二，八三八		一四〇	七四〇	七，五六〇	一〇六	一，七二〇	三，四八〇	一，八一六	一四〇，〇〇〇	二一九
凉城县	三，〇〇〇	五，〇〇〇	八，〇〇〇		四〇，〇〇〇		一，〇〇〇	五五，〇〇〇	一，〇〇〇		
集宁县	一〇，〇〇〇	六，〇〇〇				五，〇〇〇	五，四〇〇	七六，六〇〇			四〇，〇〇〇
丰镇县	二，五八三	一二，五三〇	一五，七四六		八，〇四九	三，四五〇		七六，六〇〇	四四七	一，〇〇〇	一，〇〇〇

续表

类别（县别）	小麦	莜麦	荞麦	高粱	穄子	黍子	糜子	谷子	杂豆	马铃薯	大麦
陶林县	四,四〇〇	七,三三〇		一,六〇〇			一,二〇〇	二,〇〇〇	一,三〇〇		
兴和县	二九,二四〇	五九,八二〇			四,九七〇		四,二三〇	一八,七四〇	九,一九〇	七九,八四〇	四,六七〇
归绥县	九八,〇〇〇（石）	七二,〇〇〇（石）	四七,〇〇〇（石）	一〇二,〇〇〇（石）	五三,〇〇〇（石）	五,〇〇〇（石）	五〇,〇〇〇（石）	九七,〇〇〇（石）	九九,〇〇〇（石）		

各县、局畜产数量表

类名（县别）	马（匹）	牛（头）	羊（只）	骡（头）	驴（头）	猪（口）	骆驼（头）	磐羊	青山羊	鸡
归绥县	一八,二〇〇	二二,二〇〇	一一四,〇二三	四,八五〇	七,五二〇	二八,六八〇	四二,〇〇〇			
包头县	一,〇〇〇	五,〇〇〇	二六,〇〇〇		四,〇〇〇		一,五〇〇	九〇〇	三,二〇〇	
萨县								八七〇	三,八〇〇	九〇,〇〇〇
和林县	三,〇〇〇	五,〇〇〇	一四〇,〇〇〇	二,五〇〇	六,〇〇〇	一二,〇〇〇		七八〇	四,一〇〇	一,〇〇〇
武川县	八〇〇	四,八〇〇	二五,〇〇〇	六一	六,〇〇〇	六〇〇	六〇〇			
五原县	九〇〇	二,五〇〇	一,五〇〇	二八八	一,六〇〇	六,四三〇	三七四			二,四〇〇
固阳县	八五〇	四,〇〇〇	二〇,〇〇〇	一二		一,三〇五		一,〇三〇	四,四〇〇	
东胜县	七五〇	四,五〇〇	一二,〇〇〇		三〇	一五〇				一,五二〇

续表

县别 类别	马	牛	羊	骡	驴	猪	骆驼	磐羊	青山羊	鸡
临河县	一七,四○○	九,五二○	三九,六五○		二一,八三○					
托县	五○	一,○○○	七,○○○	八○	一,八○○	一,九○○				
清水县	三○○	一,二○○	二,五○○	六○○	九八○	八○○				五,○○○
安北设治局	一五○	一,二○○	三○,○○○	六○	八○○	八,○○○	二○○		四,八○○	一五,○○○
凉城县	七,○○○	五,○○○	五八,○○○	五○○	五,○○○	三,○○○		一,三○○		七○,○○○
集宁县	四○○	五○○	四,○○○	一○○	二○○	二,○○○	五,○○○			
丰镇县	三,九九四	四,三六五	一四,六八○	一,八七三	二,四一八	四,一八五				二八,四九六
陶林县	九五○	二,一○○	六,八○○	一,九○○	一,二○○					
兴和县	四,九七○	七,九八○	一○,四○○	三五,六○○	二,一二○	二,七○○				一七,三○○

各县、局毛皮革产量表

县名 类别	羊毛	驼毛	羊绒	羊皮	燕皮	狐皮	狼皮	獭皮	灰鼠	马驴骡皮	牛皮
归绥县	七三七,七九○(斤)	五四四,二二八(斤)	五三,○八○(斤)	三五○,○○○(张)	三○○,○○○(张)	九,○○○(张)	八,○○○(张)	四○,○○○(张)	五,○○○(张)		

续表

类别＼县名	羊毛	驼毛	羊绒	羊皮	羔皮	狐皮	狼皮	獭皮	灰鼠	牛皮	马驴骡皮
包头县	一六、六〇〇、〇〇〇	二、六〇〇、〇〇〇	一〇、〇〇〇	九六、〇〇〇		八、五〇〇	六、五〇〇			五四、〇〇〇（张）	三二、〇〇〇（张）
萨县	一、五〇〇			三三、〇〇〇						二二、〇〇〇（张）	一、五〇〇
和林县	七、〇〇〇	一、一〇〇									
武川县											
五原县	五、七〇〇	三〇、〇〇〇		一〇〇、〇〇〇		三〇〇				一〇、〇〇〇	
固阳县	一〇、〇〇〇	一、五〇〇		五、〇〇〇						一、〇〇〇	
东胜县	三二、〇〇〇		九、〇〇〇	二一、〇〇〇						二三、〇〇〇	三〇〇
临河县	三、〇〇〇、〇〇〇	五〇、〇〇〇		三〇、〇〇〇	一〇、〇〇〇	七〇〇	一〇〇				一九、〇〇〇
托县	四〇、〇〇〇			二、〇〇〇							
清水县	四〇〇、〇〇〇		三〇、〇〇〇	二〇、二〇七		二四〇	四〇			六、〇〇〇	
安北设治局	二〇、〇〇〇		六〇〇、〇〇〇	五、〇〇〇							
凉城县											
集宁县	一、〇〇〇			二、〇〇〇		一〇〇				一、二〇〇	

续表

类别\县名	羊毛	驼毛	羊绒	羊皮	羔皮	孤皮	狼皮	獭皮	灰鼠	牛皮	马驴骡皮
丰镇县	四〇五,〇〇〇		一二,三〇〇	八三,〇〇〇	二,〇〇〇	五七	一三			一,三〇〇	三,三〇〇
陶林县	四〇〇,〇〇〇		二〇〇,〇〇〇	一二,〇〇〇						二,五〇〇	四〇〇
兴和县	三一,四〇〇			八,九〇〇						三九〇	二四〇

各县、局药材产量表

类别\县别	防风	赤芍	黄耆	甘草	苁蓉	党参	枸杞	大黄	紫胡
归绥县	一,〇〇〇（斤）	八,三〇〇（斤）	五八,〇〇〇（斤）	九五,〇〇〇（斤）	二一,〇〇〇（斤）	八,〇〇〇（斤）			
包头县									
萨县	一,五〇〇	一,〇〇〇	五,〇〇〇	一,二〇〇,〇〇〇					
和林县				一五,〇〇〇	三,二〇〇		一,五〇〇		
武川县				一〇七,〇〇〇					
五原县	六,八〇〇		四,七〇〇	一〇,〇〇〇					
固阳县									
东胜县									六,〇〇〇
临河县				五〇,〇〇〇	二〇,〇〇〇				
托县									
清水县									

续表

类别＼县别	防风	赤芍	黄耆	甘草	苁蓉	党参	枸杞	大黄	紫胡
安北设治局			八〇〇	三〇,〇〇〇		四〇〇		三,〇〇〇	八〇〇
凉城县	三〇		一〇〇	一〇〇					二〇
集宁县	八,〇〇〇		一〇,〇〇〇	八,〇〇〇					
丰镇县	六,〇〇〇		四〇〇	二〇〇					
陶林县	六,三〇〇		三,四〇〇					一二,〇〇〇	
兴和县			二〇,〇〇〇	一〇,〇〇〇				一五,〇〇〇	

各县、局林产数量表

类别＼县名	榆树	柳树	杨树	桦树	松树	柏树
归绥县	九八〇株	一,二〇〇（株）	三,五〇〇（株）			
包头县						
萨县						
和林县	二一,四〇〇〔株〕	五〇,二〇五	一〇,一二〇			
武川县	一,二二〇	五,一五〇	四,八四〇			
五原县						
固阳县						
东胜县						
临河县	一四,五〇〇	五,三〇〇	一五,三〇〇			
托县	二七,六八〇	八四五,〇〇三	一二七,〇〇〇			
清水县	八〇〇	一,三〇〇	一,五〇〇			
安北设治局	四〇	四,〇〇〇	五,八〇〇	四,〇〇〇	三,〇〇〇	八〇〇
凉城县	一,五〇〇	三,〇〇〇	五五,三〇〇	一五,〇〇〇		

续表

类别 县名	榆树	柳树	杨树	桦树	松树	柏树
集宁县	一〇,〇〇〇	一〇,〇〇〇	二〇,〇〇〇			
丰镇县	一〇,〇〇〇	三,〇〇〇	二〇,〇〇〇			
陶林县	一二,〇〇〇	八,五〇〇	一二,〇〇〇			
兴和县	八〇〇	一,五〇〇	一,二〇〇			

各县局水产数量表

类别 县名	鲤鱼	年[鲶]鱼	鲫鱼	白鱼
归绥县				
包头县	一〇〇,〇〇〇（斤）			
萨县				
和林县				
武川县				
五原县	一二五,〇〇〇			
固阳县				
东胜县				
临河县	一二四,五〇〇[斤]			
托县	三,七〇〇[斤]	一,二〇〇（斤）	八,四〇〇（斤）	五五〇（斤）
清水县	六,〇〇〇		二,四〇〇	
安北设治局				
凉城县				
集宁县				
丰镇县				
陶林县				
兴和县				

外人势力

外人之在绥省，概为荷、比之天主教士，以其宣传热心，任事努力，积年以来，势力甚大，其最著者为河套之天主教堂，一片荒凉之地，经教堂积年经营，凡教堂之附近，均树木森然，洋房土城，俨然一新兴之村镇，同属绥区，教堂区域内之优美，与教堂区域外之荒凉，判若霄壤。且凡教堂所属之区，农民概可安居乐业，不为匪扰，是官厅之治理远不及外人之教士，实可惭愧。考教士入河套传教之初，人多观望，嗣以小利引诱，一般无知者始行入教，惟尚不踊跃。后教士以势力袒护非法之人，于是不肖者趋之若鹜，引起一般之反感，时适庚子仇教案起，蒙人遂乘机杀死教士，比政府要求赔偿十四万金，蒙人向不愿损失金钱，遂以河套西北部现临河境内之地五十余顷作为赔偿之代价。教堂得地后，遂渐施其霸占之计，乃开黄图拉海河渠道长约二百余里，以兴水利及交通。凡河两岸之田亩，均须年纳地租及水租与该教堂，无形中，两岸之地均为比国教堂所占有，其数虽〈名〉为二千顷，实则不下五千顷，每年租金约可收二十余万金。当临河县治未设以前，该教堂之地本属五原县境，惟五原地界甚广，彼所占之地约离城二百里，县署素不顾及，故当时举凡民事、刑事，人民均向该教堂起诉解决，其权力非但及于地权，且兼有司法权，俨成一无形之租借地，于此可见其当时势力膨大之一斑。自临河县治设立后，政府与教堂屡次交涉收回地权，目下势力虽不若昔日之嚣张，然农民在教堂荫庇之下，仍甚安居乐业，为他处所不及，故农民亦甚愿入教为教徒。考河套一带土匪素著，吾国大部军队时有不能剿灭，而教堂位于匪窟中，能使农民安居其乐者，其能力之伟大、防御之切实，诚不能不令人钦佩。闻土匪之攻教堂，时亦有之，惟教堂所在，教民所居，周围必筑堡垒，且备有相当防御军械，虽大股土匪攻入，总非易事，即攻入后，土匪亦未必无相当损失。闻教士为匪徒攻入，被杀害者，亦不乏人，惟因其前扑〔仆〕后继，抱定拼死抵御之精神，故土匪虽强，亦无可如何，教区农民尚可安居乐业者，即此也。凡教堂所在，均附设有男女学校，以为爱护农民子弟之入学，如子女至相当年龄，不入其所设之学校受教育者，其父兄不能向教堂租地，如子弟赴外省或他处升学而未经教堂允许者，其父兄亦必受惩，不能租种教堂之地，其把持教育作传教之工具者，抑何甚矣。

蒙人生活情形

蒙人均事游牧，逐水草而居，故其生活简单，文化落后。其所用文字，在成吉思汗时代，为土耳其族之维伊奇哥尔文字，及世祖时，西僧帕克巴变化藏文，制蒙文字母四十一个，是为蒙文之始。现今之蒙文，为元末所确定者，字母计有一百另四个，为一种不完全之文字，故近来新发明之一切科学均须用汉文而不能以蒙语译述，是一缺点。其教育亦不发达，盖蒙人逐水草而居，迁徙无定，教育甚难设施，阶级之制甚严，可分台吉、喇嘛、黑人三种。黑人为蒙族最苦之阶级，无论男女，均为人之奴才，对于长官，尊若帝天，贵贱尊卑，以制服、顶戴区分之。王公爵位，世袭不绝，平民如走马、射箭有一技之长，亦可求取功名，赐与顶戴，故蒙人之有顶戴者，几十之七八，王族红顶，官府蓝白顶，平民则铜顶而已，王爷御朝披九龙袍，公爷缠龙袍，官府鹤补，平民蓝袍，俨然清室旧制遗风。蒙人为征兵之制，青年子弟皆有当兵义务，轮流至王府守卫，饶〔骁〕勇善战，尤精骑术，日驶三四百里，不以为苦，故剿匪勘乱，汉人莫能及焉，惟勇有余而智不足，如能善加训练，实可为世界善战之兵。蒙人为游牧生活，其全家财产即为牛、羊、马群，故对盗窃牲畜所定之法律甚严，如有盗窃而证据确凿者，处以死刑，刑具为一牛皮筒，置犯人其中，结其两端，于悬岸绝壁处抛掷，使之坠死，或湿牛皮裹犯人置高山顶上，日晒风吹，皮干收缩，僵死其中；若汉人之盗窃牛马者，汉律本无死罪，蒙人恐引起意外交涉，被捕之后，审判清晰，当众释放，任其逃逸，于数十里无人处，骑兵追而击毙之，政府虽知，亦莫可如何也。

蒙古包为蒙人住居之所，包高约四尺，径宽约三丈，内架木桂〔柱〕，外围毛毡，其构造皆为圆形，每家一包或数包，视蒙人贫富而定。远视之，若水门汀之建筑物，南向开门，伛偻而入，门高约三尺五，宽约二尺，垂毡帘以蔽风雨。地上铺厚毡，席地而坐，中置大炉，上方设佛龛法器，龛前为家长住焉，男女则分左右居。蒙地旷僻，每行百数十里，不见旅店，故旅行者借宿蒙大〔古〕包，无不招待，主人之于旅客，与家人同等待遇，食宿均不给资，惟须稍知蒙语者方可。旅客进入包内时，必置马鞭于户外，既入室，须坐左边，入夜亦同包寝宿，不分男女，惟两旁界以带，翌晨起时，如所界之带仍居原位，则认此客有德，更加敬重。客去，则家长及妇人齐出欢送。

蒙人对于宗教信仰极深，每家如有三子，必送一人或二人为喇嘛，余则留家畜牧，瞻养父母妻子，故蒙族人口不能发达，此实为最大之原因。按喇嘛之义，本为尊称之意，近则变为普通名词矣。考喇嘛之教源本于佛，现分两派：衣帽用红色者，曰红教，为宁夏巴派，许肉食、娶妻，为邪教之源；衣帽用黄者，名曰黄教，为嘎达谟派，起于宋仁宗时，仰信者多，后元世祖忽必烈用以羁縻蒙众，故迄今仍尚为人所崇拜。呼图克图称喇嘛曰活佛，蒙民皈依，有神圣不可侵犯之势，故活佛与喇嘛在蒙之势力甚大，有左右政治之权。

蒙人食事甚为简单，饮食以乳品为主，兽食次之，日常早、中两餐，不过炒米、奶茶而已，晚间富者吃面，贫者亦与早、中两餐相同。蒙人以牧畜为生，故乳之产量极多，其以乳之作为食品者亦不一，如奶子茶、豆腐、奶酒、黄油等，均以乳为原料，经各种手续制成者也。肉食以全羊为最上，款待贵客时，始一用之，食时不用筷而用刀，先将全羊割分八块，用手持食，手之油腻无需洗涤，概揩擦胸前之衣面，衣面之油垢愈多，则愈显其阔绰，盖表示富而多食肉也。

蒙人衣尚简朴，平常服用棉布，宽领大袖，腰束条带，而系以烟袋、食刀等物。冬着老羊皮袍，不制面，暑天多赤足，间有不着裤仅围腰裤者，妇女宽服阔袖，长可及踝，色多红绿，男装服色以黄为多，红绿亦不乏人。处女编辫，嫁而束发，喜涂脂粉，频饰金碧，男皆剃头蓄辫，仍与前清无二。男女均穿厚底之马靴，为平、津等地出品。无论老幼男女，皆善骑术，平常以跑马、打猎为娱乐，面目黧黑，终年不知沐浴，故在汉人闻之，气味迫人，实有难耐之概。

蒙人婚丧礼节，与汉人大异。女子于二三岁时，即须定婚，十六岁以上尚未成婚者绝少，夫妇年龄大概女长于男。定婚先期由喇嘛择定，迎娶时，由新郎家派人迎接新妇，至新妇家时，其家长及戚属均鹄立幕前，作拒纳状，而后启门出迎，新妇即乘马绕幕驰骋三匝始行。导至新郎家，会亲赠物，拜佛诵经，见翁姑后，入内拜灶，出堂一同礼拜祈祷。礼成，然后设宴款客，婚筵有继续至七八天者。聘礼多以牲畜，以马二匹、牛二头、羊二十头为最普通。惟蒙人常无力娶亲，故有招亲之制，即有男有女之人家，以女子为主，自外招婿以继承家业，而自己子孙则赘往别家。大略计之，娶亲与招亲，各居其半，且居室除父母外，均能苟合，如女在家有孕，生即对蒙古包外之马桩而叩头，谓即其夫，遂可不嫁，任意逐流。其正式配合，亦不拘行辈。婚姻结合，纯系自由，故离婚亦甚易，只要一方不合意，即可脱离，即有夫之妇，虽与别一男子同居，其本夫亦不介意。是以风俗甚为淫乱，男女之有花柳病者甚多。葬礼可分三种：一为埋葬，纳尸于棺，营以坟墓，此种多行于王公贵族；一为火葬，人死后请喇嘛诵经，举火葬之，拾其遗骸，请大喇嘛许可后，粉骨制饼形，而纳诸灵塔，以收存之；一为弃葬，即暴尸于野，或置深山空谷中，任野兽啄食，如过三日尚未见食，即请喇嘛诵经，以超渡罪过。盖蒙人以为毕生肉食，罪孽深重，死后非使野兽食完，以肉还肉，似不能以偿毕生之罪，其愚昧一至于此，实属可叹。

蒙人贸易不用货币，均以物易物，以己所无，易他人之所有，故汉人常以内地鄙弃而价值低廉之物与蒙人为商，只要蒙人认为需要，即不惜以狐皮或狼皮数张易之而去。数尺洋布，亦可换马数匹，诸如此类，不胜枚举，故昔日之汉商凡与蒙人相交者，无不一本万利，满载而归，此亦为甚饶兴趣之事也。惟目下蒙人智识渐开，而此种经商获利之事实，亦随之而减少矣。

《建设》（季刊）

南京建设委员会

1933 年 14 期

（李红权　朱宪　整理）

伊盟准噶尔旗最近调查

作者不详

（绥远通讯）准噶尔旗为伊克昭盟七旗之一，去岁东协理台基那森达赖及其子中央监察〈委〉员奇子俊被戕后，新进青年齐寿山，掌管旗务，嗣齐又被那森之弟奇文英戕害，结果一幕互相杀害之局，暂作结束。于此期间，绥省府派员前往调查，中央蒙藏委员会及伊盟盟长方面，亦皆先后勘查，迨至去岁年底，始正式发布命令，委出东西协理等人，同时对于那森达赖之遗产，亦分配停当。那遗产颇巨，在绥为首屈一指之富翁，因其生时善搜刮，且极吝啬，广有土地，坐拥巨资，现洋与大烟，贮蓄最多，去岁变后，齐寿山对于那之家产，亦未刍〔瓜〕分，后经奇文英手，那妻尚在，现款据云已无几，唯其不动产数十万元，以三分之一，归那妻及奇子俊之子，其余作旗中公款。

八岁之王　准旗之王，现仅八岁，其父闻系遭暗害，那森篡权多年，王之始祖额巨璘从子色棱，于清顺治六年，封札萨克因〔固〕山贝子，世袭罔替，迄今式微，仅留孤儿寡妇。经两次事变后，此时正式发表之东西协理台吉，均已就职，东协理为那森之弟奇文英，西协理为奇凤鸣。原准噶尔旗行政上之系统，王之下设东西协理，其权相等，那森专权，且拥兵力，故终那森之世，西协理历受压迫，王则徒拥虚名，现任西协理奇凤鸣，其父即曾任斯职。

准旗现状　准旗兵力，在乌、伊两盟十三旗中居第一位，论其数，不足千人，唯甚强悍，剿匪极得力，那森生时，一切皆不满人意，唯土匪始终未犯准旗，形成绥远境内之太平世界，至今犹为人所称道。现东西协理，分掌兵权，各有四百余人，枪马齐全。准旗境内，汉民亦颇不少，大都种地为生，蒙兵俱系征兵性质，故饷项甚少，那森生时，每兵每月有时不过得大烟数钱而已。旗内一切风俗人情，殆已完全与汉人同化，因地连托县，一切大都与托县相仿。旗中重镇有（一）将军窑子，（二）沙圪都，（三）杨泉湾，（四）大营盘等处。大营盘即王爷府所在地，居准旗之中，所谓王爷府之建筑，富丽堂皇，当王爷在位操权时，每晨由所属"朝王"，有如专制时代皇帝之早朝，礼节隆重。杨泉湾为那森私人住宅所在地，因那森专权，旗公署亦设于此。沙圪都为赶集出发之地（准旗交易，今犹作赶集式，到期由沙圪都聚齐出发，指定地点，各货齐集，谓之赶集），现奇文英驻于此。奇凤鸣则拥戴八岁之王，旗公署之印，亦在此处。

夺印风潮　去岁奇文英向奇凤鸣夺印，几又演第三幕之惨剧，后和平了结，亦云幸矣。最近西协理台基奇凤鸣来绥，分谒傅作义、王靖国、马曦等各当道，傅等勉以在旗内和衷共济，勿蹈从前覆辙。记者昨日访奇于其寓处，询以准旗近状，奇亦如此表示，谓于废历正月二十即返旗，因该旗习惯，每于废历年关封印，封印之后，即作休息期间，正月开封，亦为郑重之典礼，彼须于开印前返旗。开印时，旗中各官佐皆到场，署理札萨克之主官，即详述一年行政计划。东西协理之下，有"打庆"、"刀儿股"、"章盖"等官，以上皆系于译音，等于一县中之主官及区长等类。

准旗教育　复次，奇谈该旗收入甚少，经费困难，教育甚不发达，奇子俊生时创办之同文学校，此时尚维持现状，为旗内仅有之学校，此外则各处大都有私塾。彼本人之子弟，即专馆教读，那教〔森〕达赖（彼称那数〔森〕曰〔曰〕那公爷，盖准旗人对那森一致之称呼也，那虽死，其威犹在）之妻及奇子俊之二子，由旗中保护，自由度日。齐寿山亦遗有一子，仅四岁，齐妇尚在青年，此亦孤儿寡妇，旗中亦善视之。至于此时之八龄王爷，则正在攻读中，彼等对之尊崇备至，俟成年，即可就札萨克职也。

《蒙藏旬刊》

中央宣传委员会蒙藏旬刊社

1933 年 43 期

（萨茹拉　整理）

察哈尔的现状

唐　尊　撰

　　察哈尔省之政况，知者极少，半由于言论不得自由，半由于忍痛而不欲言。言论不得自由，在中国为普遍现象；忍痛而不欲言，在察省有特殊情形。无知民众欲言，势有不可；知识阶级言出，祸必随身；绅商或有表示，当局则横加干涉。即令集会他省，每举辄多不成。在外学生，上焉者忙于读书，其次则漠不关心。呼吁无效，要求不灵，吾民即忍，岂能长此容忍。见于外患者，热河岂非殷鉴！证诸"内乱"者，共党为其适例！此皆我朴实良民，痛当局之不恤人言，是以出此，岂其别具心肝，有所乐而必如彼哉。近且多伦告警，恐我察民之或将然也，故不自量其肤浅，大声急呼，一以述我察人之痛苦，冀即加以改善，一以指陈利弊，便有司之采取，庶于国破家亡之际，可免袖手旁观之咎乎？

治内区域之今昔

　　今之察省，为旧察哈尔特别区中之达里冈厓牧场、锡林郭勒盟，及兴和道之东六县，与旧属河北省之口北道十县所合成。至旧日察哈尔特别区兴和道之西四县——丰镇、凉城、兴和、陶林，则于民十七年后季划归绥远。现在察省境内，成熟县分，只有口北十县。兴和道之东六县，直不过较大之土堡栅栏，俗人所称为口外之地也。至若锡林郭勒盟、达里冈厓牧场，人烟稀少，俗仍牧业。

口北地位与边防之关系

口北十县与晋属雁北十三县，地居内外长城之间，形势天堑。昔在明、清，宣化、大同，皆为重镇。虽局势与今不同，然以蒙民知识未启，风教不同，边疆有事，必其定为我用，恐无确实把握。征之往事，无可讳言。然则口北、雁北，仍为国防之重镇，开发内外蒙之后备，与昔无以异也。惟是明之初叶，宣、大驻军，凭长城设防，力不能外征，仅足以苟安。时或将非其人，寇每内犯。也先、瓦剌之侵，英宗土木之变，其适例也。迨及明季，事又逊前，藩将怯弱，吏治贪污，置国防于不顾，惟民膏是吮。内则结纳阉竖，为禄位之固；外则杀戮人民，冒捷报之赏。卒之闯王北犯，欲由潼关而不得，终经雁门、宣、大以成功，长趋直入，势如破竹，未始非防务未充、民心未结使然也。迨及清初，武功之大，除平定三藩，几全力注意于新蒙。观康、雍、乾三帝之亲征，可以了然。惟其策略，重在安边以制外，故其军政吏治，颇称清明。证之遗谚"交了银子粮，赛如自在王"，亦可见当日人民之熙熙乐生也。终清之世，其安如此，未或稍替；故在清世，力足以经营内外蒙、新疆者，非徒无因也。惟是驻外（内外蒙、新疆）大臣将军，类皆旗人，不学无术，昧于治体。加以亲贵用事，保荐私人，视新、蒙为罗掘之地，罔存卫国之心。是以回民屡变，乃成新疆建省之议；蒙民骚动，亦劳御驾亲征之举。究以羁縻有方，版图未为大亏。所差者，吏非其人，内外蒙、新疆人民之程度，迄今未跻于内地之列耳！然方之明世，对于内外蒙、新疆，政治措置，成绩所获，良多多矣！究其原因，即在于先安边境

（口北、雁北）也。降及民初，热属经棚，蒙民变起，宣府驻军，往征即平。其时民亦未尝输送，兵则自能卫国，晏然不惊。其后外蒙独立，爰又出征，虽则失败，民不生心。内蒙相安，外难再侵，未始非清世治绩所遗也。自此之后，外蒙携贰，不受干与；听俄煽惑，倡言独立。新疆则有挟于项城，擅作威福，术尽罗掘之能，毫无建设之实。当此之时，中央对于新、蒙，已有鞭长莫及之慨矣！及徐树铮有屯军西北之议，适外蒙正为内向之际，于是宣化练兵，龙烟采铁，事虽出于争权，要为国防至计。然以段、吴不合而起内讧，国防重地，形成割据（口北为直隶省之口北，雁北为山西省之雁北），各不相谋，时复牵掣。经营新、蒙，不特失其资助，即内蒙特别区域，徒使匪势坐大，鸦片充斥，尚何政治可言，直一西北魔窟。而外蒙则任俄人处置，新疆仅由杨某擅专，统一既破，国防不灵，小徐之计画休矣！及冯氏势成，步武小徐，清河孔家庄（属今察省万全县）有飞机场之设，平绥沿线皆驻重兵，张垣建署，通蒙筑路（平绥沿线至张家口，由此向外蒙各处），是时内地之经营外蒙者，有大进展；卒以规模略具，惹起内乱。认以为是者，既无实力之援；指以为非者，谓有近俄之嫌。于是群起攻之，分赃了事。内政如此，外交失策，赤俄抵隙，进占库伦，没收我财产，杀戮我人民，内外之关系断绝，一任俄人凭陵，丧权辱国，言之痛心。迨北伐成功，全国混一，政府意在巩固中央，国都南迁，对于西北边防，无暇顾及。山西以北伐之功，既据河北，复以军事之势，口北划察；事虽内蒙设省，对外蒙毫无经营之心，而口北划察，于内政实有过问之意。此局一成，口北顿异，向之视为边防后备者，今则直成内争之区。西胜则西者据之，东胜则东者有之。视同征服之地，待如房掠之民，国防之计画不施，人民之骨髓是敲。以致家家破产，人人思乱。其在无事之时，边政如此，固非治世之象；况在今日，外蒙则

"赤化"已深，日人又攻察甚急。设有不幸，不入于俄，则入于日。是时河北更危，雁北定失，而西北之屏藩将尽撤矣！

居民之复杂及其风俗

　　察省治内区域，既系旧隶河北省之口北道，与原名察哈尔特别区之一部所合成，已见前述。故其居民，约略分之，已成两部。而又以特别情形，有他省人民或宗教不同，杂居其间者，为数亦不在少。兹为便利起见，特分地述之：口北十县，率多土著之民，风尚勤俭，恒心自守，尤以蔚县、阳原二县为最。其习尚虚浮奢逸者，则首为张垣，次即涿鹿。盖以张垣于民三开埠后，为津、平、蒙、俄货物会萃之地，八方人等聚集之区，互通风气，习俗愈杂，服装妖艳，娼寮充斥。当昔繁盛之时（民十六前），固为商埠之地所不免，自今萧条之后，风气既成则难除。落得空存皮壳，华而不实，直如枯症莫治而已！至如涿鹿，仅以县城之内，有旗族数家；繁文缛节，本其所尚，婚丧大礼，每事阔绰。观感既熟，土著效尤，降及今日，此风未革。至若特别区之一部，极北牧场，纯为蒙人，业既未变，俗亦仍旧。稍南锡林郭勒盟，则汉蒙杂处，少见幕帐，俗近汉族。再南六县，已近张垣，则多汉族，纵有蒙人，完全同化。此外尚有一部回民，散居于张垣、宣化两地，多清军官千、把总之后裔，意必屡勘回乱之内向而有功者。其人强悍有为，多经商新、蒙之间，或业骆驼脚户，往来沙漠中。自民十五以后，屡经战事，驼被军用，亏本折业者不少，改作屠户、饭馆以及入伍者，比比皆是也。

政　况

　　当清之时，口北十县，为宣化府治，而多伦、张家口、独石口亦属之，即俗所谓内三厅也。其划归绥远之丰镇、兴和、陶林三县，在昔亦为宣化府管辖所及之区，而称为外三厅者也。宣府上隶于直隶总督，而直隶总督为畿辅重臣，则是今之察哈尔省，在昔无异直辖于中央也。迨至民二，裁府留县；惟于十县之上，设道尹、镇守使各一员，直属于直隶省长之下。而内外六厅，及北部之锡林郭勒盟，与达里冈厓牧场，则称为察哈尔特别区，都统一人领之。其下则有兴和道尹，多伦镇守使隶属焉，即昔所称为兴和道者是也。自是之后，察称特区，政权另树，虽其意为设省之备，引而近之，而不知权分力小，反而外之也。况历任都统，多为武人，昏庸无谋，以为太平，对外无发展之策，内争有染指之心。坐令外蒙独立，无计可为，内蒙土匪，一任横行。行旅裹足，商贾退畏，是则经营外蒙，官既不为，人民纵为，亦不易言矣！故内蒙则草昧如故，外蒙则离附无常，以言国防，有何凭恃？迨小徐屯军，有意经营，旋以内讧，事即中阻，既无成效之可言，而中国官宪之设于外蒙者，从此尽撤矣！冯氏势成，步武小徐，数年之间，颇有进展，已详前论。而复以近俄之嫌，群起环攻，既倒其人，复抛其计，以视日人之政党迭代，而计画不变者，良可痛矣！至后察、绥、雁北、口北，奉军驻防，一切政权，自亦由彼。视该区如征服之异族，时加蹂躏。税捐则额外征收，每借端勒索，以视前此之仅失于对外发展者，又加甚焉。而察、绥、雁北、口北之农村破产，亦从此时为基兆矣！

　　北伐之后，阎军驻防，县政人选，中央与山西参半。时方注意于党务之争权，与民隐无关也。而所收编之直、鲁军，约十数万，则亦散驻于口北矣。其中尤以宣化为最多。所用饷项，就地供应，房屋用器，咸占民有。如此年余，该军始行南下，而吾民之困顿已深矣！

际此时会，划省已成，机关设备，上而省政府，下至各厅院，莫不应有尽有，亦如他省。然察省十六县之负担，从此更重。吾常以察哈尔设省，比之内地各省，亦如穷人与富人赌阔，纵能支持一时，不露破绽，但若长此如是，则恐行不得也。后此中原变起，虽非战事之区，而征敛频繁，人民痛苦，较前更甚。是时奉军举足轻重，安据察省，惠政未见及民，机关必须多设。计于原有之外，于省则有公安管理处，财厅之下则有清理官产总处，各县复有分处，设专员焉。县区公安，本兼行政警察事务，而于公安局外，既有行政区之分，复有助理员之设，县属每区莫不如是。再加税捐分卡、自卫队，则已并此而五矣。以不足二千户之编氓，组为五十村之一区，而其机关有五，其意何居？而暂设骈枝之机关，尚不在内也。倘此辈官员，尽属善良，薪俸之外，别无苛求，一省负担，则已增重。况又额外征收，借端勒索，民众财力，其何能给？况又事权不一，政出多门。就如民政厅长，对于县长简拔，自有专责；而某氏莅任以来，所放县长，只有一人，其余则为华北最高长官所放者，长官爱弟所放者，某太太所放者，及某姨太太所放者。包苴一人，便门大开，但亦无能久任者，多则年余，少仅数月。盖以增贿以攘者多也。此吾闻之该厅长友人所谈，非敢妄言也。民政如此，他政亦然。铨叙如此，而欲以吏治成绩，责之某氏，某氏不受也。

察省法院，最高者为高等法院，其次即地方法院，民刑兼理，设署张垣。其下各县，则县署兼理司法也。法官任用，亦如前述民政之滥；两者相较，其害尤甚。盖以司法不特易取民钱，且亦易枉民命。兹举亲所见闻者二事，以见司法之一斑。

某县民武某，愚人也，家有山地数亩，被人盗卖于该村小学校。武氏妇即托其近亲顾某代诉县府。但县府以事涉学校，未便擅专，而教育局则以贿赂所动，为被告庇护，被告迄未到案，然县府竟宣告判决，原告败诉。而其判决，则于原地亩毫无涉及，仅以与此相近之又一地，罪其补税。则是诉讼标的，尚未认清，无怪其判由如风马牛之不相及也。然此究属县府兼理司法，未娴诉讼，犹可原也。迨及上诉，被告不到案如故，而开庭审讯，不作笔录，惟至退庭，使当事人画押白纸，而后补作。此中弊窦，不问可知。卒之原告败诉到底，地契发还，虽该地之权利不享，地赋仍须照缴。是则尽义务，则契为有效；享权利，则契为无效，吾不知何说焉。

某县西门外新房子王某，有侄子一人，年十五，夜间与一雇工某，在院外草房住宿。一晚，有逃兵一人，携枪入，唤醒二人，谓愿将枪换取些微现钱，以给盘费。王侄年幼无知，未识事体；雇工心怀叵测，遂允留置。予铜元二百，兵即出走。去尚未远，当即被其长官捉获。追究其枪，则一一直告，遂复至该房，将枪寻得。除王侄、雇工为重犯外，并王某亦带至军部，认为匪人，毒打百般，死而复苏，终以未与知其事，开释，而逃兵则执行枪决。雇工与王侄，各判徒刑有差。然按刑律，王侄为未成年人，不应有罪，而判徒刑二年有奇，或以军法然耶？去岁七月，幸逢大赦，此项罪犯，概应六折。则是王某之侄，按其期限，已经超过六月矣。是时友人郭某，适为该县承审，谓已详报上峰，不日当可开释。数月之后，未见开释，而郭亦以事他适。迄至此时（二十二年三月），恐又逾八个月矣！

财　政

察省财政，比之往昔，更加不同。在未设省之先，除印花税局、烟酒税局，按县设置外（酒烟税局在此先仅宣化、张家口有），普通征收机关，只于沿路各站由官设办。各县集镇，皆由民商标包，凡所得价，约有半数入官，半数用之地方。今则一省财政，概由省府财厅总理。税局之设，下及农村，诛求之苛，遍诸细物。稽查则汲汲，防漏税胜于防盗，商民则惴惴，虑过犯胜于营业。是以咸有戒心，商多倒闭，市面萧条，非偶然也。至其征收机关之设置系统，就其性质，约别为三。兹以便利，分述如下。

甲　各县政府　县府所收解省之款，一为买卖田房契税，一则田赋丁银是也。所解数目，有案可核，姑置不论。兹所欲言，乃就其关系于民者也。田房契税，近以金融停滞，农村破产，卖者虽多，而买者无几，料其所入，当亦不多。田赋丁银，每年缴纳，向分两忙。折银标准，在昔低于时价三分之一，而今则超过时价一倍矣。是则应交五斗之粮者，已成一石；该纳五钱之银者，必费一两。名虽原额，实已多征。以地本瘠硗之察省，又遭连年旱灾，国府无免税之令，财厅有催欠之文。此项催欠，百元之中，县长可抽四十，其余六十，始行解省。是以利欲熏心者，则糠秕必竭，从此升官发财。而天良不昧者，稍事因循，必予撤职以惩。不幸国难紧逼，财厅借口下令各县，谓于四月之前，必将本年度上下两忙，一齐缴足，庶便军用。倘有故违，定依军法从事。如此作去，简直开始预征之兆。四川预征，虽已五六十年，并无大故，而群魔得从容争其狗骨者，地势然也。至如察省各已困敝不堪，呻吟抑郁，若再预征，是速国家之不幸也！

乙　各县地方税捐局及县以下各区分卡　县局分卡所征得款，

直接解交财厅。其应征项目，名色很多，兹为便利，分述如下。

1. 烟酒　烟酒税收，昔有专局，今并合一处征收。烟类所包，计有西烟（山陕烟）、卷烟、烟叶等目。如就地种烟，则按亩抽捐，平均每亩元余。收获之后，趸卖自须报税，亦如各种烟之批发；零卖尚须缴纳公卖牌照等费，始得自行销售。究其税率，就按当街设摊，本卖无几，每月亦需五元。至如坐贾大商，更勿问矣。酒类除公卖牌照与烟类相同外，若为烧锅，则尚有所谓厘金课程之目。二者分四季交纳，每期约须百元，而额外敲索不在其内。

2. 盐、硝、碱　盐、硝与碱，在察省本皆土产，贩卖不特报税，且需运票。税率将及十分之一，零售公卖牌照，亦如烟酒。

3. 牲畜　牲畜税收，约有三项：一曰买卖税，二曰屠宰税，三曰执照捐。买卖税率，按价计算，不分驴、马、猪、羊，约皆值百抽三。屠宰税率，定有详章：计牛一头，征洋四元；马、骡、驼、驴，均收一元；猪为每口六角；羊则一只四毛。执照捐项，猪、羊除外，骡、马每头各四角，驼、牛三角，驴为二角。

4. 米粟　米粟一类，内含豆面麸糠等项。凡有交易，务须报税，不论零整，概按价值核算，值百抽二·五。其尤可怪者，即某县某人，家居甲村，乙村有地，租与某丙，迨秋收后，丙自交租，非同买卖，而某卡长必使按照交易纳税。吾则云：交易二字，于此未妥，曷如名为"挪地税"之为愈也！某卡长默然。

5. 木料　木料一项，系指各种木质原料，凡已成器，不在此内。计其税率，概按价额，值百抽三。

6. 油类　系指煤油、香油、槟麻油、麻油、豆油等。

7. 曲　系指烧酒所用缸曲，及作醋所用之醋曲等。

8. 山干水货　此项包含水果、干菜、水菜等物，与上二宗，皆按价额，值百抽二。

9. 煤 煤之税率，概不按照价额抽税。以该地煤产丰饶，价值不多，则咸以一千一百斤为准，纳洋一角一分，按之百分比，约亦值百〈抽〉三四。业运煤者，多系极贫之民，税捐及彼，固不应有，而收税人员，每多借此留难，其苦更甚。

10. 车捐 车捐一项，内含大车、汽车、轿车、马车、人力车、脚踏车等。察省贫瘠，向无民有汽车，官僚所乘，是又不出捐之车也。马车张垣仅有，有捐无捐，未可一定。其主要纳捐者，则是大车、轿车与人力车也。大车、轿车，皆按套数（一牲口拉者为一套，余类推），一套一元五毛。每加一套，增税六角，而车牌证价在外焉。其余人力车与脚踏车，约而计之，亦各元余。

11. 营业税 中央原定营业税章，除烧锅、粮行，仅领营业证，不纳税捐外，其余只少数饭馆业、娼妓业、影戏园等，税率为千分之十以上，而其他一切营业，则皆千分之二。至其征收限度，概以月入二百元以上者为合格，不足二百元之小生意，不在被征之列也。中央此制，意固至善。然今察省，税率既增于原定四倍，限度复降至八十元以上。营业证虽未增加，而有所谓资本注册金者，官方则纵其私人，暗中勒索。核之税章，曷会有此？官方既不追究，而商人颇有吃其苦者。

12. 印花 印花在昔，本有专局，今亦归之税局办理。按其性质，本与邮票相同，任人购买贴用，即有偷漏，罚章具在，意至周备也。而乃计不出此，强令购买；即无所用，每月亦必迫购若干。奉行此事，非只地方税局，即其他公安行政机关，亦不时派送。如有不遵，动辄拘押，终必购买，始能了事。盖销票若干，内有几成抽头也。

此外，如泥水（内包石灰、洋灰、砖瓦等）、麻绳、糖类、柴草、鸡蛋类各税，尚未知其税率，姑不论。

丙 财厅以下清理官产总处及各县清理官产处 清理官产，于情于理，在察省本不应有，于边防亦须顾及。盖以口外六县，具为新辟之区，从事宽大，募垦尚且不易，遽加摧残，发展更无所冀也。口北十县，地本不肥，亩额税收，本已相符；即有羡余，是乃力田之果，国家应有嘉奖，何可骤夺所有，以为黑田也。况多荒弃废地，总值亦无几多；若认官产价领，徒增吾民之愤恨耳。矧于前此当局，清理已有数次，若再施以勘查，宁非吹毛求疵？而财厅不此之计，乃派专员各县清理。彼以官旗营产，下手既无所得，何妨搜索民产，所入定可加多。于是察省窝地（房院地基），谓无粮串（田赋交粮票），即指以为官地。契纸所载，仅有房院，地基应再价领。是则察省民众，有房皆官，无地不黑；价领则每亩六百，何从领起；租赁则无钱交付，官不我许；直成"上天无路，入地无门"，于是据有祖籍之国民，竟在中国领土无立足之地；此而可忍，孰不可忍。遂群起抗争，方始作罢，亦可见该厅长之剥削察民，无所不用其极矣！嗣后虽有明示，决不涉及民产；然以借口勘查，浮收究属不少。今则外患日亟，借口军费，官产清理，又急待进行矣！

以上所述，皆系一省收入，月约四五十万元。其支出项目，除月供华北长官三十万元外，其余用途，则非吾人所知。省垣政费，月约二十余万，其款来源，另在各税附捐项下。故附捐之多，几又等于正税半额。而此二十万之政费，用于地方者，仅月二万元之中等教育费，及年三千元之大学奖金而已！各县政费，乃就附捐中之一小部分，作为的款，而小学教育，除赖少许学田租金外，其大部分，尚须农民直接负担，于此无与也。

军　政

察省军政中心在张垣、宣化。张垣为通蒙要道，宣化则塞北重镇。清时张垣设有统领，宣化则有五营府兵，是皆就地所练，军心甚固。民元以后，谭庆林威镇内蒙者，率即此部也。迨直奉二次战后，地方军从此零落，国防军未能树起，加之内战频仍，动辄牵涉西北，地介两大（阎、张），拉锯式之战祸更多。及至打出结果，败者滚蛋，胜者驻防。绅董欲结其欢心，减其骚扰，是以去者敬送，来者欢迎。而彼则毫无心肝，绝不客气，去必报以饱抢，来则借以泄愤。故于每一交替之时，家家住兵，户有丘八，蹂躏践踏，一任所为。即便时局略定，抓车拉马，需粮索草，不一而足。甚至借词勒索，携械抢劫，时有所闻。至如出入无时，逾越园圃，交易不公，争吵斗殴，更无论矣。所以如此，固由于军纪不良，而占居民房，过于散涣，门禁难严，便于微行，亦大因也。张垣姑且勿论，而宣化木〔本〕有营房六所，其三为清时所建，余三则徐树铮练兵所筑也。屋宇宏厂〔敞〕，约容万人。至如旧镇署、道署、大仓、各庙，俱为公所，并宜住兵。乃于王瑞华镇宣时，除将徐氏所筑三营拆毁外，其余道署仓庙之门窗，俱行烧毁。反谓如此房屋，不堪居住，饬令修补，地方无力，卒遂其占居民房之欲焉。自此之后，每军如是。至有数家民房，七八年未见收回。今又热河陷落，察省吃紧，以满目疮痍之地，为败军退将之所，以血尽皮干之民，供一方军需之索，吾不知其究能支持几时也！

交　通

察省境内，平绥所经，以言交通，大致便利。在昔独立经营，赢余向西展筑；自后抵作押款，原状几难维持。试查机车之缺乏，枕木之腐朽，车皮之破碎，固已可见一斑。究其所以，固由于路政本身有所未尽，然而国际商业衰落，内政窳败，未始不为大因也。其由于路政本身者，来往客车遵章驶行，运货无贿，则置之不顾。包苴纵入，拨予车辆，及至装妥，不与运走，盖以车首（司机）尚未揩油也。故每耽搁旷月、半年不等，致使商不能因时趋利，货或至霉烂腐朽，折本亏钱、破家荡产者，职此故也。包苴行矣，车首肯矣，即小至摇旗挂钩者，亦必买通；否则，从事阻挠，或行毁货，在所不惜也。向在南口，眼见香油一车，业已挂妥，而车首以未餍所欲，故于驶行之始，猛一闪荡，油桶尽裂，滴注于地。该商面色灰白，计无所施，呆若木鸡，凄惨欲哭。又于昌平车站，载有棉花一车，行至半途，火焰忽发，该商发觉，鸣笛止车，而车首不顾也。迨及火势将大，始行停驶，然已损失将半矣！似此贪污秽浊，暴殄天物，固属可恨，而其以国家之车辆作牺牲，乘客生命同儿戏，不知罪应何律耶？其由于国际商业者，中俄决裂，外蒙不通，西北商业，顿形衰落，事虽路政不好，实亦无货可运。入款不丰，发展无力，意中事也。加之内政窳败，动辄挪借，军运随便，任意阻隔。不特货车无缘畅行，即客车，亦时常误点。至如沿路税卡，种种留难，更无论矣。平、张之间，本通汽车，在民十三，国民军所修也。自后失修，任其倾败，间有一段不能行走，则抓就近民人为之代筑。究其所用，仅在贩运鸦片，于察省，于国防，无与也。近因热河陷落，军事吃紧，方始饬令沿路村民，按段修筑。以上所述，火车、汽车，东西交通之大略。境内南北，除延庆、龙关、赤城三县，山多路狭，不便通车，只宜高脚（驴、骡、驼、驮子）外，其余各地，咸有大车之便。余如邮务、电报、电话，大致尚足应用。

建设与实业

察省属县既少，经济见绌，现状尚难维持，发展如何为力，以言建设，宁非呓语。纵以必需，偶有一二工事，可由该管机关办理，筹谋计画，直接交由包商，严加督责，亦至便也。何事另设一厅，长川领薪，无所事事，以重吾民之困？省垣各公家机关，不过数间平房，几条土路，即有新筑旧修，各该机关，不乏总务、杂务，稍具常识，已优为之，何劳烦此建厅大员耶？即使烦之，彼固不肯，且亦不屑也。遑论农田水利，根本未尝虑及。修路浚河，每事尚赖商民也。省垣如此，县城亦然。时人谓"打倒非空谈所可能"，我则云"建设更非空设机关所能实现"也。

政治不上轨道，实业无从发展，农事方兴，催粮正急，索车要马，时有所闻。水利未兴，旱灾固所难免；即年逢大有，亦谷贱伤农。小米一斗（小斗），贵时可值一元五六，衰则不过二毛有余。变化如此，安得不困。商贩则既苦税捐，路局又多所留难，国家根本无调济诚心。岁歉则任其饿死，丰收则亦听其腐朽。此关于农事者一也。察北地带，本属牧民，牛马与羊向为大宗。有司时加剥削，土匪每抢馨群。即令安全保有，入口（张家口）则苦于税大，杀而供食，皮毛亦无所容，牛羊乳酪，更无论矣。此关于牧畜者二也。农牧破产，购买无力，俄蒙不通，交易断绝。坐贾苦于税局而倒闭，行贩又困于路卡而绝迹，有无不能互易，金融因而停滞。此关于商业者三也。宣化东南，煤产极富，路政窳败，既不能畅为运销，税捐过重，亦防害营业进步。城北铁矿，蔓延连至龙关，铁质成数，百分含七五。段氏一度开采，此后无人问津。货弃于地，自为可惜，影响工业，亦为至巨。此关于矿业者四也。察省原料现有者为五谷、皮毛，将来者为煤矿、铁产；工业振兴，端即赖此。而铁矿之开，渺无音信，五谷、皮毛，重为民困，经营有心，力每不足，坐弃大利，徒唤奈何。此又关于工业者五也。察省实业，原无几多，即此数种，已受羁勒，而欲民不破产，市不萧条，不可得也。

教　育

　　察省文化本不甚盛，盖有历史远因。其在明世，乜〔也〕先、瓦剌等部，不时内侵，民人则忙于防守，国家亦重在战备，遂营目前之务，而遗千载之功，是以有明一代，无可足云。迨及清世，蒙人内附，地方安谧，朝廷开科取士，父兄亦教子应考。举业之外，直不知学问为何物。卒之每县所成，举人三五，秀才十余，点缀升平，奉承孔祀。进士及第，则几若凤毛，学问经济，仅魏果敏（象枢）一人而已！光绪末年，立宪议起，宣化府学，人才济济，稍长者，送入优级师范，年少者派往日本学习。时才匝年，戊戌变起，优级则仅获卒业，留日者薄言旋归。究以风气已开，非力可抑，从政者大有人在，办学者亦自此发迹。宣化中学（今改称察哈尔省立第二中学），即此中人所手创也。过此以往，皆为现代教育所镕成，人数较前为增，志趣自亦多途，计所从事，教育为多，而以政治窳败，未得各尽所能，功罪未便判别，顾视将来之努力为何如耳！凡此所述，仅就口北立论，口外六县，犹未足以语此也。文化之低，亦可想见。上略综昔日学风之衍变，下分叙现在教育之本身。

　　甲　两级小学　口北各县，高小数目，多者七八，其次五六，最少三四，而女校每县约仅一所，口外六县，至多一二，或则竟无。其于初级，大县四五百，次约一二百，再次则百余；而口外六县，为数寥寥，甚至有村学究设教其地者。察省小学经费之来源，除少数学田租金外，如有不足，乡村则概由农民摊派，城区则税项附加补足，如此何异苛捐杂税？而财厅犹趁火打劫，竟认学田为禁脔，责成官产，必欲勘察变卖，以遂其发财大欲。若非我教界团结反对，几为彼辈侵蚀矣！

乙　中等学校　察省中等学校，现有两种：一为县立，一为省立。县立者，有县款或募款之分，省立则全为教厅直辖。蔚县、怀来二县有县立初中，其余各县，皆为乡村师范，而口外六县，甚或并此亦无。县立初中，以方在创始，姑置不论。兹仅就乡村师范，申述一二。乡村师范，在昔称为单级师范，例皆结束一班，始能再招。每次人数，肄业年限，概视初级小学需要师资之缓急以为定。所需急，则额多期短，否则数少而年长。盖以款额有限，正如原水作原汤也。然则此项学校，就其性质，实一初小师资之速成班也。此在昔日，固所应有，但就现在，似非必需。每思初小教育，不能突进，其病根或即在此。虽有二三勤苦自励之士，惨淡经营，卒于初级小学无补者，未始非以不得已之捷径，而误认为长此不变之正途所致也。欲谋改善，舍招考新生，提高程度，教职学识，务使充实外，其道莫由。省立中等学校，除农专与塞北中学具有特性外，其余则一如他省。计有男师二，男中二，男职二，女师二，总共八校；张垣、宣化，每类各一。学员数目，以中学为最，平均约计，每校三百。其次男师，校约二百；次则男职，校亦百余；最少者则为女师，每校仅约数十人耳！

丙　就学外省之中学、专门、大学生　中等学生，就学外省，在昔可谓绝无，近今增至百十余人，大部肄业于北平，在天津者，仅为少数。此等学生，出外就学，有特别情形者，间有一二，而多数则为本省取额太少所致。专门学生，计仅汉阳兵工厂二人，中央军校七八人，东北商船学校二人，天津高工三四人，北平艺专五六人，与警官三四人耳。大学学生，以私立学校为最多，民大二十余人，中大十余人，朝大约二十人，燕大三四人，都计所习，半为社会科学也。至于国立者，北洋约十余人，北平工院三人，交大三人，法学院五六人，女大三四人，农医二院各一人，北大十五人，师大约二十人，清华仅一人。按上所述，察省专门与大学学生，总计不过百五六十人。口北十县，约占百分之八九，而口外六县，则仅一分也。此辈学生，多系农家子弟，故尚勤俭朴实，虽有虚浮，实不多见。此殆察省将来之希望乎？

丁　教育厅　设省既成，教厅亦立，郭氏贵暄任是职，时仅年余，计画从未着手，为功为罪，未可遽评。迨后高氏继长，复兼省委，权力之大，数倍郭氏，倘欲为善，所志何患不行？讵意彼辈，本其整个政策，蹂躏剥削，即此清白教育，亦不问能否胜任，一味引用私人，教职屡换，校长迭更。甚至校长一席，行贿者至三十六人；是固彼辈之无耻，亦可见高氏之污浊也。张垣女师，人数甚少，于此幼稚之女子教育，一般人尚应维护，使其成长，况司教育之柄、握政治之权者乎？而乃纵公务人员诱胁，从之者，任其蹂躏，不遂者，或削学籍。察人知之，而不敢一言者，一则以名誉攸关，被害人自须维护；一则为事属亲告，局外人不能为力也。又高氏对于留学规定，仅限于农、教两科，而留东洋者，年金六百，去西欧者，不足千元，除去路费，尚余几何？况并此数，亦不照发乎？是以留日者已归，去欧者，恐亦将返矣！

余　录

察省政治，坏至如此，国防危急，又复如彼，欲谋善后，应即痛加改革，安内攘外，端赖中央擘画。纵不念及察民，亦当顾全国家也。在昔张氏揽权，中央无力过问，今中央有辖治河北之机，应图国防之计，察省恶吏，急待撤职，苛捐杂税，务必尽去。事虽开罪于少数官僚，实有大造于察省民众。察省设施，权应操之中央，地方政治，尤宜极力扶植，务使上下联系，情无隔阂。凡此二点，应于马上见诸事实，方能谈到抵抗，否则，时不我与，恐将再误也。察省政务甚简，机关不必多设，只要负担减轻，澄清吏治，努力教育，则地方力量自能充实，内蒙借此巩固，外蒙方能发展，此虽事关地方，实亦有裨国家。察省地处塞北，原为国防要冲，政府应有整个计画，侧重军政。塞北健儿，平时加以训练，口外牧畜，务求改良马种，煤铁尽先开采，工厂即应设置，庶可形成军事区域，而作国防之准备，则北徼万里，虽不能固若金汤，亦不至再蹈覆辙。若仍因循敷衍，视察省为酬劳之品，对人民如虏掠之敌，即日俄不侵，久必自败，热河陷落，其殷鉴也。

《独立评论》（周刊）

北平独立评论社

1933 年 47—49 期

（张婷　整理）

绥省社会与蒙旗近况

作者不详

绥远社会一瞥

实业　绥远自九一八事变后，市面景象大异于前。工厂先后开设者凡五家，多系毛织工厂，此绥远实业上最新之转变。而驼毛店商业因国事纷扰、交通不便之影响，倒闭数家。

都市　绥远因年来丰收，并无战事，于是街市繁荣甚于昔日。省埠归绥、县市包头，为各大商之聚会地。

生活　绥远虽告丰收，但谷贱伤农，尤不堪言。虽土匪绝迹，农民稍安，失业者据调查人云，归绥一市已达万人之多，此失业人数，在塞外人稀之归绥，至为可惧。

毒物　绥远向种鸦片，寓禁于征，于是鸦片田连千亩，人民尽成烟鬼。群以烟为酬应，以烟为礼品，视鸦片如至宝，流毒益深，人民益困疲不堪。腐败官吏，皆以鸦片为命焉。

金融　平市官钱局为绥远省首操经济大权之银行，所发行之纸币初尚兑现，自国民军退却后，遂大受影响，至今市价愈疲（两元五换现洋一元）。但自二十年复发兑现券，流行方面，旧钞已渐收回矣。

民气　绥远省府自九一八事变，对于禁售敌货雷厉风行。计年来对贩售日货之奸商罚款，竟达二十万元之巨，据言省府将以为救国购机之用。

风尚　绥远号称穷乡僻壤，塞外蒙地是以文化、民智皆未开通，自近五年来学生多远赴平、津求学，讲恋爱、慕奢华，自由平等之口号，沸腾喧嚣。匪但男学生洋服皮鞋，而女学生亦皆极其奢靡，并肩携手，诚大开绥远人之眼界。

教育　绥远本埠有公立中学校，一即绥远省立第一中学校。师范学校二，一为第一师范，一为中山学院。在外县者，则包头有第二中学，集宁有第二师范，至私立中学则有正风中学，而小学亦有省立五校（限于省会）、县立五校，读书人实较前为多。

气候　归绥自开春以来，颇多春雪，于是气候又转严寒，不亚冬季，同时一般无衣无食之贫民，莫不叫苦连天云。

乌伊两盟概况

塞北讯，绥远全省除十八县、局之外，其地势广大、物产丰富者，当推乌、伊两盟。将来绥远之发展，不在十八县、局，而在乌、伊两大盟，今将两盟概况分志于下。

（甲）乌兰察布盟

辖境　全盟计分四部，为四子王部、喀尔喀左翼、茂明安、乌喇特，凡六旗，东起四子王旗，西南为达尔罕旗，西为茂明安旗及乌喇特前、中、后三旗。

面积　六旗合计约三十二万五百余方里（据《绥乘》及《绥远全图》核计）。

居民　蒙民六旗合计约有七万一千余口；汉民汉人来营者，约有一千九百余口。

垦地　已垦者共有一万二千零七十余顷，其余尚未开垦。

物产　动物牛、马、羊、骆驼、狐、狼、鹿、黄羊。植物甘草、黄蓍、防风、蘑菇等。矿物煤、盐、绿笋、石棉。

（乙）伊克照〔昭〕盟

辖境　伊克昭盟即鄂尔多斯，古所谓新秦中也。计分七旗，为左翼中旗（即郡王旗）、左翼前旗（准噶尔旗）、左翼后旗（达拉特旗）、右翼中旗（鄂托克旗）、右翼前旗（乌审旗）、右翼后旗（杭锦旗）、右翼前末旗（札萨克旗）。

面积　七里〔旗〕合计约五十六万七千百五十余方里（根据同前）。

居民　蒙民七旗合计七万七千九百四十四口；汉民合计十五万四千六百余口，多半为经商及垦植之农民。

物产　动物牛、马、羊、骆驼、骡、驴，其中以羊为最多。野兽则有狐、狼等。植物麦子、黍子、高粱、谷子、筱〔莜〕麦、荞麦、马铃薯、甘草、柴胡。矿物煨炭、大炭、盐、碱、银、铁、锡、煤等。

垦地　八十九万一千四百余顷，其余尚未开垦。

《蒙藏旬刊》

中央宣传委员会蒙藏旬刊社

1933 年 48 期

（孟昕宇　整理）

绥远省形势谈

珍　撰

　　自热河放弃，冀、察告急，长城各口，浴血杀敌。然日人为战况所阻，移转战线于多伦。则长城西头，大有古人所谓"斥堠望烽燧不得卧，将吏被甲胄而睡"之状态；绥远防务，更当未雨绸缪。兹就其疆域、形势等详之于后，尚希国人三注意焉。

　　绥远清季为内蒙之乌兰察布盟及伊克昭盟；民初改为绥远特别区。民国十八年将山西长城外河套以内，及内蒙之四喀旗以南，与察哈尔省之凉城、丰镇、陶林、兴和，一并划入，改建为行省。东界察哈尔，南界山西、陕西，北界外蒙，西界宁夏，西南角界甘肃，地形如豆荚。地势南北平原，中部峻高，色尔穆、穆尼乌拉岭、大青诸山脉由西而东，横贯本省中部，迤东北入察哈尔省，岭南为河套。（上述之山，统称曰哈那那林乌拉岭，即阴山干脉，河套谓黄河出长城由北而东，又南入长城，成一大曲，其形如套，故名。）物产以兽皮为最富，内地称为西口货。民族在河套外者多蒙人，以游牧为生。河套内之垦民，多自齐、鲁、燕、晋迁移而来。省会及包头，多汉民回人，平绥铁路自察哈尔来，经归绥而止于包头镇（包头属五原县）。包宁汽车路由包头以至宁夏，黄河民船由包头以至定〔磴〕口，水陆交通，至为便利。（黄河仅此一段，水势平稳，有航运之利。）东南清水河、大黑河，均自北而南，纵流入注于黄河；黄河横贯全省中部，至五原而支流分歧交叉，有如梯形，流域之广，纵横本支合计，约一千四百里，为本省主要之河流，故五原、后套水利，为绥省重要之实业；五原得黄河之灌溉，成为绥远巨邑，且为中国西北屯垦模范区域。

今以形势言之，绥远东邻察防，西包河套，南凭长城之险，北控乌盟之阳，当库伦、张家口、多伦往来孔道，形势最为扼要，西北屯垦最良之区域也。

省会曰归绥，即归化城，土人称曰库库和屯，今绥远省政府及各行政官署在焉。地位于本省之东南，平绥铁路经过于此，上达包头，下至北平，城有二门，南北各一，外郭建于明崇德间，城之四周有瞭望楼，环以深壕，颇坚固。西南地势开敞，东北层峦叠嶂，屹然为西北雄镇。人口五万余，喇嘛占二万。物产以牲畜为大宗，若毛网、毡毯、制皮、大理石细工及油等，亦均著名；毛网运至天津，输至欧洲，驼、马运至外方者，至二十万头，茶市亦盛。东北有绥远城，周六十里，高二丈四尺，相距甚近，清时绥远将军驻节于此，亦重镇也，而繁盛不及归化城。归城街衢宽广，市肆殷繁，汽车马车，络绎不绝，有剧园二所，旅行颇不寂寞。大黑河自察哈尔来，由东北而西南以入黄河，绕经归、绥二城之间；此二城之近郊，一望平原，土脉膏腴，物产丰饶，以膏〔高〕粱、粟为大宗。自归化登车西行，约六百里而至包头镇，再西达五原，而止于宁夏焉。

包头镇位于绥、归二城之西，人烟稠密汉、蒙贸易，于斯为盛，以皮货、药材、牲畜为大宗。市内有中国银行，关卡商肆之繁华，甚于归化，而市区则较小，为绥远惟一大埠，西北贸易之枢纽，附近土沃民殷，弥望平原，田畴千里，麦浪参差，和煦宜人，旅其地者，几不知身在塞北也。二十年前，此地亦游牧之场，耕地鲜少，后因燕、晋、东、鲁之人，来此开辟，多成巨富，几有喧宾夺主之概焉。河套内外，昔亦蒙番游牧之场，今则秦、晋贫民，负耒前驱，披荆斩棘，筑室耕田，俨然为一新世界矣。惟疆理规划，政府不为之代谋，而人民之财力知识有限，放〔任〕其沟塍纵横，皆支离破碎，不成片段，其操业亦皆半耕半牧，半商半旅，若合伏羲、神农同于一时代者；然黄河南北，固已渐进于耕田凿井之世矣。

乌审、鄂托克二旗，前因库逆南犯，蒙疆多故，曾受宁夏护军使之节制，今则仍并入本省。

绥远之行政区域，本省因汉、蒙相并，一时旧习未改，在汉地内为县治，在蒙地仍蒙旗制，蒙王仍袭旧日爵号，仍有一部分势力。省政府委员，计本省九人，蒙王加入者约二人，有参与省政之权。兹将该省行政区域，明晰言之，以为留心边事者一睹为快焉。

A　县治区

一、兴和　旧称二道河子，在长城外，河流萦绕，地势坦平，土脉膏腴，人口颇多，村集散见，农业甚盛，物产以杂粮为大宗，牲畜次之，城内市肆亦繁，商业颇旺。

二、陶林　与丰镇成犄角之势，军事上之要地也。

三、丰镇　扼平绥铁道之中枢，而长城关隘之险，为本省精华区。

四、凉城　位于丰镇之东三百里，清水河环绕左右，湖泊点缀，土腴宜农，物产丰盈，产膏〔高〕粱及粟。其南曰杀虎口，为长城口之一。西北往来货物，经此者甚多。有税关称曰"塞北关"。

以上四县，民国十八年割自察哈尔省。

五、清水河　旧隶山西，民国二年划入本省，位于本省之东南。黄河至此南折，而入于山西省。清水河横贯本县北部，故县亦以"清水"名。地当绥、察、晋三省之交，一望平野，田畴交错，农业兴盛。物产以粮食为大宗，为本省精华之所，财赋之所从出也。

六、和林格尔　大致与清水河同，县城位于清水河右岸，与清邑隔水相望。

七、托克托　县城位于清水、黄河二水之交，势地平坦，河流灌注，为天然农业区域，农产甚多。为本省精英之区，民船必经之地也。

八、归绥　为绥远省会，扼铁路之便利，有汽车道二线，一北出以入库伦，一西北出以入乌里雅苏台；附近农业亦盛。

九、萨拉齐　由归绥登车西行，约三小时达此；县城位于黄河北岸。铁道之南，城区店肆殷繁，人烟稠密，商务颇盛。四境一望平原，土沃民肥，农产颇饶，为本省精华之所。

十、东胜　在本省之南，一望平原，旧本牧畜之所，今开为农地，移民招徕，生产日见发达。

十一、五原　在后套之中，黄河四绕，纵横交叉，成目字形，水利之胜，甲于全省。宜开农地，植桑园，以为绥远财赋之总区。近有法人，为天主教神父，在后套中，辟有新农村，可谓之为"漠北桃源"也。

十二、武川　在归绥之北百六十里，背倚阴山，宜于振兴林业。城区不广，商务不盛，惟南境农产颇饶。

十三、固阳　在武川之西二百四十里，大致与武川同。

以上各县，除五原位于本省之西，东胜位于本省之南，其余各县，皆在本省东南一带。

B　蒙旗区

蒙旗区，皆农人生息之所，昔年受制于蒙王，今亦归省政府管辖。蒙人不惯耕稼，只知游牧，昔守故常，罕知进取，迩来政治统一，教育普及，此种制度，当必废除，以事农牧而设县治焉。

一、四子部旗，在本省之东北。

二、喀尔喀右旗，在本省之东北。

三、乌拉特前旗，在本省之北。

四、乌拉特后旗，在黄河北岸。

五、左翼后旗，在黄河南岸。

六、右翼后旗，在后套南，湖泊甚多，宜于农牧。

七、左翼前旗，在本省之南。

八、左翼中旗，在本省之南。

九、乌拉特三旗，在本省之西北部。

C　要地区

要地区多为蒙古王公住所，地皆比较良好，宜于农牧者也。倘能汉、蒙妥协，建筑道路，兴造居屋，不数年间，可一律改县，且将为优良之邑焉。

一、四子王府　在本省北中部。

二、喀尔喀王府　在本省北中部。

三、乌拉特东公爷府　在本省北中部。

四、郡王府　在本省之南。

五、杭锦贝子府　在黄河南岸。

六、乌拉特西公爷府　在黄河北岸。

D　绥远全省各旗荒地统计表

分类 旗别	原报地数（顷）	已放地数（顷）	未放地数（顷）
四子王旗	二五，四九〇	一五，六九〇	九，八〇〇
西公旗	八，四六〇	六，六七〇	一，七九〇
东公旗	九，八四〇	八，五二〇	一，三二〇
茂明安旗	四〇，二八〇	三七，二七〇	三，〇一〇
中公旗	五，四七〇	一，一三〇	四，三三〇
土默特旗	二九，七〇〇	二九，七〇〇	
准噶尔旗	一，五〇〇	一，五〇〇	
达尔罕旗	九八〇	九八〇	
杭锦旗	七，二一〇	七，〇七〇	一四〇
扎萨克旗	二，一七〇	二，一七〇	
郡王旗	九，六五〇	九，六五〇	
乌审旗	一，九三〇	一，九三〇	九，七八〇
鄂托克旗	一〇，五〇〇	七二〇	
扎、〔郡〕、乌三旗	六，五〇〇	一，六〇〇	四，九〇〇
达拉特旗	一〇，〇五〇	九，二七〇	九六〇
绥远城	一三，五五〇	一三，五五〇	
广觉寺	三，八九〇	三，八五〇	
普惠寺	一，〇〇〇	一，〇〇〇	
沙拉穆楞召	三，〇〇〇	三，〇〇〇	
昆都仑召	七〇五	七〇五	
王爱召	一，四〇〇	一，四〇〇	
广缘寺	六〇〇	六〇〇	
河东西十二台地	九，二二五	九，二二五	

E 绥远各县户口之调查

1. 各县户口

归绥县户数九六，五六一，人口二六一，三五〇；丰镇县户数未详，人口二三九，六四九；兴和县户数一六，一二一，人口九八，一七五；京〔凉〕城县户数一八，五一〇，人口一九二，五三〇；陶林县户数八九二，人口四三，四八七；集宁县户数一〇，六六四，人口六二，五二九；武川县户数六四，二四七，人口一九，〇五三；萨县户数四五，〇二四，人口二七九，八〇一；包头县户数二七，七六〇，人口一七八，七六一；五原县户数四，八八一，人口五三，六八六；临河县户数八，六三六，人口五〇，九三八；固阳县户数六，九八三，人口四三，〇七〇；和林县户数二〇，一五九，人口九九，二一四；清水河县户数一〇，五二七，人口五九，八二四；托县户数一一，〇七五，人口九二，四七一；东胜县户数四，六五三，人口一九，六四一；大佘太设治局，户数四，二九九，人口二二，七九九。

2. 人口密度

查归绥全县面积二六，六五〇里，平均每方里有九人强；丰镇县面积二五，三〇〇里，平均每方里有九人强；兴和县面积九，一二〇里，平均每方里十人强；凉城县面积一一，七〇〇里，平均每方里十七人强；陶林县面积四〇，八〇〇里，平均每方里只有一人强；集宁县面积二七，二〇〇里，平均每方里二人强；武川县面积九六，〇〇〇里，平均每方里有十九人强；萨县面积五四，八五〇里，平均每方里有五人强；包头县面积九，七六六里，平均每方里十八人强；临河县面积一八，三四五〈里〉；和林县面积二二，八〇〇里，平均每方里有四人弱；托县面积二，一七六里，平均每方里有八人强；清水河县面积二二，五〇〇，平均每方里二人强；五原县面积九一，四五四里，固阳县面积三五，二〇〇里，来胜面积一四二，八〇〇〈里〉，大佘太设治局面积三三，六〇〇里，平均每方里俱不满一人。

按右之调查户口以萨县为多；人口密度每方里约六人①。

F　乌伊两盟

绥远全省，除有十八县、局之外，其地势广大，物产丰富者，当推乌兰察布盟与伊克昭盟；将来绥远之发展，不在十八县、局，而在乌、伊两大盟。兹将两盟概况分志于下：

一、乌兰察布盟　计分四部：曰四子王部，曰喀尔克左翼，曰茂明安，曰乌喇特。凡六旗：东起四子王旗，西南当达尔罕旗，又西为茂明安旗，及乌喇特前、中、后三旗。六旗面积，据绥远全图核计，约三十三万五千五百余方里。蒙民六旗合计约有七万一千余口，汉民来往营业者，约有一千九百余口。荒地已垦者，共有一万二千另七十余顷，其余尚未开垦。物产甚富，动物有牛、马、羊、骆驼、狐、狼、鹿、黄羊等；药材有甘草、黄耆、防风等；矿物有煤、盐、绿笋、石棉等。

二、伊克昭盟　居鄂尔多斯，古所谓"新秦中"也。计分七旗，曰左翼中旗（即郡王旗），左翼前旗（即准噶尔旗），左翼后尔旗（即达拉特旗），右翼中旗（即脱克旗），右翼前旗（即乌审

---

① 原文如此，疑数据有误。——整理者注

旗），右翼后旗（即杭棉〔锦〕旗），右翼前朱〔末〕旗（即札萨克旗）。七旗面积合计约五十六万七千一百五十余方里。蒙民七旗之居民合计七万七千九百四十四口，汉民七旗之居民合计十五万四千五百余口，多半为县〔经〕商及垦殖者。物产，动物则有牛、马、羊、骆驼、骡、驴等，其中以羊为最多。植物为麦、黍、高粱、谷子、小麦、荞麦、马铃薯等。药材有甘草、柴胡。矿物有大炭、盐、碱、银、铁、锡、煤等。荒地已垦者，约有八十九万一千四百余顷，其余皆尚未垦云。

G　准噶尔旗之最近概况

1. 土地人口

准噶尔旗，为鄂尔多斯左翼前旗，东与托县、清水河及晋北偏关接壤，西与东胜县、达拉特旗毗连，南界晋北河曲，北连萨拉齐、托克托，横约一百八十余里，全旗面积，约三万二千二百方里，境内已垦之地，约五千余顷，除黑界、河套川业经报垦外，其报垦未垦之鼻地都、柳青梁户口地，近年多已私垦矣。河套川一带，土地肥沃，耕户殷繁，其余皆砂碌〔砾〕、丘陵，地质硗薄，居民男女约三万，蒙民约占三分之一，余皆汉人，汉民大半由晋河曲移殖，府谷、萨县次之。

2. 风俗人情

因蒙、汉杂处，风俗习惯，已渐同化；惟四季念经求神祈福等事，仍沿旧俗。蒙俗，外出持哈达及鼻烟壶二物，为接见之礼仪；自那森达赖掌理旗政后，将此习惯废除。蒙人患病，以请阴阳书符念咒为治疗常法，间亦有用药材治疗者，但皆系研末吞服。结婚仪式，甚为简单，迎娶用马。丧葬有资产者，亦用棺殓，但棺材为立式，以死尸坐其中；贫民则多用火化，用塔压于灰烬上以为标记。男女均喜用白手巾缠头，女子梳头为炼〔链〕锤，长七八寸，由耳际下垂，炼〔链〕锤之上，佩以珊瑚、宝石、珍珠之类；王公妇女头上所佩之珠，价值有至数千元者。蒙古小曲，男女社交公开，稠人广众之下，尝见青年男女相依为戏。

3. 军事、政治

军队现有独立团二，混成团一，独立团团长奇文英，驻暖水，所属计三旅；奇凤鸣住将军窑子，所属计三大连；混成团团长郝聚斌，驻萨圪都，所属计四营、二独立连；统计兵力约在六百名上下，枪约五百余支。其团长名义均系奇寿山时代给予者，非蒙军遍〔编〕制应有。政治组织，札萨克之下，设东西协理台吉二员，协理之下，设管旗正〔正〕章京一员，副章京二员，正为公布扎部，副为伯尔闹海及们肯济尔格拉；以上五人，谓之事官。此外有八参领，四十佐领，四十骁骑校，分管蒙民；又分全旗为十三排，每排设达庆一员，分管汉民。

4. 交通、文化

全旗教育机关，只有那公庆镇同仁学校一处，亦系有名无实，蒙人读汉文者极少，读藏文者亦不多见。奇子俊生前，尚知世界潮流，竭力提倡，经此二次事变，教育已完全消灭矣。交通以王府（俗称大营盘）为中心，由此往河曲、府谷号若赴东胜、清水河，达拉特齐〔旗〕、郡王旗各地①，虽大道可行，但须绕沙越岭，

---

① 原文如此。——整理者注

道路崎岖，转折迂回，行人颇感不便。

5. 出产、税收

所产动物有牛、羊、驼、马、驴、骡。矿物有大炭、煨炭两种，煨炭产量颇丰，除供全旗燃用外，尚可行销于沿边各县。税收分地租、水草、靠捐三种：地租按地质肥瘠以定；水草每羊一只，收洋七分，每牛一头，收洋二角；靠捐每羊百只收征三角，全年收入，至多不过三万元（但烟款不在内）。

6. 特殊阶级

境内大都属黄河地带，户口之少，亦所仅见，除将军窑子、那公镇、柴登、哈拉寨、那令等处，有驻户数十家外，绝少五家以上之村庄，极目黄沙，穷苦难言。军队系征兵制，有事为兵，无事为农，惟平日对于训练极不注意。寺庙全旗共有二十二所，以准噶尔寺（俗称西寺）为最大，总计喇嘛约有七八百名。各寺均有养寺土地，为诵经及香灯之助。蒙民视喇嘛为特殊阶级，一家有子三人，最少须有一人当喇嘛，是以人口无法增加。喇嘛享有特殊利益，无论到何人家，有饭先尽喇嘛吃，有屋先尽喇嘛住，宜蒙民之愿当喇嘛也。

H　成吉思汗年祭之遗风

"成吉思汗陵园"每年春间举行之年祭大会，蒙人称之为"额金合洛会"，"额金"译意为主，为君，"合洛"为园，意谓"主的陵园"。大会举行之期间，向例自旧历三月十六日起迄二十五日止，此旬日间，十八日至二十日三天，为主要祭祀日；前数日，则为参与大会者之莅止，及一切事项之筹备，与夫四方商贩之聚集；后数日，为祭毕勾留、互市、联欢、娱乐，并附带为伊克昭盟各旗之"会盟"。此时在鄂尔多斯左翼中旗极目荒凉之沙草原野，正不知有几万千蒙古官民，方兴高采烈，参与此亘七百余年而未替之盛大集会也。

考成吉思汗即元太祖，讳铁木真，当中原宋宁宗之朝（西元一二〇六），崛起于斡难可〔河〕源，以其部众四出征伐，东括满洲，西极里海，北攻俄罗斯，灭国四十余，杀人五百万，版图跨欧亚，威名震寰宇，近世界人种学者之以"蒙古利亚"名我东方各民族，实由成吉思汗树其基；追溯其雄才大略，诚堪当我东方之"民族英雄"，殆无愧色！不第其后世子孙，应隆其崇德追远之祀典，即吾人亦宜致其景仰崇拜之也。成吉思汗之逝世，系于民国纪元前六百八十五年，时当宋理宗宝庆三年丁亥（西元一二二七）八月，在征金道中，史载"卒于六盘山"，盖在黄河大曲以内，即今鄂尔多斯（伊盟七旗全部统名）境内，以翌年三月奉安。其陵寝地点，因蒙族极致尊重，及缺乏文献之故，历世传说不一，有谓实葬身于库伦西北山上，而此"额金合洛"系"衣冠冢"，但迄今并不能确实证明；据研讨考证及蒙文秘笈之所纪载，终以现属绥省境内鄂尔多斯左翼中旗（俗称郡王旗）之"额金合洛"较为可靠，地距平绥路现在终点之包头黄河以西，约二百余里；其陵园原有红柳编成之缭垣，内有白色毡幕（即蒙古家屋），主要者八幢，所谓八白屋是也。就中奉安银棺并陈列祭祀礼器之所，厥惟前后并立之两幢，此两毡幕之后，有内地建筑之砖瓦房三间，有似村野之庙宇，是为王殿；其余之六毡幕，则储藏其遗存纪念物多具；另有落错罗列之毡幕数幢，为典守陵园者之所居，均极简陋，司典守者，为五百户之"达尔哈特"，历世已久，居于斯，牧于斯，有典守之职务，无报酬之给与，仅每年例向鄂尔多斯各旗征有限之祭祀银两，以供祭祀设备之开支而已。此五百户之"达尔哈特"，虽以荒旱死亡，及今或有衰替，而仍能克尽厥职，毋有或渝。

至典守陵园之主要责任，与每年祭祀之主祭者，均系依历世定例，由"济农"主之；济农为一种特别爵秩之名称，无异"守护陵寝大员"，其人选向例由伊克昭盟盟长兼充，盟长系七旗札萨克轮任，而济农亦随之而更易。岁时致祭，由济农先期派员，谕〔轮〕传〔转〕承值之"达尔哈特"，敬谨筹备一切应行事宜，而济农则必须在主祭日期以前赶到；不但此也，伊盟七旗之札萨克（即旧封之王公、贝子、贝勒、公等）以及各官吏，亦莫不先日而至，参加祭祀三日，以表现其嫡系子孙尊祖敬宗之诚意；即附近各旗之官吏，乃至远近各地之蒙民，凡愿顶礼膜拜者，皆必依时而来，献其牛、羊、布施等，随到随即焚香叩祀，必敬必诚，不限在主祭三日之内；于此足征蒙古同胞之对于成吉思汗，不但祖之宗之，抑且神之圣之矣。

此旬日间之集会，凡鄂尔多斯及其附近之晋北、陕北、宁夏、包头等地方之各种商贩，均以其所营之布帛、茶、糖、鞍鞯、毡毯等物，设帐为市，以与蒙人交易牛、马、羊、驼之属，俨如内地乡镇之集市，互市而退，极一时之盛况。与会蒙人无贵贱，多为赛马、角力诸技艺，以资娱乐，各旗官民间，又得借此相晤见，实行联欢，在在足以表现蒙古民族之质朴勤恳。又鄂尔多斯之七旗，旧制每岁应在察罕苏巴尔盖地方举行"会盟"一次，其后利用此盛大之集会期间，就便一并举行，以目此神圣之陵园为大庙；故名此与盟之七旗为"伊克昭盟"（伊克译大，昭译庙），即会盟之意，欲研讨本盟应行兴革各事，并检阅军实，徒以三百年来，蒙旗本身日趋衰废，国家亦正利其不治不武，遂形成今日之式微焉。

《军事杂志》（月刊）

南京军事委员会军事杂志社

1933 年 55 期

（朱宪　整理）

一个学者对于绥远的认识

陈宰钧　讲演　　云　影　整理

前　言

去夏陈宰均教授赴绥考察，北逾青山，南抵黑河，跋涉千里，备尝艰辛，归来以其考察之所得，讲述于农学院。作者躬逢其会，忝获亲炙，觉其对于吾绥之认识，颇中肯要，爰将所讲各点，择要录出，以供留心绥远者之参考焉。

陈教授此项意见，当时系以谈话式之讲演发表，头序微嫌杂乱，兹为行文方便计，对于节目之次序，语词之前后，多所更改。倘因此致失原意，愿由作者负责，并请陈教授原谅。

一　人口

据该省统计，全省人口十六年为二百一十万，今年（二十一年）前半年则为一百六十万，五年之间竟减少四分之一，其原因厥为灾及匪，因该省迭遭兵灾、旱灾及匪患，人民谋生无方，鬻妻卖子者有之，冻馁而死者有之，流亡无踪者有之，是故人口始呈锐减之像。

减少之人口，尤以青年妇女为最多（当十八九年该省大饥，大部妇女皆卖与山西），武川一带，甚至毫无妇女之村落，亦颇不鲜，此种现象，甚为危险，概无妇女则种族不能繁殖，更难望人口之增加也。且夫人民有固定之家庭，始能发生乡土观念。爱土爱国的心，皆须由此养成，苟无妇女，人民悉成流动之状态，永远不能发生乡土观念，更何由而养成其爱国心耶？

二　财政

该省系贫瘠之区，每月正常收入仅十五六万，而政费支出即须十五万，并须供给山西军队二十五万，合计每月支出约四十万，收入不足支付之数，以苛捐杂税及大烟政策筹之。似此情形，欲使人民安居乐业，惟有俟河之清而已，必也使该省财政自有办法，不受其他集团之牵掣，始可言振兴，始可言开发也。

三　商业

该省归绥、包头等县，皆系边陲商业重镇，北通外蒙，西通新疆、宁夏，在昔商务均甚繁盛，惟近来北路断绝（陈先生讲演时，中苏尚未复交——述者记），西路则因盗匪出没无常，而致不甚畅旺。至商品之由东输入内地者，亦因苛捐杂税及交通之关系，不能畅行无阻。按天津羊毛百斤售银二十四两，若由绥购货运往，须经税卡十余道，每羊毛百斤，成本即须二十八两，商品之来源及出路既均断绝，商业之盛衰，不问可知矣。欲图商业之复兴，须求补助之办法，谓宜做到下列三点，始可渐谋振兴。三点为何？其一为通北路，其二为减轻苛捐杂税，其三为财政自有办法。

四　工业

现在仅有小工业，并无大工业，而就该省出产之原料以言，颇有兴办大工业之可能，如以马铃薯制造酒精，成本甚贱，出品当然可获厚利；他若以亚麻制造油脂，以羊毛制造衣料，皆系目前重要之工业，原料又皆丰富而价廉，苟能集资开办，前途未可限量也。惟以某种势力，欲行垄断，而又人财两缺，未能如愿，以致形成包而不办之局。惜哉！

五　农村

农村经济，可谓完全破产。往岁因灾荒关系，以致人民时遭冻馁，流离失所，今年则为丰收成灾，概因丰收之故，粮价特别低廉。农民虽将所获粮食全数粜出，亦不能维持其最低限之生活。闻有若干区域，禾苗虽已成熟，因恐收获之税，竟致不敢收割，任其自生自灭也。至种植鸦片之地亩，每亩水地收税十七元，旱地稍减，总计除税捐外，亦无若何利益。

六　教育

最高级之学校为中学，设备近来稍有进步，较之他处，则相差远甚。

七　军备

人民每月虽以血汗所得之二十五万元巨数供给军用，但据该省省府秘书长语人，倘外蒙开来骑兵五千，即可占领绥远矣。嗟乎，尚何言哉！

八　畜产

绥远现在有着许多荒地，最便于畜牧事业的经营，惟曩在该省从事畜牧之人，多无专门学识，对于牲畜之管理、良种之育成、疾病之治疗，丝毫不知着意，长此以往，前途殊难乐观。兹将陈氏考察所得及其改良意见分类列下：

牛　出产之地，大青山以北甚多，以南则较少。其用途为食肉、挤乳及耕田。土产者无甚良种，最好用欧洲北部之牛改良之。此畜并有普遍之疾病一种，征系皮部破裂为小孔。其所以致此之因，系牛蝇产卵于牛皮上，孵化为幼虫，继而成蛹，遂由内攒〔钻〕出，故将牛皮裂成小孔。苟不设法治疗，牛皮即无甚价值矣，从事斯业者须注意防除。

羊　体大肉美，驰名于平、津之"西口大羊"，即该省之所产也。其毛之绒部甚细，与美利奴羊相较，尤且过之。惟美利奴羊无毛而纯为绒，该省产者则有毛有绒。倘用美利奴羊改良之，结果体必变小，颇不合算。因其体小则肉少，毛细则短，量亦必少。况吾国常穿皮袍，美利奴羊之皮太薄，做袍御寒，颇有缺点。如欲使该省之羊改良，似以施用 Shrpshire〔Shropshire〕为宜。羊病以口蹄炎（俗名痘子）为最多，可以血清预防。

马　体较小，无跑马、拖重马之别，其余无甚缺点。耐苦程度在外国马之上。如欲育成拖重马，恐须二十余年。当兹科学倡明之世，一切器物进步如飞，假令二十年后世界进化至全用汽力之时，则此项育种事业为徒劳矣。至跑马之在今日，仅能为赌博之用，亦无育成之必要。仅可注意于军用马之育成可也。

猪　　与内地者略同，惟数较鲜见。现在该省粮价甚低，售出颇为吃亏，可利用此点，以粮养猪而售其肉，或亦救济农民之一办法也。

鸡　　该省卓资山所产者，其卵甚大，各方皆无甚缺点。注意繁殖即可，前途甚有希望。

九　牧草

该省畜粪多作燃料，因之牧场殊欠肥沃，故牧草亦不十分发达。自绥远城至白灵庙三百六十余里之间，颇少良好牧草之踪迹。其中以雉鸡草为最习见，此草硬而长，无甚价值。至养料丰富之豆科植物，虽有些许，多系体大叶小，亦不能作为良好之牧草。最好寻求善良草种，施以种植，借济其穷。如 Grinimalfalfa 即颇可用。此草耐寒、耐旱，甚与该省环境适合。

十　畜病

该省对于牲畜疾病之防除，殊鲜讲求，畜牧事业因此所受之打击当不在小。且从事畜牧者，多系蒙古族。苟能于此致力，对于民族感情之联络，颇为有效也。

赘　语

迩来开发西北之空气，弥漫全国。而西北各省之实际情形，国人知者绝鲜。兹编所述，其目的即在将此西北重要一省——绥远之状况，供之于世，以为他日开发时之参考。

吾人须知如果开发西北，第一步必须先以绥、陕、甘等省作基

本，以求逐渐推进。而此三省中，绥远北接外蒙，东循平绥铁路
直达北平，相形之下，尤为重要。有意开发西北者，曷可忽于
此哉！

《塞魂》（不定期）

绥远省立第五小学精一学社

1933 年 1 卷 3 期

（朱宪　整理）

汉蒙杂处北疆屏蔽之绥远省近情鸟瞰

包头屯粮过多谷贱伤农　蒙民亦染摩登社交公开

作者不详

准噶尔旗现状大观

行征兵制整理交通　藏〔蒙〕民乐听淫秽小曲

（归绥通讯）准旗二次事变发生后，省府军事处樊赛灿曾往查办，兹已事毕返绥，昨对记者谈准旗情况如下：

人口土地　准噶尔旗为郭尔多斯左翼前旗，东与托县、清水、偏关接壤，西与东胜县、达拉特齐〔旗〕毗连，南界河曲、府谷，北界萨拉齐、托克托，横约一百八十余里，纵约二百四十余里，全旗面积约三万二千二百方里。境内已垦之地约五六千顷，除黑界、河套川业经报垦外，其报垦未放者即白界地、柳青梁户口地，近年多已私垦矣。河套川一带土地肥沃，耕户殷繁，其余土地砂碌〔砾〕、丘陵，地质硗薄，在各川土地尤多斥卤也。居民男女共约三万余口，其中汉民约有三分之二，蒙民约有三分之一，汉民大半为河曲、府谷、萨县移来者次之。

人情风俗　准旗四男〔界〕因与各县毗连，蒙人习俗渐染汉民风气，饮食起居，与汉人无异，惟四季念经、跳神、祈福等事，仍沿旧俗。蒙人外出持哈达、鼻烟壶二物，为接见之礼义〔仪〕，自那森达赖掌理旗政，将持用哈达、鼻烟壶之习惯概予废除。蒙人得病每请阴阳书符、念咒治疗，知识稍开人民，间有用药材治疗者，但皆研末吞服，非同汉人之用水煎服也。结婚仪式极简单，以马迎娶，进入洞房。丧葬，有资产者用棺殓，但棺材为立式，以死尸坐其中，贫民多用火化，以塔压于灰烬上，以资标记。男女梳头为炼〔链〕锤，长七八寸，由耳际下垂，炼〔链〕锤之上，佩以珊瑚、宝石、珍珠之类，王公之家妇女头上所佩之珠价值有至数千元者。蒙古小曲淫秽不堪，民众却喜听之。男女社交公开，稠人广众之下，尝见男女相依而戏，风俗之坏，可见一般〔斑〕矣。

军事政治　军队现有独立团二，混成团一。独立团团长奇文英，驻暖水，所属三营；奇凤鸣驻将军窑子，所属三大连；混成团团长郝聚斌，驻萨拉都〔齐〕，所属四营二独立连。统计兵力约在六百名上下，枪约五百余枚，其团长名义均系奇寿山时代给予者，并非蒙军编制应有。政治组织，扎萨克之下，设东西协理台吉二员，协理之下设管旗正章京一员，副章京二员，正为公布扎部，副为伯尔闹海及们肯济尔格拉，以上五人谓之事官。此外八参领、四十佐领、四十骁骑校，分管蒙民。又分全旗为十三排，每排设达庆一员分管汉民。

交通文化　全旗教育机关只有那公镇同仁学校一处，亦系有名无实，蒙人读汉文者极少，读蒙文者亦不多见。奇子俊生前尚知世界潮流，竭力提倡，经此二次事变，教育已无形消灭矣。交通以王府（俗称大营盘）为中心，由此往河曲、府谷等处，均有宽阔平坦之大道可行，载重车辆，惟过黄河须由船渡，或赴东胜、清水河、达拉特齐〔旗〕、郡王旗各地，虽有大道可行，但须绕砂越岭，道路崎岖，转折迂回，行人颇感不便。

出产税收　出产动物有牛、羊、驼、马、驴、骡，矿物有大炭、煨炭两种，煨炭产量颇丰，除供全旗燃用外，尚可行销于沿边各县。税收分地租、水草、靠捐三种，地租按地之好坏以定租价之多寡，水草每羊一只收洋七分，每牛一头收洋二角，靠捐每羊百只收征二只，全年收入至多不过三万元，烟款不在此限。

兵与喇嘛　准旗境内大部尽系黄沙，户口之少，亦所仅见，除将军窑子、那公镇、柴登、哈拉寨、那令等处有住户数十家外，绝少五家以上之村庄，极目黄沙，穷苦难言。军队系征兵制，有事为兵，无事为农，惟平日对于训练极不注意。召庙全旗共有二十二所，以准噶尔召（俗称西召）为最大，总计喇嘛约有七八百名。各召均有养召土地，为讽经及香灯之助。蒙民对于喇嘛仍视为特殊阶级，一家有子三人，最少须有一人充当喇嘛，是以许多年来人口并不增加。喇嘛在蒙民中享有特殊利益，无论到何人家，有饭先尽喇嘛吃，有房先尽喇嘛住，蒙民之愿当喇嘛，不为无因也。

全国饥荒绥省剩粮

粮商屯积谷贱伤农　运税过重交通复劣

绥远产粮之区，以包头、五原、临河为最多，早在吾人所知之例。近财厅派员调查绥西谷贱及不能外运原由，据调查员报告，系粮商屯积，甚至别寻捷径，由碛口、禹门渡等处而出省，在绥省税收上，不能不谓之暗受打击。由吾人之观察，粮商屯积，固占理由之一，而沿途关卡繁苛，平绥路运价高，亦足使粮货避道他往。本省财厅，依其力之所及亟想补弊救偏办法，特发如下之训令：

　　为令行事，查绥省出产，以粮食为大宗，其产粮之区，以包头、五原、临河各县为最多，惟一般粮商，向系故步自封，时有销售困难，不愿销粮出境，以致百业不振，金融滞沥，地方建设无法举办。本厅为救济农商，整顿金融起见，当经派员调查包头河路运粮情形，暨销售地点，以资提倡，而便整理去后。兹据报称，由包头、五原、临河等处，运赴碛口、禹门渡，售麦一石，约可得价十六七元，或二十元左右不等。且河曲、保德，历年油船、粮船，西宁之甘草船，屡赴碛口、禹门渡，及河南泗水县，数极为多，每年秋季粮船、货船，销售亦最大，绥省包、五、临各处粮商，果能运粮赴内地，由河路商店负责承缆，绝无他虞，输运便利，并无阻滞。一面由旱路火车装运至平、津，水陆分运各处销售，则绥省出产之粮，不患停滞无售卖之机会，而内地困粮之处，当无缺食之虞。如此互相调剂，本省粮食，销售自易，金融亦赖以活动，地方建设，必能振兴等情前来。查核所陈尚属切要，不无可采。惟包头、五原、临河各处，现有存粮若干，价值几何，本地能否畅销，起运有无困难，亟应详细调查，设法提倡，以资整理。除分令外，合亟令仰该局、厂、会查照办理，并将办理情形，随时呈报备核，此令。

汉蒙贸易忽有转机

库伦停止贸易封锁　　张垣国货可运外蒙

自民九以后，内地各省，与库伦断绝交通以来，数载于兹，我留库华侨，为数甚夥，库方对于华侨，限制极严，不准出境，以致我数千无辜留库华侨，行动颇不自由。上月德商德华洋行与库方通融，经库方当局之许可，由张运去货物若干车，均先后抵库。时据由库归来车户某君，话及我留库华侨，近来颇受库方当局之优待，在库经商，亦不似从前之限制。想察既得与库安然通商，绥省定不致歧视，料不久必与之重亦交易，果尔西北又有生机矣。

《殖边月刊》

上海中国殖边社

1933 年 1 卷 7 期

（李红权　整理）

蒙古人民共和国政治经济概述

李　芳　撰

按蒙古的组织政府，为一时间的事实，蒙古与中华民国之不可分离，乃永久而自然的要求。在相当的时机，蒙古人民必有脱离外力，与我合国之一日。我人深愿蒙古人民：政治力经济力，有急速的进步而及早归来也。

编者识

蒙古人民共和国的存在，已是铁一般的事实。我们不应该有所顾忌地去否认事实，而是必须去分析和了解这一个事实。

蒙古在二百余年来，他都是处在外国资本与国内封建专制政治的双重压迫之下。清廷统治的时期，对待蒙古的政策，一贯地总是薄往厚来，剥削其物产与资源，军〔运〕用"超经济的力量"，源源地加以无限征取。因此，蒙古地方人民遂响应了辛亥革命（一九一一年）。在于辛亥十一月八日，在"汗"部及"旗"的王侯、僧侣最终的会议上，决议了否认清朝政府的权力，而实行继续归属于我新兴的中华民国。但是实际上，帝俄的势力继续入侵，代替了清廷政府的淫威，帝俄的商人，也代替了我国商人，交换经济的被剥夺，不但没有减少，而且更形增加。

至一九一四年欧洲大战，帝俄政府的势力，已经雄厚地霸占了整个蒙古。因为自一九一一年以来，帝俄政府乘机对于蒙古的独立加以怂恿与支持，而竭力囊括蒙古的政治、经济，置其铁蹄的支配之下。但帝俄的势力，自一九一七年俄国大革命，摧〔推〕翻沙皇政府，已告绝迹。到了一九二一年，凭借了苏俄的助力，名为在蒙古国民革命党的领导之下，建立蒙古人民共和国的新政权。

现在蒙古人民共和国已经成立十二年了。当我们叙述蒙古人民共和国的政治以前，还得须把蒙古革命的两个指导团体的现状，先行概述一下：

（一）国民革命党——蒙古国民革命党，计有党员一万三千九百十四名。其中平民分子占一万三千零六十名，喇嘛僧九十名，妇女亦约九十名，旧贵族共有七百六十四名。若以家畜数的观点，来分别党员的成分，则占有家畜从四头至五十头者，计七千九百零九名，五十头至百头者，九百零二名，一百头至三百头者，一百五十二名，五百头至八百头者，三十七名，八百头至一千四百头者，十六名。

很显然，从党员的经济背景看来，大部分是以贫民为基础的。蒙古国民革命党所发行的刊物，计有《真理周刊》（每周发行六千本）、《军事新闻月刊》、《军事杂志》等。

（二）革命青年同盟——蒙古革命青年同盟，拥有二百九十七名的中坚分子，及六千九百八十名的普通同盟员。其同盟员的社会层次：农民为六千九百九十名（九六％），贵族二百九十名（四％）。若以财产的见地区分，则贫民六千零五十三名（八六·七％），小资产者八百七十二名（一二·五％），有产分子五十五名（〇·八％）。同盟员中，文盲占三千二百七十二名，正在识字运动者，约一千六百五十名，读书有相当程度者，计一千一百零八名，富有专门学识者，仅九百三十二名。全体同盟员中，七百十三名为跨党分子——同时亦为国民革命党员。

其次还要说到的，是蒙古的工人同盟会。它是诞生于一九二七年，现有人数为五千一百七十五名，包括蒙古中央合作社、皮革工场、国营农场、运输机关，及国家机关、公共团体一切劳动分子。

蒙古的政治，系实行一党专政制，则以国民革命党为最高权力，指导监督全国一切行政。

关于行政领域，蒙古人民共和国，计分左列六大汗部：

（一）车臣汗——为外蒙古最东之地，与满洲为邻。

（二）土谢图汗——南界察哈尔与绥远，蒙古的首都库伦则在此汗部内。繁盛冠全蒙。

（三）三音诺颜汗——南接甘肃省，大部分为沙漠之地。

（四）扎萨克图汗——西南接新疆省，中有汗海。

（五）科布多汗——为蒙古边防要地，山脉环绕，与苏俄及新疆均以天然为界，甚形扼要。

（六）唐努乌梁海汗——为蒙古最高原之地，住民之业游牧，在相对的分量上，较诸汗为多。

除此六大汗部外，尚有亚鲁秦人及满洲境达那罕斯克四旗，亦参加蒙古人民共和国。

行政的组织，各"汗"之下设有"旗"，"旗"之下为"索木"，"索木"之下又有"亚儿巴"，此"亚儿巴"则为行政上基本单位。各"亚儿巴"均设一"长"。索木有索木会议，选举索木自治机关，旗与汗亦均有自治机关，其委员亦由旗大会与汗大会选出。

国家的最高机关为大国民会议，大国民会议之下尚有小国民会议，小国民会议之下乃为中央政府，一切政治，均以勤劳牧人为主脑，小资产者的参政权次之，有产分子又次之，王侯、僧侣们，则完全被剥夺。

蒙古人民共和国的政治领域，虽然包括六个汗部的辽阔，等于德、法两国的国土；而人口的密度，则绝对的稀薄。通称为八十万，或有谓达九十万者，其实根据确切的调查，不过六八三，九六一人。兹特表列于次，并标明汗部别及性别：

汗部	男		女	总数	男女百分比	
	世俗	喇嘛僧			男	女
土谢图汗	五七一三一	六一九二	八四五九八	一六九二二一	五〇·二	四九·八
车臣汗	四〇五五五	一九五三五	六三六一八	一二三五〇八	四八·五	五一·五
三音诺颜汗	八三六九〇	二三五七七	一〇一三五二	二〇八六一九	五一·四	四八·六
扎萨克图汗	四六六一四	一三〇四六	五七二九八	一一六九五八	五三·〇	四七·〇
唐努乌梁海汗	二〇七四二	五五九六	二四七六八	五一一〇四	五一·五	四八·五
科布多汗	五二五七	一六五五	六九三九	一三八五五	五〇·〇	五〇·〇
计	二五三七八九	九一六〇一	三三五八一			

附注：全人口中，牧民占八五％，王侯、贵族二％，僧侣一三％

从这个表中，我们会立刻发生疑问，为什么蒙古居民这样的稀少呢？自然，那是天然和历史的条件之所致。但是最主要的，乃系蒙古的社会进化的阶段，尚滞留于未开时代，文化程度很低，结果便是流行病经常的盛行，死亡率高于生产率，特别在小儿的死亡率中，表现得最惊人。

在这个表中，我们更知道喇嘛僧是普遍地流布于全蒙古。这种宗教势力的扩大，同时也就是民众被麻醉的加深，妨害了整个社会的进化。但是有一个事实不能否认，自蒙古人民共和国成立以来，经济勃兴的结果，以及僧院家畜被没收，僧侣们失了生活的凭依，于是不但由世俗转入喇嘛教的人数渐呈减少，而且舍弃僧院从事生产劳动的僧侣，一天天的增加起来。因为在蒙古人民共和国的政治下，谁要做一个小牧场主，或是小农生产者，已是很容易的事。高利贷的榨取，被政府的法律禁止，投机攫富，操纵社会的经济一切事业，亦概行禁绝，王侯、贵族的大所有地主，一如僧院所有的家畜，都被没收，外来资本主义的商业，亦遭驱逐，在如此的政治制度下，蒙古人民的营生，自不是像以前为了经济的逼迫，而愿意剃发入山，过其空门的无聊生活了。

现在我们要说一说蒙古人民共〈和〉国的经济情形。

蒙古经济的极端落后，这是无容讳言的。他们的基本产业是牧畜业，至其他产业，还只是萌芽时代的状态。不过自蒙古人民共和国采行诸新经济政策以来，蒙古的国民经济已经表现长足的发展。一方面固然废弃了旧时代一切妨碍生产力发展的剥削关系；另方面尤注意于一切天然人工的条件的改良。例如畜类畜种之不良，土质之不合，牧场之恶劣等，政府是以最大劳力去改善的。兹将革命前一九一八年各种重要畜类产量，与革命后一九二四年至一九三〇年比较，表列于次：

年　次	骆　驼	大角畜	马	羊及山羊	总　数
一九一八	二六三九一九	一二八五七七四	一三六一八〇〇	九四一九一七六	一三三三〇六六九
一九二四	二七四九八一	一五一二一一四	一三三九八二七	一〇六四九二〇七	一三七七六一二九
一九二五	三二四九七九	一五五二六五三	一三四六六二六	一一一二七九八三	一四三五二二二四一
一九二六	三八四四八一	一七九九九三八	一四七七五九八	一三四八一一七二	一七〇五三一八九
一九二七	四〇一二九八	……	一七〇〇二九三	一三六九七八五二	……
一九二八	四〇二九一四	一八一三七八九	一〇五八七二一	一三八六七四〇〇	一八一四二八二四
一九二九	四七五六三二	二一六一三七二	二三七二一四五	一五一九七五三五	二〇二〇六六八四
一九三〇	四九二六五〇	二六八四六〇〇	二五九一二六四〇	……	……

事实排在这里，蒙古革命后家畜产量的确是飞跃的进步了。虽然一九二六—二八年度比较是缓慢的，但还是一直上升的。

各种畜类、皮毛的生产，除其本身需要以外，每种类都有大量的输出。这就是俄、日两国所以垂涎蒙古的主要原因。兹特举之以观其梗概：

种　类	总生产	国内需要	商品生产	价值（单位千卢布）
羊	……	……	五〇〇〇〇〇	二〇〇〇
家　畜	……普特	……普特	一〇〇〇〇〇	四〇〇〇
羊毛	六〇〇〇〇	二〇〇〇〇	四〇〇〇〇	三二〇〇
骆驼毛	五五〇〇〇	一〇〇〇〇	四〇〇〇〇	一一〇〇
粗　毛	五〇〇〇〇	一〇〇〇〇	四〇〇〇〇	一四〇
皮	……	……	一三〇〇〇〇	四〇〇
羕小羊毛	二五〇〇〇〇	一五〇〇〇〇	一〇〇〇〇〇	六二五
脂　肪	五〇〇〇〇〇	四五〇〇〇〇	五〇〇〇〇	一四〇

除了牧畜业以外，蒙古人民也习耕田亩，不过并不占重要。蒙古的土著农民，多不喜欢经营农业。在总计播种面积四万亩中，蒙古农民只占了四百余亩。

中国人借地经营……………三六六二四

俄国人开垦经营…………一六〇〇

蒙古国营农业…………一八六〇

蒙古僧院经营…………七二〇

蒙古土著劳动经营………四五〇

这个数目字，是在一九二四年调查的。中国人借地经营的农业，系资本主义的生产方法，无论耕耘或收获，均借赁银劳动者，生产物则当为商品，贩到市场去出卖。而蒙古土著农民的耕种法，是极原始的形式，多种小麦、燕麦之类，收获极低。但自蒙古共和国实行国营农场，已日见发展。据一九二七年调查，其耕种区域，已由一八六〇亩增至九三二四亩。一九二九年为二一三〇〇亩。在五年计划第一年（蒙古人民共和国于一九三一年开始实施五年经济计划），竟览〔至〕四五九二八亩。蒙古之采取国营农场的意义，在于增加农物生产，及鼓励并指导四周的蒙古人民，以期普及，而推进社会进化阶段，由游牧时代以至农工业时代。故此种国营农场，亦可谓之模范农场。在一九三〇年，已经有九个雄厚资本的巨大农场了。

蒙古从来没有工业部门，有的只是零星而细小的土著皮革作坊，自蒙古人民共和国建立以后，始极力从事发展。现在已经有庞大的百数十个工业经营存着，他的特征是隶属于国家的合作社，大部分从事于畜产原料的加工。兹将一九二八—三一年的工场增加，及其资本的扩大，参加人数的增多，表列于下：

年次	参加人数	资本总额	工场总数
一九二八	三七一	二〇〇〇〇	一八
一九二九	八九八	三九七〇〇	三〇
一九三〇	一五五六	六二〇〇〇	七二
一九三一	二三四九	一三〇〇〇〇	一二五

现在我们要谈到蒙古的对外贸易。本来，蒙古的国民经济，是处在世界的外圈，而不与之发生关系。迨近三十年来，乃渐渐积极地向世界经济的大潮中推进。特别是在蒙古人民共和国统治之下，益见其发展。兹录一九二四年至三一年，蒙古的对外贸易状况，以见一斑：

年次	输出（单位千留）	输入（单位千留）	贸易总额	入超及出超
一九二四	一九五二	一四一九八	三三七一七	五三三一
一九二五	一九九二〇	二〇三四七	四〇二六七	四二七
一九二六	二三八〇〇	二四七八三	四八五八三	三八三
一九二七	二四三三七	二三〇八六	四七四二三	一二五一

续表

年次	输出（单位千留）	输入（单位千留）	贸易总额	入超及出超
一九二八	二五六〇〇	二四三四五	四九九四五	一二五五
一九二九	……	二五一〇〇	……	……
一九三〇	二七九八〇	二四八二〇	五二八〇〇	三一六〇
一九三一	三一〇〇〇	二九五六四	六〇五六四	一四三六

在这个表中，我们看出五年计划的第一年度（一九三一年），其贸易总额，表示飞跃的进展。还要指出的，在这一年度，也开始了机械的输入，并占了相当重要的地位。各年度的输出输入，除了一九二六年入超以外，都是出超的。

革命以前，蒙古的全部贸易，可说都操诸外国的私人资本的掌握，为中国、英、美、德、俄的商会所独占。土著的商业资本，只是逐渐萌芽的状态，并没有大量的资本，为主的只是当为国内贸易的媒介而已。革命以后，新政权树立，创设了蒙古中央合作社，独占国内外贸易，才一反从来的现象。

蒙古的中央合〈作〉社，在国家的援助下，及人民的热心的激发，逐年发展。试观次表，便可以知道：

年　次	出资者数	出资资本	资本总额	交易总额	分社数目
一九二三	八三七	三三八〇〇	六〇〇〇〇	一八四〇〇〇	六
一九二五	一五〇〇	六〇〇〇〇	四二四一七八	一五〇六〇〇	一三
一九二六	三四八一	一三九三六〇	一九五一〇〇	八七四三〇〇	一〇六
一九二八	六六二七	一九九五八九	三四二五〇〇	九七二〇〇〇	一四〇
一九三〇	一〇三五二	三〇〇〇〇〇	五七九二六〇	一一四五六一〇	一七二
一九三一	二三九五〇	四六〇三八二	八三五四九〇	一三〇二五三七〇	二〇〇
附注：内各年度的调查，均自五月一日起					

蒙古合作社的独立的发展，同时也就是把外国资本渐次驱逐出去。即苏联的贸易，亦不见多大进步。请表列于下（单位千

留）：

企业	一九二□年贸易额	一九二三年	一九二五	一九二七	一九二九	一九三一
蒙古中央合作社	一〇五四	七五〇〇	一八七四九	二三四二〇	三〇三五六	三九三九四二
苏联商业机关	四〇三二	五九六五	四五二二	六二三九	六八四二	八〇三〇〇
各国商业机关	二五二〇八	一八七一三	一六九六	一七七六四	一五七〇〇	一四〇〇〇
计	三〇二九五	三二一七八	四〇二六七	四七四二三	五二八九八	六〇〇〇〇

　　再从财政方面说，革命以前的财政状况，完全是无政府的，没有预算草案，任意支出国库，毫无统制。当新政府接收之时，国库空虚，财政紊乱至极。新政府当此百孔千疮，乃厉行种种财政改革，并创立财政预算案，计划的，组织的，统制的进行。于是国家预算乃得如下的显著发展：

年次	岁　收（元）	岁　支（元）	盈　余
一九二三	三六七四八〇二	三五九四五九六	八〇二〇六
一九二四	六六二六一三四	五九五七一四五	六六八九八九
一九二五	八二九八二三九	七四三七一六一	八六一〇六二
一九二六	一一四八二八〇一	九八二五七三三	一六五七〇六八
一九二七	——	一二五一八七〇〇	——
一九二八	——	一四二七六五八四	——
一九二九	一六九三四六五二	一六二九八七六〇	六三五八九二
一九三〇	一九三三五四〇	——	——
一九三一	二一〇〇〇〇〇〇	一九九八三四〇〇	一〇一六六〇〇

　　岁收岁支的国家预算的增加，第一个原因是租税及租税以外的财源收入的增加；第二个原因是国家的财政机构，实行了根本的改善。而蒙古中央银行的创设，以及货币的改革，尤具有极大

的贡献。

在国民所得的总数，也有增高。查一九二六年，不过约为四千三百万元，一九二八年，尚在五千万元左右，而一九三一年，已达八千二百万元。

整个世界经济正沉溺在恐慌的惊涛恶浪中，而蒙古人民共和国不但未受波及，并且正在大着脚步由牧畜业而农业而工业的进展。一九三一年，更开始实行其五年经济计划，在第一年度，并以圆满成功告闻。稍待异日，我们将介绍一篇蒙古五年经济计划的内容，公诸读者大众。

一九三三年八月十八日于沪寓

《复兴月刊》

上海新中国建设协会

1933 年 2 卷 1 期

（朱宪　整理）

绥省武川县农村一瞥

作者不详

乌兰察布盟之喀尔喀右翼旗，亦称达尔汗贝勒旗，在绥远武川县境内，俗称为白灵旗。其地有曰白灵庙，本名鸿鳌寺。康熙中征噶尔丹，驻驿〔跸〕于此，赐名，俗呼贝勒庙，音转为白灵庙。此地为通库伦之大路，绥、新通商，亦以此为孔道。此次绥新长途汽车公司试车，即取此道。友人某君近衔绥远省政府命，曾赴白灵庙考察牧畜事业，归来谈及该地情形，颇有研考价值，兹略纪之于下。

山家生活

白旗在深山僻处，属武川六区，位于绥垣东北，约百里之遥。泉甘土肥，居民鲜少，清时为将军牧地，至今六畜称盛。当地气候，此时尚衣重棉，淖尔梁高地，草已渐衰，寒气凛凛。人民朴实诚恳，男女老幼，均自食其力。莜面为日常食料，青草罕见，凡百粗糙。舶来品，可谓绝无仅有。早眠早起，勤劳不息，是为山农之特长。

土地肥沃

土地因垦殖未久，异常肥沃，各农户均种有二三顷，唯多属坡地。农作因霜降早，麦子、高粱、谷子难以成熟，故以莜麦、荞麦、大豆、豌豆、菜子、麻子、山药为大宗，尤以莜麦为主要作物，品质亦甚佳美。农产系用骆驼载至绥销售，因道路崎岖，车运不易。今秋庄田可望丰登，现正值农家一家总动员于收获，由川地来后山之工人，三五成群，络绎于途，每遇农夫收割，手足胼胝，汗流夹背，肉体虽稍痛苦，精神则甚安逸。

经济艰窘

至当地经济之艰窘，自不能例外。远遭匪祸，元气一时未能恢复；近则粮价惨跌，有行无市，粒粒皆辛苦，虽贱售而不得。据调查，当地现在莜麦每斗二角，除播种、收获、耧耙、牛具、种子支应善事，苛捐杂费，诚恐得不偿失，故农家经济现时几陷入休眠状态，量入制出，力行紧缩。譬如农家每年每人穿布丈余，此时则整旧如新，缝补百结，不吃茶，不饮酒，其他嫁娶、丧葬、日常用品，已简而力求再简。农人生活唯望仓廪充实，有百年不用之货，不可一朝有饥馑，结果四面八方，购买力弱；工厂商店，日渐亏累；市面萧索，失业日增，社会问题，渐趋严重。政府则因交易停顿，税收锐减，财政奇绌，建设无望，百事俱废矣。

畜牧事业

关于畜牧事业，因该地气候凉爽，岗陵起伏，水草幽茂，实天与之牧场，以故居民饲养牲畜为数甚夥。现在农民指望变卖牲畜，为经济唯一之救济。惜牧畜属危险事业，年来因兽疫发生，往往一群全灭，农民蒙若大之损失。闻今年三月，当地一带，山羊得肺烂症，即传染性胸膜肺炎，相继毙死，莫不视喂养牲畜为畏途，实发展牧畜之绝大障碍。官厅不必哑哑改良民畜，关于兽医方面，应充分设备而策家畜之安全，保护农民之利益，为刻不容缓之要图。又登旗一带，尤以淖尔梁草原无垠，预计最低限度可养十万战马，以充军用，且莜麦、荞麦为优良无比之马粮，诚理想牧畜地也。

《农业周报》

南京农业周报社

1933 年 2 卷 36 期

（计麟　整理）

多伦诺尔情形

作者不详

多伦诺尔，本蒙文之译音，汉译"七个水池"之意也。金为桓州，元上都，明属开平卫，清初为牧场。康熙时，于其地建汇宗、善因二寺，命章嘉呼图克图居之，喇嘛庙之名，即由此而起。雍正十年，设多伦诺尔理事同知厅，属直隶口北道，在口北三厅中为最大。光绪中，改为抚民同知。民国后，改为多伦县，县知事及察东镇守使均驻于此。地临商都河，北通蒙古锡林果勒盟各旗，东可达蒙古昭乌达盟各旗，商业繁盛，有街二，中国、交通两银行，在此均有分行，实为张北一重镇。

商业以作蒙古生意者为多，因距乌珠穆沁右旗盐池较近，故贩盐者特多。盐以车运，车与车之间，以索联之，故一人能赶车数十辆。

多伦诺尔有一奇异之事，人于夜间出门，必持灯笼，而灯笼之下又皆系一铃铛。此盖因该地本古时战场，疠气迄今未衰，夜间多鬼，故于灯笼下系一铃铛，所以与鬼持之灯笼，示区别也。说本无稽，而土人信之甚笃。

乌珠穆沁旗盐池所产之盐，俗呼大青盐，质白，内呈绿色，斑斑如草状，以水冲食之，可以退热，以火炒而食之，可以祛寒。故多伦一带之人，晨间多不吃茶，而饮盐水云。

《新亚细亚》（月刊）

上海新亚细亚月刊社

1933 年 5 卷 5 期

（朱宪　整理）

热河志略

李贻燕　撰

一　序言

热河自汉唐以来，渐染汉化，近代三百余年间，我北部各省同胞，赴口外经营农商、开启山林者，更为繁盛。全省除北部、西部少数地方外，尽化部落为农村，往昔牧场，已为耕地，塞内外同胞，亦异常融合，几无形迹存于其间。设治各县，亦日就发达，地方政制，一秉中央。不图日人狼子野心，肆图侵略，近年以来，屡遣浪人、军侦，潜入省内，图谋不轨，幸我各旗王公、札萨克以及全省民众，皆深明大义，日人计不得逞。二十一年冬季，各王公之入京觐见，各旗代表之入京请训，即为我塞外同胞拥护中央之明证。近日热民通电誓死抗日，更为明显之表示。而日人得陇望蜀，不顾一切，谬倡满洲五省之论，居然以我热河为满洲伪国之版图。其国内教科书及地图等，在二十一年出版者，已妄行变更我东三省及热河之颜色。报章杂志及外交言论，无不异口同声曰"热河为满洲国之领土"，强辩攻略热河之行为，不曰自卫，则曰剿匪。三月初，竟又出兵攻我热省，发挥其野蛮之特性，前锋已逼近长城，大放其辞曰"如入无人之境"。我自榆关陷落后，收复东北失地，已感一层困难。倘热河无力反攻，长城不保，则不特我华北岌岌可危，国家民族前途，亦不堪设想矣。日本最近数十年来，图谋侵略我国，无时或息。关于我国东北各省及热河、平津之情况，无不加以详细之调查及研究。此类图书之出版数，实在可惊。而一般之宣传，仁丹、味素之广告，亦无不尽力利用。三尺童子，贩夫走卒，亦知我东北详细之情形。而我国士夫反漠然视之，竟或有以热河天府之地，为冰天雪地一片荒凉之沙漠，而漠不关心也。吾为此惧，聊述热河之概况，以告国人。

二　沿革

热河当春秋时为山戎地，后为匈奴左地。汉兴，单于远遁，漠南无王庭，右北平郡（故城在今平泉县）塞外亦空。武帝时，乌桓内附，乃徙其人民于塞下，以察匈奴之动静，以地属右北平郡，又徙右北平人民于塞外以实之，并置乌桓校尉，任监护之责。自是热河地方已呈我塞内外人民混合杂居之状态。灵帝时，乌桓酋长有叛者，献帝遣曹操北征，破乌桓于柳城（今朝阳县），移其民入塞为良民，汉之威令复行于塞外。晋末，慕容氏据辽西及大凌河流域，建都柳城，改称龙城。而北部西喇木伦河流域一带，则为宇文氏所据。南北朝时，契丹据西喇木伦河下流及大凌河流域，库莫奚据西喇木伦河上游及老哈河流域。隋代增筑长城，收复塞外大部土地，置辽西郡，隶于营州。唐太宗时，契丹及库莫奚皆内附，置松漠及饶乐两都督府于热河北部，改辽西郡为柳城郡，置营州都督府，后均属于安东都护府之下。唐之声威直达黑龙江上流，北方室韦诸部，皆内附入贡。玄宗时，以契丹屡叛，乃置平卢节度使于朝阳，以镇北方。安禄山乱后，契丹主阿保机，略塞外各地，号称辽国，置上京临潢府于西喇木伦河上流，置上京饶州匡义军于西部，置中京大定府于滦河上流，置中京兴中府于东南部小清河及大凌河流域，又得塞内燕云十六州。由是塞内外人民，迁徙结合，更为密切。其政制虽分南北两院，实则塞外已完全汉化。金取辽地，改辽中京大定府为北京大定府，东南部仍为中京兴中府，上京临潢府及饶州匡义军则改为北京路。元时划东南部属辽阳行省大宁路，并封辽王于此。西北部及西部属上都路，并封鲁王于此。明太祖平定漠南，以东南部大宁路为大宁卫，西北部为全宁卫。后兀良哈来归，又于大宁卫之外，置朵颜等三卫，为大宁卫之外卫。置大宁都指挥使司于大宁城，封宁王权于此。而大宁卫之东境柳条内外，则属于泰宁卫。成祖时，以朵颜三卫之骁骑从战有功，移宁王于南昌，以大宁与三卫。但西喇木伦河以南地方，仍属于大宁都司。兀良哈三卫部众，多为乌梁海人，以从事打牲，辗转至热河附近森林一带，明代误以乌梁海为兀良哈，故称兀良哈三卫。三卫之中，以朵颜卫为最强，故冠以朵颜三卫之总称，实则朵颜卫不过兀良哈三卫中之一卫耳。成祖时，授朵颜头目托尔楚为左军都督府都督佥事，掌朵颜卫卫政。卫内受明朝札书之头目，成祖时有三十六家。明末，喀尔喀达延汗取朵颜三卫之地，分与其诸博罗特（子也），计在热河者，有敖汉、奈满、札鲁特、巴林、克什克腾各部。

清朝平定内蒙，颁定旗制，限其牧地户口，推〔堆〕立鄂博，使各守地界，毋得相越。大部分三旗，中部分二旗，小部为一旗。大部封亲王、郡王，中部封贝勒、贝子，小部封公、台吉及塔布囊。每旗置札萨克一人为之长。合数旗为一盟，置盟长及副盟长，办理盟务。于一定期间，各旗札萨克会于一定之地点，议各旗之兴革，并呈报各旗之军备、边防、牧务、刑罚及各旗之户口、丁册于盟长及理藩院所奏派之会盟大臣，称为会盟，由盟长及会盟大臣审核其合于成规与否，定其功罪，呈报于理藩院。热河全省在当时计二盟十部十七旗，为内蒙东四盟之二。会于北部翁牛特左翼境内昭乌达（百株柳之意）地方者，曰昭乌达盟；会于南部土默特右翼境内卓索图地方者，曰卓索图盟。清初，置驻防八旗兵，设总管一员，总理旗务，乾隆时升为副都统。而其他设治之州、县理事厅、抚民厅及升治之道、府、县等，则辖于直隶总督，设热河兵备道一员，为府、厅、县之长，并由刑部及理藩院派理刑司员三员，管理刑政。又设直隶提标河屯协、督标捕盗兵等，以供道府之差遣。设汉军守卫及围场总管兵，为行宫、寺庙、围场之守卫。于长城之冷口、喜峰口、古北口三处，则设防守尉，由直隶总督所辖之山海关及密云两副都统节制。后以直隶地方辽阔，直隶总督势难兼顾口外地方政治，又升副都统为热河都统，职权渐重，都统渐得管理各县之税务及在热文武吏员之铨衡，并兼管昭乌达、卓索图二盟之垦务。但热河都统至清末止，事实上虽揽热河大权，而设治之道、府、州、县，仍隶直隶总督管辖，不过受总督之委托，处理省政，遇有上奏事宜，须与直隶总督会衔，而盟旗事务，仍秉承于理藩院也。

　　清时直隶总督所辖之热河兵备道，辖承德、朝阳二府、赤峰一州及围场一厅。本道设于乾隆五年，辖热河同知、承德知州、东河通判、八沟同知及塔子沟通判等。至乾隆四十三年，改承德州为承德府，同时改喀喇河屯厅为隆平县，四旗厅为丰宁县，八沟厅为平泉县，塔子沟厅为建昌县，乌蓝哈达厅为赤峰县，三座塔厅为朝阳县。清末又割朝阳、建昌二县，析置隆化、阜新、建平三县，别置朝阳府及围场厅，又于北部置开鲁县。民国三年改为热河特别行政区，设热河都统及热河道，划前直隶总督所辖之口外道、府、厅、州、县，隶特区管辖，一律改称为县。热河道兼管盟旗事务，而受蒙藏院之核定。并设朝阳、林西两镇守使。寻又改经棚设治局为县。民国十三年析开鲁县地，置鲁北设治局。十四年又析巴林旗地，置林东设治局。十五年又析阿鲁科尔沁旗地，置天山设治局。民十七改特区为热河省，设省府于承德，又析置全宁、大宁、凌南三县，现辖县十八，设治局三。而盟旗事务，仍由札萨克处理，隶于蒙藏委员会。

三　区域

热河在河北省北方，北起索岳尔济山，沿内兴安岭山脉之苏克斜鲁山西南下与车臣汗及察哈尔省为界，西南依朝河与白河之分水岭，与察哈尔省分界，南方一部分依长城以古北口与河北省分界，大部分依太行山脉余势与河北省北部之密云、遵化、迁安、临榆各县口外辖地为界，东沿柳条边墙转向东北，与辽宁省为界。全省面积五十八万方里，比江苏省大二十一万方里，比河北省大四万余方里。分承德、滦平、平泉、丰宁、隆化、凌源、朝阳、阜新、建平、绥东、赤峰、林西、开鲁、经棚、围场、全宁、大宁、凌南等十八县，林东、鲁北、天山三设治局，及昭乌达、卓索图二盟十二部二十旗。

四　地势

热河地势，四面山岳围绕，形势天然，四塞之地也。西部为山岳地带，西南部、南部丘陵起伏，东南部亦拥高峰，惟北部、东部、中部地方，虽有沙漠散在其间，而平野甚广。西喇木伦河流域地方，河流交错，土脉极为丰饶，便于农牧。东南部分，亦适农耕。近长城一带之山间，一望虽为险峻之山岭，但一至高处，又复不少之山间平地，森林既便于兽蹄鸟迹之栖驰，山间平地又宜于牛羊之放牧。在国防上为华北之屏障，在经济上亦北部之宝库也。

阴山山脉由察哈尔省东来，经多伦县入热境，结为白岔山，峙于热西。其分支则披离南下至承德附近，起伏断续，绵亘于西南部。其余脉更栏入长城柳塞，而达河北及辽宁之境，为白河、滦河、大凌河、小凌河、老哈河诸河之分水岭，亦即为诸河之源泉。起多伦县南滦河上流而栏入长城者，曰雾灵山脉，又名滦西山脉。走滦河之东者，曰七老图山脉。分老哈河及大凌河者，曰努鲁儿虎岭。其横亘于大凌河之南，为长城柳塞之基者，曰松岭山脉。雾灵山脉由多伦县南斜，经滦河西岸，至古北口，由黑谷关入长城。山北即古北口外之青石梁大岭。形势极为险要，其南端有马兰、将军二关。

七老图山脉，起于白岔山之西南，经围场县南及隆化县一带，北端有七老图山、大衍岭、拜布哈岭为此山之主峰，东南走至平泉县北，为活儿活克岭，再南走至冷口为都山，其在平泉县东北，接于努鲁儿虎岭。此山以西诸水，皆入滦河，以东诸水，皆入老哈河。然至凌源县境，则入于大凌河。在承德县附近围绕行宫诸峰，皆为其支脉，以卯山、金山、大黑山、磐锤峰为巨擘。此山脉之南侧，承德县东方八十余里之地，有汤山，出温泉，为热河地名之所由来。其余势为和尔博勒津山，在平泉县，辽代中京之七金山也，金银等矿甚富。

努鲁儿虎岭，起于平泉县之东北老哈河水源，南走至平泉县北，分离东南下，抱大凌河水源，由山海关西北入长城，峙于关西者为桥山，南耸者为角山。其由凌源县西方东北走抱老哈河之东南，尽于西喇木伦河南岸之平野上，老哈河、大凌河、青龙河诸水之源泉也。

松岭山脉，接于努鲁儿虎岭，东走于大凌河之南，至柳条边墙松岭子内，而峙为松岭。再东越大凌河入辽宁省境，起顶为医巫闾山，雄峙热东，柳条边墙横贯其上。

阴山，自热西白岔山经经棚县西方东北走者，总称内兴安岭，山势稍向东北者，曰阿尔噶灵图山。又东北者为苏克斜鲁山。支脉绵亘起伏，为奇尔巴尔山、特里野山。山势次第低下，以达于科尔沁之平原，更东北走者，崛起为索岳尔济山，热省北界之高山也。内兴安岭之东侧在热西者，倾斜颇为急峻，幅员不过三四十里，急急低下，热北诸河，皆发源于此，衍成热北之平野。西由围场，东经建平，以达阜新，西由围场西北经经棚，东北经林西、林东抵鲁北，东由阜新经绥东、开鲁抵鲁北，一大三角形地带中，一目平原，可耕之地，达三万一千五百余万方里，虽有沙漠散点其间，而河流交错，可借以灌溉。山岳地带之森林，亦达一千四百余万方里，荒地不过二千四百余万方里耳。

热河诸水，依地势北部、中部尽东流，东南部尽东南流，西南部尽南流，北部诸水皆会于西喇木伦河归辽河，东南部诸水，不入大凌河，则入小凌河，西南部诸水，不入滦河，则入白河。

西喇木伦河，黄水之叉，辽河之西源也，或称西辽河，亦称潢水。源出经棚南境发木谷之北，东北流约百余里，至经棚县治东南，名经棚河，北岸纳碧落河。又东流，南岸之察罕河自白岔山流而来会。又东流，经林西县南至赤峰县北二百里，有察罕木伦河南流来会。复东流三百余里，自北岸分出一支，曰好奈川。更东流数十里，有老哈河自西南来会。自是水势益大，始称西辽河，在开鲁县东南部入辽宁省，汇于辽河以入海。

察罕木伦河，黑水之叉，本称喀喇木伦河，发源于苏克斜鲁山。东南流至林西县东，纳噶尔达台河，复东流百余里，至黄花庙西，纳二赤木伦河，复东南流入西喇木伦河。

老哈河，古称白狼水，俗称老河，发源于平泉县北黄土梁之明安山。东北流至大宁城南，纳活儿活克河，更东北流至建平县北，东折北流，英金河由赤峰县北方东流来会，东北流入西喇木伦河。

英金河，发源于白岔山，东南流，纳五谷代河，更东流至赤峰县北，纳西伯河、卓孙河，入于老喀〔哈〕河。

大凌河发源于凌源县南松岭山脉之尾苏图山，又称傲木伦河。东北流至凌源县城南，复东流数十里，折向东北，至朝阳县城东，纳努楚浑河，东北流至柳条边之九官台门西北朝阳金教寺，出九官台门，经辽宁省义县，在大凌口入海。

小凌河，发源于凌源县南之明安山，东流入柳条边，经辽宁之锦县入海。

滦河古称濡河，发源独石口外东北百余里之巴延屯图古尔山。有四源，北源曰上都河，经多伦县城南，东南流入热境，至丰宁县城西，纳库尔要勒河，一名小滦河，南流二百里与滦河本流合，经滦平县城北，纳宜孙河。复东南流至下板城北，纳热河。复东南流至清河口，纳宽河。东南流由潘家口西入长城，经河北省之迁安、卢龙、滦县、乐亭等县至老米沟入海。

热河有三源。西源出于围场县东南之察罕陀罗海山西之固都古尔卡伦之南，南流经丰宁县境，称固都尔呼河。中源出于玳瑁沟，西南流至承德县东北之茅沟泛，称茅沟河，经中关行宫之东，会于固都尔呼河。东源出于三道沟，称赛音河，西南流至承德县东北之汤山，有温泉来会，又会于固都尔呼河。三源既合，至避暑山庄之东，磐锤峰下又会山庄流出之温泉，始称热河，东南流入于滦河。热河三源，以芽〔茅〕沟为最热，赛音较为温和，宜于人体。

青龙河，发源于凌源县南努鲁儿虎岭之都山，在桃林口入滦河。

此外发源于察哈尔省之东南隅，经热境滦平县入长城者，尚有朝〔潮〕河与白河二河。

五　气候

热河地近寒带，天气较冷。夏季最高在百二十度左右，最低亦在八十三度左右，一月有至零下三四十度者，年中平均温度，在四十五度左右。其南部与北部气候又有大差。大抵北部与黑省相同，冬季多在零下四十度，南部不过零下十度左右。寒暑之差甚大，春秋温和期甚短。四月中旬解冻，五月百草丛生，六月渐热，入八月中旬，朝夕即觉寒冷，九月始霜，十月即见雪。雨量稀少，四季多大风，空气极为干燥。

六　住民

热河住民约六百余万，塞内人约占五百余万，其余为蒙民及少数回民，大别为农牧、商贾、王公、喇嘛数种。农牧、商贾皆秉性忠直，朴素耐苦。除北部、西部山岳地带，仍营游牧生活，住于移动之包屋者外，其他各部，则兼营农牧，住于固定之包屋，及土筑之房屋。

七　教育及宗教

热河教育极不发达，全年教育经费不过三十二万元。按最近统计，高级中学一校，学生九十余人，初级中学四校，学生二百八十人，师范五校，学生二百五十一人，职业一校，学生二十余人。各校毕业生，共计不过七十余人。中等以上学校，全年经费不过十万元。初小七百六十二校，学生二万六千人，高小五十一校，学生二千二百余人。小学全年经费，不过二十一万三千余元。民众学校三十二所，民众教育馆一所，图书馆三所，通俗讲演所一所，阅报处二所。社会教育全年经费不过七千元。

蒙民皆奉喇嘛教，寺庙极多，行宫附近大者达八所。回民奉回教。塞内人有奉基督教者。

八　产物工商

热河产物极富，可大别为农林、牧畜、矿产数种。

农产　以粟、稷、高粱、落花生、玉蜀黍为大宗，麻、芝麻、豆、马铃薯、棉花、甘草、乌拉草等次之。年产额，粟二百万石，高粱三百万石，稷四十万石，黍三十万石，落花生四十万石，玉蜀黍四十万石，甘草五十万斤。此外尚有菰、蕨、西瓜、冬瓜、榛、粟（栗）、梨、枣、核桃、柿、山楂、樱桃、萝葡、人参、黄芪、大黄等菜果、药材之属，年产额亦达四百万斤以上。蚕桑以朝阳县南北乡为最盛，蜂蜜亦为热产之一佳品。

森林面积颇广，各部山间多产松、柏、槐、榆、楸、枫、椿、杨、柳等树。朝阳、凌源一带产橒椤树，其叶可供养蚕。

牧畜　以牛、马、羊、骆驼、骡为主。牛最多，产于西喇木伦河流域一带者达七十余万头。羊产居塞外第一位，达六十万头。此外麋鹿、羚羊、貂、野马、野驴、野羊、熊、狐、栗鼠、野兔等，亦所在多有。虎产于热东山间。而可供食用之雉、雁等鸟类亦不少。

矿产　以石炭、金、银、石油等为大宗，而铜、铁、铅、石棉、硝石、硫黄、硅石、石灰石、曹达等矿亦甚丰富。

石炭矿　松岭山脉，为石炭之分布区。据专门家调查，埋藏量约有十二亿吨乃至二十亿吨。以阜新县东北之新丘炭田为第一，埋藏量有称为二亿吨者，有称为十亿吨者。现已开采者，有新丘、孙家湾、乌龙沟、米家窝铺四处，有中日合办之大新、大兴两公司，及省官办之新丘矿务公司。因规模不大，每年采掘量不过四五万吨。其次为北票炭田，在朝阳县北八十里，为兴隆镇、大吉营子、岳家沟、三义栈、尖山子诸炭矿之总称。炭质极好，埋藏量二千万吨。有官商合办之北票煤矿公司，年产额达三十万吨。其次为冰沟煤矿，在凌源县南六十里，煤层达十七八层以上，层厚由一尺至八尺，矿区面积极大，质量极好。次为苏子沟煤矿，在凌源县北二十五里，煤质虽为有烟煤，质亦不坏，现在仅用土法采掘，故产额不多。次为四隆头煤矿，在平泉县北方，层厚由四尺至五尺，埋藏量达四百万吨。次为十大分煤矿，在四隆头之东北丘陵地上，质量均优。次为西元宝山煤矿，在赤峰县东北七十里，层厚十尺乃至十四尺，为褐炭中之最好者。其他朝阳县之南票、大台子、段木头沟、叩叩林、罗郭杖子、麒麟山、黄金沟、当间沟、渗金沟、东三家子、小边外、岭底西、马架子、茨梅花沟、胡匠沟、大梁岗；阜新县之架马索、七家子村、新秋地、新秋营子村、赵家村、水泉沟；凌源县之铁障子、龙凤沟、五道沟、薄立口、松树岭、石门子沟、康家沟、蛇立沟、平台子、边家沟、博罗控、石门外、南哨；建平县之平顶沟、松树台、撰子山；平泉县之松树台、黑山口、老君庙、三道沟、印子谷、密云乡、岗乂庙、烈山、庙儿梁、苏子山；承德县之西大洼、赶沟门、榆树沟、甲山沟、王姑屯、西沟、宝华山；隆化县之西山、厂沟、煤窑子、张三营；丰宁县之两间房、四道沟；滦平县之皋家店、羊毛岭、张家村；赤峰县之柳条子、东元宝山、五家子、井子沟、西猴头村、平顶山、西坤兑沟、四道沟、煤子沟、松树台、四家梁、姚家沟、水果子沟、瓦石哨、张海、南哨、五台图、牌楼沟、南山；围场县之小童子沟、半笋川、朝阳湾子等处，煤矿亦复不少。

金矿　阴山山脉之本脉支脉，均富金矿，古来均用土法或未经营，年产额极微。最著名者为阜新县之新大沟、建平县之金厂沟、承德县之碾子沟、围场县之红花沟、赤峰县之霍家地等处，其他尚有朝阳县之鸡冠山、三道沟、五家子、东毛子沟、小张子、奈曼沟、团山子、各力各、杨家湾子、长阜，阜新县之段力、板小沟、马耳朵营子、塔子沟、那邑沟、昭里营子，凌源县之红旗杆、菱麦地、刀尔灯、黑山沟、梅林、方山图西北地，建平县之撰山子、徐家北海、洼子沟梁、黄金梁、哈塘沟、金家杖子、四德堂，承德县之骆驼山、狮子园（砂金）、镜鼓、老缨（砂金）、无索沟、八家子、双山子、头沟、小塔子、初字沟，滦平县之宁子沟、红旗地、八道河、大黑沟、大四虎沟、六道沟、兴川乡、朝河川；平泉县之鸡冠山、敖清部界、公主陵、长泥洼子，丰宁县之金厂沟，滦河沿岸两间房、官家营子、西沟、小窑沟、乍岭、河南营子、半崖子、王家营、老字沟、九连海、大营子、小儿沟，围场县之五台山、锥子山、银窝沟、官杖、金山、水泉儿、白山吐、八里罕、八苏台、金马子、蒙古苏、里河滩、热水、金上山、喇嘛山等处。

银矿　热河银矿之富，他省无能出其右者。承德县之哑沟店、洞子沟、承平银矿（有公司）、遍山线、大庞家沟、轿顶山、范家沟、平马河、西大洼、三道河、万石、白沟，平泉县之黑山口、烟筒山、土槽子、铅铜子，丰宁县之黑山沟、铁匠营、松臣动山、羊毛岭，滦平县之鸡瓜沟、岑沟，朝阳县之小塔子沟，赤峰县之长汗、博罗沟、一肯中、村金沟、银铜子沟、大窝铺、马家子、南山、五家子、姑子山，围场县之白山工等处，均以产银著名。

石油矿　全省石油矿发现者，有凌源县南七十里之九佛堂，在本村落南东三里许之溪谷中。矿区面积，南北五十里，东西十里以上。附近居民古来即已自由采掘，用为燃料。近年封禁，许美孚公司以采掘权，但尚未着手。

此外铜矿有承德县之鹰窝川，丰宁县之九龙山，平泉县之铜沟、前洞子沟、四洞沟等处。铁矿有承德县之松树沟等处。铅矿则以经棚县为第一。石棉则以朝阳县之丁顶山、马架子山埋藏量为最富，其他建平县之金家杖子，凌源县之青石镇、矿洞山亦有名。硝石则有建平县之黑水、古山等处。硫黄以平泉之大洼铺为最多。硅石则有建平县之窟洼。石灰石则以平泉县之偏大沟为第一。曹达一物亦以热河为最富，在低温地、湖沼地中到处有之，以滦平县下、经棚县下及西喇木伦河流域一带为最多。朱砂、水银、玛瑙等矿，亦所在有之。

工业　热河比察哈尔为发达，工厂约有五百家，以毛、丝、棉等织物业及淀粉业、酿酒（白酒）业、榨油业、皮革工业等为著。毛、丝、棉三种织物，年产额达二十万元以上，以毛织物为尤多。榨油业年达四十万元，皮革业年达二十万元，酿酒业年达三百万元，制粉业年达百余万元，豆粉业年达五十余万元。

商业贸易品　以畜产为大宗，皮毛、奶油产额最巨。毛多输往美国。但因币制甚乱，致商业亦呈不振之象，目下尚有用制钱者。输入品来自内地者，有茶、棉、棉纱、纸烟等。

九　交通

交通全恃陆运，水运仅滦口一路，途程甚短。其中北部诸河，在冬季可用冰橇。其陆运概依骡、马、骆驼、骡车、驼轿，为交通不可缺之利器。近时筑有汽车路二线，可通汽车。

以承德为中心：

一由承德西南行四十里至滦平，三十里至王家营，七十里至鞍匠营，七十里至古北口，经密云、怀柔二百四十里至北平。此路已通汽车。

二由承德西行，一百八十里至丰宁，五百三十里至察哈尔之多伦，由多伦达张家口。

三由承德北行，一百二十五里至隆化，一百九十里至围场，一百八十里至赤峰（围场至锥子山一百二十里）。

四由承德东行，一百八十里至平泉，一百八十里至凌源，二百七十里至朝阳，二百里至锦县。此路由承德至朝阳已通汽车，朝阳北之北票至锦县有锦朝铁路，已通火车。由平泉北行四百十五里，经大宁县至赤峰，已通汽车。

五由承德沿河道通滦口入长城，可用航船通河北省之迁安、卢龙、滦县等处。

六由承德南行，一百九十里至喜峰口，一百十里至遵化。

以赤峰为中心：

一由赤峰西行，一百八十里至围场。

二由赤峰北行，一百八十里至乌丹城，三百七十里至林西。

三由赤峰西北行，五百十里至经棚。

四由赤峰东南行，三百六十里至朝阳。

五由赤峰东北行，一百六十里至哈拉道口，五百三十五里至开鲁，二百二十里达辽宁之通辽。

前此入蒙之驿站，当北京起点，经过热河者有二路：

一由北京四百十里至喜峰口，七十里至宽城，一百里至平泉县南之和齐台、品郭勒，一百二十里至老哈河上流西岸之堪斯呼，一百四十里至伯尔克，一百四十里至老哈河东岸之托和图，一百五十里至洪郭尔，一百五十里至老哈河南岸之西刺〔刺〕诺尔，一百里至西喇木伦河南岸之库尔车，一百八十里至西喇木伦河北岸之三音哈克，一百八十里至西诺郭特尔，九十里至科尔沁旗之苏布拉克。此路所通过者，为喀喇沁、土默特、喀尔喀左翼、敖汉、奈曼、札鲁特及科尔沁等旗。

二由北京二百四十里至古北口，七十里至鞍匠营，九十里至红旗营，六十里至十八里台，八十里至坡尔村，一百二十里至默尔沟，一百里至英金河南之西尔哈，六十里至英金河北之阿木沟，七十里至卓索，八十里至铁多布，八十里至拉苏多克，四十里至西喇木伦河南岸，一百里至西喇木伦河北之噶察克，一百二十里至海拉札克，六十里至阿鲁噶木尔。此路所通过者，为翁牛特、巴林、札鲁特、阿鲁科尔沁及乌珠穆沁等旗。

驿站　清代由理藩院之管站章京管理。民国成立，改称台站，直隶于蒙藏院，并受各驻在地地方长官节制。于喜峰、古北二口各设台站管理处，由蒙藏院呈派处长一人，管理传达往来公文、逮解人犯，疏通大道、保护行旅等事。

电线　除设备县外，有锥子山一处。承德、朝阳、围场、凌源、赤峰，均设有电报局。邮政有二等邮局六，三等邮局八。

十　盟旗志

热河全省有二盟十二部二十旗。

一、昭乌达盟，位于省之北部，南界卓索图盟，东南接柳条边，东北邻辽宁省之哲里木盟，西以承德围场与察哈尔之正蓝旗为界，西北邻察哈尔之锡林郭勒盟，计八部十三旗，皆博尔济吉特氏。

1. 奈曼部，八部之义也。在本盟之东南部，沿柳条边、彰武台、白土庙、西边门外，阜新县在其境内。地当西喇木伦河、老哈河合流之南，两河横贯部内。距喜峰口七百里。唐属营州都督府，辽为兴中府北境，明为朵颜卫地，后为喀尔喀所据，元太祖十五世孙达延汗次子图鲁博罗特所部之后游牧之地也。因太祖曾平奈曼部，故号曰奈曼。爵郡王，札萨克驻彰武台，佐领五十额。

2. 敖汉部，长子之义也。在奈曼部之西南，西邻翁牛特，南邻喀喇沁。地当英金河、老哈河合流之南，老哈河直贯中央。建平县治设在东北境。距喜峰口六百里。唐属营州都督府，辽为兴中府北境，元为辽王封地，明为大宁卫地，后为喀尔喀所据，达延汗子图鲁博罗特之后所部游牧之地也。至图鲁博罗特之孙青杜陵，始号所部曰敖汉。爵郡王，札萨克驻固尔班图勒噶山，佐领五十五额，现分为右、左、南三旗。

3. 翁牛特部，在敖汉部西方。其西南接围场县治，地当西喇木伦、英金两河中流，赤峰县治在其境内之东南部，距古北口五百二十里。唐属饶乐都督府，辽为上京道，元为鲁王封地，明为朵颜外卫，后为喀尔喀所据。元太祖弟谔楚因之后所部游牧之地也。至谔楚因裔孙巴颜岱洪果尔诺颜，始号所部曰翁牛特。因英金河分左右两翼，河南为右翼，爵郡王，佐领三十八额，王府在哈齐特朗。河北曰左翼，爵贝勒，佐领二十额，王府在绰温都尔。

4. 克什克腾部，有福之义也。在翁牛特、巴林两部之西，围场之北，本盟之最西者，地当西喇木伦河上流及察汗木伦河流域，经棚县治在其境内，距古北口五百七十里。元属上都及应昌两路，明代为喀尔喀所据，达延汗六子鄂齐博罗特之后所部游牧之地也。爵台吉，佐领十额，王府在吉拉斯巴。

5. 巴林部，在翁牛特左翼旗之北，林西县治设在境内。距古北口七百八十里。本元全宁路鲁王封地，明时为朵颜卫，后为喀尔喀所据，达延汗第五子之孙，巴林台吉所部之后游牧之地也。分左右两翼。在西者曰左翼，爵贝子，佐领十六额，王府在陀罗海山。在东者曰右翼，爵郡王，王府在托盍山。

6. 阿鲁科尔沁部，北方部落之义也。在巴林、翁牛特之北，西北邻车臣汗及锡林郭勒盟，地当哈奇尔河、傲木伦河，开鲁县治及天山设治局在其境内。元代为辽王封地,明为朵颜外卫,后为喀尔喀所据,太祖弟哈布图哈萨尔之后所部游牧之地也。哈布图十五世孙,昂都伦岱青,号所部曰阿鲁科尔沁。爵贝勒,佐领五十额,札萨克驻托古木台。阿鲁科尔沁所部,与四子部落乌喇特、茂明安、翁牛特、阿巴哈尔及喀尔喀内外札萨克,统称阿鲁蒙古。

7. 札鲁特部,在阿鲁科尔沁之东北,东邻科尔沁,新辽河灌于南境,鲁北设治局在其境内,距喜峰口一千一百里。汉为辽东郡边境,唐属营州都督府,元为上都路,明为朵颜外卫,后为喀尔喀所据,达延汗第五子和尔朔齐哈萨博罗特之后所部游牧之地也。和尔朔齐哈萨子乌巴什自号所部曰札鲁特。分左右两翼,在奇勒巴尔哈尔山南者曰左翼,王府在济济灵花陀罗海山,爵贝勒,佐领十六额。在北者曰右翼,王府在图尔山,爵贝勒,佐领十六额。

8. 喀尔喀部左翼旗,屏藩之义也。在本盟之东南部,东邻辽宁省,南邻土默特,西邻奈曼,绥东县治在其境内,距喜峰口八百四十里。唐属营州都督府,明代为喀尔喀所据,太祖十六世孙格埒森札台吉之曾孙衮伊布勒登率喀尔喀越瀚海东来,游牧于此者。爵贝勒,佐领一额,札萨克驻察罕和硕图。

二、卓索图盟,位于省南部,东南抵白石嘴边门,西接承德,北连翁牛特,计四部七旗。本属二部五旗,近因附牧之锡埒图库伦喇嘛游牧,及喀尔喀多罗贝勒附牧,均独立为一旗,故合为四部七旗。

1. 喀喇沁部,平民部落之义也。东抵白石嘴门边,西接承德围场,热省南部承德、滦平、丰宁、隆化、平泉各县,在其境内,距喜峰口三百五十里。春秋时为山戎地,秦汉为辽西郡,唐属营州,元为大宁路,明置都指挥使司,明太祖皇子宁王权之封地,后为喀尔喀所据，元太祖之臣济拉马之后所部游牧之地也。济拉马七世孙和通始号所部为喀喇沁，分左、右、中三旗。东南部为左翼旗，爵贝子，佐领四十额，王府在巴颜珠尔克。西北为右翼旗，爵郡王，佐领四十四额，王府在西伯河。中北部为中旗，爵贝勒，佐领三十九额，札萨克驻珠布格朗图巴颜喀喇山。在左翼界内，姓乌梁罕氏。

2. 土默特部，一万部落之义。在喀喇沁部之东北，朝阳、凌源县治在其境内，距喜峰口五百九十里，传为古之孤竹国。汉辽西郡柳城县治，唐属营州，元属大宁路，明为泰宁卫。后为喀尔喀所据，分左右翼二旗游牧，部族不同，为异族同牧。东北部为左翼，与喀喇沁为近族，元太祖臣济拉马十三世孙善巴之后，率所部由喀喇沁游牧于此者，姓乌梁罕氏，爵贝勒，佐领八十额，王府在哈特哈山。西南部为右翼，与归化县土默特为近族，明顺义王俺达之支族，由归化城徙牧于此者，姓博尔济吉特氏，爵贝子，佐领九十七额，王府在大华山。

3. 锡埒图库伦旗，在奈曼之南，土默特之北，本系锡埒图库伦喇嘛游牧之地，不成一旗，不入札萨克之列，近已独立为一旗。

4. 唐古特喀尔喀旗，在土默特左翼之北，锡埒图库伦之西，本为喀尔喀贝勒附牧之地，现已独立为一旗。

十一　县志

热河辖十八县三设治局，在南部卓索图盟境内者，有承德、滦平、丰宁、平泉、隆化、凌源、朝阳、大宁、凌南等县，在北部昭乌达盟境内者，有赤峰、建平、阜新、绥东、开鲁、林西、经棚、围场、全宁九县，及鲁北、林东、天山三设治局。

1. 承德县，地滨热河，故有热河之称。初称热河厅，雍正时升为承德州，乾隆时升为直隶省承德府治，热河都统驻此。民国三年改为承德县，为热河特别行政区之首府。民十七改建行省，仍为热河省会，省政府在焉。无城郭，就山间坦地为城市，长十余里，四山环绕，风光明媚，宛然一都会也。人口三万余。商业颇盛，贸易只以皮毛为大宗，北平、朝阳间货物集散之中枢也。附近产木炭、骡子，运销北平，而鹿角雕刻亦有名。附近名胜、寺庙甚多，以避暑山庄及永佑寺、水月庵、碧峰寺为最大。县北十三里有钓鱼台行宫，再十三里有黄土坎行宫，黄土坎东北七十里有中关行宫，再北有什巴尔台、波罗河屯等行宫。避暑山庄在承德县治东北十余里，本喀喇沁部长游浴之地，称热河上营。康熙四十二年建为行宫，名避暑山庄，仿紫禁城制，周围十六里余，有正殿、勤政殿、松鹤斋、四知书屋等，池苑配七十二景，为塞外第一繁华壮丽之地。

2. 滦平县，在承德县西南三十五里，为通古北口之要道。本为喀喇河屯厅，康熙十六年，建行宫于此。乾隆时，改为隆平县。后以滦河通此，改为滦平县。河中产细鳞鱼颇有名。西南一里许有金兴州城旧址，西北七十五里有元宜兴县旧址，其南有巴克什营行宫及两间房行宫诸名胜。

3. 丰宁县，在滦平县西北，本名土城子。雍正时为四旗厅，乾隆时改称丰宁县。

4. 隆化县，在承德县北，本名黄姑屯，系由朝阳、建昌（现凌源县）二县析置者。其北方有张三营行宫。

5. 平泉县，在承德东方，为承德通凌源、朝阳之要道，本名八沟。清为平泉州，民二改为平泉县。其北有明代所建之富裕城旧址，县南二十里有明代会州城旧址，俗称察罕城，县南百余里有明代所建之宽城，为通喜峰口之要道。

6. 凌源县，在平泉县东，本为塔子沟厅，乾隆时改为建昌县，民三改为凌源县，以产建昌绸著名，县东七十里有利州城旧址，俗称大城子，有金时圆盖和尚塔，及元玉京观碑。县南大凌河畔，有辽代龙山城旧址。其南方叨尔登为通冷口要道，东北叶柏寿为通朝阳要道。

7. 凌南县，在凌源县东南，本名牤牛营子，最近析置者。

8. 朝阳县，在大凌河盆地上，有南北长方形之城墙，本称塔子沟，后改直隶三座塔厅，后又改为朝阳府治，古称龙城，又称柳城，民二改为朝阳县。人口三万余，为畜类、皮毛之集散地，山水清幽，热东之要市也。蚕桑颇盛，产于南北乡一带。山间产槲椤树，可以饲蚕。丝称槲椤绸，厚重耐寒。县北有锦朝支线之北票车站及北票煤矿。辽代宜民县城在城北八里。县西有喀喇城，亦辽代之旧城也。

9. 建平县，在朝阳西北、凌源东北敖汉部境内，本为朝阳、凌源辖地，清末所析置者。

10. 阜新县，在土默特左旗王府东方，柳条边白土厂边门外，本名水泉儿，属朝阳县，清末所析置者。

11. 大宁县，在平泉县北，俗称小城子，本明大宁城，最近析置者。

12. 赤峰县，居热省中央，英金河南岸，翁牛特右翼境内。人口八万余，大街六条，省内第一大都会也。清初为乌兰哈达厅，后改为赤峰州，民二改为赤峰县。民三开为商埠，有日本领事馆及德、法人商店，出品以皮毛、药材为大宗。

13. 全宁县，在赤峰县北，俗称乌丹城，前全宁卫地，最近析置。

14. 围场县，在省之西部，喀喇沁、翁牛特、克什克腾三部交界之处，本木兰打围旧址。木兰者，哨鹿之义也。周围一千三百余里，环以木栅，植柳为边，场内分六十九围，驰道纵横，禁止耕牧、打牲、采樵及伐木，以任麋鹿、虎豹之栖息。清初打围大典颇为隆重，至道光废止举行后，围内官兵眷口渐成土著，一时达二万余人，改围场总管为围场厅以管理之，民二改为围场县。围内以产蘑菇有名，称为营盘蘑菇。县西南一百二十里有锥子山，为通多伦要道。

15. 经棚县，在克什克腾部境内，清末为经棚设治局，民三改为经棚县。

16. 其他　开鲁县在北方好奈川南，林西县在巴林部，绥东县在喀尔喀左翼旗境内。林东设治局，系民十四由巴林左右两旗析置者。鲁北设治局，系民十三由开鲁县析置者，天山设治局，系民十五由阿鲁科尔沁旗析置者。

《新亚细亚》（月刊）

上海新亚细亚月刊社

1933 年 5 卷 6 期

（朱宪　整理）

秘密境之热河省

[日] 下永宪次 著　　张其春 译

按是文为日人所著，原载《东亚》第六卷第三号。本报之所以特为译载者，欲以见日人之侵略热河，其处心积虑已非一日，故关于其地之形势交通、生产资源，以及气象给养等，调查至细。今热河已入敌手，读此记载，徒增惨痛。惟望国人一致奋起，复此锦绣河山，殊〔使〕热境人民得重睹天日耳。又原文中尚有绪言及结论等节，无非挑拨汉、蒙恶感，并妄指热河为"满洲国"领土，措词极为荒谬，故特予删除。

编者

一　地势

热河省乃包含内蒙古地带，即昭乌达盟、卓索图盟及前清时代之御猎地木兰围场地方之地之总称，南与河北省接境，西接察哈尔省，东北接辽宁省，乃延亘于北纬四十度至四十六度、东经百十六度至百二十二度之地域也。面积，昭乌达盟五千九百四十一方里，卓索图盟二千六百五十七方里，木兰围场二千六百三十方里，合计一万一千二百二十八方里，约与日本北海道之二倍相当，广大略与辽宁省等。

本省大部分为山脉地带，如就其主要之山脉述之，则在北境有大兴安岭山脉之末端，蜿蜒起伏，自东北走西南，西北境有阴山山脉之一角，自西喇木伦河与老哈川之中间地域崛起。以其位置之关系上言，如一南部兴安岭，而续于大兴安岭，远走北中国，又斜交于此而向东南方渤海湾者，即七老图山脉及燕山山脉，而为热河省南部地方蟠蜒之高山地带。又数条小支脉，自此走东北，形成中部地方之丘阜地带，另与渤海海岸并行有松岭山脉，分界东南省境。可称为平地者，为省之东北接于辽宁省之地域，即与所谓一望千里、缥缈满洲之广野相连之大平原，此外仅有散在于山地之间者。

河川流经是等山脉之间，西喇木伦河、老哈川，乃北部之主要水流，合而入于辽宁省，注于辽河，南部大凌河、滦河为其主要者，均注于渤海。在西喇木伦河南岸地带，有沙漠地带，人马行动困难，而在赤峰之南，通行中之马，埋没砂中，高至于腹，仅首突出者，亦曾见之。又因久不能入浴，亦曾裸体跃入河中，自股而下为泥土所秽，反难于拭净矣。

本省内未有可称为森林地带者，尤其蒙古人所专门居住之东北放牧未开垦地附近，树木稀少。然南部地方，满人、汉人为之开拓以来，植树、植林之效果渐著，目下有村落之处，杨、柳、榆类繁茂，河岸之并列树木，亦有高达五公尺者，且亦有因防风而植林者。

城壁为中国各地特征，不但如我国仅因战术上之目的而设，且一面所以防强烈之蒙古风之寒气与土砂也。因此在住民地之周围与住宅之围壁，同见设立焉。

二　沿革

民国三年，即大正三年，外蒙古宣言独立时，中国在国防上将热河与察哈尔、绥远同定为特别区域，但至民国十七年，即昭和三年，改称为热河省。

本省原为蒙古人之游牧地带，自前清乾隆年间，因解决山东、河北两省之人口问题，许可汉人移居开拓以来，急激发达，目下省内之大部分汉人居住地域，采取知县制度。人口正确调查，尚未完成，但大概为四百五十万人，其中四分之三即三百万人，为满、汉民族，多居住于中部以内，营农业，衣、食、住大概均为中国式，殆与满洲地方无异。

蒙古人居住于西境及东北境方面之未开垦地附近，专从事于牧畜，但蒙古古来逐水草而移居之风习，并不常见，即迁移，亦只春、秋二回，一般似定居于一地。

一见居住于"满洲国"内之蒙古人，即批评蒙古人、议论蒙古人，殊为苛酷。推定为四百万人之蒙古人中，二百万人为西藏人，百万人居住于绥远省、察哈尔省、"满洲国"之兴安省、热河省及黑龙江省、俄国之沿海州及后贝加尔州，其余之百万人，即在所谓外蒙古，在赤俄支援之下，于库伦建设苏维埃式之独立政府，此东西亘六百二十五里、南北亘二百五十里之外蒙古，始为真蒙古，乃承受七百年前征服亚细亚之大部与欧洲之半部之著名之元太祖，即成吉斯汗之血之蒙古人所居住之所也。

三　交通

本地之道路，与满洲者同，除主要住民地外，大概自然道居多，且在平地显然可称为道路者，未之有也。从而路线屡屡变更，且因通河之道路居多，降雨之际，忽而交通杜绝者，屡见不鲜。

曾记十数年前某氏发表《蒙古旅行谈》时，有谓其道路及住民地与本人之所发表者相异，而以数年前之旅行记为金科玉律、提出抗议者，是乃误解蒙古地方道路、住民地之状况之议论，蒙古之住民地与道路，并非固定者，盖常形变化。

本省主要之都市，因随汉人之"侵入"而发达之关系，有南部多良道、北部多自然道之势，最近随地方之开发，主要道路通汽车者渐多。

铁道仅有锦州、朝阳间所谓锦朝线之一部，约三十公里。有水运之价值之河，惟一滦河，其航客概自热河下流。

省内常有土匪横行，交通危险，而欲自热河向辽宁方面者，避陆路而由滦河者居多。民国十四年十一月二十四日，郭松龄指挥奉天军之基干部队，即第三、第四集团军，而在滦河附近反张作霖时，当时热河省长阚朝玺之使者，因交纳鸦片之特别收入金于张作霖，出发热河，但不防郭松龄事件起，为避土匪之袭击，而以小舟下滦河，于滦州上陆，因即为郭松龄逮捕枪杀，莫大之金额，乃受人妄领矣。此水运在军事上并无十分重大价值，惟如上述，鉴于地方不安之状态，而对于临海方面为唯一之便路，且在地形上为重要线，故亦为"满洲国"所应顾虑者也。

四　生产资源

本省多未开垦地，加之探查困难，故关于资源之内容，调查殊不充分，但如由各种之资料而观察者，则鸦片之产额，年在三千万元以上，常成为贪欲之军阀羡望之的。

张学良恋恋于本省者，是亦其主要理由。凌源、绥中附近之松岭山脉中之砂金矿，亦有称为有望地之说，新丘、大窑沟、西元宝山、十不分、五家、松树台等之煤炭，亦称丰富。阜新县内似有数十方公里之大煤田。亘于东方连辽宁省之境界之新立屯，即新丘一地，亦有称约有埋煤量十亿吨之说。将来交通线完备，输出之方法有着，则当能急激发达云。

农产为（1）米——约五万五千石，（2）小麦——约四十万石，（3）高粱——约百五十万石，（4）此外粟、豆类，似亦有相当出产。

至于畜产，为羊毛约二百万斤，兽皮及家畜类亦有出产。抑畜产与其由放牧地带论，宁可由市场论，察哈尔为有名之放牧地带，故目下自多伦诺尔方面移送至张家口之牛、马，达相当数目，此等在热河省亦有吸收之途。该方面马质亦尚良，尤其牛以天津肉（对日本之神户牛而言）之名而脍炙人口。此牛曰糟牛，对草牛而言，不食草，喂以烧酒糟，以软其肉，与杀鸭子前，放入暗室，喂之以泥，乃同一理由。

又关于特产，出产甘草及药草等，石油亦有出产之希望。

五　热河省城

热河省城即承德，昔所谓北狄之根据地，周围绕以险峻之山岳，宛然成盗贼之山寨，故其附近，即在今日，亦有马贼跋扈。清朝康熙帝时，尝集蒙古诸王于多伦诺尔，采怀柔政策，雍正帝于热河建西藏式之大喇嘛庙，而集蒙古之喇嘛数千。

雍正帝又于此处设夏之离宫，而作避暑地，以附近一带为御猎地，而成为一般民众所不可近之神圣之地，禁商人之出入，配置满洲八旗之有力部队，故虽在今日，亦有别庄地官府区之观，大建筑物为宫殿、寺院与官衙，亦有唐则天武后所造著名之石碑，与传为唐以前之道教仙人所印刻之天然塔。

清朝之末期，皇帝蒙尘所住者，亦为此热河离宫。传闻去年七月至八月，主席汤玉麟使役人夫二百名，于此离宫构筑百人用之地下室三个，以备飞机之袭来。

热河省人口约五万五千，六〇％为汉人，三〇％为满洲旗人，一〇％为回回教徒，蒙古人，惟喇嘛耳。（下删）

六　气象

本省南北长，省内之地形亦如前述，错综复杂，故气象亦并无一致，惟一般大陆性气候之特长显著，寒暑之差极大。一年间四季之区分，春为五月上旬迄六月上旬一个月，夏为六月中旬迄八月上旬二个月，秋为八月上旬迄九月上旬一个月，其余八个月为冬。

一年中七月最热，其最高温度为摄氏六十度，最寒为一月，有低至零下三十度者。结冰为十月中旬乃至下旬，解冰通常在四月上旬。

雨量极少，一年中之雨天，不过廿日左右耳。而无连续降雨之事，虽在雨量最多之六月以至八月之候，亦多为骤雨或小雨，普通数小时或一两日止焉。然一般因树木少，河川每多泛滥，降雨之际，交通多杜绝。

雪一年仅降四五次，但有五月见降雪者。风因时因地而异，北方大概无论四季皆多风，尤以春季与冬季为甚，风力强大，五月至九月间南来之风烈，十月以降冬季，西北之风甚。此即蒙古风，蒙古人称为 Shigulga，时有运砂尘远至日本者。普通其风势猛烈，吹上砂尘，甚至家畜高飞。砂漠地带，一夜之中有丘阜变而成谷，谷变而成山者。旅行者如遭此蒙古风，不能举头向前，是无论已，甚至因砂尘而咫尺亦不可辨，因此失向迷道，甚则不能得水，遂至于饿死者。若斯遭遇强风之际，宜立即静止而低屈身体，徐徐认定行进方向，而后行动，是为至要，慌忙狼狈，最为禁物。

粮食、饮料、防寒具、防尘具、磁石等，乃必要之携带品。

本地缺乏卫生思想与设施，一般皆不洁，但传染病之流行稀少。是乃空气干燥，且少与都会间连络交通之故欤。然寒暑之差为甚，故旅行者对于卫生，尤有注意之必要。本地之风土病，为甲状线〔腺〕肿胀。

七 给养力

中部以南之地区，多满、汉移民，人口比较稠密，有相当之给养力，但至北方，从而稀薄，部队之行动，除由露营与追送补充物品外，别无他途。兹将住民地人口之概数，举之如左：

热河——五万五千人

赤峰——三万七千五百人

朝阳——三万人

平泉——三万人

凌源——二万人

林西——七千人

开鲁——六千人

饮料水间有可利用之井水与河水，但充部队之需要则不足，尤在北方为然，故部队之行动，有携行凿井机之必要焉。

《时事月报》

南京时事月报社

1933 年 8 卷 5 期

（李红权 整理）

准噶尔旗之过去及现在

作者不详

准噶尔旗为伊克昭盟七旗之一，去岁东协理台基〔吉〕那森达赖及其子中央监察员奇子俊被戕后，新进青年齐寿山，掌管旗务，嗣齐又被那森之弟奇文英戕害，结果一幕互相杀害之局，暂作结束。于此期间，缓〔绥〕省府派员前往调查，中央蒙藏委员会及伊盟盟长方面，亦皆先后勘查，迨至去岁年底，始正式发布命令，委出东西协理等人，同时对于那森达赖之遗产，亦分配停当。那遗产颇巨，在绥为首屈一指之富翁，因其生时善搜括，且极吝啬，广有土地，坐拥巨资，现洋与大烟，贮蓄最多。去岁变后，齐寿山对于那之家产，亦未匀分，后经奇文英手，那妻尚在，现款据云已无几，唯其不动产数十万元，以三分之一，归那妻及奇子俊之子，其余作旗中公款。

八岁之王

准旗之王，现仅八岁，其父闻系遭暗害。那森篡权多年，王之始祖额臣璘从子色梭〔棱〕，于清顺治六年，封札萨克因〔固〕山贝子，世袭罔替，迄今式微，仅留孤儿寡妇，经两次事变后，此时正式发表之东西协理台吉，均已就职。东协理为那森之弟奇文英，西协理为奇凤鸣。原准噶尔旗行政上之系统，王之下设东西协理，其权相等，那森专权，且拥兵力，故终那森之世，西协理历受压迫，王则徒拥虚名，现任西协理奇凤鸣，其父即曾任斯职。

准旗现状

准旗兵力，在乌伊两盟十三旗中居第一位，论其数不足千人，唯其强悍，剿匪极得力，那森生时，一切皆不满人意，唯土匪始终未犯准旗，形成绥远境内之太平世界，至今犹为人所称道。现东西协理，分掌兵权，各有四百余人，枪马齐全。准旗境内，汉民亦颇不少，大都种地为生。蒙兵俱系征兵性质，故饷项甚少，那森生时，每兵每月有时不过得大烟数钱而已。旗内一切风俗人情，殆已完全与汉人同化，因地连托县，一切大都与托县相仿。旗中重镇有一、将军窑子，二、沙圪都，三、杨泉湾，四、大营盘等处，大营盘即王爷府所在地，居准旗之中，所谓王爷府之建筑，富丽堂皇，当王爷在位操权时，每晨由所属朝王，有如专制时代皇帝之早朝，礼颇隆重。杨泉湾为那森私人住宅所在地，因那森专权，旗公署亦设于此。沙圪都为赶集出发之地（准旗交易，今犹作赶集式，到期由沙圪都聚齐出发，指定地点，各货齐集，谓之赶集），现奇文英驻此。奇凤鸣则拥戴八岁之王，旗公署之印，亦在此处。

夺印风潮

去岁奇文英向奇凤鸣夺印，几又演第三幕之惨剧，后和平了结，亦云幸矣。最近西协理台基〔吉〕奇凤鸣来绥，分谒傅作义、王靖国、冯曦等各当道，傅等勉以在旗内和衷共济，勿蹈从前覆辙。记者昨日访奇于其寓处，询以准旗近状，奇亦如此表示，谓于废历正月二十即返旗，因该旗习惯，每于废历年关封印，封印之后，即作休息期间，正月开印，亦为郑重之典礼，彼须于开印前后返旗。开印时旗中各官佐皆到场，署理札萨克之主官，即详述一年行政计划。东西协理之下，有"打庆""刀儿股""章盖"等官，以上皆系译音，等于一县中之主官及区长等类。

准旗教育

复次，奇谈该旗收入甚少，经费困难，教育甚不发达，奇子俊生时创办之同文学校，此时尚维持现状，为旗内仅有之学校，此外则各处大都有私塾，彼本人之子弟，即专馆教读。那教〔森〕达赖（彼称那数〔森〕日〔曰〕那公爷，盖准旗人对那森一致之称呼也，那虽死其威犹在）之妻及奇子俊之二子，由旗中保护，自由度日。齐寿山亦遗有一子，仅四岁，齐妇尚在青年，此亦孤儿寡妇，旗中亦善视之。至于此时之八龄王爷，则正在攻读中，彼等对之尊崇备至，俟成年即可就札萨克职也。

《蒙藏旬报》
南京蒙藏委员会
1933 年 11 卷 3 期
（李红权　整理）

库伦纪略

铭　新　撰

库伦位于士〔土〕拉河之右岸，人口二十万，商业繁盛，是外蒙古的首府，也是外蒙古的唯一都市，海〈拔〉三千［拔］八百尺，气候寒冷，终年无大雨，空气干燥的结果，天空少云而明朗无比，尚以深夜的灿烂星光，映着庄严古典的寺庙大塔，使人生神秘之感。

十几年前的库伦，是一塞外秘密王国，伟大的喇嘛庙，喇嘛作法会时打撞乐器之声，参差的蒙古包部落，都是远离近代文明的另一天地。但现在的库伦已非昔比，在街市中电话、电灯、电报不必说，汽车、报纸也应有尽有，形成了近代都市的面貌。

库伦的正确创设年代，迄今不明。初代活佛温尔根格从西藏归来，在土拉河畔建筑七庙，是一六五〇年之事，在这七个庙里，结合各各的部落，乃为库伦市街之滥觞。此七庙到一七七九年的百数十年，曾不住移动，直到一七七九年后，始固定而奠库伦发达之基。一七五四年清朝置商卓特巴衙门于此。一七六二年又设事务大臣以总揽边境事务。一七八六年起，管理车臣汗部与土谢图汗部的官厅亦多移了来，此后的库伦，就继宗教的中心地，而亦成为政治的、经济的中心地。

库伦的市街以西库伦、东营子、俄国地三者为最重要。西库伦有官厅、电报电话局、住宅区，市街的东头，兵营及外蒙古政府总理府在焉。其西，有昆登庙，金色辉煌的屋顶数及几百，及同数的僧房，实为雄大的庙宇。

但自"赤化"以后，这些屋子都已改为学校、兵营，无复往年气象，被剥夺特权陷于穷困之后的喇嘛，已无跪在佛像之前诵经的地位，代之者乃是赤旗招展下的青年党员、兵士、学生们的阔步，这转换，就说明了从封建时代一跃到共党主义的外蒙状况。

西库伦之东部，与兵营连接之处，是俄国地，有贯通东西的一直线大街。大街左右，俄国式建筑鳞次栉比，主要者有俄国使馆、报馆、学校、邮局、俄蒙印刷所等，除俄国人居住以外，亦有蒙古政府的要人。以俄国势力的逐渐增大，移住的俄国人也随之激增，商业最盛。

在俄国地的东面，是东营子，此地在"赤化"以前，为库伦唯一商业区，国人甚占势力，"赤化"以后，势力大减，其地之繁华也移于西库伦及俄国地。

在库伦南方，有汗山高耸，这山蒙古人称为"圣山"，不准掘地，禁狩猎及伐木，山中到处，各种野兽嬉戏争逐，不怕人的野山羊，四处奔跑，鹿及羚羊等自自然然的来亲近朝山的人们。蒙人视汗山为"不能杀生的山"，所以就是法庭上判决了某犯人的死刑，也得上汗山不能见的僻处去执行。"宗教是鸦片"为共产党的口号。故自"赤化"以来，即着手弹压宗教，改寺院为兵营、学校，强制喇嘛僧作工，但对蒙人宗教之目标的汗山却尚未着手改革，其原因在于怕引起尊汗山如君王的蒙人之激烈反对。

蒙古主权，原一向在于喇嘛的活佛之手，但自第七代活佛死后（一九二四年时），后嗣未立之前，俄国即援助蒙古国民党及青年同盟员建立共产政府，这时候库伦约有二万左右的喇嘛僧，共产政府就没收其庙产，使之做工。喇嘛僧是外蒙的特权阶级，有生以来，不劳而食，现在要叫他们做工了，自然怨气冲天，力谋反抗，但在共产主义的铁腕镇压之下，也只有忍痛吃苦罢了。

《海潮音》（月刊）

南京海潮音月刊社

1933 年 14 卷 7 号

（朱宪　整理）

察哈尔省蒙旗的概况

序言

察哈尔省位居塞北，地阔人稀，北毗外蒙，东界辽、热，而省会张家口，为内外蒙往来之孔道。在昔贸易较盛，工商业甚形发达。惜自近年来，外蒙被苏俄"赤化"，蒙籍青年，多被其羁惑，汉商财产，均被其没收，蒙汉交通，全行断绝，以致全省之商务萧条，张家口工商营业之倒闭者，更举目皆是。

且外蒙人民强悍，善于骑射。其土地之面积，占全国十分之二，地面之广，森林之多，畜牧之富饶，矿产之厚藏，为华北各省所不及。倘不积极设法收回，非但大好河山，坐让外人，恐久而久之，内蒙亦将受其波及。

况内蒙现既受日本积极侵略，复加苏俄时刻经营，如不急起挽救，势不免又沦为日本或苏俄之殖民地。兹先就内蒙一群三旗之一般现状，及今后之建设浅见，约略披露如下。至其他各盟旗与各县之一切情形，亦拟叙述梗概，继续发表，以供关心边疆者之参考。

一　群旗名称

（甲）商都牧场；

（乙）镶黄旗；

（丙）正白旗；

（丁）镶白旗。

二　地势

（甲）位置

（1）商都牧场　位于省会西北部，东界镶黄旗，南至康保、商都二县，西依西孙泥村，北临镶黄牛群。

（2）镶黄旗　亦位于省会西北部，东界正白旗，南至康保县，西连商都牧场，北临镶黄牛群。

（3）正白旗　位于省会正北部，东界镶白旗，南至明安牧场，西毗镶黄旗，北临东西苏尼特。

（4）镶白旗　亦位于省会正北部，东界正蓝旗，南至明安牧场，西接正白旗，北临东西苏泥〔尼〕特及锡林郭勒盟。

（乙）面积

（1）商都牧场，东西一百余里，南北九十余里。

（2）镶黄旗，东西一百五十余里，南北二百余里。

（3）正白旗，东西二百余里，南北三百余里。

（4）镶白旗，东西二百余里，南北三百余里。

（丙）河流

（1）商都牧群有商都河及塞尔河，皆由东北向西南流。

（2）镶黄旗有塞乌苏河，由东北向西南流。

（3）正白旗有策尔土河，由北向南流。

（4）镶白旗，河流甚少，惟雅漠脑湖，下有水源，四季不涸，但内含碱性太多，人饮之则易致疾，有碍卫生矣。

（丁）山脉

（1）商都牧群有布克都山，高约三十余丈。

（2）镶黄旗有江花脑包山，高约四十余丈。

（3）正白旗有哈那哈达山，高约十余丈。

（4）镶白旗有察哈岛拉山，高约十余丈。

以上各山脉，均土质深厚，适宜造林。但蒙人拚〔摒〕弃而不知利用，童山濯濯，到处皆然，可慨也夫！

三　户口数目及职业情况

（甲）户数

（1）商都牧群一千七百户。

（2）镶黄旗一千一百户。

（3）正白旗一千户。

（4）镶白旗七百户。

（乙）人口

（1）商都牧群共有人八千五百口，内有喇嘛占三千五百口，公务人员一千六百零五口，妇女儿童约二千五百余口。

（2）镶黄旗共有人五千五百九十口，内有喇嘛占二千五百口，公务人员一千二百八十七口，妇女儿童约二千一百余口。

（3）正白旗共有人五千二百一十五口，内有喇嘛占一千九百五十口，公务人员一千二百六十口，妇女儿童约一千三百余口。

（4）镶白旗共有人四千一百十五口，内有喇嘛占一千一百口，公务人员八百七十七口，妇女儿童约一千八百五十余口。

（丙）职业

各群旗除公商务人员暨喇嘛外，余皆以牧畜为业，至贸易、耕种诸事，群旗土人，甚少为之，营是业者，多系汉人。

四　牲畜概数

（甲）商都牧群有马一千五百四十余匹，牛一千一百九十余头，羊五万二千五百余只，骆驼一百余只。

（乙）镶黄旗有马二千五百余匹，牛二千九百七十余头，羊六万五千二百余只，骆驼一百八十余只。

（丙）正白旗有马一千五百六十余匹，牛二千三百余头，羊二万二千三百余只，骆驼五百余只。

（丁）镶白旗马八百五十余匹，牛二千八百三十余头，羊一万九千八百余只，骆驼五百五十余只。

五　蒙民生活及经济现状

（甲）蒙民生活

各群旗蒙民之衣、食、住，与内地不同之点颇多，不论贫富，男女均脚穿皮靴，身着长袍，一年四季，皮、夹两易，衣之质料，除羊皮及土布外，亦有少数人穿绸缎者。食品以肉为大宗，渴则饮奶茶，每日三餐，早饮奶茶，吃炒米半碗，午与早同，晚食肉毕，每人饮酸奶一碗。休消皆在蒙古包内，包之组成，甚为简陋，只用数条木杠搭成网格式之墟垣，其周径约三十余尺，顶高一丈余，本垣之外，围以白毡数层，包顶用宽一寸、长约一丈之木条，交插于周围，搭成网格式之形状，上只有小圆孔二，以八条横木组成之，借便流通空气，顶上亦围以白毡数层，用麻绳束住，圆孔上之白毡，以绳系住，能使其开闭，此即为蒙古包也。包内地上铺有白毡，毡上另有坐垫，坐垫均用毛绒制成，花样美丽，质坚耐用，周围成〔或〕立红黄油漆箱柜，中间置有火锅一口，撑于铁架之上，以干牛羊粪或骆驼粪为燃料，借以取暖，复可煮饭。蒙古包之门，系木板两块做成，平时常开，仅挂以双层白毡，以便出入。据说蒙古包内，夏凉而冬暖，冬日包内常生粪火，遇冒烟时，即将顶毡，揭开一部分，烟即直冲散出，包之四周，围以厚毡，热气不易外散，故内部常觉温暖。夏日天热，即将周围毡子卷起一半，顶毡揭开，清风透入，自觉凉爽！蒙古包可随时迁移，冬天迁入山谷中，以避寒冷，夏日移至路旁或平原，以便行动。

（乙）经济现状

各群旗之经济情形，骤视之，似无甚金融流通之举，一切甚感不便，其实各群旗中，无论蒙人与汉人交易，或蒙人与蒙人往来，均以银两为单位，不过甚少用其他副币，或亦有以各种皮毛或牛羊各畜，与汉商交换食品、衣料、用具者。

六　各机关及各团体之名称

（甲）商都牧群

（1）各机关：（一）总管公署；（二）场长公署；（三）翼长办公处五处；（四）省立初级小学校一处。

（2）各团体：（一）宏济寺庙；（二）青峰寺；（三）神福寺；（四）文仁寺；（五）阿来寺庙；（六）普罗财济寺。

（乙）镶黄旗

（1）各机关：（一）总管公署；（二）关防处；（三）审判处；（四）佐领办公处十九处；（五）省立初级小学校一处。

（2）各团体：（一）慈庆寺；（二）福慈寺；（三）乌拉托喇盖庙；（四）鄂特勒庙；（五）晓阿桂庙；（六）翁公庙；（七）拉布隆庙；（八）护福寺；（九）鄂勒吉庙；（十）桑托胡庙。

（丙）正白旗

（1）各机关：（一）总管公署；（二）关防处；（三）佐领办公处十八处；（四）省立初级小学校一处。

（2）各团体：（一）孟克阿木古郎庙；（二）伊克乌拉庙；（三）布勒达庙；（四）察尔图庙；（五）比达尔雅庙；（六）胡拉图庙；（七）特墨图庙；（八）漫鄂拉图庙；（九）回庙；（十）哪拉图庙；（十一）广文寺；（十二）贡吉庙；（十三）巴颜达拉格尔庙；（十四）惠庙；（十五）乌拉吉图布拉格庙；（十六）托力庙。

（丁）镶白旗

（1）各机关：（一）总管公署；（二）关防处；（三）佐领办公处十三处；（四）省立初级小学校一处；（五）八旗省立高小学校〈一〉处。

（2）各团体：（一）修德寺；（二）惠教寺；（三）巴颜托拉盖庙；（四）巴颜珠尔克庙；（五）巴颜鄂古郎庙；（六）察汉乌拉庙；（七）额尔达尼都什庙。

七　各机关之组织

（甲）商都牧群

该群最高长官为总管一名，总管下所辖有翼长五名：（1）左翼骒马群；（2）左翼骟马群；（3）右翼骒马群；（4）右翼骟马群；（5）驼群。每翼长下所辖委翼长二名，护军校二名，该委翼长及护军校下所辖牧长二十八名，或三十四名，牧副二十四名，或三十四名，护军五十七名，牧夫一百九十三名，或一百九十六名。

（乙）镶黄旗

该旗最高长官为总管一名，总管下所辖有正副参领名〔各〕一名，参领下所辖佐领十九名，每佐领辖有骁骑校及护军校各一名，该两校辖有护军三十五名，马甲三十五名。

（丙）正白旗

各政治机关之组织，与镶黄旗同，不过总管下所辖佐领是十八名。

（丁）镶白旗

各政治机关之组织，除总管下所辖佐领为十三名外，其余之组织与镶黄、正白两旗同。

（戊）审判处之组织

该处设于镶黄旗大庙（慈庆寺），名为阿桂图审判处，受理镶黄、正白两旗诉讼事宜，内部组织，有监督一名，审判员二名。

（己）学校之组织

（1）商都牧群初级小学校，设于总管营，教职员额数，校长一人兼教员，管理员一人，内分四班，学生仅六十余名。（2）镶黄旗初级小学校，设于慈庆寺，内部组织与商都牧群同，学生共四十余名。（3）正白旗初级小学校，设于庙内，内部组织亦与前同，学生约五六十名。（4）八旗省立第一高级小学校，附属镶白旗初级小学校，两校均设于镶白旗总管公署，校长一名，教员一名，助教一名，内分初级四年卒业，高级二年卒业，共六班，学生八十名。以上各校，除管理员为蒙人外，校长及教员多为汉人。

八　军队名称、兵额、械弹及征兵法

（甲）商都牧群

马巡队五十名，游击队十名，毛瑟枪四十五支，子弹八百余粒；三八式枪五支，子弹四百粒；连珠枪三支，子弹二百余粒；套筒枪五支，子弹三百余粒；湖北造枪五支，子弹三百余粒。至征兵之法，为该群蒙民应尽之义务，按月轮流担任防卫，均无薪饷，只各个兵家，月送一人之食料，以便度日。

（乙）镶黄旗

游击队二十名，巡警二十名，毛瑟枪三十支，子弹九百余粒；三八式枪四支，子弹五百余粒；湖北造枪二支，子弹二百五十余支〔粒〕；套筒枪二支，子弹三百五十余粒；连珠枪二支，子弹六十余粒。其征兵之法，与商都牧场〔群〕同。

（丙）正白旗

游击队三十名，马巡队十名；毛瑟枪三十支，子弹六百余粒；套筒枪七支，子弹二百余粒；连珠枪三支，子弹一百八十余粒。其征兵之法，与镶黄旗同。

（丁）镶白旗

东路蒙军游击队五十名；连珠枪十三支，子弹二百余粒；湖北造枪四支，子弹一百余粒；毛瑟枪三十余支，子弹九百余粒。其征兵之法，亦与他旗相同。

《西北公论》（半月刊）

张家口西北公论社

1934 年 1 期

（朱宪　整理）

内蒙实况

孔庆宗先生　讲演　　齐　明　记录

中央蒙藏委员会参事孔庆宗先生此次随黄内政部长赴绥办理内蒙自治事宜，曾往绥属乌盟六旗亲自考察，对于蒙古实况深有所得，返平后应北平大学农学院院长刘运筹之邀，于十二月二十五在该院纪念周上演讲其经过，内中所述，关于蒙古之现状与将来蒙边问题之解决，皆注意于牧畜方面，由本会齐明君记录，兹特载于本刊，以资留心蒙事者之参考——编者识。

鄙人此次参与百灵庙会议，借知边疆情形，及关于自治要求诸问题；今天蒙刘院长邀请，得与大家面谈，不胜欣快。此次鄙人赴蒙古，在绥居留多日；过察一览，并未停留；惟蒙古各部情形大都无甚差异，不妨举一反三；兹仅就绥远乌兰察布盟六旗亲自阅历所得材料及个人感想，分别叙谈，以毫费诸位的宝贵光阴。

蒙古是中国边疆前清以迄民国，国人从未注意，自九一八事变，东北四省相继沦亡，患及腹地，内蒙六盟已失其半（按九一八事变以后，满洲哲〈里〉木盟，热河之卓索图盟、昭乌达盟，先后入于日人掌握之中）；最近察绥三盟又亟力要求成立自治政府，轰动全国，于是边地问题始稍有人注意及之；惜为时已晚，但边地未经开发，土地辽阔，现所存留未失之小部分，大有发展希望，仍不失亡羊补牢之价值。绥省共计两盟，凡十三旗；全省土地约一百二十万方里，现已设县治由省政府直接隶治者，凡十八县局，计五十三万七千余方里，其余仍为蒙古王公辖地，由乌兰察布盟及伊克昭盟各自管辖，计七十万方里（约数），全为草地。县局垦地仅三十万顷，合之不过五万五千余方里；全省土地状况，平原占百分之四十，山陵占百分之三十五，沙漠占百分之二十五，但大部在外蒙接壤之处；伊盟内仅一小部分，大可开垦。全省人口约二百一十万，汉人百八十万，蒙人约占二十万，其余十余万系内地各省移民。每平方里平均分布二人，而乌、伊两盟土地占全省五分之三，仅有二万人分布在内；其余百八十万人口，分布于五分之二的土地内。所以蒙古人口和土地的分布，更见稀薄。在汽车开行时瞭望，过一两时始可见一蒙古包，包内不过五六人。但地面水草则不乏丰茂之处，可耕可收〔牧〕，气候亦不甚寒冷——也许当时还未到冷的时候——土地极其肥沃，惜未垦殖，大约是因为气候的限制。绥省未垦土地，可容七百万人，宁夏与察哈尔，尚未估计，故移民殖边，刻不容缓。

蒙古政治

　　蒙古行政，还是沿用清代制度，有旗、部、盟三种区划；旗是最小单位，好似内地的县；盟辖若干旗，如省；部是各种族分布区域的名称，像乌拉特部、苏伊特部……不属于行政区域。

　　蒙古行政组织，盟为最高，有盟长；旗有旗长，旗长握有实权，即所谓札萨克王；盟长由旗长内推定兼理，如乌兰察布盟六旗之盟长，由达尔汉旗旗长兼任，即云端王楚克。云王现因年迈，将札萨克禅让其侄，因为世职，旗长下有东西协理二职，为台吉充之，台吉乃成吉思汉之后裔，协理下各有管旗章京一人，章京握旗务实权，再下则为梅楞共二人，各属若干参领；参领下有佐领二—三—四……员不等，视旗之大小而异；佐领为最小亲民之官，一旗内多至二十少至十个，各属百五十户；自前清以来，蒙古户口有减无增，此次询问各处佐领，据称内政〔蒙〕各旗佐领所辖户口，多至百五十户，少达三五户；各佐内尝有迁移户口，在前清时，三年清查一次，注册呈报，至今沿用故制，但不甚精确。

蒙古各旗政务，极其简单；由五人轮流当执，每人三日或五日，协助札王，办理旗务，由王府书记缮写完毕，经执班官员阅校，即行发出，其平常公文多以草书，不加盖图印，最要紧的经扎萨克一览，亦不加盖官印，一两月或有公文二三件。所有组织皆如军队式，土地公有，职员全系义务职，供职期间，各备食物——羊肉，炒米，油茶……差役无所得，但图获虚荣耳。

各旗财政，概无预算，小旗每年费用约几千元，大旗万元左右，王爷生活用费亦在内，收入除垦地附加粮外，不足之数按户均摊，其支出除王之生活费而外，仅为赴各处办公人员之旅费，以及招待各处来宾或公务人员之招待费而已。

每旗兵丁，二三百至五六百，枪械杂色不一，多为内地赠送者，乌、伊两盟十三旗，总计有兵六七千人，枪三四千支，兵无饷，善骑，发枪最准，因长于打猎，每日演习，且所打多为活动物，尤善击匪，盖毙一匪，即可获一枪，此次亲见蒙兵在百灵庙打把，每人三粒，全中者殆半，中二次者十之四五，中一次者甚少，绝无不中者。

经济及社会状况

蒙人生活除土默特旗接近都市，已经汉化，所有各部、旗蒙民仍操游牧生活，境内树木极少，原因是由于无人培植，天然生成的，不待发育即为牲畜所食，尤以骆驼喜食。已垦之地，尚罕见之，蔬菜完全没有，有之多为内地运至，卖价最昂。牧畜纯顺自然，丝毫不加改良，数千年来全无发展，冬季牧草缺乏，亦不预为救济，听其饥饿，在十月至翌年正月，概不宰杀，但人食肉，多于草枯前，酌宰若干畜以足冬季之用，留存生畜，仅于冰雪之下，自寻枯根残草以延生，所以死亡甚夥，但汉人虽亦不种牧草，管理上稍有进步，对于气候之趋避，牧场之选择，尚能留意，不像蒙人惰懒，只图完了苟且偷安，每晨太阳未出，就早早启圈逐畜，一俟太阳西沉，即匆匆速归，不顾气候变化，不管牧场好坏，一任牛牛〔羊〕所之。所以同一地域以内，蒙汉经营上收获，相差很远，然而蒙人从不介意，殊可叹惜。

蒙古各地，有许多汉人在内经商，商品多半是供给蒙人的生活用品，货币为现洋——国币，但多不用，平常都是物物交易，商品价格极无标准，蒙人吃亏很大。

宗教势力

蒙人崇信佛教，自清初到现在，二百八十余年，宗教势力已根深蒂固，喇嘛与活佛的魔力，特别大。至今蒙民每户有二子者，须送一人入庙为喇嘛，三子者至少必须有一人去做喇嘛。班禅住在百灵庙，新疆、青海的蒙古，不远万里前来参拜，虔心叩首，从十几里以外，嗑〔磕〕等身头——身子爬在地上，叩一头，起立，走一步，爬下再叩一头……一直到庙，终日朝着班禅所住宫殿叩首，等到班禅出来，被他们眼看见，就算见了佛爷，才转身回去。在求见之时，举其大部——或全部——积蓄，进给佛爷作香火费，因蒙人子不继父产，所以常有全数奉送的，王爷亦然。

喇嘛生活最是优越，所以蒙人都喜欢当，他的好处，（一）地位高属于上流人。（二）终日无劳苦。（三）不应差役。（四）不纳税。（五）只身无累，除念经时候可以任意到各蒙户家里住宿，蒙古女子，迷信崇教，尤喜与喇嘛性交，以接神种而生贵子。

生活状况

蒙古人生活非常简单，今将衣、食、住、行四项分别叙说。蒙人所穿衣服，不外布料、绸缎或皮衣三种。喜欢红绿色，终年不洗，作用却很大。擦碗，盛粪，磨刀……都可用襟袖。他们吃的东西大部分是羊肉，用的碗是木碗，王公始有磁碗，平时佩带身旁，用一条布裹着，食毕以舌吮净，饭里的粉条和面①，他们的手不常洗，捡粪切肉，同时并作，羊多整吃，粪、砂和毛，多半狭〔夹〕杂在内；碗还可用以洗脸；他们大部分都住在蒙古包内，王爷间或有土屋三或〔五〕间，甚至有连一间也没有的，行的问题，亏着道途平坦，不加修筑，遇水着履而涉。

自治经过

自德王联合云王等发出自治通电，一方呈请中央准予组织自治政府，黄内政部长，与蒙藏委员会赵委员应命前往宣抚，在百灵庙交换意见，会商时主要争点，蒙古要求组织整个独立的自治政府，中央允以在原属省府成立蒙务委员会，最后决定察、绥两省，各划区自治政府，本中央原则，融合蒙古意见，但问题尚称复杂。考自治问题，盟旗在早即属自理，政权向操于王公的手中，中央从未过问，此次发端，可分三方面说：王公方面，仅有德王一人

---

① 原文如此。——整理者注

怂恿，其心远大，自命成吉思汗，想趁时代而出人头地，其他王公多未明了自治之意义，不无盲从，而一般蒙古青年，五〔或〕从热河奔命，感受亡国痛苦；或在内地求学，痛蒙古之不振；异口同声，高倡自治，但其意见亦甚纷歧，民众方面，久伏于腐败黑暗的封建环境里，从不知自治为何事；所以通电口实，责以政府不顾边事，种族间压迫不堪，事实上蒙人享受权利，反较汉人优越，他们待遇汉人则苛刻的很，如在绥远蒙古，运货免税，不纳村役，都是享受特别权利的待遇。而蒙古衙门又征收汉人田租、炭捐与水草等费，官厅以及汉民，都无条件的承认，所有内蒙全人口亦不过三十万，教育幼稚，实力不足，分析之下，徒托空言。内地人士多不明真象，或疑地方政府措施未当，或信通电事实，报纸舆论，乌烟瘴气，不过将来解决途径在政治上颇难获得圆满的出路，应该努力在经济的改善，从农、牧、工三方面建设，打开蒙族间封建境界，融合汉蒙文化，由殖民化边入手，则蒙古颓弱，或可变为富强，但在思想上和事实〈上〉，殊成障碍，盖种间隔胲〔阂〕已深，蒙人下意识的排汉心难破，而一切保守蠢策，如禁止汉人携带家眷入蒙，以防落户……，使前往经营事业者，土地不得稳定，发展阻碍良深，总之前途渺茫，不知伊于胡底。

《寒圃》（半月刊）

国立北平大学农学院绥远农业学会

1934 年 3、4 期合刊

（李红权　整理）

包头社会概况

《中华日报》包头特讯

作者不详

我国西北一带，地广人稀，物产富丰，值此外侮凭凌、列强侵略之下，实有及早开发之必要。爰将西北唯一水旱要镇之包头社会概况，略述于下，以供国人之注意。

（1）位置：包头位于绥远之西，北接蒙古，西达新疆，南通甘肃、宁夏、青海，临黄河之滨，扼数省之冲，其在西北地位之重要，不言可知矣。

（2）气候：地质为沙土，多风甚寒，然因有黄河调节气候，较绥远迤西各站尚暖。每于大风之日，风土漫天，相隔数丈，即不见物。

（3）交通：陆有平绥铁路可达平津内地，及长途汽车可至宁夏、甘肃、新疆等省；水有黄河舟楫之便，可通沿河各处；空有欧亚航空公司之飞机，可抵甘肃、宁夏。

（4）人口：约计十六万有余。

（5）宗教：以回教占大部，佛教、基督、天主等教次之。

（6）名胜古迹：有郭大将军载，现在镇西阁内，长二丈许，重二百余斤，形如画载，用练〔链〕锁于阁侧。每年元宵节，游人咸趋观瞻，相传为郭大将军西征时所用之武器。转龙藏，在东门外山阜上，林木葱郁，风景清幽，有龙王庙。庙后置三龙头以滴水，甘芳无比，终年不涸不溢，全境皆取汲于此。广觉寺，俗称五当召，在镇东北九十里。寺建于清乾隆间，住喇嘛千余人，为内蒙最大之寺。佛堂禅舍共计七十余座，悉仿西藏拉萨寺式，极华严壮丽。附近诸山，盛产松柏，大皆合抱。寺前流水〔石〕达石拐镇，山青水秀，堪称为塞外灵区也。

（7）实业　A输出品。（一）羊毛，甘、宁、青一带所产之羊毛，全汇集于包头，由平绥路运往天津。据平绥路局统计，二十二年份由包头一站共计输出一万一千八百四十吨（每吨合华斤一千六百七十八斤）。（二）牛皮，每年输出约十五万张。（三）羊皮，每年输出约四五十万张。（四）杂皮，每年输出约三十万张（包括山羊、狐皮、狗皮、貛、驴、马等皮）。（五）驼毛，每年输出约三千余吨。（六）水烟，水烟一项为包头输出之大宗，产于甘肃兰州一带，因其滨黄河流域，土质沃壤，雨量调和，故适种烟。此种烟叶肥大，形如芭蕉，经人工之培植与制造，气味香浓，品质极高，故畅销各省。分黄绿两种，每年绿烟产量约二万六千余担，黄烟产量约一千六百余担。每百斤价额约四五十元上下，除在甘肃各县销售外，大多由水路运来包头，转运津沪，或由兰州运至西安，由陇海转运往上海。据平绥路局统计，二十二年份由包头运出数额为三千五百吨。（七）甘草，甘草一项，实为包头一带药材中产量最多者，每年输出数达六百一二十万斤，二十二年份由包头运出量为三千六百八十吨。（八）枸杞，产自甘肃兰州，每年由包头输出达数百万斤。（九）羊肠废骨，本镇附近一带，大多以牛羊肉为食品，每日屠杀极多，以故废骨及羊肠之输出量，每年亦达数百吨。

B输入品。由东部输入者为海菜、火柴、石油、茶叶及杂货，其由阿拉善额鲁〈特〉齐〔旗〕输入者，为吉兰泰湖盐及肉苁蓉，由新疆伊犁、蒙古输入者为葡萄干、哈蜜杏、哈蜜瓜、口蘑、吐鲁蕃棉花等，由西宁输入者有宁夏产白米等。

C其他。矿产有煤矿、石棉矿、青白石灰等。煤矿以石拐子沟为最旺，有土窑数百家，工艺品有栽绒及地毯等，所制之货品，坚实耐久，甚为美观。羊皮中有一种为滩羊，毛细而长，亦可列为包头之特产。每件皮袍售价二十四五元。鱼肉价格，包头近临黄河，所产之鱼鲤，每洋一元可购十斤，牛肉每斤售洋八九分，羊肉每斤一角五分。

（8）社会状况 包头一带，连年以来，因受军事影响，民不聊生，因而流入匪途者，指不胜数。幸今夏以来，驻军努力清剿，匪迹稍敛，社会日趋安定，然成群结伙之股匪，仍属不多〔少〕。此外鸦片之任〔在〕何〔河〕套一带，为家家日常生活之必需品，平均十人中之六七，全皆吸烟，一日无饭则可，无烟则大有不能生活之势。每一客至，必先让吸鸦片，茶及纸烟次之。普通患病者，亦必以烟疗疾。包头销售每两售洋八九角。又此地赌风甚炽。俗有"黄河百害，惟富一套"之语。缘河套水势缓慢，利于灌田，是故河套一带，大多为丰衣足食之户。以是赌风亦因之甚炽，倾家荡产者，时有所闻。此地普通借贷所出之利息，最小者亦为三分，甚或大一分，即借洋一元，每月出一角之利息。猖〔娼〕寮妓馆，头等有三家，二等四家，三等十数家，总计上捐妓女约二百余人。其暗澡〔操〕神女生涯者，则指不胜数。城内有客栈数十家，较为整齐清洁者，则为包头饭店、绥西旅馆。饭庄较大者为聚德成等数家。

（9）结论 考西北一带，地辟人稀，物产富庶，政府亟应加以开发。举凡移民垦荒、肃清匪患、兴修道路、整饬交通、兴办实业、开设工厂、振兴农牧，皆为目前切要之务，而对烟赌等事，尤应切实加以禁除。庶西北之实业可臻发达，边区国防，亦可日趋安堵也。

《时事汇报》（周刊）

上海时事汇报社

1934 年 3 期

（李红菊　整理）

日伪占据下之多伦现况调查

作者不详

（《徐报》十六日北平特讯）多伦接收事项，中日双方尚未开始交涉。该地现仍为伪军李守信部所占，刻并增设机关，开辟道路，迄无交还准备。顷平市某团体接到多伦调查材料，特采访择要录下。

机关一览　多伦日伪机关有七：（一）承德日本特务机关派出事务所，设中佐特务机关官长一员；（二）察东地区警备司令官公署；（三）察东地区自治行政长官公署；（四）蒙盐局；（五）统税局；（六）禁烟局；（七）屠宰局。

驻军数目　（一）日军混成特务大队一队，内有步、骑、炮、工、辎、战车队，装甲汽车队，无线电队，军用犬队，军鸽队；（二）日本宪兵分遣队一队；（三）航空一小队，共飞机三架；（四）察东地区警备军一千五百名；（五）稽查队骑兵二百名；（六）县警察队六十二名；（七）步警四十名。

交通状况　多伦与热西、察东各地公路，伪刻正积极修筑中，其已成者，有下列三线：（一）承德多伦线，长五百二十华里；（二）多伦经棚线，长四百八十华里；（三）多伦赤峰线，长四百六十华里，此外并有多伦张家口线，多伦古北口线，多伦宣化线，均正在测量中。

至邮政方面，则分为：（一）多〈伦〉、围场、承德；（二）

多伦、丰宁、承德西线，由多伦到达锦州，需时七日。

　　电报方面，该地现设有无线电台，与赤峰、承德、锦州、沈阳、长春等地，均可通报。此外并有日伪合办之"满洲电话电报株式会社"，与经棚、林西、赤峰等地，均可通报、通话。

　　教育状况　多伦当地仅有小学三处，学生一百五十余人，宗教有蒙古之喇嘛寺院，日人为怀柔蒙人起见，现正由日本"善邻协会"主持建筑庙宇事宜。

　　产业状况　该地产业，农作面积，仅占全县十分之一，鸦片地则有百顷（合一万亩），每年可收七十万元。

　　金融状况　市面流通之纸币，则通用中央银行纸币，及日本票等云云。

《时事汇报》（周刊）

上海时事汇报社

1934 年 3 期

（李红菊　整理）

绥远省社会状况鸟瞰

第二十期学员　王德明　撰

一　绪言

绥远跨阴山而拊外蒙，北阻大漠，西包河套，南凭长城，东瞰张垣，河域之屏藩，筹边之要地也。于汉属云中郡，在隋为定襄郡，唐置大都护府，辽为西京道，元属大同路，入民国划为特别区，十七年改建行省。从来皆视为重险。

德明今夏赴绥，南起丰镇，至于集宁，过归化，抵包头，西穷五原、临河，纵游河套之间，东尽陶林、武川以归。顾彼土人文，仍在草昧，边事日非，国人少留意焉。于是乘暇从事于社会状况之调查，目之所见，闻之土人，姑就所得，稍予整理，成《绥远省社会状况鸟瞰》。

二　种族

汉、满、蒙、回，杂处而居。汉族最多，蒙族次之，回族又其次，满族则几无闻焉。汉族多农商，其民勤俭朴诚。蒙族务游牧，喜骑射，习尚武，以强悍著。回族多从事贸易。满族则又习于苟且因循，讵所谓无恒产亦无恒心者欤。

三　宗教

异族而处，信仰迥殊，宗教亦于是分歧。蒙族均奉喇嘛教，回族皆奉回教，惟汉人则多信天主教。德明在河套，闻河套人言："从绥远西部，直趋甘肃境之黄河后套，土人通称之曰'天主国'，几完全在天主教神父之势力下；所谓'天主国'全部所统辖之教区，其侵略之国土，实难以统计。"德明目睹其教堂规模之宏大，信不虚焉。在一片荒漠中，遇有树木森蔚之区，则其地必有教堂在焉，从其繁茂之树林而观察，彼等盖至少有三四十年之历史矣。此外有信耶教及佛教者，惟相形之下，则见绌矣。

四　生活

蒙民畜牧。阴山之南，宜莜麦、土豆、荞麦，地广人稀，民多蓄藏。河套饭稻、羹鱼，土人之谣曰："口外三只宝，莜麦、土豆、大皮袄。"大布羊裘，为绥远人民所喜好，被服之资也。居但欲其容体；多风，屋由砖瓦泥土砌筑而成，阴山之北，火用牛马之矢，山南饶煤，无冻毙之患，此其大较也。总之，绥远之地，地广人稀，饶食，无虑饥馑，习尚俭朴，其民淳，婚姻、庆吉、问疾、吊丧、奉生、送死之具，不待外贾而足，亦有舶来品，无所用之，是故家给人足，民多偷生。《记》曰："国奢则示之以俭，国俭则示之以礼。"傥示之以进取，则庶乎可矣。

五 礼俗

甲 冠礼

子初生，父母立乳名；就傅，始命名；二十而冠，乃字。女子十三而蓄发，十有五岁而笄，盖古冠礼之遗意也。所谓"礼失而求诸野"，岂不然哉。

乙 婚礼

塞外习尚早婚，男女未及成年，辄行嫁娶；且富者以早婚为荣，晚婚为辱。平日生活，最主简单，而婚嫁礼多从丰。

1. 出嫁　婚娶必待父母之命、媒妁之言，婚姻之礼，如古未衰。娶之前一日，伐鼓于新房，以袚除不祥，曰"聒喜房"；至日，男致衣物、酒肉于妇家，曰"催装"；新妇至，姑纳糖于妇口，毕，然后入室，室间窗牖尽撕，寒暑如之，曰"开风气"；入夜，进汤饭，夫妇同桌，谓之"遇缘"；翌晨，新郎虚张弓矢，向隅四射，以镇凶煞。三日后，归宁父母，新郎从宴。

2. 入赘　招赘盛行于绥省，礼多与出嫁之仪式同。惟赘婿得从妻姓，且以妻家为家。

丙 丧礼

绥省人民，宗法观念，为他乡所不及，故丧礼尤为隆重繁缛。丧分老丧、小丧，老丧则阖〔阖〕族缟素；殡之日，致祭者，有一郡毕至之概。先是含殓毕，停枢中堂，祭丧之期，僧道设坛讽经，有延弥月之久者。孝子不离枢侧，哀毁尽日，治理丧事，一委之于亲朋。所异者，作俑之费，有至千万元之巨者，良可慨矣。

丁　岁时

塞民严守旧历，有如律令；而农家春耕夏耘，秋收冬藏，不待言矣，即日常一切事务，无不按时令行之，如劳工休假、债务归销，概一准节令。春月骡马市极盛；夏季田野忙碌，各地庙会繁盛；秋冬粜粜络绎于途，蒙人亦于此时与汉人赴市交易。每至旧历年关，百业俱忙，年节一过，百业均各停顿。一月之内，舍餍酒肉，行娱乐外，一无所事，城市如此，而乡村尤甚。一、二月，各业渐复其旧；故塞人之谣云："正月肥，二月瘦，三月起来原照旧。"此盖歌颂其年节之可贵也。

六　娱乐

绥远地处边荒，平日娱乐，因居民复杂，所为不一。然皆崇拜佛神，迷信笃深，故多乘庙会吉事，以为娱乐。乡下唱戏，却为边民无上之娱乐；城市各街各社，亦应时为之。乡民每届唱戏之期，酒肉通客，亲朋毕至，其热狂不亚于过年，然亦多借奉祀神明之名为之。其次为畋猎，塞民强悍，活泼好动，故于畋猎一事，兴味颇浓，且以野兽甚夥，并可赖以获利。

七　风俗习惯

塞民习性淳朴，家计日用，崇尚勤俭。而满族则好笼鸟、吃茶，故绥远市面，茶馆林立。潮烟、纸烟之外，并好吸鸦片烟。盖绥远自入民国以来，鸦片从未禁种，近年更因晋绥当局公卖鸦片，大城小镇，甚至三家之村，凡有井水之处，往往有烟馆在也。习尚群居，而赌风特甚，城市不论矣，荒野古坟、岩穴之间，往往有卢雉之声，牛牌则家家藏有，麻雀仅见之于城市。此外缠足之风，盛行一时，为内地各省所罕见，于此不禁为绥省女子痛惜。

八　结论

绥远社会之状况描写，前述脱漏殊多，盖限于时间，未能详尽；然德明素对绥远西北一带，无论政治、经济，以及社会习惯，颇多感发。苟从政治方面研究，则绥远自民国奠基以来，兵患无间，匪乱频仍，当局每拥兵自卫，不及保民，于是良民亦起为匪，以至不可收拾。前者军阀割据无论矣，近年以来，政府有感于东北事变，西北危机可虑，果对西北及时开发，尚可免东北事变之重演，并可告慰群望；故开发西北之声浪，曾一度高唱入云，时泊二载，不独不曾见诸实行，而开发之声，亦随之不闻矣。国势危急，今不减昔，西北浑荒，一如其旧，言犹在耳，岂善忘之耶？尤足疑异者：绥远原非化外之区，又非军阀割据之初，厉行禁烟，更非单行一省一地，何绥远市上烟馆林立，烟土充斥，不独不之禁，反诱之吸，导之种耶？再论之于经济，愈觉寒心！绥远原绾毂外蒙，商务自外蒙交易断绝，经济枯涸，实不景气；独赖地大物博，各地商人之投资经营，百业不废。盗匪惊扰，虽足以阻商人之前进，果能稍得当局者之保护，总可以安商旅之怯。虽然，据某旅绥商人语德明，则谓："绥远之匪，尚不足惧，惧有甚于匪者，官耳。"盖绥远商人，创办实业，果有所获，官家知之，必强其推让，承为己有；但此官非官署之官，乃借开发西北之名，为官聚敛之商人耳。闻之，直令人悚然。夫绥远处边陲，民智未开，墨守旧惯，从事耕植，何谓国家，何谓政治，概不深识，其处强邻窥伺之境，国家果恃民以自守土，不能不足其力，养其势，奋其志，安其心，非积极以求建设不为功。若前述政况，有害于人民身生者，经济有害于人民之生业者，须有以制止之，庶国家大政有豸，国防无虞。故开发西北，诚为今日当务之急。

《警高月刊》

南京内政部警官高等学校

1934 年 5、6 期合刊

（李红权　整理）

绥远包头县五个农村的调查

李树茂　撰

绥远农业学会于民国廿年夏季，乘假期之便，又得绥远省政府及建设厅之助，乃组织暑期调查采集讲演团，分赴包头、萨拉齐、归绥、集宁与丰镇五县工作，历时二月余，调查农村二十四个，所得材料颇多。调查结束后，即着手统计；所得结果，一小部分已于本会会刊第一期及本刊一、二各期内，经李藻、齐明二君及本人略行报告。唯同人等因课程忙碌，不能于短时间内整理完毕，全行报告，故不得不徐徐整理，分期发表，实深以为憾。本文之材料，即其时关于包头县五个农村之调查结果。故其中一切现象，皆系二年前（民二十）之事。又本人对于农村调查，本系外行，所幸自幼即居住包市，对于附近农村情形，尚稍熟习，故所得结果，自觉尚属可靠。且本文于整理后，经许叔玑、李景汉两先生校阅一遍，指正不少，特致谢意。

包头县行政区划，共分四区，调查时原拟每区选择一略可代表一般的状况之农村调查之，无奈适值匪患甚炽，离城垣十里以外，则到处抢掠，故不能如愿进行，只得在较为安全之第一区境内调查之。

包头水陆交通称便，位置扼要，诚为我国西北商业之中心，国防之要塞。然就农业论之，则不能算为特别重要地带；但在第三、第四两区，土地亦甚广，荒芜者亦甚多，较之内地，仍有不少发展的希望。本县中农业最发达之区域，当推第三、第四两区。第二区亦全为农村社会，唯土壤较为瘠薄，灌溉亦感困难，故其农业情形，不若〈前〉二区之盛。第一区为临近城垣之一区，其农业状况与其他三区无大差异，唯有从事经营园艺，是乃环境之所使然，如此五村中之刘宝窑村，即以经营蔬菜园艺为主。

第一区内共辖有农村廿四个，唯按最近之组织，将原来之二十四村合并而为十二乡，本文所述之五村，尚系按照原来二十四村中之五个，即刘宝窑、邓家营、前营子、梁家营与先明窑五村是。唯邓家营村中，尚包括有薛家营一村在内。

第一章　　五村的概况

（一）村名的来历

塞北原系蒙地，故现今许多农村之名称，尚多有沿用蒙古译音者。但包头县第一区所属各村，已多改用汉名。就此五村中昔日之蒙名而有稽考者，唯有前营子一村，其他四村之原名，已无稽考。

前营子之村名，据该村熟习蒙语之老者称，原来蒙名为"嗻汗鸱鹆"（译音）。蒙语"嗻汗"为白色之意，"鸱鹆"为石头之意，因该村中有白色之石头一大块，故蒙人乃呼此村为"嗻汗雌鹆"；又因其后之一村中亦有白色石头一块，乃名前者为"前嗻汗鸱鹆"，后者为"后嗻汗鸱鹆"；其后汉人为顺便起见，乃只称曰"前营子"，绥省之农村，多以"营子"称者。

刘宝窑村，原名水泉村，因其村中多有水泉也。后因有大户名为"刘宝"者至，故取其名为村名。所以名为"窑"者，或因昔日居住土窑者甚多之故，据考该村现在尚多居住土窑者。

邓家营与梁家营，皆以昔日村中大户之姓氏而取名，但至今日，其村中已无此二姓者。

先明窑村，前名"险崖窑"（土音），其意义不明，或取其处有山崖之意。至第一区廿四村合并改组时，始易为今名。

（二）村址及地势

刘宝窑在包头县城之东北，距城约五里，四面群山环抱，河水横流村中。以其终年有渠水长流，故村民多经营园艺者，春夏之时，百花怒发，柳絮横飞，出包城东门或东北门，沿河槽而上，沿途蔬菜、花卉，满目鲜艳，故乃成为包头县内之重要的园艺区域，且为少有的名胜。本村之小河，发源于村后数里之二道霸村，河水长流不息，村中尚有小泉数眼。虽丘陵起伏，可耕之地甚少，但以其能得灌溉之利，又距城不远，农夫于暇时则收取城中之大粪，以作肥料，故一部平坦之地，皆颇肥沃，时局安定之时，尚可称为富庶之农村。

前营子村在包头城之北五里许，地势较高，土壤多砂质，土层甚薄，全村无井，饮水极感困难。

先明窑村在县城之北一里许，稍偏东，村落建于山坡之上，无河流，只有两山形成之水沟一，沟中有一小泉，饮水即取于此。

邓家营在县城之东南五里许，地势平坦，土壤尚非甚瘠薄；南距黄河约八里，村中有一河槽，平常无水，下雨后，上部山洪经此流入黄河。

梁家营在县城之南一里许，稍偏西。地势、土壤，皆与邓家营同。

（三）面积

刘宝窑村，东西长约八里，南北距约二里，大部分为山丘所占，故可耕面积并不广大。全村当时所种之水田有一顷余，旱田亦一顷余。

前营子村，东西距离三里，南北距离约三里半，全村农田面积二十四顷余，内水地二十余亩，旁一小泉灌溉，离村地尚远；旱田荒地两顷余，熟地二十二顷余。

先明窑村，东西距离约二里，南北约一里，全村面积十顷半；除房屋占一顷余，墓地占四顷余外，农田面积只有四顷余。本村因距城甚近，且地势高下不平，土质亦不甚良好，故购作墓地者甚多（原来一出包头城东北门城厢内之范围，即属于先明窑，户口有四五百家，多做小本生意与手工业，但本文中所调查者，乃指先明窑本农村——距此处尚有里许——中之经营农业者而言，并未涉及此部，特此声明）。

邓家营为此五村中之最大的一村落，东西距三里许，南北距约四里，全村面积一百余顷，地势平坦，几全可栽种作物。

梁家营，东西约二里，南北距一里许，农田面积二十余顷，但大部分之耕地，几全为商场所买有〔详第三章，（一）甲项〕。故现在本村村民所有者，只有四顷余。

（四）交通

此五村因距城垣不远，故交通尚皆称便利。

刘宝窑，南达县城，北至石拐沟，此为绥省有名之产炭区，包头一带所用之炭，皆取给于此沟，唯运输工具，尚皆依牛马大车与驴驼等畜力。运炭路线，共有二途：其一，出包城，经刘宝窑，达石拐沟；另一途，则经前营子，达石拐，不经刘宝窑。

前营子，南至包头城，北达固阳县，东至刘宝窑。

邓家营，北至县城，东南达南海子村。此村为黄河之一大渡口，西达二里半村，此村为平绥路包头车站所在地，皆通大车。

梁家营村，东南至二里半村，南达王大汗营村，此亦为黄河渡口之一。

今以略图将五村之位置表示之。

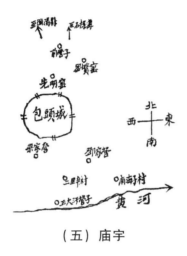

（五）庙宇

绥省各县之每个农村中，几乎都有龙王庙一座，农民虔诚供奉，乃专祈其调和雨旱之意。此五村中，亦皆各有一龙王庙，唯近年来，雨旱不均，灾患时至，祈祷龙王，亦少生效，故农民信仰之心亦渐薄。除龙王庙外，前营子村尚有五道庙及三观庙各一座，邓家营村有老爷庙一座。

（六）治安

包头县属之各村，皆无村保围团之组织。当时第一区内共有区保围团兵十余人，由区长直辖，轮流至各村中驻扎，但多驻于沿县城至石拐沟一带之村中，以卫护运炭之要路。调查时只在刘宝窑村中遇有团兵五人，因当时村中种植鸦片，正将收获，乃常有小股土匪出没山中，乘机行劫也。

（七）居民种族

五村居民皆以汉人为主，亦有少数之蒙人。刘宝窑村前有蒙民十余家，然至调查时则仅有一家，共计四人，男女各二，以收地租为生。邓家营村亦有蒙人一家，其余概为汉人。前二村之蒙人为土默特旗属者，以其与汉人居处多年，故一切均已汉化。

（八）生活状况

五村居民之生活状况约相同。一般之衣料以粗布为主，以其距城市不远，故妇女们间亦有着华丽之衣服者。冬季男子多着老羊皮袄，妇女多着棉袄。食品以高粱、糜米、谷米、莜面为主。居住，砖房、土房皆有，刘宝窑村中尚有住土窑者。一切物品，皆至包头县城中购买，尚称便利。

第二章　人口与家庭

（一）家庭的大小

此五村中户数与人数之最多者，当为邓家营，计全村一八六户，九七一人；最少者为先明窑，计一八户，七四人；五村总计，共三八一户，一八三九人。各村每家平均人数，以邓家营为最多，计平均每家有五·二五人；梁家营为最少，为三·七五人；五村总计平均为四·八三人。见第一表。

第一表　五村户数、人口及每家平均人数

村别	全村人口数	全村户数	每家平均人数
刘宝窑	363	76	4.77
邓家营	971	186	5.25
前营子	247	52	4.75
梁家营	184	49	3.75
先明窑	74	18	4.12
五村总计	1,839	381	4.83

　　就各村中每家人口的分配情形论，则以每家三人至五人之户数为最多，五村总计三八一家中，每家四人者有七八家，占总数的百分之二十强；每家三人者次之，共七五家，占总数百分之二十弱，每家五人者共六四家，占总数百分之十七弱。每家二人与六七人者，亦占相当比例，其余则甚少。各村中每家人口之详细分配与五村总计之家数及百分比，见第二表。

第二表　各村每家人口数

每家人数	各村家数					总计	
	刘宝窑	邓家营	前营子	梁家营	先明窑	家数	占百分比
1	2	1	1	3	3	10	2.62
2	8	17	1	8	0	37	9.71
3	13	33	14	13	2	75	19.68
4	15	33	13	12	5	78	20.47
5	14	33	6	7	4	64	16.79
6	11	24	4	3	3	45	11.81
7	7	20	4	0	0	31	10.24
8	2	10	1	2	1	16	4.20
9	1	4	3	1	0	9	2.36
10	2	3	0	0	0	5	1.31
11	0	2	0	0	0	2	0.51

续表

每家人数	各村家数					总计	
	刘宝窑	邓家营	前营子	梁家营	先明窑	家数	占百分比
12	0	1	0	0	0	1	0.26
13	0	0	2	0	0	2	0.51
14	0	1	0	0	0	1	0.26
15	0	1	0	0	0	1	0.26
16	1	1	0	0	0	2	0.51
17	0	1	0	0	0	1	0.26
19	0	1	0	0	0	1	0.26
共计	76	186	52	49	18	381	100.00

（二）五村人口依年龄之分配

调查时按照年龄的不同，将人口分为四组：第一组是七岁以下者皆属，此组代表的是一般无知无能之年幼的婴儿；第二组包括七岁至十五岁者，此组可以表示正应当上学的幼童；由十六岁至五十五岁者，列入第三组，此组大约可以表示正在壮年、可以出力生产的农夫农妇们；凡是五十五岁以上的老年男女们，体力渐渐的衰弱下去，列入第四组。

就五村中调查的结果，属于第三组的壮年男女，各村［村］都在百分之六十以上；五村总计占百分之六四·六〇。五十五岁以上的老年人最少，各村都在百分之十二以下，五村总计为百分之七·四五。各村中各组人口之分配的数目和占全村人口的百分比见第三表。

第三表　五村人口依年龄之分配

年龄组 数目及比例 村别	七岁以下		7—15 岁		16—55 岁		55 岁以上	
	数目	百分比	数目	百分比	数目	百分比	数目	百分比
刘宝窑	69	19	33	9.09	219	60.3	42	11.57
邓家营	119	12.6	148	15.24	644	66.63	57	5.87
前营子	41	16.6	34	13.77	159	64.37	13	5.26
梁家营	23	12.5	26	14.13	115	62.5	20	10.87
先明窑	14	18.92	7	9.64	48	64.87	5	6.76
五村总计	266	14.51	248	13.49	1188	64.6	137	7.45

（三）五村人口依性别之分配

　　五村人口都是男多于女。男女分配差异最大的，要算梁家营，全村一八四人中，男为一一五人，占数百分之六二·五；女子六九人，占百分之三七·五。男子占女子的百分之一六六·六六，就是每有一百个女性，就有一百六十六个多男性。差异最小者为邓家营，计男子占全人口的百分之五十四强，女子占百分之四十六弱，男子占女子的百分之一百三十五强。五村总计，男女总数为一八三九人，男数为一〇二九人，占总数百分之五十六弱；女数为八一〇，占总数百分之四十四强；男子占女子的百分数为一百二十七强。各村中详细分配的数目和比例，均见第四表。

第四表　五村人〈口〉依性别之分配

性比例 村别	男数	女数	男女总数	男子占全人口之百分比	女子占全人口之百分比	男子对100女子之比率
刘宝窑	204	169	363	56.20	43.80	128.30
邓家营	526	445	971	54.17	45.83	118.20
前营子	142	105	247	57.49	42.51	135.24
梁家营	115	69	184	62.50	37.50	166.66
先明窑	42	32	74	56.76	43.24	131.25
五村总计	1029	810	1839	55.85	44.15	127.03

（四）五村人口依年龄及性别之分配

五村中之人口，按年龄分为四组，再依男女的性别分开来论，七岁以下者，有四村皆男多于女，唯邓家营村则相反；第二组与第三组亦皆男多于女，惟先明窑村之七岁至十五岁的一组中，则女多于男；五十五岁以上者，则四村中皆女多于男，唯邓家营村相反。五村总计起来，在五十五岁以下之三组中，皆男多于女，五十五岁以上者则女多于男，此在其他各调查报告中，亦为普通的现象。各村男女不依年龄总合计算之，则皆男多于女，详细分配情形，看第五表。

第五表　五村人口依年龄及性别之分配

村别	男女数	7 岁以下	7—15 岁	16—55 岁	55 岁以上	总合
刘宝窑	男	40	21	128	15	204
	女	29	12	91	27	159
邓家营	男	52	79	362	33	526
	女	67	69	285	24	445
前营子	男	22	23	91	6	142
	女	19	11	68	7	105
梁家营	男	16	21	74	4	115
	女	7	5	41	16	69
先明窑	男	8	3	30	1	42
	女	6	4	18	4	32
五村总计	男	138	147	685	59	1,029
	女	128	101	503	78	810

若将各村中女子的人数当作一百，依年龄计算男子对一百女子的比率，结果：以梁家营村的差异最大，第一组（七岁以下者）

为二二八强，即每有一百个女孩子，就有二百二十八个多男孩子。第二组占四百二十，第三组占一百八十多，第四组占最少数，为二十五，即四个老年人中，有三女一男，五村总计，以第二组的比率为最大，为一四五·五四；第四组者最少，为七五·六四。分配比例的详细情形，见第六表。

第六表　按年龄组〔织〕男子对 100 女子之比率

村别＼男女数＼年龄组	7 岁以下	7—15 岁	16—55 岁	55 岁以上	总计
刘宝窑	137.93	175.00	140.66	55.55	128.30
邓家营	77.61	114.49	127.02	137.50	118.20
前营子	115.79	209.09	133.82	85.71	135.24
梁家营	328.57	420.00	180.49	25.00	166.66
先明窑	133.33	75.00	166.66	25.00	131.25
五村总计	107.81	145.54	136.18	75.64	127.03

老年人，女多于男，少年与壮年人，男多于女，这差不多是各处的普遍现象。这一方面因为重男轻女的陋习，往往女孩初生，即溺于产盆，弃诸野外，葬入狗腹；即令不至如此，亦不甚重视，饥寒不管，疾病不治，故夭殇者较多。或以成年以后之妇女，一般寿命较男子为长，故第四组中有女多男少现象。但在民国二十年时的绥远农村，尚有特别的大原因，就是贩卖女子。盖绥远省遭十七八年之兵匪鼠旱的浩劫，农村破产，父母妻子离散；一般无法维生而且不愿为匪作盗的人民，除了悬梁投井的一途外，不得已，只得卖妻鬻子，又因为不愿断后的关系，所以就先尽妻女卖而维生了。当时女子最大的出路就是山西，在灾情最烈、买卖最盛的时候，在平绥路东行客车中，每口准有妇女数人或数十人被卖而运往山西者，车中号啕哭之声、流恋难舍之状，极其惨

凄，真是目不忍睹，耳不忍闻。据云晋省的妇女极贵，平常娶一较有姿色的女子，需要价洋四五百元，次者亦需三四百元，贫寒之家，颇不易娶妻，乃乘此时机至绥远廉价收买妇女，以作妻媳。更有惨无人道之所谓"人贩子"者，乃专投机营此生意，收买大批妇女为其妻媳，运回省内，再行转售。总之当时绥人处于九死一生、无路可走之时，即此非人类之行为，亦只得忍辱为之也。当时卖价之高低，乃以年龄之大小、姿态之优劣与已未结婚之情形而定；以年龄而论，过大过小，皆不能得高价，以十二三岁以上至二十岁以下者为最贵，表中第二组之女子比例最小者，或亦为其重要原因之一。最大之价值可卖三百元，少者有至四五十元者，此则多系三四十岁以上之寡妇或六七岁之女孩儿也。

（五）五村中成年男女（十六岁以上）之数目及比例

成年男女系指十六岁以上的人而言；五村比较，以梁家营的成年人最多，男占全人口百分之四二强，女占三一弱，男女共占百分之七三强。以前营子为最少，男女共占百分之七十弱。五村总计共占百分之七二强，详情见第七表。

第七表　五村中成年男女占全人口之百分比

数目及百分比　　　　村别	数目			占全人口之百分比			全人口
	男	女	共	男	女	合计	
刘宝窑	143	118	261	39.39	32.51	71.90	363
邓家营	395	309	704	40.68	31.82	72.50	971
前营子	97	75	172	39.27	30.36	69.63	247
梁家营	78	57	135	42.39	30.98	73.37	184
先明窑	31	22	53	41.90	29.73	71.63	74
五村总计	744	581	1325	40.45	31.59	72.05	1,839

梁家营村的成年人最多，尤以男子占的百分比最大，女子占

的百分数并不很大；这其中有个很要紧的原因；前面曾经说过（第一章第三项），梁家营村的大部分农田，皆为商场所买有，村民所有者，只四顷余。村民因无地可种，渐渐不能维生，所以稍为富裕之人家，多迁往他村置田落户。现时在本村居住者，多为无法迁徙之佃户及佣工，故成年男子特别多，儿童与女子甚少。

（六）五村儿童（十五岁以下）之数目及比例

五村中成年人的分配，以梁家营村为最多，所以儿童的分配，也以该村为最少。计该村男童占百分之二〇·一一，女童占为〔百〕分之六·五二，共占百分之二六·六三。这是因为佣工或佃户，常带一两个十余岁的孩子帮他做点省力的工作，所以男童较女童特别多。儿童最多的，要算前营子，男女童共占百分之三十强，五村总计，男女童共占全人口百分之二十八，男童较女童为多，详情见第八表。

第八表　五村儿童（15 岁以下）数目之分配

数目及百分比 村别	儿童数目			占人口之百分比			全人口
	男童	女童	共	男童	女童	合计	
刘宝窑	61	41	102	16.80	11.30	28.10	363
邓家营	131	136	267	13.49	14.01	27.50	971
前营子	45	30	75	18.22	12.15	30.37	247
梁家营	37	12	49	20.11	6.52	26.63	184
先明窑	11	10	21	14.87	13.51	28.38	74
五村总计	285	229	514	15.50	12.50	28.00	1839

第三章　家庭的产业

（一）田产

甲、五村中耕地分配的状况

调查时曾将农民种地的种类，分为自有地、租入地、租出地、典入地和典出地五类。将统计的结果，列于第九表中。

第九表　五村中耕地分配的状况

耕地状况	各村亩数分配				
	先明窑	刘宝窑	前营子	梁家营	邓家营
本年种地总数	120（亩）	249	880	962	5300
自有地总数	120	474	685	336	5130
租入总数	——	58	195	626	130
租出总数	——	82	——	——	10
典入总数	——	——	——	——	100
典出总数	——	——	——	——	50

上面表中所列的数目，都比各村中可耕地的面积为少；其原因：第一，各村中有许多土地的所有者，并不住在本村，所以在调查表内的数字，就无从列入；第二，一般农民对于产业调查的答案，多半是以多报少，假如有六十亩地的话，顶多答说四五十亩；第三，还有许多本来原住在本村的地户，因为当时灾患不能维生，也逃往容易觅食的地方避难去了，他们的田地数目，也无从知悉。

在先明窑村中所种地一百二十亩，大都为两家较大的农户所种。其村中许多的农民，多为人佣工或有在周围附近的村中种地的。刘宝窑村中本年所种的二四九亩地，多半是水地。自有地亩数四七四亩内，则连旱田也在内，租入租出，皆指水地；租出地中因有租与外村人者，故数目较租入地为多。

梁家营村本年种地九六二亩内，自有地仅为三三六亩，且此三百余亩自有地，只为二农户所有。该村中有一张姓者，为全村最大之农户，有地三顷余；其余的农家，几乎完全自己无地可种，所以租入地的亩数，几及自有地之二倍。其中原因，颇为特别，缘梁家营村位于包头县城之南，距平绥路包头车站甚近，当民国十一年平绥路修达包头后，有一部分内地的投资家，预测到车站的附近，将来定要繁华，举办各种事业，定有发财的希望，邻近村庄的地价，将来亦定要昂贵，乃集合有资产者，募起资本数十万，成立了个包头商场筹备处，预备在南门外车站附近，成立商场。并且籍〔借〕有某种的力量，想将梁家营村的土地全行收买，不论土地好坏，价钱一律平等（记得是四十元左右）；一般土地不良，本来不值此数的农民，就很高兴的将自己的土地售与商场；胆小力薄的农民，虽然不愿意售卖自己的田地，但是不敢与之抵抗，也忍气吞声的割爱了，所以大部分的土地，全被商场买去了。但是该村之有名的大户张姓（名万库）者，想想自己有数百亩的土地，正待着将来无穷的希望，所以无论给价若干，决不售卖。因此与商场起了诉讼，张氏尚在看守所居住数十日，卒因张氏在县中亦稍有维持，始行出狱，然商场终亦未将张氏土地买去。当时包头人民，看得商场此种行为，将于包头民众不利，乃集合各界民众，竟将商场捣毁。自后时局紊乱，天灾频仍，商场也无声无臭〔息〕的消沉下去了。自己的事业没有成，后来年年只将所收买的田地，租于农民耕种。这是梁家营村最特别的情形。

乙、农家之种类及种地亩数

由所种地情形之不同，乃将农家分为自耕农、佃农、半自耕农及只典地种者四类，兹将各村中各类农家的数目、种地的亩数及平均每家种地的亩数，皆列于第十表。

表中所示自耕农（即只种自己地者）一行内，以刘宝窑村平均每家的亩为最少（一四亩），这也可以表示该村的土地很肥，并且多是水田，皆经营的是菜园，虽然种地的亩数很少，但是收入的利益却甚大。梁家营村的平均每家亩数最大（一五二亩），这是特殊的情形，统计的数字很少（只有二家），不足以代表全体。

佃农（即只租地种者）家数最多者，为梁家营村，这是该村与他村特殊的地方，原因在前节已经说过。

半自耕农（即自种兼租种者），只梁家营与邓家营二村中有之，后者在七一家种地者中只有一家；前村则于一八家中，有三家。

只典地种者，只在邓家营中有一家。

若不论性质种类，将种地者总合起来（一一表最后一行），则平均每家种地亩数以邓家营为最多，计七四·七亩；刘宝窑最少，计一一·九亩。若依各种类将五村总计（一一表最下一行），则只种自己地者，平均每家为五一·八亩；只租地种者，平均为二五·七亩；兼种者，平均为五九亩。

第十表　农家之种类及种地亩数

		只种自己地者	只租地种者	自种兼租种者	只典地种者	总合
先明窑	家数	2	——	——	——	2
	亩数	120	——	——	——	120
	平均每家亩数	60	——	——	——	60.0
梁家营	家数	2	13	3	——	18
	亩数	304	531	127	——	962
	平均每家亩数	152	40.8	42.3	——	53.4
前营子	家数	28	11		——	39
	亩数	685	195		——	880
	平均每家亩数	24.5	17.7		——	22.5

续表

		只种自己地者	只租地种者	自种兼租种者	只典地种者	总合
刘宝窑	家数	13	7	——	——	20
	亩数	184	55	——	——	239
	平均每家亩数	14.0	7.9	——	——	11.9
邓家营	家数	68	1	1	1	71
	亩数	4560	30	110	600	5300
	平均每家亩数	67.0	30	110	600	74.7
五村总计	家数	113	32	4	1	150
	亩数	5853	811	237	600	7501
	平均每家亩数	51.8	51.8	59.0	600	50

丙、五村中自己有地之家数及所有亩数的分配

　　五村中都是以自己无地者的比例为最多，尤以梁家营村的无地可耕者为多，四九家中竟有四五家，占总家数的百分比达九一·八四。先明窑村的比例数也不少，计为百分之八八·八八。邓家营村最少，为百分之三六·三六（邓家营全村为一八六家，有在本村无地、在他村有地，及男人不在、妇女不详其土地者，未列入）。

　　五村合计起来，共三一一家中，有一八九家是无地可种的，占百分之六〇·七七；其余百分之三九·二三的有地的农家内，以有地二〇亩至二九亩者为最多，共三十一家，占总家数的百分之九·九七；有地三〇至三九亩者次之，计一八家，占百分之五·七九；一〇至一九亩者又次之，计一四家，占百分之四·五〇；有三〇〇至四九九亩者最少，仅一家。在邓家营村中，占五村总家数的千分之三·二；有地五〇〇亩以上者，有两家，皆在邓家村〔营〕，且皆薛姓者，一家有地五〇〇亩，一家有地六〇〇亩，共占五村总家数的千分之六·四。五村合计详细的分配家数及百分比，见第一二〔一〕表。

第一一表　五村中自己有地之家数及亩数之分配

自有地亩数	五村合计	
	家数	占总家数的百分比
无耕地者	189	60. 77
5 亩以下	7	2. 25
5—9 亩	7	2. 25
10—19	14	4. 50
20—29	31	9. 97
30—39	18	5. 79
40—49	8	2. 57
50—59	8	2. 57
60—69	3	0. 97
70—79	3	0. 97
80—89	5	1. 68
90—99	4	1. 29
100—199	7	2. 25
200—299	4	1. 29
300—499	1	0. 32
500 亩以上	2	0. 64
总计	311	100. 00

丁、五村中栽种作物之亩数及家数之分配

五村中栽种作物之亩数及家数的分配，与上项自有地的家数及亩数的分配，数量上相差不多。但是"不栽种作物"的家数，一般比"无耕地者"的家为少，因为自己虽然无耕地，但是还可以租种或典种；此种情形，在梁家营村特别显著。"无耕地者"约占全村总家数之百分之九二，而"不栽种者"仅占百分之六三多，约有三分之一的农家，皆系租地而种。

五村合计，不栽种作物者，占百分之五一·一四，仍占最多数；栽种二〇至二九亩者占百分之一〇·八二，在所有栽种作物的家数中，此组要算最多数。其次就是栽种三〇至三九亩与一〇至一九亩的二组。

　　所谓"不栽种者"，是指自己无地可种，不租种，不典种，也不伴种（绥省有一类种地的方法，是地主和劳工者合种，地主只出土地，工人则出劳力、种籽及牲畜等，收获之后，按四六或三七分股，地主得少的部分，劳工得多的部分，这种耕作法，就叫作"伴种"，地主称与其伴种者曰"地伙计"）者，此类人家，多系为人佣工，及操其他职业者。

　　详细分配的情形，见第一二表。

第一二表　五村中栽种作物之亩数及家数之分配

栽种作物亩数	五村合计	
	家数	占总家数的百分比
不栽种者	156	51.14
5 亩以下	20	6.56
5—9 亩	11	3.61
10—19	17	5.57
20—29	33	10.82
30—39	21	6.87
40—49	7	2.29
50—99	21	6.88
100—199	9	2.95
200—299	6	1.98
300—499	2	0.66
500 亩以上	2	0.66
总计	305	100.00

（二）房产

各村中房屋的数目及分配

　　各村中的房屋，大部分是土的，四角用砖的也不少；在刘宝窑、前营子与邓家营三村中的房屋，差不多有一半全行倒塌；这是因为数年来有为兵匪所拆毁而烧其木料者；亦有农民见到既不能安居，房屋亦不得完整存在，乃自行拆毁而售卖其中之大材者。

尤以前营子村毁塌者更多，故其村中现住之居民，颇现拥挤之象。

各村中皆正房较偏房（东、西、南房）为多，只邓家营村中偏房较正房略多。五村合计：正房为六九〇间，偏房为五六三间，共为一，二五三间。

各村中以家户的数去除房间的总数，则得平均每家所占的房间数。五村中以先明窑村为最多，平均每家占五·八三间；前营子村最少，平均为二·二一间；五村总计，平均每家占三·二四间（刘宝窑村系以八二家计算的）。

若按各村的全人口计算平均每间房所容的人数或平均每人所占的房间数，也以先明窑村的房屋最宽松，每人平均可占房一·四二间；前营子村最拥挤，每人平均尚占不到半间房；五村总计，平均每间房容一·四七人，每人平均仅占房〇·六八间。分配的详情，见第一三表。

第一三表　房屋之数目及分配

	正房	偏房	共计	全村家数	平均每家所占房间数	全村人口数	平均每间房所容人数	平均每人所占房间数
先明窑	52	53	105	18	5.83	74	0.70	1.42
邓家营	311.5	315	626.5	186	3.37	971	1.55	0.65
刘宝窑	179	95	274	82	3.34	363	1.32	0.75
梁家营	725	60	132.5	49	2.70	184	1.39	0.72
前营子	75	40	115	52	2.21	247	2.14	0.47
五村总计	690	563	1253	387	3.24	1839	1.47	0.68

（三）畜产

甲、各村豢养家畜及家禽之总数

牛、马、骡为耕作的主要家畜；在从前安定的时候，差不多的农家，都养此种牲蓄〔畜〕一头或数头；但在调查的时候，正好天灾人祸浩劫的以后，农村中鸡、犬亦不易豢养，骡、马更不必说。所以在五村之中，养马及骡的数目极少，因为此二种牲畜，皆为悍匪乱兵所抢掠之目的物也。邓家营村离车站较近，常有军警驻守，故此村中有马，共二〇匹。

因为牛力雄大，且兵匪亦不抢掠，故一般种地较多的农家，以牛为唯一的级〔农〕用牲畜。

五村中皆有养驴者，其中有三个原因：第一，驴的价值便宜，中小农家，无力购买牛马者，常以驴力与人力代牛马而耕种；耕地时或以一牛副一驴而工作之；第二，驴力较小，不能速跑，兵匪亦不乐抢掠；第三，有的不以驴为农用，乃专驼炭或碾磨及其他工作而用，如刘宝窑村中所养的驴，就有许多是专以至石拐沟驼炭、赁至包头城内而营生者。

骆驼的用途，也主要的是驼炭，仅刘宝窑及邓家营村中有之。

各村中皆有猪，五村共有二一八口；羊则仅刘宝窑及邓家营，鸡则仅前营子与邓家营有之；详情见第一四表。

第一四表　　各村家畜及家禽总数

村别	马	牛	骡	驴	骆驼	猪	羊	鸡
先明窑	——	——	——	2	——	1	——	——
刘宝窑	——	9	——	32	8	22	40	——
前营子	——	9	2	20	——	5	——	24
梁家营	——	2	——	2	——	7	——	——
邓家营	20	62	14	15	2	183	5	184
总计	20	82	16	71	10	218	45	208

乙、养马数目及家数之分配

五村中只邓家营一村中有养马者，其余四村中无一马。邓家营村共二十匹马分配于十五家农民中；以养一匹者为最多，共一一家，占养马总家数的百分之七三·三三；养马二匹者共三家，占百分之二〇弱；养三匹者一家，占百分之六·六六。

丙、养牛家数及豢养头数之分配

先明窑村无养牛者。

刘宝窑村共养牛九头，分配于四家中；养一头者共三家，占总家数百分之七五；其他一家则养六头。

前营子村亦共有牛九头；分配于八家中，养一头者七家，养二头者一家。

梁家营村有牛二头，分养于二家中，各养一头。

邓家营村共有牛六二头，分养于四三家中；养一头者二八家，养二头者一二家，养三头者二家，四头者一家。

五村合计，共有牛八二头，分配于五七家中；以养一头者为最多，计有四〇家，养二头者有一三家，三头者二家，四头、六头者各一家，均见第一五表。

第一五表　养牛家数及头数之分配

村别	养牛之家数					共合
	1 头者	2 头者	3 头者	4 头	6 头	
先明窑	——					——
刘宝窑	3	——		1		4
前营子	7	1				8
梁家营	2	——				2
邓家营	28	12	2	1	——	43
五村共计	40	13	2	1	1	57

丁、养骡家数及豢养匹数之分配

邓家营村中，共有一一家养骡者，就中养一匹者，计九家，养二匹及三匹者各一家。

前营子村只有二家养骡者，每家各养一匹。

其他三村，皆无一养骡者。

总计有一三家养骡者；只养一匹者，一一家，养二匹、三匹者各一家，见第一六表。

第一六表　养骡家数及豢养匹数之分配

家数　匹数 村别	1	2	3	共合
邓家营	9	1	1	11
前营子	2	0	0	2
（其他三村）	0	0	0	0
总计	11	1	1	13

戊、养驴家数及匹数之分配

以五村总计之，共有驴七一匹，分配于三九家中；就中以养一头者为最多，计二三家，占养驴总家数百分之六〇弱；其次为养二头者，计九家，占百分之二三强；再次为养四匹者，计四家，占百分之一〇·二五；养三匹、五匹及六匹者各一家，皆占百分之二·五六。各村分配详情见第一七表。

第一七表　各村养驴家数及豢养匹数之分配

家数　匹数 村别	1	2	3	4	5	6	共合
先明窑	0	1	0	0	0	0	1
梁家营	2	0	0	0	0	0	2
邓家营	6	1	1	1	0	0	9
前营子	10	3	0	1	0	0	14
刘宝窑	5	4	0	2	1	1	13
总计	23	9	1	4	1	1	39

己、养骆驼家数及豢养只数之分配

五村中只邓家营村中有一家养驼二只，又刘宝窑村有一家养驼一只，一家养驼七只，全村共有驼八只，其他三村中，无驼。

庚、养猪家数及豢养口数之分配

各村中养猪之家数，以养一口、二口与三口者为最多。就五村合计数观之，总共一三六家中，养猪一口者有八九家，占总数百分之六五·四四；养猪二口者有三二家，占百分之二三·五三；三口者七家，计百分之五·一五；四口者四家，占百分之二·九四；其他五、六、七与十口者皆各一家，各占百分之〇·七四，养六口以上者皆在邓家营村中，见第一八表。

第一八表　五村养猪家数及豢养口数之分配

养猪口数	五村总家数	百分比
1	89	65.44（％）
2	32	23.53
3	7	5.15
4	4	2.94
5	1	0.74
6	1	0.74
7	1	0.74
10	1	0.74
共合	136	100.00

辛、各村养羊家数及豢养只数之分配

五村中只邓家营村及刘宝窑村中有养羊者。邓家营村一家养羊二只，一家养三只，两家共养五只；刘宝窑村只有一家，养羊四〇只。

壬、各村养鸡家数及只数之分配

据各村村人言，在从前平安的时候，每家准有数只或数十只鸡子；然现在则仅前营子与邓家营二村有养鸡者，其他三村全无一鸡。二村中皆以养五只鸡的为最多，计前营子村六家中有二家，占三分之一；邓家营村三一家中有一二家，占百分之三八·七一；总计三七家中，养五只的一四家，占百分之三七·八一；养一〇只与三只的次之，各六家，占百分之一六·二二；养二只者五家，一只者二家，其余四只、六只、八只及三〇只者各一家；皆见第一九表。

第一九表　按养鸡只数、家数之分配（五村总计）

养鸡只数	家数	占养鸡总家数之百分比
1	2	5.41（％）
2	5	13.51
3	6	16.22
4	1	2.70
5	14	37.81
6	1	2.70
8	1	2.70
10	6	16.22
30	1	2.70
共合	37	100.00

（四）树木

据本人在绥远各县所见到及所听到的情形，以包头县的树木为最少。刘宝窑算是包头附近最有名的名胜地方，但是全村的树木，不过二四二株（此数系据各家的报告统计而得的，实际数目较此为多，但是总不能算是多树的村庄）。此村四面皆山谷丘陵，不能耕作，但是土壤切有相当的厚度，有的系为土山，造林一定是可以的，然而仍是童山濯濯。

邓家营村虽有六百多株树，但是全村面积甚大，计之仍然不能算为多；梁家营全村只有三棵榆树，直径皆有二尺余，大概准在三四十年以上。先明窑则全村连一棵树也没有。各村中各种树木的总数见二〇表。

绥远各处所习见的树木，以杨、柳、榆为最普遍；表中其他一项内所列的，在刘宝窑中有几种果树，在前营子村中则为三株柏树（树木的大小，直径一寸以上以至二尺余者皆有）。

第二〇表　五村中各种树木之总数

村别	各种树木之株数				共合
	柳	榆	杨	其他	
刘宝窑	120	50	47	25	248
邓家营	587	16	5	——	608
前营子	4	13	——	3	20
梁家营	——	3	——	——	3
先明窑	——	——	——	——	——
总　计	711	82	52	28	873

（五）作物

甲、五村栽种作物之种类及家数

包头县内各村所种的作物，皆以高粱、谷子（粟）与糜黍（糜子为硬米，为包头县人民最主要的食品，黍子为软米，性甚粘，用以做年糕，酿黄酒）三种为最大宗。五村总共二五九家中，种糜黍（大部分为糜子）者有八一家，约占三分之一；其次为种高粱者，计七四家；种谷子者三三家；种大豆者甚少，共四家；其他项中共六七家。详见第二一表。

在其他一项中包括的作物，各村不同；在刘宝窑村中种的多是蔬菜、瓜、马铃薯和鸦片；梁家营村和前营子村包括的大部分是马铃薯。邓家营村中有马铃薯，有甜瓜、西瓜等，亦有小部分的鸦片。

第二一表　五村栽种作物之家数

作物种类	各村中栽种之家数					总计
	先明窑	刘宝窑	梁家营	前营子	邓家营	
高粱	1	3	4	22	44	74
谷子	1	2	1	27	2	33
糜黍	2		6	11	62	81
大豆			1	2	1	4
其他		20	15	5	27	67
共合	4	25	27	67	136	529〔259〕

乙、五村栽种作物之种类及栽种亩数之分配

上表内所列的五类作物在各村中栽培的亩数有很显著的差异。先明窑、梁家营及邓家营三村中，栽培亩数最多的是糜子；刘宝窑村栽培最多的是其他一项中的蔬菜与鸦片等；前营子村则以高粱与谷子为主。

就五村总计的亩数来说，则仍以糜子为第一位，共七，二六九亩田中，计有二，七八六亩，占百分之三八·三二；其次为高粱，占百分之三六·一二亩；大豆最少，占百分之五·〇八，各村栽种亩数及百分比的详细分配，见第二二表。

第二二表　五村栽种作物之种类及栽种亩数之分配

作物种类	先明窑		刘宝窑		梁家营		前营子		邓家营		五村总计	
	亩数	百分比	亩数	百分比	亩数	百分比	亩数	百分比	亩数	百分比	亩数	百分比
高粱	30	25.00	46	19.25	257	26.72	287	34.09	2006	39.36	2626	36.12
谷子	30	25.00	41	17.07	120	12.47	365	43.35	10	0.19	566	7.79
糜黍	50	41.67	——		315	32.75	146	17.34	2275	44.64	2786	38.32
大豆	——		——		3	0.31	4	0.47	200	3.92	369	5.08
其他	10	8.33	152	63.59	267	27.76	40	4.75	605	11.87	922	12.68
共合	120	100.00	239	100.00	902	100.00	482	100.00	5096	100.00	7269	100.00

上表中各村在栽种作物共合的亩数一项，有时与第一〇表本年种地总数稍有差异，这是因为当时有的农民的答数稍不确实。

譬如问他总共种田多少，他答三〇亩，但是再进一步的询问，"高粱种了几亩，谷子种了几亩？……其他种了几亩"的问下去，他所分别回答了的亩数加起来，往往就不如他最初答的总数了，不过相差的数目倒不很大。

（六）职业

各村有职业人数比较

各村中有职业的人数中，当然以农夫（给自己种地的）为最多。但在刘宝窑村中，佣工的人也很多，约与农夫相等，这因为该村的耕地，主为水地，多为少数富户所有，所以一般的村民，多是当长工。

五村中以梁家营的有职业人数占全村人口之比例为最大，计占全村总人数百分之四一·三，占全村成年人数的百分之五六·二九，因为该村的成年男子数就比较多些；其次为邓家营村，计占全村人口总数百分之四一·〇九，占成年人数的百分之五六·六七；刘宝窑最少，占全村人口总数的百分之三三·〇六，占全村成年人数的百分之四五·九七。五村总计有全人口的百分之三八·八八是有职业的。见第二三表。

第二三表　各村有职业人数比较

村别	农夫	工艺	商贩	佣工	军人	其他	共计	全村人口数	有职业人数占全村人数之%	全村成年人数	有职业人数占全村成年人口之%
梁家营	54	1	1	20	——	——	76	184	41.30	135	56.29
邓家营	367	21	5	3	2	1	399	971	41.09	704	56.67
先明窑	20	3	2	3		2	30	74	40.54	53	56.60
前营子	68	——	2	20			90	247	36.44	172	52.32
刘宝窑	61	2		53		4	120	363	33.06	261	45.97
总计	570	27	10	99		7	715	1839	38.88	1325	53.96

第四章　教育状况

在此次与以前曾经调查过的绥省六县二十六个乡村的教育状况，都是非常幼稚，尤以包头县的农村，简直无教育之可言。详细的情形，齐明君在《绥远农业学会会刊》第一期的《绥远乡村教育现状及其改进刍议》一文内，曾报告过，今将此五村中的教育现状，略叙述之。

（一）五村中之中小学生人数

五村中只邓家营与刘宝窑二村中各有中学生一人；前者占全村人口千分之一，后者占全村人口千分之二·八；小学生则仅在邓家营村有十二人；刘宝窑本为包头富庶而比较繁荣之农村，前者本有小学一所，村内中小学生尚不少，绥远省有名的革命先烈、曾任国会议员暨归绥中学校长等职之王亚平氏，即出至〔自〕该村。然当调查时，则五村中无一小学校，邓家营村中之一二个学生，系前数年村中有一小学校上学者。

五村人口共为一八三九人，中学生仅二人，仅占千分之一强；小学生共一二人，仅占千分之六·五；中小学生共为一四人，计占总数千分之七·六。大学生无一人，其教育状况由此可知。见第二四表。

第二四表　五村中中小学生人数与全村人口之比较

学生人数及其比例　村别	中学生		小学生		共计	
	人数	占全人口之百分数	人数	占全人口之百分数	人数	占全人口之百分数
邓家营	1	0.1（%）	12	1.23（%）	13	1.34（%）
刘宝窑	1	0.28	0	0.00	1	0.28

学生人数及其比例 / 村别	中学生		小学生		共计	
	人数	占全人口之百分数	人数	占全人口之百分数	人数	占全人口之百分数
先明窑	0	0.00	0	0.00	0	0.00
梁家营	0	0.00	0	0.00	0	0.00
前营子	0	0.00	0	0.00	0	0.00
五村总计	2	0.11	12	0.65	14	0.76

（二）五村中学龄儿童入学者及失学者之比例

就五村中七岁至十五岁的学龄儿童（男女总计）与入学儿童比较之，仅邓家营中有百分之八·一一为入学者，其他四村的学龄儿童，完全失学。五村总计二四八个学龄儿童中，小学生只有一二个，占百分之四·八四，百分之九五·一六全为失学者，见第二五表。

第二五表　五村中学龄儿童入学者及失学者之比例

村别	学龄儿童	小学生数	入学儿童占全学龄儿童之百分比	失学儿童占全学龄儿童之百分比
邓家营	148	12	8.11	91.89
刘宝窑	33	0	0.00	100.00
先明窑	7	0	0.00	100.00
梁家营	26	0	0.00	100.00
前营子	34	0	0.00	100.00
五村总计	248	12	4.83	95.16

第二六表　五村成年能写读人数与全村七岁以上人口数之比较

能写读人数及其比例　　村别	男			女			共计		
	成年能写读人数	全村七岁以上之男子数	所占之百分比	成年能写读人数	全村七岁以上之女子数	所占之百分比	能写读人数	全村七岁以上之人口数	所占之百分比
先明窑	7	34	20.63	0	26	0.00	7	60	1.67
邓家营	36	474	7.59	6	378	1.58	42	852	4.92
刘宝窑	3	164	1.83	0	130	0.00	3	294	1.02
梁家营	1	99	1.00	0	62	0.00	1	161	0.61
前营子	1	120	0.83	0	86	0.00	1	206	0.50
五村总计	48	891	5.39	6	682	0.88	54	1573	3.43

（三）　成人教育状况

就第二六表内数字观之，五村中成年能写读的男子占全村七岁以上之男子百分比最多者，当推先明窑村，计为百分之二〇·六三；最少者为前营子，占千分之八·三；成年能写读的女子，仅邓家营中有六个，占全村七岁以上的女子百分之一·五八；男女共计，先明窑村占百分之一一·六七，为最多；前营子占千分之五为最少，所谓能写读者，最好不过读过几句四书，能记一笔家常账而已；成人教育，不过如此。

第五章　风俗与习惯

（一）　婚丧礼仪

绥远各县乡村的婚礼，大同小异，相差甚微。李藻君在其《鸥鹚村之社会的及经济的调查研究》一文内（见《寒圃》第二期），已将该村的婚礼，言之綦详，兹仅将与该村之婚礼稍有出入者写出，详情请参阅该文。

关于订婚的礼节，在鸸鹢村是："普通由男家购特制之龙凤帖二纸，请人写好；并备银手镯一对，加大蒸馍五十个，每个馍中均包红枣一枚；再购鞭炮若干串，大炮几十响；与议定彩礼如数交与媒人，乘车往女家，交代清楚，即燃放爆竹，借以惊动邻人，知某男女于是日订婚。"在包头县的乡村中，普通于订婚时并无红枣、大蒸馍和燃放爆竹的仪礼。然于"下会亲"时则男家除预备四色礼（红枣、核桃、茶叶、大米各一包，谓之四色礼）外，并预备加大蒸馍五十个，但不包红枣，乃包以豆馅。此礼一般不称"下会亲"，乃称曰"下茶"。

在鸸鹢村中于"下会亲"时，"女家照例要向男家提出条件，要花丝葛、直贡呢之类的衣服几件，但绝无要裙子者，因村人无穿裙子的习惯"。在此五村中之情形，因离城较近，与城内的礼节差不多，所以也有要裙子的。

关于结婚时的礼仪，鸸鹢村是当男家在女家迎娶之时，"……女家一面设席，一面与女郎开脸妆束，席散即由伴郎导新郎至天地前跪拜；此时女郎即由押轿者背负上轿，新郎亦由伴郎背负匆匆上轿，两方均争先恐后，名为抢富贵"。包头乡村中结婚的仪礼，女方则无"押轿者"，上轿时多由女郎之兄或其舅父抱入轿中；新郎则亲自入轿，并不用伴郎背负。且于上轿时，亦无抢富贵的习惯。

孀妇再嫁与鸸鹢村同。

丧礼亦与鸸鹢村同，请参阅该文。

（二）庙会

刘宝窑村之龙王庙，在该村稍向东北之处，村公所及从前之小学校，即在该处（该村村长当时住于城中，办公事时，去村中一行）。庙前为戏台一座，于每年旧历六月十七、十八、十九演戏三日，由城内之戏班扮演。以其为全村主要的每年定期演戏，故名为"会戏"，此为包头全县最热闹的会戏。因该村距城不远，环山绕水，风景优美，且当六月之时，一路青山绿水，树木畅茂，花卉蔬菜，亦正鲜妍明媚，故非仅为该村人民之唯一的娱乐时期，亦包头市民及附近各村民娱乐的良辰。在太平安乐之时，包头城内的四五百辆轿车（轿车为包头城内人民乘坐之最主要的交通工具，近年始有洋车数十辆），完全赴该村"赶会"，附近各村中之牛车、马车，亦不在少数，人山人海，极盛一时，其热闹可知。然至今因灾祸连年，村民无力亦无心过会，故数年皆未演戏。

先明窑距刘宝窑甚近，故亦以刘宝窑之庙会为该村村民娱乐之时期；梁家营人家甚少，故不举行庙会；前营子与邓家营在龙王庙之前，亦有戏台一座，昔者每年亦皆演戏一次，近则皆不举行矣。

（三）缠足与卫生

甲、妇女缠足者之比例数

五村中之成年的妇女，完全缠足。自民国十三四年西北军在绥远主政时，曾严厉禁止女孩缠足，并强迫妇女放足；其功效在城市中有相当显著，然在乡村中则甚鲜；至今各县虽皆有天足会之设，然皆形同虚设，本人只在萨县农村调查时，见该县第一区尚不时派员下乡稽查，确有相当成效。先明窑村的女孩子约有百分之二十为缠足者，大部分已不再缠裹。其他各村的女孩子仍多照旧缠裹。

乙、医生

调查的五村内，没有一个医生，只在先明窑村中有神官（男巫）一人，自谓身随大仙，村人颇为相信。其他各村的村民，遇有疾病时，一般只就有经验的老年人指示偏方，进城买点草药（中药）服用，有钱者亦可至城中延医诊治。一般贫民有病，只凭自己的性命抵抗。

丙、产婆

五村中只邓家营有产婆二人，毫无训练，只凭一点经验和一般人认为是不怕肮脏的勇气，为人收生，其他没有产婆的四村，一般妇女分娩时，只有亲戚或邻居中之稍有经验〈者〉照护而已。

（四）吸食鸦片人数

绥省为我国有名的黑区，包头为西路黑货（甘、宁一带）会集的地方，所以包头县城以及附近乡村的百姓吸食鸦片者极多。在所调查的五村中，无一村无吸食鸦片烟者（指有瘾者言）。而女子之吸食成瘾者，决不减于男子，甚或过之。其比例之多，实堪注目。谨叙之如下。

五村中吸鸦片人数最多者，首推邓家营。全村三九五个成年男子中即有六六人吸食者，占百分之一六·七；全村成年女子三〇九人中，有四九人，计百分之一五·九；总计七〇四个成年男女中，吸烟者有一一五人，占百分之一六·三〇。

先明窑村男子虽无吸烟者，但女子的比例则甚大，计二二人中有三人，占百分之一三·六〇。

前营子吸烟者的比例最少，计男占百分之三·〇；女子无吸烟者，合计全村有成年人的百分之一·八人为吸鸦片烟者。

五村总计，七四四个成年男子中有八〇个吸烟者，占百分之一〇·七；五八一个成年女子中有六一个，占百分之一〇·五；男女合计一，三二五人中有一四一人，占百分之一〇·六。各村分配的详情见第二七表。

第二七表　五村中吸食鸦片人数与全村人口之比

吸鸦片人数及比例　村别	男子			女子			男女共计		
	全村成年人数	吸食鸦片人数	吸鸦片者占全村成年男子之百分数	全村成年人数	吸鸦片人数	吸鸦片者占全村成年女子之百分数	全村成年人数	吸鸦片者总数	吸鸦〈片〉者占全村成年人口之百分数
邓家营	395	66	16.7	309	49	15.9	704	115	16.3
先明窑	31	0	0.0	22	3	13.6	53	3	5.7
刘宝窑	143	8	5.6	118	6	5.1	261	14	5.4
梁家营	78	3	3.9	57	3	5.3	135	6	4.4
前营子	97	3	3.0	75	0	0.0	172	3	1.8
五村总计	744	80	10.7	581	61	10.5	1325	141	10.6

　　前营子村吸鸦片烟者最少的缘故，大概是因为该村地瘠民贫，又不能种鸦片，一般的农民，都很勤劳地在他自己的旱田内工作，有此种亡国灭种的坏习惯者，比较的少。

　　女子之吸食鸦片者，多半是因为稍有小疾，即以鸦片烟助其一时的兴奋；或因其丈夫吸烟，终日居处一起，为恶环境所化者，然以其知识简单，意志薄弱，男子成瘾后，尚或为生计所迫，或一时觉误〔悟〕其毒害而决心退去者；而女子则终不知其于国家与民族之祸害究竟若何，且以其本来即为依赖男子而生存，一旦上瘾，绝鲜退去者，万一为生计所迫时，则为妓为娼，亦在所不耻。

　　上表中所列之数字，乃据村民自己之答复及当时以相当之事实而证明其为吸食鸦片者；至于其隐瞒不告者，必不在少数，而表中则未能列，想来真正之吸鸦片者占全村人口之比例数，决不限于此。

第六章　农业状况

（一）耕地价格

甲、旱田价格

旱田的价格，以梁家营与邓家营为最贵。梁家营最高的价格为每亩现洋二四元，普通为一六元，最低为五元，平均为一五元。邓家营则最高为每亩二〇元，最低为六元。因此二村之地势平坦，土壤亦较他三村为优，且距大车站甚近，故其价最大。

价格最低者为刘宝窑，最高不过一元，最低为五角；因该村除可灌溉之水田外，旱田瘠薄，几无人耕种，故价最廉。

五村平均最高者为一一·六元，最低者为三·五元，普通为八·四元；高低总平均每亩地值现大洋七元九角。见第二八表。

第二八表　五村旱田价格比较表

每亩价值 村别	最高	普通	最低	平均
梁家营	24.0（元）	16.0	5.0	15.0
邓家营	20.0	15.0	6.0	14.0
前营子	7.0	6.0	3.0	5.3
先明窑	6.0	4.0	3.0	4.3
刘宝窑	1.0	0.8	0.5	0.8
五村平均	11.6	8.4	3.5	7.9

乙、水田价格

水田价格之高低，主视其灌溉水量之充足与否而定，如刘宝窑村有小河一条，河水长流，种田者每隔四五日即可浇水一次，故其水田中尽种各种蔬菜作物，年可收获数次，其价甚昂；当时最高者可达现洋八十元，普通五〇元，最低者亦三〇元，然当时尚因系灾荒之年，人民无有购买田产者；在普通年月时，每亩水田有高至现洋二百余元者。

梁家营与先明窑二村无水田，故其价格亦未调查。以刘宝窑、邓家营、前营子三村平均，每亩最高价格为五一·六元，最低为二六·六元，普通为三六·六元，见第二九表。

第二九表　　五村水田价格比较表

每亩价值 村别	最高	普通	最低
刘宝窑	80（元）	50	30
邓家营	45	35	25
前营子	30	25	25
梁家营	——	——	——
先明窑	——	——	——
三村平均	51.6	36.6	26.6

（二）役畜的价格

甲、五村役畜价格的比较

在普通的马、牛、骡、驴四种役畜中，以骡的价格为最高，其次为牛；梁家营与先明窑二村无买卖役畜者，故亦未调查其价格。

马的价格，普通每匹为平市票百元上下（当时现洋一元，可换平市票二元五至二元八角），最多百八十元，最少者五〇元。

据邓家营的调查，牛之最高价每头为二百元，最低为七〇元。

骡之价格，刘宝窑村每头最高者为三百元，邓家营最低者为一五〇元，前营子村无骡之交易。

驴之最高者可值票洋六〇元，在邓家营村；最低者十元，如刘宝窑村，均见第三〇表。

第三〇表　　五村役畜价格比较（表中数目系指平市票）

畜类 价格 村别	马			牛			骡			驴		
	最高	普通	最低	最高	普通	最低	最高	普通	最低	最高	普通	最低
前营子	180	100	80	100	100	85	—	—	—	40	25	18
邓家营	180	60	50	200	150	70	200	150	100	60	30	20
刘宝窑	—	100	80	140	120	100	300	200	150	50	40	10
梁家营												
先明窑												
三村平均	180	87	70	167	123	85	250	175	125	50	32	16

乙、包头市内几种农畜的价格

各村的村民，虽然也有多少知道各种农畜价格，但此五村中的牲畜的交易，大部分都在包头城内办理，包头的"牛桥"，乃各种牲畜交易的大市场。所以当时又把包头市内牲畜市场上的价格，加以调查。其数字倒比各村中的报告还可靠，今列于第三一〔表〕。以平市票元为单位（平市票一元约合现洋四角）。

第三一表　　包头市内几种农畜价格（单位平〈市〉票元）

价格 畜类	最高	普通	最低
马	160（元）	100	40
车〔牛〕	120	80	40
骡	150	120	50
驴	100	70	30

（三）农具的价格

调查时向农民询问各种农具的价格，非常困难，好在各村中所用之农具，全系购自包头市内，价格无大差异；故当时乃至包内之铸匠炉（铸犁与铧者）、铁匠铺、木匠铺及杂货店，将各种农具的价格，详为调查；故下数表中所列的价格，皆系包头市上者。价格单位全为平市票元。

甲、普通整地用农具之价格

按用途的不同，将农具分为整地用、播种用、锄地用与收获及其他用四类。整地用具表内所列的"地辊子"，为长约六七尺、直径约一尺之石质圆柱，为播种前压碎干硬土块之用，见第三二表。表中之附斤字者，系指票洋每元所买之斤数（熟铁器具论斤）。

第三二表　包头市内普通整地用农具之价格

价格　　种类		最高	普通	最低
犁	犁辕	8.0（元）	6.0	3.0
	犁木	3.0	2.0	1.5
	犁尔	0.5	0.45	0.4
	犁铧	0.17	0.16	0.14
耙齿		2.4（斤）	3.5（斤）	4.0（斤）
耙床		1.5（元）	1.4	1.4
地辊子		10.0	8.0	7.0

乙、播种用农具每件价格

播种用农具中有耧、砘砘子与耱三种。耧为下种之用，有三铧者，即可种三行。砘砘子为绥远土名，由两个石轮定于一木轴上所成，为播后压覆种子之用具。耱为长约六七尺有木齿之具，于播种后刮平土地具覆盖种子之用。其价格见第三三表。

第三三表　播种用农具每件价格

价格　　种类	最高	普通	最低
耧（三铧）	3.1（元）	2.8	2.0
砘砘	0.8	0.5	0.4
耱	——	1.0	——

丙、锄地用农具之价格

除算〔草〕之用具，分为大锄、耗锄二种。大锄即普通大田中锄地所用者，又分为锄钩及锄片，可以零买。耗锄主为蔬菜园中之用，谷子与大麻幼苗之间苗时，亦用耗锄。耗锄之钩与片固定于一起，不零售。其价格见第三四表。

第三四表　除草用具每件价格表（平市票）

价格 种类		最高	普通	最低
大锄	锄钩	1.0（元）	0.8	0.5
	锄片	0.8	0.5	0.5
耗锄	〈共〉	〔共〕0.4	0.3	0.3

丁、收获及其他农具之价格

收获及其他农具的价格，皆列于第三五表中，其中碌碡〔轴〕为收割后碾谷粒用之石轴。其他各件之名称，皆甚普通，无须解释。

第三五表　收获其他农具每件价格

价格 种类	最高	普通	最低
镰刀	0.4（元）	0.39	0.30
碌碡〔轴〕	——	10.0	——
杈扒	0.33	0.30	0.28
连枷	0.17	0.15	0.15
木杆	0.35	0.35	0.30
扇车	37.6	32.5	29.3
竹筛	——	1.5	——
提篓	——	1.5	——
大车	——	130	——
小车	——	90	——
铁锹		2.0	
镂子		1.75	
铡草刀		4.0	

（四）　农工的工资

农工依工作时间之长短，可分为全年长工、月工及日工三种。普通有数顷旱地或数十亩水地的人家，始能用起长工。长工工资之最高者，为先明窑，最高全年达八〇元（指平市纸票），普通为六〇元，最低亦须五〇元。刘宝窑村长工的工资最少，多者不过四〇元，少者只二〇元。

普通种地稍多的农家，以雇用月工者为多。月工工资最高者为梁家营村，为九·二元；最低者月需四元。平均月工工资在六元上下。

短工每日之工资的多者为四·二角，最少者一角，普通皆在二角以上。

五村平均长工全年之最高工资为六五·八元平市票，最低为三七·八元，普通平均为五〇·六元。月工工资平均最高为七·九元，最低为四·四元，普通为五·八元。日工工资平均最高为五角六分，普通为二角三分，最低为一角五分。详见第三六表。

第三六表　五村农工工资比较表

村别	长工全年工资			月工每月工资			短工每日工资		
	最高	普通	最低	最高	普通	最低	最高	普通	最低
先明窑	80	60	50	8.0	6.0	5.0	4.0	0.30	0.20
梁家营	70	57	45	9.2	6.2	4.5	0.42	0.24	0.10
邓家营	76	56	36	8.0	6.0	4.3	0.33	0.20	0.10
前营子	63	50	38	6.5	5.0	4.0	0.33	0.20	0.13
刘宝窑	40	30	20	8.0	6.0	4.0	0.30	0.20	0.10
五村平均	65.8	50.6	37.8	7.9	5.8	4.4	0.56	0.23	0.15

（五）　借贷的利率

本会调查过五县二十四个农村的借贷情形，李藻君已有详细的报告（见《绥远农业学会会刊》第一期《绥远乡村金融及当铺对于农民营业状况调查报告》一文内）。就所调查之二十四个农村中，以包头县邓家营村的年利率与月利率为最高；邓家营村年利之最高者有达七分者（百分之七），即一年以十二个月计算，每月之利息为百分之七，普通为五分（即百分之五），最低为三分。月利与年利相差无几，一般尚较高；至若一般乘机剥削之高利贷者，其利率更可惊人，邓家营村有至百分之三十的利率者，称之曰大三分，即借钱一元，每月利息即为三角，不过此类贷款尚不甚多。

就五村平均计算，最高之年利率约为五分，普通的为三分半，最少亦须三分。月利与年利相近。最大之特利率，平均为百分之十六，普通为百分之十二，最少为百分之十。详见第三七表。

第三七表　五村借贷利率比较

村别	利率（％）								
	年利			月利			特利		
	最高	普通	最低	最高	普通	最低	最高	普通	最低
邓家营	7	5	3	7	6	4	30	20	10
梁家营	5	4	3	5	4	3	20	10	10
先明窑	5	3	3	5	3	3	10	10	10
前营子	5	3	3	5	4	3	10	10	10
刘宝窑	4	3	3	4	3	3	10	10	10
平均	5.2	3.6	3	5.2	4	3.2	16	12	10

（六）农畜耕作的效率

甲、每头牛每日耕地之亩数

绥省各处土地之耕作，全借牛马等之畜力，尤以牛为主。耕地时常以二牛为一组共同工作（牵一具犁），谓为一犋。每日工作的时间，最多不过六小时，大约是早上五点钟出发耕作，至十一点钟即休息，下午即不再工作。据五村中询问数十人的结果，皆无大出入；每犋牛（二头）每日平均最多可耕四亩四分（每亩为二百四十方步）；普通只能耕三·七亩；最少耕三亩；总平均每日每犋牛耕地三亩七分。见三八表。

第三八表　各村每犋牛每日耕地亩数比较表

耕作情形 村别	每日 工作时间	每日耕地亩数			
		最多	普通	最少	平均
先明窑	5（时）	4.5（亩）	4.0	3.0	3.8
刘宝窑	6	4.4	4.0	3.0	3.8
邓家营	6	4.7	3.3	3.0	3.7
梁家营	5	4.4	3.6	3.0	3.7
前营子	5	4.0	3.7	3.0	3.6
五村平均	5.4	4.4	3.7	3.0	3.7

乙、每犋马每日耕地亩数

马的工作时间较长，普通每日可工作八九小时，最多者可耕作十一小时，大约是上午工作一多半，下午一少半。每日最多可耕地七亩半，普通由五亩至七亩，最少可耕三亩七分（此数系由许多人之答案平均而得者）。

五村平均每日工作八·八时，最多可耕地六·九亩，普通六·二亩，最少四·五亩，总平均每犋马每日可耕地六亩稍弱，均见第三九表。

第三九表　各村每犋马（二匹）每日耕地亩数比较表

耕作情形 村别	每日 工作时间	每日耕地亩数			
		最多	普通	最少	平均
先明窑	8	7.0	7	5	6.3
刘宝窑	9	7.5	7	4	6.2
邓家营	11	7.3	6	5	6.1
梁家营	8	7.0	6	5	6.0
前营子	8	5.7	5	3.7	4.8
五村平均	8.8	6.9	6.2	4.5	5.9

（七）各种作物之播种时期

农民栽种各种作物，其播种、收获的时期，完全按二十四节令而行。播种期迟早之差，一般不过在一周内外。如遇特别情形，亦有相差甚远者，播种之迟早，乃主依雨雪之有无及天气之寒暖而定。如冬季有大雪时，翌年即可下种较早。但绥省各村皆无测候之工作，不能将大概的霜期测定，故下种后而幼苗为晚霜杀害之者，乃层出不穷。兹将各种作物在各村中之播种时期（皆据数位有经验的农夫之答复统计得者），列于第四〇表。

第四〇表　五村普通农作物播种时期表

作物种类 ＼ 播种期 ＼ 村别	邓家营	先明窑	前营子	梁家营	刘宝窑
大麦	清明	清明	清明	——	——
小麦	清明	——	——	——	——
莜麦	谷雨—小满	——	——	——	——
高粱	立夏	立夏	立夏	谷雨	立夏
谷子	立夏	立夏	立夏	谷雨	立夏
黍子	芒种	夏至	芒种	芒种	芒种
穈子	芒种	夏至	芒种	芒种	芒种
麻子	清明	清明前	——	清明	
大豆	立夏	小满	立夏—小满	小满	小满
荞麦	头伏	头伏	头伏	头伏	头伏
玉蜀黍	立夏	——	——	谷雨	谷雨—立夏
马铃薯	清明—立夏	立夏前	清明—立夏	清明	清明—立夏

（八）各种作种〔物〕之收获时期

大麦与小麦皆系清明时播种，至小暑前后即收获，至晚不过立秋节，如此二种作物在春季播种、夏季收获者，称为"夏田"。其他各种作物，大部分皆在白露节时收获，至晚不过寒露节，此则名为"秋田"。

玉蜀黍在绥远不为主要之食粮，一般皆带皮整个煮熟后供人之零食而已，故亦无大宗栽种者，普通皆在田畔零星栽种之。各种作物之收获期皆列于第四一表中。

第四一表　五村普通农作物收获期比较表（以节令计算）

村别 作物种类 收获期	邓家营	前营子	梁家营	先明窑	刘宝窑
小麦	小暑	小暑—立秋	——	中伏	——
大麦	头伏	小暑—立秋	——	夏至	——
莜麦	白露	——	——		
高粱	白露—寒露	白露	寒露	秋分	秋分
谷子	白露—寒露	白露	寒露	白露	白露
黍子	白露	白露	白露	秋分	白露
糜子	白露	白露	白露	秋分	白露
大豆	白露—秋分	白露	寒露	秋分后	白露
麻子	秋分	白露	寒露	秋分	
荞麦	白露	白露	白露	白露	白露
玉蜀黍	处暑—白露	白露	七月间（阴）	七月间	七月间
马铃薯	白露—秋分	白露	寒露	白露	白露

（九）各种农作物之播种量

各种作物在各村中每亩地之播种量相差不多；一般之作物的播种量，皆以升计（本地为大升，每百升为一石，每石约合北平制一石八斗）；惟马铃薯则以斤计，普通每亩地之播种量为六〇至八〇斤，详见第四二表。

第四二表　五村普通农作物每亩播种量比较表（单位—升）

作物播种种类量＼村别	邓家营	前营子	梁家营	先明窑	刘宝窑
小麦	3.5（升）	2.0	——	2.5	——
大麦	5.6	3.0	——	2.5	——
莜麦	2.8	——	——	——	——
高粱	0.9	0.6	1.0	0.8	——
谷子	0.4	0.4	0.7	0.3	0.4
黍子	1.1	1.0	1.0	1.0	——
糜子	1.1	1.0	1.0	1.0	1.0
麻子	0.7	0.5	0.6	0.5	——
大豆	1.0	1.0	0.8	1.0	1.0
荞麦	2.8	2.0	2.5	2.0	——
玉蜀黍	2.2	——	1.0	1.0	1.0
马铃薯	90（斤）	60	80	60	80

（十）各种农作物之收获量

各种作物的收获量，皆列于第四三表中。表中马铃薯之产量以斤计，其他皆以斗为单位，刘宝窑村因种此等作物者甚少，故无答数。详见第四三表。

第四三表　各村农作物每亩产量表

作物种类＼村别产量	邓家营	先明窑	前营子	梁家营	刘宝窑	各村平均
小麦	3.4（斗）	2.8	——	——	——	3.10
大麦	8.2	3.0	——	——	——	5.60
莜麦	4.5	——	——	——	——	4.50

续表

村别 作物种类　产量	邓家营	先明窑	前营子	梁家营	刘宝窑	各村平均
荞麦	4.1	1.2	1.2	2.0	——	2.12
高粱	6.6	4.0	3.3	3.2	——	4.27
谷子	6.6	4.0	3.1	2.5	——	4.05
黍子	6.6	3.3	1.5	1.8	——	3.30
糜子	6.6	3.3	1.5	2.5	——	3.47
豆子	3.7	1.0	——	1.8	——	2.17
大麻	5.0	3.0		1.9	——	3.30
马铃薯	1300（斤）	200	570	40	——	618

据上列各村中马铃薯的产量甚低，邓家营最高亦不过一三〇〇斤，先明窑仅二百斤，这是因为当时数年灾旱甚烈，且土质恐亦不良。据当年在萨县调查的结果，每亩地可产山药六十口袋，约有三千六百斤。

（十一）　各种粮食的价格

各村中粮食的价格，依包头市内的行情为标准。故于调查时，并由包市各大粮店，将粮价调查一遍，据五六家粮店的结果，都相差极微。兹列于第四四表中。

第四四表　各种粮食价格表

种类	价格	种类	价格
山麦子（小麦）	28（元）	糜子	17.0（元）
套麦子（小麦）	15	谷子（粟）	12.0
草麦（大麦）	10	黍子	16.7
莜麦（燕麦）	23.4	菱子（高粱）	12.0
荞麦	12.12	糜米	26.5

种类	价格	种类	价格
豌豆	12.12	谷米	23.5
扁豆	17.8	黄米	26.5
黄豆	20.0	白米（大米）	60.0
黑豆	18.0	葫麻	23.3
绿豆	35.6	菜籽（芥籽）	12.3

上表中所列山麦子系指固阳县后山一带所产之小麦，套麦子系指河套一带出产者，山麦子品质较优，每斗之面粉收量较多，故其价格一般较高。价值皆指当时之平市票（每元合现洋四角）。

关于各种粮食的价格，本人每年于暑期归里后，即调查几次。民国二十一年及二十二年各种粮食价值极低，今将二十一年九月二十四日由广顺永店，及二十二年六月九日由义德成店调查之结果，列表于下以作参考。其价格皆以现洋计。

第四五表　民国廿一、二年包头市粮食价格表

种类	价格	
	廿一年	廿二年
山麦	8.0（元）	8.12（元）
套麦	6.56	7.12
莜麦	4.0	3.5
荞麦	2.8	2.34
果麦	3.5	2.34
豌豆	3.12	3.4
扁豆	3.5	3.1
黄豆	——	2.89
黑豆	3.8	2.89
大豆	3.89	2.3
糜子（带皮）	2.45	2.4

续表

种类	价格	
	廿一年	廿二年
谷子（带皮）	2.34	——
黍子（带皮）	2.5	——
菱子	2.78	3.45
糜米	4.89	4.7
谷米	4.0	3.4
黄米	4.56	——
白米	25.60	17.8
葫麻籽	7.5	7.4
麻籽	4.12	——
黄芥子	5.23	4.78
烧酒	8.0（分）	8.0（分）

表中价格，皆指每石之元数，烧酒系指每斤大洋八分。

《寒圃》（半月刊）

国立北平大学农学院绥远农业学会

1934 年 11、12 期

（李红权　计麟　整理）

百灵庙社会的及经济的概况

齐　明　撰

一　前言

民国念一年七月，北平大学农学院甫放暑假，教授与学生等六人组织考察团，前赴绥远考察西北农业，加入者计：陈宰均教授、汪厥明教授、化学系学生李世俊、农艺系学生李藻、樊宝勤、经济系学生齐明。当于七月十六日，乘平绥火车首途赴绥。初拟西赴五原、临河一带，观察河套水利与绥西屯垦情形。方至省垣，虎疫突起于绥西包头、萨县等处，日死数百人，风声所传，人心咸惧，而王英匪众适被剿溃，乘间窜入河西（黄河，在包头西八里），沿途掠劫，农村大遭扰害，毁家破产，颠沛流离，交通断绝，行人裹足。于是西行计划，中途转变，遂取道山阴（大青山即阴山），前入蒙古境地，考察草地状况，途出武川县遇雨，往返五日，乘绥远省府军用汽车。适班禅宣化使住百灵庙，即下榻该庙，备蒙招待，承赠藏香、红花等物，又得当地商人秦科君引导翻译，得向汉商、蒙民详细调查，获有不少实况。原拟由陈儒平（宰均）教授撰稿报告，乃以采集之牧草、禾苗、种子、药材、矿物、土壤以及皮毛等标本未即分析化验完竣，而陈师儒平教授突染重病，本年暑间竟尔长逝。渠所见到绥远农牧情形，与其个人对于绥省牧畜业所持见解，以及本考察团所获资料，迄未献世。当兹外患频仍、边土残裂、蒙疆多事之秋，中央与地方政府苦无应付之策，国人方洗耳倾心，惴惴于边地问题之探讨，而难于实际状况之获得，以明了特殊社会之结构与其演进之意识。而报章所载，或偏于局部之观察，或失之浮浅迂远，无所知其梗概。爰就当日考察底稿，按个人意见，参以与陈先生讨论的日记，作一部分之整理，虽不免有明日黄花之讥，要在学术上观之，或可借发热心边疆问题者之探讨。此亦区区之意，用以为追悼亡师陈先生之纪念者也。

二　地理概况

（甲）位置

百灵庙位于乌兰察布盟之中部，属达尔汗旗，亦称喀尔喀〔什〕右翼旗，当归绥、武川二县之西北，固阳县之东北，距武川县约二百八十里，距省垣三百七十里（惟据省府调查及《西北丛编》所载，距省垣皆为三百里。此盖因蒙古里数原未经专员测量，仅据蒙人骑马行路时间、速度以臆断耳。历来沿用，极不准确，姑仍其数耳）。

（乙）沿革

百灵庙为有清康熙年间所建。时噶尔丹蒙古作乱，帝驾亲征，凯旋归，驻跸于该地。当地王公设宴迎驾于女儿山，弦乐笙歌，并备美女十二，因以名山。圣祖观其形势险要，人强马壮，水草丰茂，崇山环抱，扼交通要塞，因筑庙焉，赐名鸿釐寺。乃所以利用蒙古人崇奉宗教之心理，恣其欲而固其迷，优待喇嘛以限制其人口之繁育，使不能患边，以牢国防。土人不知，误涉神怪，以谓帝察其山形为九龙盘据。女儿山者，群龙之首也，俯伏于东山麓，大白石即是。下绕清流，流凡二源，屈曲宛延，由西南环庙，而西北行，出百里许，涸于沙，流距女儿山不及百步，近山麓则龙得水，主出皇帝。清祚转移，因面山（女儿山）而筑庙于北冈，托神威以镇压之。又西山上常现城市、村落，奇乡异境，乃埋驴肾（牡生殖器）等物，以破其灵。至今流传人口，当地居民无或疑者，实则人知不开，迷信神话而已。其西北二十里之所，有康熙营，即当年圣祖所驻跸者也。

（丙）形势

百灵庙为一纵横五六里之盆地，四周环山，形若仰大盂。女儿山耸起中央，凡九口，扼内蒙交通枢纽。东部、南部四口皆为通内地之通衢；东南口直达武川县而至省垣，现在绥白、绥新汽车所经之路也；西南通土城子而至固阳、包头等县；西部二口为通新疆、西宁之大路；西北口直通库伦；北口通达尔汉旗各部；东北口达四子王旗及察哈尔省，形势险要，诚军事之重地也。

（丁）风景及建筑

百灵庙之建筑，宏伟壮丽，庄严灿烂，似故都皇宫。殿宇雄峙，瓦砾耀煌，朱门垩壁，别具精彩，檐牙雕刻，极尽其工，嵯峨重叠，不减西宁之塔尔寺（即宗喀巴之诞生地），而与青海循化县之隆务寺、甘肃之拉卜楞寺诸佛地相并驰，巍若仙宫。庙旁小院栉比，错列成巷，屈折整齐，皆朱门白壁，喇嘛之禅斋也。院内各有蒙古包一二顶，形若窨，顶围覆裹毛毡，结构精密，冬季喇嘛入内避寒。正面门启，装置若旧式风门，疏棂几眼，糊配红纸。包顶启孔，暖日卷毡而透光。包内悬挂禅像，地上满铺毡毯，鼎壶陈列甚夥，古玩书画（禅像）充斥。院内有正房一排，三间或五间不等，多为套房。中辟一门，入室三面皆炕，顺壁成凵字形。正面壁悬挂禅佛像与古画，经箱排列，雕刻、塑像极多，又有金佛像，颇工精致。经箱堆集，入其中，幽寂雅静，俨然神地，非复人间矣。禅堂外连厨室，小喇嘛住于其内。又有贮藏室一二间，中置杂物，院内无侧〔厕〕所，扫除颇洁清。登女儿山，远望全庙，又若外国之大都市，街巷整齐，建筑严肃，洞胡地之盛况也。百灵庙附近各庙之建筑，皆与百灵庙大同而小异，各取地势，别具精彩。

百灵庙横坐漠南，环山带水，上负苍穹，下接茫野。万里孤邻，烟树稀薄，马嘶古道，牛叫荒潭，鸡啼以迎朝日，犬吠而送远云。羊群所过，啼声传于旷野，十里可闻。驼队前来，钝零〔铃〕远响隆隆，晨夜以辨。牧童高歌胡曲，车夫漫唱汉宫，凄凉幽寂，悲惨悄怆。益以漠风豪爽，胡气凛冽，一日之中，风景数易，视听之下，情思倍感，入其地者，顿觉有万里销魂之慨。而其碧云一空，白露万顷，霞光返照，丘陵起伏，又具有无限之江山也。至若晴日阴天，气清风静，山顶半空，尤现奇观，楼阁城市，忽隐忽显，俯仰间，千变万化，风景怪幻，胡疆中又时现海市蜃楼也。若夫夕阳西坠，新月方升，佛灯乍照，喇嘛坐殿而诵经，胡笛、锣鼓并奏，人歌、乐声共谐，铿锵沉毅，声干云霄，光照四野，并使人心情恬澹，肃然返真，胜似西洋教堂也。此其大概也。若夫四季迥异，心怀别殊，景况感人，千万人而各异其趣，而皆能发人之幽思壮怀，又岂海滨、江畔、高山、深谷……之所能比拟者哉！

（戊）物产

该庙附近土地多未开垦，惟达尔汉旗之南部，即武川县西北一带，颇饶农产。但因降霜早，小麦、高粱、谷子……诸长日作物，每难成熟。最主要者为小麦、荞麦、莞豆、菜子、麻子、山药（马铃薯）为大宗。家畜有牛、羊、驼、马，而以羊为大宗。猪绝少，汉人饲养之。蒙古种羊，肉丰满而腿大，大者每只重达八十磅，味佳适口，其皮则绒毛兼备，尤富于绒，细度不减于美利奴之毛。羊病之最普遍者为口蹄炎，而传染性胸膜炎，死亡尤剧。牛种亦甚良，乳用、役用、肉用，均无不可，普通役用种以"三宽"、"四窄"、"五短"、"一长"为鉴定良牛之标准。所谓三宽者，"胸"、"两角"距离，及臀之广袤也；四窄者，"四个蹄缝"之间也；五短者，"四肢"与"头"之长度是也；一长则指全身（头至尾）之长度，亦颇合乎生理。马则骑用、役用兼长，而以八大（眼、鼻孔、四蹄）、二小（两耳）者为良种。此种方法为识别牛马之标准，亦即蒙古种牛马之特征也。野兽有狐、狼、麇鹿、黄羊等，而以黄羊为最多，结队群行，数十至数百。矿物有煤、铁、盐等。庙东南及王府附近，常现煤苗，但未开采。庙西北七十里之地曰"白延脑包"，产铁矿甚富，经李树茂君之分析，其矿石含铁百分之六十七，系磁铁矿，质甚良，将来开采，大有希望。盐淖有二：一名"毛达不素"，在王府西南百八九十里；一名"三不素"，在王府西北一百八九十里。二淖均系旱淖，以雨量之多寡而增减其产额，产量丰富时，足供本旗食用。面积各约三五六里，后者所产质较佳。树木则有榆、杨、柳等，榆树最多。"海勒苏山"距庙东北约四十里，全山长四里许，上多榆树，间断连绵，大者盈尺。西去庙约四十里许，有金木寺哈达山，有榆树一谷，谷长十里，中宽约六里。其他植物有经济价值者，如防风、黄蓍、甘草等药用植物。牧草有兔儿毛蒿，属蒿科，产最饶，随处皆是，高三四寸，禾本科以织箕为多，豆科亦间有，但甚少耳。据绥省府估计，淖尔梁原，牧草可养战马十万，惟未经测量，姑志之以为参考耳！

（己）交通

该地为绥新交通北路之孔道，绥库通衢之枢纽，察绥汽车往来之要镇。该地现有汽车通行绥远省垣，朝发夕至，颇称方便，而经商往来之大宗货物，仍多用骆驼与牛车运输，往返需时不七日，进行至武川县境北，即入蒙古地界，荒野稀村，人迹渺渺，道途平坦，饮食则须自带。兹将汽车、骆驼及牛车等交通器具方法分述于下。

（子）汽车

当时有汽车行三家，共车八辆。

克利汽车行，有汽车四辆，为津商所经营。

利民汽车行，有汽车三辆，系七十师军用车兼营商业。

吉农汽车行，车仅一辆，系王府自用，兼营商业。

至于运货，由庙赴省垣，乘客每人十元，随带行李二十斤。货物不等，每斤脚价约一角至二角，全年收入约三万元。营业汽车所纳费用，每年向建设厅纳费五百元，王府三百元，津贴保安队数百元，而建设厅每年由绥白汽车收入计一千七百元，各汽车全年可收入运费三万余元。据汽车夫谈，运货以鸦片为最有利，每车可装货四万两，每两收运费大洋一分，每次可余二百数十元。乘客须满十人，始可开行一次，不足十人则亏本，故车行时间无定期，须俟座满。

（丑）骆驼

由甘肃每年运往绥远货物，据云约有三四百驼，而经过百灵庙者，则有二三百驼。武川县北二十余里即为永盛公，该号养驼三百数十头，专营绥新间货物之运输，每年往返一次。驼队之组织，每约百驼，分为一队，俗称"一顶房子"，由领房子的人管理，所有随行人员悉从其指挥。其中伙夫专司饮食，驼夫装置物及管理牲畜。出［出门］发时，概数家相伴，多者驼达二三千头——二三十四顶房子，皆相连络照应。中途遇有危险，或其他变化需改道时，由各家领房子的开会相商，另决新途，一齐遵行。每日驼行时间，自下午三四时动身，直至翌晨始息，遇水草丰茂之地，则休息三数日，乃行起程。绥远至古城，每驼可载货二百八十斤，脚价银六十两，乘客每人票价八十至九十两，沿途供给伙〈食〉。登程时期二三月，或八九月，行期八九十天，沿途地名路程如下。

由绥远省垣出发九十里至［至］武川县城，六十里至锡拉毛利召，百五十里至白灵庙，五十五里至混混布拉克，七十五里至苏机，五十二里至甲尔汉龙头，六十八里至噶燥，七十三里至半固尔班乌苏，四十八里至锡拉哈达，四十九里至老瓮脑包，五十六里至白颜和硕，九十里至太布拉，五十二里至纳林布敦，三十里至伊克布拉，八十三里至章毛可保尔。

由章毛可〈保〉尔，六十五里至松多尔，七十里至札拉孟，五十里至底伯尔湖，百二十三里至锡伯林尔孟，九十里至哈沙兔，百二十里至麻迷库伦尔，百四十里至哈达图，四十八里至丁该胡同，七十五里至闪单，六十五里至甲尔汉龙头。

由甲尔汉龙头，六十里至雪海，百二十里至葛札乌苏，三十里至小脑包，八十里至哈拉牛顿，七十五里至苏机，八十五里至噶燥，九十里至巴颜康保尔，百里至黑沙兔，八十五里至索红图。

由索红图，百里至大驼类，四十里至小驼类，五十里至甲尔罕木多，百二十里至夹拉孟，百二十里至贝那，二十里至甲会，九十五里至老龙脑包，四十里至锡□拉胡尔素，七十里至哈拉迭令，七十里至札木善丹。

　　由札木善丹，九十一里至巴颜脑包，六十五里至脑包尔金，百十里至老爷庙，百十里至本炭窑子乾站，六十三里至湖尾，二十里至三塘湖，百七十里至大有庄，四十里至镇西县巴里坤，五十里至五户，九十里至下白墩子。

　　由下白墩子，七十里至砖井，六十里至锅底山，八十里至红柳峡，九十里至红沙泉，百里至黑山头，九十里至芨芨湖，五十里至红柳井，七十里至东城渠，四十八里至三马厂，五十里至古城奇台县。

绥远省垣至新疆迪化路程里数表（后山路）

迪化	古城	下白墩子	札木善丹	甲会	索红图	甲尔罕〔汗〕龙头	乾哈拉托罗盖	百灵庙	归绥
518	古城								
1226	708	下白墩子							
2025	1517	809	札木善丹						
2310	1792	1084	275	甲会					
2760	2242	1534	725	450	索红图				
3486	2968	2260	1451	1176	726	甲尔罕〔汗〕龙头			
4310	3792	3084	2275	2000	1550	824	乾哈拉托罗盖		
5063	4545	3837	3028	2753	2303	1577	753	百灵庙	
5363	4845	4137	3328	3053	2603	1877	1053	300	归绥

　　（附注）本编所采路程里数，系根据《西北丛编》实地考查报告。

　　由古城，七十里至孚远县，百二十里至三台，百八十里至阜康县，九十里至古牧地，三十八里至迪化，全长五千三百六十三里。

（寅）牛车及驼轿

　　牛车专运货物，近来甚少，调查未详，姑从略。至于驼轿，则以二驼驾轿，人可卧于内，三面透光，极为舒畅，绥新路费，每人需银五六百两。

三　社会概况

（甲）人口

全旗人口约三万余口（系根据《绥远省府调查报告》）。庙之附近有居民二千余户（据该地商人营业考查），皆营游牧生活，通称黑人。黑人乃未出家之人，以别于喇嘛。

百灵庙有喇嘛一千三百余人，全旗十二庙，共有喇嘛二千六百余人。而汉人在当地营业者，计四五百口，全系男人。

（子）居民生活状况

该地黑人全系游牧为生，逐水草而居，家无定所，住无恒期，全年宿处蒙古包内。包之形状、结构，前已具述。惟黑人所住之包，因经济及移动关系，稍有别于喇嘛住包，状类军帐，周顶圆形，其建筑法，大者先就平地画一直［两］径丈五尺之圆圈，四周插置柱十余根，上以细木棍纵横叉架，使相衔接，再以牛皮及毛毯，层层叠覆，用大绳束之，四周紧闭，包顶启孔，通风透日，南辟一门，以通出入。此与喇嘛所建之包，殆相同者，而富户及汉人始用之，且多系固定而不常移动者。至于普通贫民，经济力薄弱，其所住包，亦极简单，类似军帐者极多。下部可自由启闭，顶上无孔，南面有门，高二三尺，宽仅容身。冬季四周密闭，伏聚包内，空气极不流通，光线黑暗，臭味扑鼻。包内安排陈设：下铺地毯，中置炉火及干粪。左侧为客房，客来至此休息，误入他处者，则为失礼。右侧乃厨房，食品即储于此间，妇女多聚坐于此。包之北部，全系寝卧处，男女杂卧，习以为常，客主同寝，仅置腰带以界隔。此蒙古包之大概也。而耕作蒙户，或建寺院中，永久不移者，其周围又以砖垒壁，苇草覆顶，颇耐风雨，坚固远过于移动之包。

蒙人饮食，极其粗简，膻肉、酪浆而外，炒米（以糜米炒熟，用水冲食）、红茶以充饥渴耳。蔬菜、海味，平生亦难偶食。食品种类简单，养料不全，烹调失味，清洁卫生，更无论矣。生食极为平常，以手代箸，行路时，每人身佩木碗一个，随时饮食。至饮食时间，清晨食炒米、饮茶，饭后出外牧畜，春、秋、冬三季，至晚方归。富户晚餐食面，贫户仍食炒米、饮茶。夏日中午归家，食炒米、饮茶，是为中餐。乳食在五、六、七、八四个月水草丰茂、牛乳产量甚多之际。食时煮乳和茶，拌盐者多为鲜乳，是为奶子茶。新鲜牛乳和水，使其发酵，味酸，而后食之，是为酸奶子。此外尚有黄油、奶皮子、酪……则系乳之制造品，除自食外，尚可售于内地，为良好食品。肉食时，以全羊为最上，多用以款待贵客。食时将全羊烹熟，割分八块，略用刀叉，普通恒用手持食。

蒙人衣服，亦甚简朴，喜着颜色，红绿者，女子尤多着。长袍无裙，中系腰带，以黄绿色最多。男子宽袍而狭袖，腰旁插烟袋。男女足皆穿靴，以便骑马。靴长腰，牛皮质，北平输入最多，蒙人称曰"京靴"。冬季所着为毡里。裤无裆，俗称套裤，大小便甚方便也。

（丑）家庭经济

蒙民经济情形，贫富悬殊。牲畜乃其唯一产业，牛马各有一群，多者数群。据当地商人称，每户最低有羊二百只，牛六七十头，马三十余匹。其富户，羊至二千只，牛马各数百。生齿甚繁，惟以饲养纯用旧法，疾病甚夥，以羊为最，尤以口蹄炎死亡甚剧，本年春季，山羊发生传染性胸膜灾〔炎〕，死亡无救（见《大公报》九月《百灵庙经济概况》）。此外则为乳酪之收入，但以经营不良，制造粗笨，除自用而外，剩余甚少，价格亦低（每元三斤），收入无几也。

（乙）商业

本地营业商人多为本省及山西籍，全系汉人。其商号组织，殆与内地相同，完全属于合伙。财东一家或数家，股本金额不一定。其职员有"掌柜"与"伙计"，掌柜有"带财"（自有股金）及"人力"二种。经理多为大掌柜，由财东选请富有商业经验者，总揽柜务。其他掌柜，亦分任专责，或坐柜，或跑外。股东多兼掌柜，三年结账分红，按全股（人、力、财股所得相同）分配，伙计则每年仅受工资耳。结账时，按平时作业勤惰，而酌予薪金若干，为数虽小，但愿顶生意（即人力股），故颇劳苦乐就。商号大者，掌柜多至十余人，小者三五人不等。兹将当地所有商号种类、数目、交易方式、范围、货币，以及所纳费用分述于次。

（子）种类及家数

该地商号大部在庙东二里之所，仅和盛昌一家距庙三十余里，凡分二种。

（一）商号

凡有正式号名，组织完全者属之。共计凡九，每号最多人数约三十余人，最少者亦有十人左右。居北街者为复元魁、德义公、荣义公三号，在南者则有聚义祥、庆德昌、珍德昌、义昌永、公和堂、复玉泉六家。而以复元魁设立最早，远在建庙之前，距今已二百数十年矣。荣义公及德义公之设立，亦在百年左右。

（二）堂名

数人结伙，立一堂名，三五人或二三人共同经营，或个人营业，总计有二十余家。著名者为永茂堂、积玉堂、忠义堂……等。

（丑）每年营业数目

该地商号每年营业，各家均在五万元以上，私人堂名，大者亦年达万元，最少者亦不下五六百元，总计约在八九十万元。而外蒙商务发达之时，数倍于此数。

（寅）商业范围

商品以米、面、布匹、纸张、烟、茶、油、酒、靴……为大宗，洋货亦颇畅销。市场范围，东西六七百里，南北二百余里。

（卯）交易方式

商人以货售予蒙人，而易其皮毛、牲畜，价格无定。货币不用，虽有国币，蒙人得之，深藏不再出，以示得于汉人者。其方式有二。

（一）坐卖。附近庙蒙人均至该地购买。

（二）行销。远道居民，往来不便，由各商家载运商品，分赴各地沿途销售。

以上二种为该地交易方式，而皆有现卖与赊账之别。赊账极其普遍，三、四月出外放账，六、七月即讨收牲畜皮毛，估价低廉，获利甚厚。

（辰）商人向王府所纳费用

凡在当地营业者，均须至王府领票纳税。每包（或房）年缴银十两，是为地谱钱。已纳地谱费者，可在该旗地境内任意放牧，其外来过路牲畜，均须纳水草银。其标准如下。

驼一头，十日，银二分。

马与驼同。

牛、羊稍低。

此外尚有官差，皆轮流分任。每届官差，往往遗失牲畜，故当地商人多不喜养马与驼，盖以马、驼多应差故也，其有草料者，则分担草料。

四　文化

（甲）风俗习惯

该地居民大别为汉、蒙二种，而其习俗殊易，兹分述之。

（子）汉人生活

凡居住于当地之汉人，除佣工、艺人而外，概为商人，故其惟一目的则在发财，是以生活情形，多为蒙化，忍苦耐劳，态度谦和，而存心矫诈。个人作为，以克身节俭为无上旨归，朝起迟眠，寒暑莫避。居其地者又不准携带家眷，然亦不以为烦闷，其处合伙则尤讲信义，不辞劳怨，积资则汇兑于家乡，勤俭可风也。

（丑）蒙人

蒙人生活，已见前述。兹特叙者，为其忠厚愚朴之风，与夫尊王崇佛之诚。盖蒙民生活，仍为部落社会的，知识简单，信仰专一，故于喇嘛之一切行为，不加过问，喇嘛得自由出入其家。平居团聚包内，有客同卧同食，维能通语言者即可，所以汉人出门，不愁居食，惟患蒙语不熟。又两性间的生活，毫无约束，汉蒙异种，全无隔阂，男女得自由恋爱，以满足其性的要求。

（乙）健康

普通皆以为蒙人生活艰苦，体骼〔格〕强壮，诚优良之民族。然考之实际，则有大谬不然者。蒙人因生活单简，身体营养欠善，卫生知识缺乏，饭食不适，以手代箸，生食（尤以肉为多）成习，居处不良，光线不足，性交滥施，结果花柳繁殖，又无医药疹救，死亡无计，徒以无确实统计，外人不之察耳。据商人秦科等谈称，蒙人什九皆患花柳，婴儿生而即死者，基于此种原用〔因〕者最多。凡面呈黑斑、大如豆粒、颜色不正者，多系患者之表现，盖亦烈矣。其他因卫生不良而患病死亡者，又在在皆是也。此外蒙人酷耆〔嗜〕烟、茶、酒，三者几重如在饭食，影响于健康，为害亦甚巨也。

（丙）娱乐

蒙人娱乐，虽嫌简单，亦颇有趣。"骑马"与"角力"而外，歌曲互答，旁〔傍〕晚或"跣健"，或"拍球"（棉球，以棉花为心，外密缠线，绣饰花字，颜色极佳丽，惟弹性不如橡皮球耳），皆团聚一起，群相逐跣，努力高射，不中或越圈者，众哄然大笑，拍手欢呼，甚为畅恰。而竞马多于祭日行之。角力则各衣皮套，穿长靴而斗争，至推倒对方为胜，再胜者获奖，亦多行于祭日。

（丁）婚丧

蒙人婚姻异于汉人，女子在二三岁即须定婚，十六岁以上多已结婚。女子年龄大约多长于男子三五岁。结婚时，由喇嘛选定吉日，另在附近设一帐，由新郎家派人迎婚。新妇家则鹄立幕前，作拒纳状，良久启门出迎。新妇乘马绕幕，驰骋三周，始导于郎家。拜佛诵经，会亲赠物，见翁姑后，入内拜灶，出堂一同礼拜新〔祈〕祷，礼成，然后款谦来宾。婚宴有赓续至七八日者，聘礼多系牲畜，以马二匹、牛二头、羊二十只为最普通。蒙人多无力娶亲，故有子女者，多以女为重，招赘婿以成继家业，而其子孙又恒招赘他人。据称娶亲与招赘者，为数相同，其选择，极无限制。离婚亦甚易，男女任何一造，如有不合意时，即可随意离异，双方对于贞陈〔操〕，皆不介意。葬礼有三。"埋葬"，敛尸于棺，葬入坟墓，王公贵族行之。"火葬"，乃人死则延请喇嘛诵经，以火焚尸，拾其灰骸，请大喇嘛许可，粉其骸骨，制成饼形，而纳诸灵塔，永贮藏之。至于暴尸野外，或弃之深山谷中，任野兽吮食之，三日后，若无兽来食，则请喇嘛诵经，叩求免罪，若是者谓之"弃葬"。

（戊）宗教

蒙古自十六世纪以还，各部王先后利用宗教，本省土默特部之祖俺达汉，即其初最有力利用者。洎至清初，复利用以怀柔蒙古，而限制其人口之生育。至今蒙人兄弟三人者，必有一人为喇嘛，而享僧侣生活。本旗有召庙十二，共计喇嘛二千六百人，分述如下。

（子）补应八达古力圪气庙（即贝勒庙，所谓百灵庙），有喇嘛一千三百人。

（丑）图喇嘛（即白陵王家庙，距百灵庙七十余里），有喇嘛三百名。

（寅）哈少庙，在白〔百〕灵庙西北，有喇嘛四百名。

（卯）金本赤哈达庙，在百灵庙正北，有喇嘛二百名。

以上为大庙，此外尚有小庙八个，共有喇嘛四百余名。其庙名称如次：四京派庙、切噶嘛圪达庙、东切噶哈达庙、图拉嘛京齐庙、齐那尔拉图庙、白彦花庙、哈西雅图庙、金木斯图庙。

　　所有蒙人对于喇嘛，如教友之于司铎（神父），信仰至诚。喇嘛除念经日外，得自由归家休息。各庙香火，以牧畜及王府资助为大宗，间亦有施舍者。

　　活佛之魔力　蒙人迷信宗教，自王公以迄平民，皆崇拜活佛，望之如神，称曰"佛爷"。护国宣化使班禅，自东北事变以来，即由满洲取道察哈尔，移驻绥省百灵庙，内蒙王公、喇嘛及平民，闻风往拜，皆希一沾佛光。百灵庙附近，蒙古包密结，多系远来里人参拜班禅者，班禅定三日一接见。蒙民匍匐佛殿，尽举其所积蓄金银，以送于佛爷，冀活佛之一摸其额也。而远途新疆和外蒙之蒙古黑人，闻而来者，虽涉风雪，犯寒暑，而亦不避也。中道冻毙叩者，蒙人目为无造化，其心术不良，神阻莫见。各王公之见，送礼尤多，据云，百灵王（即达尔罕旗旗王兼乌盟盟长）叩见时，曾奉白银二千两，足征蒙人崇信佛教之深与活佛之魔力矣。

（己）教育

　　该地社会仍未脱部落、封建之阶段，政治简单，教育几无可言。其能读书者，仅为贵族阶级之王公子弟，而平民不得与也。其所习科目，只有念"皇清圣谕"蒙文或蒙汉对照。其中材料，纯系束缚思想，养成忠君爱国之道德奴，全无补于实际生活之应用也。所谓教育上"生计"、"卫生"、"公民"等项，则尤如痴人说梦，从未敢有实现之望想。至于汉人，则除学习职业之传统知识而外，惟一则在熟习蒙语与认识蒙文。教授者概为商号之掌柜，每日傍晚夜间，或工作余暇，传训练习之。其所取材料，多为生活上最普编〔遍〕需要之知识，此外则别无所及也。

五 政治

（甲）行政组织

该旗行政组织，完全为封建旧制，其官职司人员如下。

"札萨克王"，世职。

"贝斯图斯拉齐爵"二位，均系王嫡族。

"公爵"二位，世职。

"图斯拉格齐台吉爵"一位，世职。

"札克尔齐"，二员。

"梅楞"，二员。

"参领"，二员。

"佐领"，四员。

"骁骑校"，五员。

"领催"，二十名。

其它，名誉职若干。

（乙）旗王与权力

该旗旗王现为云端王〔旺〕楚克，兼乌兰察布盟盟长。位尊而权大，主持本旗旗务，乌盟六旗各王均听其指挥。云王更兼任绥远省府委员，绥省行政，亦得参加意见。

（丙）行政区划

全旗分四佐，每佐设佐领一员，领催五名，分办旗务。其名誉各职，乃协助办理旗务者。

（丁）财政收入

据绥远省府调查，该旗全年收入要项有三：

（子）地租，约银三千余两；

（丑）水草银，约千余两；

（寅）通〔词〕行及汽车路租银，共约一千余两。

（戊）士兵

该旗共有兵县〔员〕五百人，皆系蒙人。计游击队三百名，各王公护卫兵二百名。枪械虽齐全，但杂色不一，极少军事训练。兵皆黑人，征兵制，按月轮流服务，不给饷，供火食。喇嘛与老幼黑人，得免于役。

（己）法律

该旗法律无明文之规定，仍以王府习惯制裁，旗王之言语，竟为不成文法，毫不脱专制之臭味。普通刑法有三，分述如下。

（子）犯重者，以新宰牛皮，包裹犯人，弃置野外，经一二日，皮干收缩，人以缩死，是为极刑。

（丑）犯轻者，以绳束其体之任何部分，血充体肿，经久放之。

（寅）犯最轻者，置于地窖中，历数日（无一定），始释之。此条多以制汉人。

此外尚有罚金。凡汉人营业当地者，一犯禁令，即科以重款之罚金，其判决之标准，最无一定。

六　汉蒙相互关系

（甲）社会的

蒙汉种族虽异，而往来则早已发生，其中最要者，殆为通商。蒙人以其生产品，交换汉人之货物，以供给其生活用品。商场独擅，资本垄断，而欺诈剥削，无所不用其极。蒙人因不得已而始行购买，其仇恨汉人之心，充满种族社会之观念。而当地商人，不思广著信用，改良经营方式，其传统策略，乃愈用而愈下，蒙汉关系，日频恶化。且外蒙自经俄人之经营以来，社会日渐就绪，表面上蒙民所得便利，已招其欢乐，影响所及，汉蒙裂痕日显，前途实不堪设想也。

（乙）政治上的

有清一代之边治，纯采羁縻政策，对于外藩，但求削力而减势，利用宗教，以维系治安。蒙古各部，强者封王，永享优越生活，平民则绝对服从，世为王公之奴隶，王公之一切行动言语，几为天经地义，不容毫丝非议。以彼其人，制彼其族，使之弱肉强食，而完成其封建的一贯政策，庸讵知当时政治力所造成之社会的组织，永远不脱汉蒙交相利用之习性矣。民国成立，政体变更，扶植民权，高唱全国，而蒙旗行政，表面上直隶中央之蒙藏委员会，蒙古王公，亦由中央任免，然其内容，全系因袭废清故制。蒙藏委员会之组织既不免理藩院之弊害，而其作用又未曾引导蒙古青年，使之民族自决，对于蒙民生计，全无提倡改革之策。但高倡垦荒设县，且并高唱打倒王公，废止旗盟。近边各省，如热、察、绥……虽其政治组织，有蒙古委员列名，行政原则，极言异种权利、义务均等，实则异族时视之念，始终未能消灭尽净，而政治与经济之鸿沟从未打破。年来绥远省政府对于全省行政，力求融合划一，无分种族畛域，且优待蒙民，予以运货免税，不纳村役，承认蒙古衙门征收汉人田租、炭捐与水草等费，无如祸根久伏，虽有裨政，无所挽其既倒之狂澜也。

（丙）经济上的

蒙汉贸易，自外蒙独立而顿衰，绥远全省之"蒙古庄"以大盛魁历年最久、生意最隆，每年营业数达百万元以上，投资外蒙，全数沉没，营业倒闭，其他各号与私人堂名（一种合伙）皆受其影响而相继倒闭。蒙汉通商范围，仅及于漠南。年来绥省灾情奇重（自十五年至十九年），连年兵匪弥〔靡〕已，地方经济破产，金融涩滞，捐税浩繁，交通不良，运输困难，而省外贸易又顿形减少，皮毛、盐之价格狂跌，销路几塞。蒙人生计，向依蓄产，乃其经营方法不求进步，甚且日就粗放，于是兽疫猖獗，群死累见。蒙人知短，苦无救济，而王府徭役，不或稍免，经济力酷受摧残。至其由畜牧而改营耕作之蒙民，又以频年饥荒、熟荒而无以为生，于是汉蒙贸易因以大减也。

（丁）文化的

该地与汉人交易，迄三百年，而文化上之隔阂，则竟如从未接触之异域殊方，蒙人生活，金〔全〕无进步，远不如土默特旗之汉化的程度。盖政治力所作用，限制汉人之絜带妻室，营业于该地之汉商以企图便利之故，亦且生活蒙化，以冀广招主顾。其商品大宗皆供给游牧生活之日用品，而较为进步的精致的物品，则几无有。至于教育、卫生种种知识习惯，商人自身已属落后，更无力以促进蒙人也。他如婚姻、宗教，则鸿沟界隔，相去有如天渊，弥〔靡〕望其融合也。

七 该地之外人的活动

该地时有外人往来足迹，概取名调查而阴事别谋。每年前往者，据该地商人之所述，亦不下五十人，多骑马乘驼，扎帐漠野，携带食物，躬自爨灶。蒙人环而视之，被〔彼〕则分以余食，引诱询问，往往探得社会真情。余等至庙时，适有一西人随一汉人已住半月，扎帐女儿山下，日招蒙人问讯，声言北平某大医院之内科大夫。及余等前往访问，陈教授叩以英语，渠惊惶失措，伏枕假寐，数经盘诘，仅答汉话一二句："坎拿大人，不善英语。"旋又倒伏于枕。陈先生视其傲慢无礼，言语支悟〔吾〕，形迹可疑，遂转而他去，行不数武，忽闻帐内蒙语答答。移时商人秦科君至，告以渠复询问蒙人种种情形，由是可知其用心如何，而凡至于该地之外人，亦难窥知其心迹也。

八 结语

以上为百灵庙之概况。其中什八为余个人考察所得，馀则参考绥远省府报告与民众教育馆之调查，并其他各报章、杂志所刊。比较综合，擢其可靠部分，汇叙编内。虽不足以代表社会实况，要系亲自阅历者，不至大有差谬。此次调查资料，多仰助于秦科君之翻译、询问，汉商、蒙人，均系渠所熟识。秦君莅蒙，垂十年矣，阅悉乌盟四子王、茂明安、东宫〔公〕及达尔汉各旗社会状况，善操蒙语，所过皆答覆圆满。渠又深悉边疆危机，曾言外蒙若发兵马三千入寇，则山北蒙古，不阅月而完全占领。此言虽似妄谈，而实深有所见。观夫百灵庙一地情况，足知乌盟各旗之虚弱不振，王公迷梦未醒，居民经济枯涸，政治不能适应时代要求，外患岌岌交临，汉商执守成法，蒙人故步自封，文化壁垒高隔，中央政府感鞭长莫及，地方政府又碍于权力之划分，有心为治，而患在冲突，亦徒叹奈何。蒙古前途，不容乐观！惟是无论如何演变，而百灵庙要不失为内蒙西部之军事上、政治上、经济上、文化上的中心。其关系蒙汉之民族的结合，与夫国防之巩固，正有特殊之重要也。所有关于牧畜业将来的措施，实为增进经济的当前急务，诚以移民实边，发展实业，当在利用天然环境，舍牧业生产而莫由著效。至进行牧畜业意见，则于亡师陈先生之《西游漫谈》中见之。

《寒圃》（半月刊）

国立北平大学农学院绥远农业学会

1934 年 14 期

（李红权　计麟　整理）

绥远萨县现状

萨县通讯

地　势

萨县为绥西重镇，设治较早，北枕大青山，西控黄河，在政治、军事上，皆占有重要位置。城之西门有匾，题曰"保障西陲"。其地理之优势，及其重要性，概可想见。

面积与人口

全县面积五四，八五〇方里，人口三三〇，三九四人。居于县城者，约三万有奇。居民以自晋省雁北迁来者占大多数，多业农，蒙、回、藏各族，及陕、宁移民，均占少数。

土地及物产

物产以农产物为大宗，矿产次之。全县耕地面积，共一五，九〇〇顷，其中水田仅占二〇顷，余均为旱田。惟民生渠长五十里，横灌萨县全境，支渠十四道，遍及所属村镇，旱田虽多，亦可收灌溉之利。全县农民二万四千余户，自耕农占全数十分之七，佃农占十分之二，地主为数极少，百顷以上者九户，二百顷以上者仅四户。农产物中，以黍、谷、高粮〔粱〕、麦、豆、马铃薯、桃为大宗。矿产以大青山附近之煤为大宗，年产五万吨，石棉次之。

政　治

萨县全年政费支出，约八万余元：用之于地方事业者，占全数八分之六，约六万余元；用于县行政及解缴省府者，各约一万元之谱，故教育、保卫、建设，均各有相当成绩。

教　育

萨县物产丰富，民生富裕，教育极为发达。历任县行政长官，对于小学教育之推行，尤不遗余力。故较大乡镇，皆已具备现代化之教育组织，即距县城较远之乡镇，亦时有新设立之小学，计全县全年教育经费，共为一万三千元。平绥路横贯全境，交通极便，留学省外、国外之学生，年有增加，为绥远各县之冠。今日绥省政教两界人才，率多萨产，以斯知文风之盛也。

保　卫

萨县河东、河西，向为匪患出没之区，故保卫行政，极为重要。现全县保卫团丁总额，共二百一十余名，团饷由县府供给，纪律与训练，均与正式军队等。全县筑有碉堡五十二处，各有团丁驻守，历次小股抢匪，悉被击溃。可知团卫如办理得善，实为绥靖地方之主力。

建　设

近来萨县建设事业，最可注目者，即为全县电话网之完成。现在县府已筹得购料费四千元，派员赴津采买。此项电话网完成后，将与旧有电讯机关联络，传讯更为迅捷。将来对于剿匪军事上之裨益，盖莫大焉！

司　法

至司法，本为绥政最难澄本清源者。独萨县司法，尚属差可人意。每月平均民刑案件，约在二百起上下。有案即审，审明即行宣判。故拘留所押犯，恒不出十人。惟司法经费，向无来源，全依少数罚款维持开支，每月预算，仅二百元。

警　政

县城共有警察三十八名，所有交通、侦缉、卫生、消防、户口，悉隶之。白日分配，已感不足，每到夜晚，交通警士，犹须离冈远巡，其辛苦可知。现值春节期中，防务尤为吃紧，除警士巡官值勤外，上自公安局长，下至局内务人员，一律出勤。萨县秩序井然，良有以也。

商　业

县城商务，以东西街最称繁盛，商店约二百余家，绸缎、布匹、煤油、米面、油盐等行，应有尽有。本地面粉，每百斤价约五元之谱，大青山所出块炭，运至县城，每百斤价只四元，生活费之低廉，无逾此者！

新闻事业

萨县新闻事业，颇不发达。全县仅有《社会周报》一份，尚系石印。居民所阅其他报纸，大抵来自他埠。县城有华林派报社一处，即系专营此业者。计全城月派省内外报纸，共计二百余份。各报中，以北平之《实报》最受欢迎，每月派送份数，竟超出一百份以上。此外，本省之《绥远日报》共派送七十三份，天津《大公报》二十八份，《国闻周报》十七份，本省《民国日报》之销数亦有可观。其他如本省之《社会日报》、《朝报》、《包头日报》，为数更少矣。

《西北春秋》（半月刊）

北平西北春秋社

1934 年 20、21 期合刊

（李红菊　整理）

包头现状一瞥

作者不详

　　地势　包头位萨县之西，恰当平绥路的终点，西北有汽车路可以直达五原，北枕大青山，西临黄河，为西北政治、军事、商业上之重镇。迩来欧亚航线，在包设有专站，黄河小火轮，亦已试航成功，交通愈益便利。值此国中上下一致努力开发西北之时，其将来地位之日见重要，更无庸言。

　　面积与人口　包头全县面积共九，七六六方里。人口一二二，七二三人，男倍于女，居于县城者约七万左右。居民以由内地移往者为多。此种居民，大多数以垦荒及经商而起家，日久即成土著，定居于此。人数以汉、蒙两族为最多，回、藏次之。

　　土地及物产　全县可耕地面积为七，三七〇顷。其中水田三，三〇〇顷，旱田四，〇七〇顷。全县农业户口约一五，三〇〇户，自耕农最多，约占十分之六。二、三、四各区，大地主较多，计百顷以上大地主约十余家，五十顷以上地主约百余家。农产物以小麦、麻、谷、黍、高粱、莜麦为大宗。畜产以羊为最著，合计全县年产在五万只以上，俗称西口羊。牛次之，约五千头，用于耕田及运输。矿产以煤为大宗，产区在大青山附近，每年产量约一万八千吨。其次为盐，各处皆产之，分布极广，年产三万斤左右。其余药材，如甘草，水产，如鲤鱼，亦甚丰富。至皮革，尤为西北著名产区，多运销于天津。物产如此丰富，故民多足衣足食，生活较沿海各省区，极易维持。

县政　包头县城，周围约二十二里，建筑极其雄伟。平绎
〔绥〕车站在县城迤南。由车站至新南门，有马路衔接，长约四百
二十丈，用灰渣、石子铺成。城内街衢，成丁字形，秩序井然。
惟以地势低洼，每至雨涝时节，积水不易排泄，居民至以为苦。
目前，政府正努力于县建设事业，计已开工者有西关外之民众体
育场、西关内之包头公园与图书馆，不久即可竣工。

警卫　包头警政与保卫，办理颇著成效。盖以包境地势辽阔，
时有股匪出没其间，防卫稍有不周，即可燎原绥西，故省府除置
重兵驻防外，对于全县警卫，亦时加以注意。统计现在全县警察
共有二六〇名，每月饷给三，三〇〇元。全县团丁三四二名，枪
二四七支，马二七三匹。团长由县长兼任，分编为三大队，每大
队又编为三分队，轮流训练。全年经费为四七，〇〇〇元。正式
警卫以外，县府并抽调旅店、茶饭么、澡塘之精干工役，编成义
务警察，加以训练，使协助官方警卫，维持地方治安。此种制度，
在绥实为创举。

商业　包头商业，在外蒙通商时代，与新疆内乱未起以前，极
为繁荣，商户曾达二千余家以上。近十年来，外蒙商路断绝，新
省迭有变乱，影响包商至巨，竟成一落千丈之势。自去年新省内
乱平定，绥新交通恢复，包地市况，略见好转，各商渐形活跃，
津帮前来办货者，亦络绎于途。概观去年各商营业状况，以粮行
为最佳，莫不利市三倍。因去春孙军过境，食粮供给缺乏，故粮
商有机可投也。目前包市商民，切盼外蒙商务关系早日恢复原状，
包宁铁路提前筑成，借以繁荣包市商务，发达地方产业。否则，
西北经济之衰落，将更有不堪设想者！

电灯面粉公司　包头电灯面粉公司，规模甚大，资本三十万
元，活动金十五万元，日可出面粉千袋。机器全部，值价十五万

元以上，为英国亚美公司出品。公司内外，戒备极严。厂外筑有碉堡两座，有厂警二十名，武装轮流值守，厂之周围，并以电网环绕。白昼磨粉，夜晚则供给全市燃用。职工合计百人，组织与管理，颇具备现代化之条件。面价每袋，头等二元六角，二等二元三角五分，三等二元二角，四等二元。每袋足四十四华斤，较津厂出品，每袋约重六斤，便宜三角。其销路，西至五原、临河，东至大同、张垣，将来包宁铁路筑成，更可西达宁夏。此为包头工业之规模最大者。

教育文化　包头之教育与文化，次于归绥、萨县。而与文化关系至密之印刷业，则除省会所在地之归绥外，他县无可及者。总计学校学育，全县共有小学三十三所，学童一千五百人以上；中等教育，有省立之中学、归〔师〕范各一。此外尚有中央政治学校包头分校，专为教育蒙藏子弟而设。社教推行亦力，近设民众学校三处，民众书报阅览处一所。全县定期出版物有《包头日报》，销数在千份以上，铅印，除《绥远日报》、《绥远民国日报》、《社会日报》、《朝报》而外，为全省规模最大之新闻纸。其他报纸，在包销路亦广，计《绥远日报》一百七十余份，《大公报》一百二十二份，《益世报》七十六份，《新天报》一百七十份，《华北》、《晨报》、《实报》、《世界》及本省之《民国》、《社会》、《朝报》各有相当成数，即此一端，已可窥见包地文化之普及矣。

《西北春秋》（半月刊）
北平西北春秋社
1934年22期
（张爱麾　整理）

最近之蒙古

瓦　德　撰

（一）蒙古之地位

日本帝国主义者，为便于侵略东三省和蒙古起见，她用分析的办法，将我们的东北三省划为南满和北满，将蒙古分为东蒙和西蒙。前者是一九〇五年六月二十九日《朴次茅斯条约》所规定，将我东北三省，划为南满与北满，日、俄两帝国主义平分春色，长春以南至大连为南满，为日本之势力范围，由长春以北至满洲里为北满，为俄之势力范围，此即日、俄两帝国主义者瓜分中国之先声。由后者言之，是日本帝国主义自从九一八后，把我国整个的领土占去，大陆政策的初步目的业已达到，要实行她的第二步侵略，其目标无疑的，就是我们的内蒙古了。所以她在侵略以先也把蒙古分为东蒙与西蒙，这是专就内蒙而言，其包括省份，是热河、察哈尔、绥远三省土地，其地位于中国北部，东界我们的辽宁省，西界新疆，南界河北，北界外蒙古，其面积约在十八万一千英方哩。考现在内蒙所处的地位，远过九一八前之东北三省，北邻外蒙为苏俄之势力之下，东临日军占领下的东北三省，换言之，内蒙处在日、俄两帝国主义虎视眈眈之下，她现在虽然是中华民国领土之一部，但却早已有了朝不保夕的状态和危险了。

愿吾国朝野人士，即速作有效的办法，将已失的领土，作有计划的收复政策和办法，将未失之领土，作有计划的保卫或开发，如此则内蒙万岁！中国万岁！

（二）满蒙名词之不真

日本帝国主义，既将满洲划为南、北，复将蒙古分为东、西，这就是她便于侵略的分析办法。他们所谓的满蒙名词，是在袁氏时代"二十一条"内，自己捏造的名词，其意义共包含满洲和蒙古，换言之就是我们的辽宁、吉林、黑龙江、热河、察哈尔、绥远是也。她的总面积约在三十六万三千六百一十方英哩，较之我国内地河南、湖北、湖南、江西和安徽五省总面积还大。论起她的位置，由乌苏里江、图们江、长白山和鸭绿江，与俄属沿海州和日属朝鲜相邻，再由乌苏里江和黑龙江，与俄属西伯利亚相邻，南面便是渤海和黄海，换言之她的邻人，除了苏俄以外，便是帝国主义的日本。满蒙的名词之由来，和满蒙的地位及面积，我们既已晓得，复次我们即证明这名词之不确。前已言之，满蒙名词是日本一手捏造，付有连续不断侵略的性质，毫无论理上的根据和历史上的证明。考满洲为中华民族中的满人澈〔溯〕源地，蒙古为中华民族中的蒙古人的澈〔溯〕源地，满洲与蒙〈古〉不过为中国行政区域之划分，较有的区域稍大而已，何来满蒙捏在一起之怪名词？真属荒谬已极。国人闻之，熟而不查，从而为之词曰，"满蒙""满蒙"！就日本人的眼光言之：她把满蒙当作与中国分离的一块领土，甚至在国内国外的宣传品上，或者绘画着色的地图上，皆把满蒙与中国分成不同的彩色，以及她们所著的许多的书籍上，都是认为朝鲜第二之满蒙或满蒙非中国的谬论，直把满蒙当作中国领土范围之外了，她把满蒙联络在一齐，把她当作特殊的地位，把她当作朝鲜第二，把她当作非中国领土。譬如在一九二四年华府会议时，日本代表声言："满洲一地，因接近日本领土，故日本对于该地之关系日本经济生活，及民族安全之处，具有切身利益关系。"又日本某作家在西历一九〇五年出版《满洲》一书云："关于日本战争及和平问题，不在日本，亦不在太平洋，而在于满蒙解决之……日本将在满蒙觅得民族生活及和平之源。日本最大问题有二：一为粮食缺乏，一为原料缺乏，满蒙似即为问题最大之解答。"再如日人之山田吉武认朝鲜为第二满洲，再如日人之细野繁胜在其所著《满洲管理论》一书云：〔他说〕满蒙之名，由于日本之隆盛，渐为世界各国所闻，原来满洲、蒙古，皆为种族之名称，非谓中国领土也。再如民国十七年，日本首相田中义一派的内田康哉游说列国，也无非说日本和满蒙有特殊地位的关系，希望列国对于日本侵略满蒙之行为加以谅解吧〔罢〕了！总观上述，无论日本在朝的和在野的，都是一〔异〕口同声的把满洲与蒙古拉在一起，造成一个简称"满蒙"名词，足证她的计划周密，主张贯彻，带有连续的侵略性质，其用心之苦，不可不知！所谓满蒙非中国领土，所谓朝鲜第二，所谓特殊地位……这都是很显明的事实，勿待赘言，而日本之帝国主义者，所以要造成这种的名词和谬论的缘故，在骨子里面，都是借□此以乱淆听闻，掩护国际间的舆论，以遂她的侵略阴谋吧〔罢〕了。

（三）蒙古在经济上的价值

（Ａ）农产。满蒙大陆，可耕地的地方很多，三亿四千五百五十二万一千五百八十亩的南满，计可耕的地方便有百分之三十一·八，六亿五千二百六十七万五百二十亩的北满，计可耕之地便有百分之七十一·三，东蒙热河一带总面积一亿二千二百四十二万六千八百一十六亩，可耕的地亦有百分之二·一〇，总共满蒙可耕的地方共二亿六千八百六十万亩①，较日本内地约多二倍以上，可耕而未开垦的地方，约有一千万町步以上。其农粮物以稻、大豆、大麻、高粮〔粱〕、粟、玉蜀黍、麦、甜菜、马铃薯等类，出产很多，就中产量最多的是大豆，每年产额约三千万〔万〕石；玉蜀黍每年产额约一千〈万〉石；水陆稻合计每年产额约一百万石，此为根据南汉〔满〕铁路株式会社调查课第三次（以民国十七年十月二十日为标准）调查。

（B）畜类。如马、驼、驴、牛、羊等畜类为最夥，因东蒙与西蒙一带物产次于东北三省，而畜类则较强于东北，只就日人之调查所得之结果列以比较表如下：

出产地　　畜类	辽　宁	吉　林	黑龙江	东　蒙	西　蒙
马	七五	五〇	五一	八一	七八
骡	二〇	二三	一二	七	七
驴					
牛	五八	九	二三	三一二	二〇〇
缅〔绵〕羊及山羊	四〇	一	六	二〇〇	一八〇
豚	三五〇	一二五	四九	一〇〇	一二〇

（注）表内数字单位为万。

（C）矿产。满蒙的矿产尤其丰富，关于煤矿一项，据北平农商部地质调查所报告，东三省和热、绥二省产额如下（注：单位为万）：

辽　宁	一·二八五	
吉　林	一·二九八	
黑龙江	〇·三六七	
热　河	〇·六六〇	原名为内蒙古
绥　远	〇·四六〇	

---

① 原文如此，以上数字有误。——整理者注

上述的矿产中，最可注意，即是辽宁抚顺之煤。十金塞、老虎台一带之炭坑，其矿苗之显露及品质之优良为全国之冠，惜操之于日人之手，每年产额为四，五〇〇·〇〇〇吨。吾人现应注意到我们未失之地土绥远等地之矿产，惜乎开采方法不良，仍墨守成章，其产量之数，亦为不夥，且东蒙〈开〉鲁县境一带除了煤、铁以外，还有金、银、铜等矿类，惜未开采，而日人尤特别注意及之。综观上述，而蒙古的物产，无论是植物、动物和矿物，都是很丰富，所以要从地〔他〕的本身上的经济立场上说，也是解决日本所谓民族的生活和安全的保障之一解答也。这样一块肥而且饶的〔一块〕土地处在虎狼的眼皮底下，她岂有不垂涎之理？所以蒙古有了上述的经济上的价值，又处在中国的政府无能的管理之下，她又岂能不显示出来危险的状态呢？所以吾人以下就要述说蒙古的危险了。

（四）蒙古之危机

当今春内蒙人士要求自治之时，举国惶惶，惟恐大变将作，于〈是〉我国政府有允许内蒙自治之举，设置指导委员会，□策进行，乃事费半载，未闻政府有何确实计划，而我社会人士对于内蒙前途，亦复不有讨论，一若内蒙问题，从此可以解决矣！吾国人士之惯性，只知头痛医头，脚痛医脚，凡百问题，皆不从根本着想，以求一劳永逸之方策，此国事所以不可为也。日本帝国主义，既将我东北四省纳入掌握之中，复又将目光〔又〕集中到我内蒙，以偿其大陆政策，此为蚕食之第二步计划，凡有识者皆可知之矣。近以久据多伦，不肯撤兵，即欲以此攫取内蒙之军事基点，而我对于〈以上〉内容似〈取〉敷衍了事主义，虽对内蒙各旗长官代表，有了再四龃龉，蒙人所谓高度自治——即主张取消蒙边各省，另立整个之内蒙自治政府，秉承中央，统辖内蒙各旗；——及中度自治——仍设自治政府，而权限缩小，专管各旗各部，北蒙边政府，依然存在，管理各县，惟须将省盟、旗、间之权限及收益，划分清楚，不再放地设治——和低度自治——设第一、第二各自治区政府，分管各盟、部、旗，此其一，设整个之蒙古自治委员会，专管理各盟、旗，此其二，黄少〔绍〕雄氏虽表示接受底〔低〕度自治，其厘定办法，及于本年一月十七日，中央政治会议所决定十一条公布后，而蒙人遂大哗然，以离京反〔返〕旗相威胁者有之，而政府重违其意，允为重〔从〕长讨论，遂于二月二十八日，取消先议，而决定极空泛的自治八项原则（见后扶助蒙人自治）及设置无线电台一座，三等邮便局一处，此为一了百了，而后则事过境迁，尚漫无计划，而置之度外。吾人鉴此情形，若长此因循下去，不亦蹈东北之覆辙乎？当今我国最重要之工作，莫过于保守未失之领土［最重要之工作，莫过于保守未失之领土］，方能进而再谈收复失土，若未失之土，尚岌岌可危，则已失之土，何能收复，此理之所当然也。然吾国于东北严重教训之后，所以谋自卫国土者，究有若干努力，若干计划，此举国民众所共抱之大惑莫解也。考日本帝国主义，朝夕不怠，而孜孜经营内蒙者，诚足以使吾人不寒而栗，而深刻感觉内蒙之丢掉，期必不远。而日本帝国主义，一方运用羁縻手段，联络蒙古王公，以供驱使，他方运用同化政策，教育蒙古青年，以为爪牙，当其未如愿以偿，则施之以大惠，怀之以情感，必使其归服而后已，此盖帝国主义者惯用之伎俩，无足奇异者也。故吾以后即要叙述日本帝国主义者，谋得我内蒙之方式。

（五）日本攫取内蒙之方式

日本帝国主义处心积虑，谋我所谓满蒙土地，已二三十年矣，以实现其大陆政策，今满洲既得，其眼光全注视于我之内蒙古，彼所养成之"蒙古通"亦不下百数十人，亦□精通蒙文，习熟蒙古风俗，信奉喇嘛教，借以考查内蒙地形、交通、经济、风俗、气候，靡不了若指掌。在九一八事变前以东北四省，尚未到手，未易进窥内蒙，今东北既在掌中，东蒙归□治，内蒙即在唇边，又安得不积极进行？观彼将来攫取我内蒙之方式，有以下数种：

（一）养成基本的人员。日本帝国主义，在侵略我蒙古以先，须养成侵略蒙古的基本人员，以为侵略之工具，而充侵略之实力也。考这种基本人员之养成，首先得从蒙古青年入手，所以唯一的方法，就是同化蒙古的青年。近闻日本帝国主义，为同化我蒙古青年计，在我兴安区王爷庙地方，设立兴安军官学校，专门收容蒙古青年，施之以特殊的军事教育，而主其事者，则为历年奔走内蒙之松本七郎。长校虽属蒙古人之巴特玛布坦，但徒拥虚名，毫无实权。夫兴安区原为蒙古之一部，惟彼之目的，欲利用此地，为训练蒙古青年之中心，以图侵略察、绥二省，无待赘言。该军官学校□立趣旨，首谓对于蒙古人施之以特别军事教育，以为将来蒙古军之骨干，有谋蒙古民族之复兴……等。该校教育科目中，复特别规定："以东亚大局观查〔察〕，应强调日、满两国亲善之必要，以不违反与他民族协合之精神为限度，应助长强化对日信赖之倾向"，试问东北四省，既在日本囊中，有何组织蒙古军之必要？所谓蒙古民族之复兴，无非欲以此口号，挑动蒙古青年离叛中华民国之心理而已。所谓助长强烈对日信赖之倾向，更显然表示欲养成甘作日本奴隶的蒙古青年，故该校教育办法，以同化为第一目的。所谓军事教育，不过初步之军队智识，准备作下级军官。该校系于本年七月□日正式开学，二年卒业，在校字〔学〕生约二百余，毕业后为组织蒙古军之下级干部，其高级军官，则必属日人，经过相当时期的酝酿，以待时机成熟，则必扶〔挟〕其武力，要求独立。彼以有实力为后盾，吾则进退维谷，其结果我唯有放弃蒙古一途，此日本帝国主义大陆政策之第二步成功也。故吾人称之为这种方式，为慢性的武力侵略方式，为帝国主义侵略弱小民族惯用之伎俩。（二）利用挑动的方式。日本帝国主义，将蒙古的青年，麻醉成功了，奴化教育训练好了，然后利用假意民族自决的口号，麻醉蒙古的青年军队，挑动他们和伪组织起衅，然后日本再根据日、满军事同盟之约，出面援助伪国军队，一举而占百灵庙，再仿造现在伪组织的方法，再由蒙古人出面组织蒙古帝国。这种侵略的方式，吾人称之为挑动方式，亦谓之鹬蚌相争，渔人得利的方式，然后一举而获最后的成功，以贯彻其侵略主义，实行所谓大陆政策也。此其二。（三）利用一种威胁□方式。这种威胁方式，内而利用彼所养成之蒙古军队，夺取蒙古军权，挟迫威胁蒙古的王公与民众，宣布独立，而日本亦首先承认，再缔结所谓日蒙军事同盟；外而威胁中国之华北，使我陷于不能讨伐的境遇，而日本甘为其后援。日本处心积虑的操纵这两个伪组织，以挟〔夹〕攻我国之北部，不难将我置于彼之铁蹄下，以贯彻其侵略主义，以完成其所谓大陆政策第三步。故吾人称〔为〕这种方式，为威胁方式。

（六）应付的办法

对症下药，是我们应付事的一个绝着，吾人默察以前所叙述的事实，如蒙古所处的地位，蒙古在我国的经济上价值，和日本帝国主义者对她的侵略的野心，和她侵略的步骤等，这在在的都能使我反求诸己，更是表现我国自己的病态，所以吾人说对症下药，是很适当的。兹分述应付的办法如下：一、扶助蒙人自治。我们要利用弱小民族联合的原则，一致的共同起而御侮，我们要切实的实行本年二月二十八日所通过的蒙古的自治问题八项原则，兹录于下：（一）在蒙古适宜地点，设一蒙古地方自治委员会、直隶于行政院，并受中央之主管机关之指导，总理各蒙旗政务，其委员长、委员以用蒙人为原则，经费由中央发给，中央另派大员驻在该委员会所在地指导之，并就近调解盟、旗、省、县间之争议。（二）各盟公署，改称为盟政府，其组织不变更，盟政经费由中央补助之。（三）察哈尔部改称为盟，〔一〕以昭一律，其系统组织仍旧。（四）各盟、旗管辖治理权，一律照旧。（五）各现有牧地停止放垦，以后从改良牲畜，并兴办附带工业方面，发展地方经济。（六）盟、旗原有税租，及〈蒙〉民原有私产，一律予以保障。（七）省、县在盟、旗地方所征之各项地方税收，须劈给盟、旗若干成，以为各项建设费，其劈税办法另定之。（八）盟、旗地方以后不再增设县治或设治局，但遇必须设置时，亦须征得关系蒙旗之同意。吾人以此八项之议决案，如能确实施行，则边疆政治之建设，可以得到初步的成功。就其八项原则的本身言之，亦有它的相当优点，因蒙古地方自治委员会之机关，上之秉承行政院，下之统辖各盟、旗，体制甚尊，颇符蒙人希望整个自治组织之初衷。同时派大员驻该地指导，得随时处理蒙、旗、省、〈县〉之纠纷，不致有放任及鞭长莫及之弊。如能确〔奋〕力实行，则蒙古可免去危险者一也。蒙古各旗，贫富不一，情形复杂，不尽能冶于一炉，从前所拟分区、设置政府不过为强行凑合，转多窒碍，如伊克昭盟正、副盟长于本年一月六日，曾以正式公文，向绥省府声明，与乌兰查布盟统一组织政府，于公无益，请转呈中央准其专设自治政府，由此可知勉强分区，未必果为各盟所欲；如二十八日之议决案，第一、第四两项，免去无谓之纠纷，维持固有之现状，实为有利而合理，如能确切施行，则蒙古内部无有内□，则外亦无机可乘。此其危险性减少，蒙古不能丢掉者二也。蒙古地方，停止垦放，不再设治，虽非为少数盟、旗王公之利益，然亦为多数盟民所要求，盖以由游牧而改农、工业之趋势，为人民生活进化之必然阶段，此为发展蒙古地方经济，充实内蒙□力，为建设边疆之初步计划，则外力无由引入，则内蒙之危险不张，而蒙古之不能为人垂涎者三也。颁布内蒙自治原则，再加以确切的工作，无论是在外包与内延两方面，足以表示政府对内蒙之注意，申言之，政府认内蒙为中国之领土，则亦能割□外力侵略的野心，此蒙古所以不危险者［否］四也。

就以上四点言之，愿吾国政府，不贵有理论，而贵有行动，则机关虽设，原则虽定，要不能就□实行动上策力其稳健之□行，则蒙古之危机，还有加无已。故吾人愿协力建设，共谋自卫，努力于原则内规定之事项，外加治安之维持，卫生之提倡，牧畜之改良，交通之辟治，再如教育之设施，自卫之规划……等，皆为政府当务之急，故吾人愿政府努力建设边疆政治，以保蒙古之不亡，则蒙古幸甚，中国幸甚！二、训练蒙古青年军。由九一八后，被日本帝国主义的炮火，把中国人的"靠天吃饭"的迷梦，早已打消，如果不急起自救，则中华民族之地位危险，中华民族之领土，亦难保持，故吾人欲想自救自卫的办法，则唯有武装起来，方克有济。盖以吾人之地位，处在千钧一发之局面下，虎视眈眈的环境中，我们要鼓励——最后五分钟，民族联合奋斗的勇气，以与日本帝国主义相抗衡，我们具体的办法，是要在内蒙重要地域设立蒙古军官学校，专收容蒙籍青年，用华人的军事专家，专门授之以特殊的军事智识，待遇之丰富，训练之严明，再鼓吹之以民族观念及国家的思想，使其卒业后，再为组织蒙古军队之下级干部人员，利用蒙古青年之魁伟体格，与忍苦耐劳之精神，又兼具有善骑之技能，则组织蒙古国防军之条件，实具备矣。愿我国政府注意及之，不然坐以待毙，耻辱无日雪，危险屡屡生，今者藩属尽弃，朝鲜亡于前，台湾失于后，继之又东北失去，则东蒙受其统治，又复煽惑我内蒙，而蒙古之危机，直立马可待，蒙古之不幸，亦中国之不幸□！三、扶助朝鲜民族革命。吾人默察，帝国主义侵略弱小的国家，是用蚕食的办法，不是用积极的鲸吞政策。但被侵略的国家和民族，稍有机会，即起而反抗，无待赘言的事实也。夫朝鲜向为我国之藩属，称臣纳贡，顺服异常，在光绪二十一年，即西历一八九五年，缘为朝鲜之事，我国不惜和日本一战，致受莫大的损失。如此与我国最有密切的国家，领土约八万五千二百二十三方哩，至宣统二年即一九一〇年，竟被日本横行并吞，藩属自此为之损失，真为我国之奇辱大耻。就朝鲜的历史方面言之，和地位方面，以及民族风俗习惯的种种方面观查〔察〕，无不与我有同一的传统，同一的地位，同一的组织，同一的民族，风俗及习惯等同处于我同一的政府领导之下，他们现在也同我们的东北三千万同胞，一样的处在水深火热之中，我们为弱小民族联合计，为救济我们的藩属计，为防止唇亡齿寒计，为民族自决的正义计，进言之为远东和平计，皆应扶助朝鲜的民族来反抗日本帝国主义的淫威。

《东北问题》（周刊）

北平东北大学东北问题编委会

1934 年 199、200 期

（朱宪　整理）

无人注意之蒙古

鉴　因　撰

蒙古地处边陲，消息阻滞，故其风俗人情，迥〈异〉于吾人。蒙人总数约三十万，大都以游牧为生，部落以旗为单位，旗之人数多寡不等，地域之广狭，亦不一致；联合若干旗，合为一盟，设盟长一人，管辖一切；不过其行政权，概由喇嘛掌握，号令既出，民家无不虔诚听命。蒙地内有"百灵庙"者，一建筑伟大装饰年〔华〕丽之喇嘛庙也，为东方极富丽之建筑，其建筑经费，悉由居民筹集，虽蒙民所居简陋不堪，不计也。且以崇拜喇嘛故，民间凡有两子，必择一充当喇嘛，虽格于教规，不得婚娶；然而物质之享用，则极丰厚，且将来有大权在握之望。去岁班禅寓居"百灵庙"，随从达二百余人。民众朝夕在家对班禅居处膜拜，想见其权力之一斑也。

蒙古人民纯朴、真诚，居民彼此均爱好如亲族，鲜少挟斗之举。所谓"夜不闭户，路不拾遗"，正可为蒙地写照也。吾人初入蒙地，最感不便，厥为路径之迷蒙；因其地沙漠载道，方向不定，且问津困难，因蒙人不善操汉语，汉人旅其地者，能操蒙语者，行踪所至，无不殷勤欢迎。凡汉人熟悉蒙古民情者，颇多前往经商，很能获利。其交易均以货物交换，鲜少现金交易。调换货品，汉人以布匹、日用品为主，蒙人则以骨革、皮毛等，每次交易，均甚和气，绝少争执之事，此为蒙人古朴之风也。

其地男女没有轻重之别，妇女并无贞操观念。虽实行一夫一妻制，但富有者，因家事繁重，故多娶妻拏，分任家务，但无妻妾之分耳。且闺女出嫁，往往携私生子以俱者，故花柳病之传染，不可免矣。每一家庭，男子仅从事外间牧畜，妇女则除料理家务外，并挤取牲畜之乳，充饮料。讲到服饰，无论男女，一如逊清装束，红顶蓝服，依然未除，惟有若干智识青年，则稍改变态度；但智识仍浅薄可笑，中央曾寄去若干三民主义书籍，彼辈竟译为"三个主子"，以为今之中国，有三皇治天下也。前此之蒙古自治运动，殆所谓四个主子之意也，诚可发一笑。由此足见蒙地教育之谫陋。闻其人死后，无论老幼，悉摒用棺木，弃尸于旷野，任豺狼之咀嚼，反谓其死者已入天堂；此亦蒙地之异俗，友人所述如此，特追记之，并参入国府参事林竞所述，并录于上。

《礼拜六》
上海礼拜六报馆
1934 年 537 期
（丁冉　整理）